高等财经院校"十四五"精品系列教材

JINGPIN XILIE JIAOCAI

新编国际经济学

（第五版）

王培志　主编　高敬峰　刘伟全　席　岩　副主编

International Economics
(Fifth Edition)

中国财经出版传媒集团

经济科学出版社
Economic Science Press

·北京·

图书在版编目（CIP）数据

新编国际经济学：第五版/王培志主编．--2版
．--北京：经济科学出版社，2024.5
ISBN 978 - 7 - 5218 - 5794 - 8

Ⅰ.①新…　Ⅱ.①王…　Ⅲ.①国际经济学 - 高等学校
- 教材　Ⅳ.①F11 - 0

中国国家版本馆 CIP 数据核字（2024）第 069780 号

责任编辑：宋　涛
责任校对：隗立娜
责任印制：范　艳

新编国际经济学（第五版）
王培志　主编
高敬峰　刘伟全　席　岩　副主编
经济科学出版社出版、发行　新华书店经销
社址：北京市海淀区阜成路甲 28 号　邮编：100142
总编部电话：010 - 88191217　发行部电话：010 - 88191522
网址：www. esp. com. cn
电子邮箱：esp@ esp. com. cn
天猫网店：经济科学出版社旗舰店
网址：http：//jjkxcbs. tmall. com
北京季蜂印刷有限公司印装
787 × 1092　16 开　22.5 印张　410000 字
2024 年 5 月第 2 版　2024 年 5 月第 1 次印刷
印数：0001—3000 册
ISBN 978 - 7 - 5218 - 5794 - 8　定价：65.00 元
（图书出现印装问题，本社负责调换。电话：010 - 88191545）
（版权所有　侵权必究　打击盗版　举报热线：010 - 88191661
QQ：2242791300　营销中心电话：010 - 88191537
电子邮箱：dbts@ esp. com. cn）

总　序

　　大学是研究和传授科学的殿堂，是教育新人成长的世界，是个体之间富有生命的交往，是学术勃发的世界。* 大学的本质在于把一群优秀的年轻人聚集一起，让他们的创新得以实现、才智得以施展、心灵得以涤荡，产生使他们终身受益的智慧。

　　大学要以人才培养和科学研究为己任，大学教育的意义在于它能够给人们一种精神资源，这一资源可以帮助学子们应对各种挑战，并发展和完善学子们的人格与才智，使他们经过大学的熏陶、学会思考、学会反省、学会做人。一所大学要培养出具有健全人格、自我发展能力、国际视野和竞争意识的人才，教材是实现培养目标的关键环节。没有优秀的教材，不可能有高质量的人才培养，不可能产生一流或特色鲜明的大学。大学教材应该是对学生学习的引领、探索的导向、心智的启迪。一本好的教材，既是教师的得力助手，又是学生的良师益友。

　　目前，中国的大学教育已从"精英型教育"走向"平民化教育"，上大学不再是少数人的专利。在这种情况下，如何保证教学质量的稳定与提升？教材建设的功能愈显重要。

　　为了全面提高教育教学质量，培养社会需要的、具有人文精神和科学素养的本科人才，山东财经大学启动了"十二五"精品教材建设工程。本工程以重点学科（专业）为基础，以精品课程教材建设为目标，集中全校优秀师资力量，编撰了高等财经院校"十二五"精品系列教材。

---

　　* 雅斯贝尔斯著，邹进译：《什么是教育》，生活·读书·新知三联书店1991年版，第150页。

本系列教材在编写中体现了以下特点：

1. 质量与特色并行。本系列教材从选题、立项，到编写、出版，每个环节都坚持"精品为先、质量第一、特色鲜明"的原则。严把质量关口，突出财经特色，树立品牌意识，建设精品教材。

2. 教学与科研相长。教材建设要充分体现科学研究的成果，科学研究要为教学实践服务，两者相得益彰，互为补充，共同提高。本系列教材汇集各领域最新教学与科研成果，对其进行提炼、吸收，体现了教学、科研相结合，有助于培养具有创新精神的大学生。

3. 借鉴与创新并举。任何一门学科都会随着时代的进步而不断发展。因此，本系列教材编写中始终坚持"借鉴与创新结合"的理念，舍其糟粕，取其精华。在中国经济改革实践基础上进行创新与探索，充分展示当今社会发展的新理论、新方法、新成果。

本系列教材是山东财经大学教学质量与教学改革建设的重要内容之一，适用于经济学、管理学及相关学科的本科教学。它凝聚了众多教授、专家多年教学的经验和心血，是大家共同合作的结晶。我们期望摆在读者面前的是一套优秀的精品教材。当然，由于我们的经验存在欠缺，教材中难免有不足之处，衷心期盼专家、学者及广大读者给予批评指正，以便再版时修改、完善。

山东财经大学教材建设委员会

2012 年 6 月

前　言

随着国际分工和国际经济一体化的不断发展，各个国家（或地区）单一的国内市场逐渐融合成一个密不可分的国际大市场。但随着世界百年未有之大变局加速演进，经济全球化遭遇曲折困难，逆全球化思潮抬头，单边主义和保护主义明显上升，世界进入新的动荡变革期。在这样的背景之下，国际经济关系、国际经济的发展也呈现出新的变化，国际经济学的专业教学内容也必然要随之调整。我们参阅国内外相关教材，在2017年第四版《新编国际经济学》基础上，结合自身在这一领域多年的教学与研究经验，再次修订这本《新编国际经济学》，通过结合当前国际经济发展的新形势以及主要国家在国际经济体系中的发展新思维，试图更全面、系统地介绍国际经济学的基本理论、政策和实践，满足教学需要。

本次修订根据国际经济理论和实践的最新发展情况对教材内容进行了更新，主要修订内容如下：

第一，吸收党的二十大报告中关于开放型经济的论述，将新时代中国特色社会主义经济思想及经济发展实践融入教材内容，丰富国际经济学原有理论体系。

第二，讨论全球贸易、投资及金融等领域出现的新特点、新变化。包括当前"逆全球化"浪潮下的全球贸易保护主义问题、国际直接投资发展的新特点、TPP、TTIP和RCEP等区域经济一体化进展情况、国际收支统计体系改革、国际货币制度改革等。

第三，介绍近几年中国对外开放的探索和实践。在经济新常态下，中国实施了包括"一带一路"建设、自由贸易试验区建设、创新外贸管理政策等在内的一系列与外贸供给侧结构性改革相关的政策和措施，主导设立了亚洲基础设施投资银行，本次修订对有关发展情况均进行了一定程度的介绍。

第四，更加注重理论与实践相结合。理论的魅力在于能够解释和预测现实。只有将理论与实践结合起来，才能使学生对所学的理论有深刻的理解。本教材对这一点予以了充分重视。例如，用实践中国际贸易政策的演进来印证国际贸易理论的发展；用国际贸易理论来解释中国经济发展战略的变迁与调整。这不但有助于学生理解和掌握理论，而且能够培养他们独立思考问题的能力。

第五，立足本科教学，兼顾多种需求。本教材为高等院校经济专业本科生而编写，因此在内容设计和体系编排上充分地考虑了本科教学的特点和中国学生的学习习惯，重点突出，详略得当，语言流畅，结构严谨，既避免了国内教材中常见的空洞和陈旧，又克服了一般国外教材常有的发散和随意，翻译教材中常见的语言生硬、词不达意在本教材中也得以免除。每章最后附有思考与练习题，帮助学生更好地掌握所学内容。

本书由山东财经大学王培志担任主编，副主编为高敬峰、刘伟全、席岩，参加编写的人员有方慧（第一、二章）、朱庆华（第五、六章）、刘新英（第九、十一、十二、十三章）、郭艳茹、谢申祥（第七、八章）、刘伟全（第十章）、王培志（第三、四、十四、十五、十六、十七章）；

参加第三版修订的人员及分工如下：第一章（高敬峰，山东财经大学）；第二章（李真，山东财经大学）；第三章（刘磊，山东财经大学）；第四章（孙云奋，临沂大学）；第五章（赵明亮，山东财经大学）；第六章（席岩、张力珂，山东青年政治学院）；第七章（王磊，山东财经大学）；第八章（张劲青、付庆伟，山东管理学院）；第九章（韩喜艳，潍坊学院）；第十章（吴明霞，山东财经大学）；第十一章（丛静，山东财经大学）；第十二章（鞠姗，山东财经大学）；第十三章（卞学字，山东财经大学）；第十四章（张凤娟，山东农业大学）；第十五章（刘伟全，山东财经大学）。

参加本次修订的人员及分工如下：第一、二、三章（刘鲁浩，山东财经大学）；第四、五章（刘宁，山东财经大学）；第六、七章（邹通，山东财经大学）；第八章（刘来会，山东财经大学）；第九章（刘雯雯，山东财经大学）；第十、十一章（王磊，山东财经大学）；第十二、十三章（吕明宇，山东财经大学）；第十四章（刘晶，山东财经大学）；第十五章（赵佳颖，山东财经大学）。

本教程的编写得到了各有关方面的大力支持与合作，在此表示感谢。在教材的编写过程中，我们参阅了国内外大量的资料和文献，并援引了一些数字、图表，在此谨向有关的作者和编者表达我们的谢意。

　　由于编者水平所限，书中难免有错误、疏漏之处，敬请广大读者
批评指正。

编　者

2023 年 8 月

目　录

第一章
古典国际贸易理论

国际贸易理论主要阐述国际贸易产生的基础、国际贸易模式、国际贸易价格和国际贸易的利益分配等基本问题。古典国际贸易理论包括亚当·斯密的绝对优势理论、大卫·李嘉图的比较优势理论和约翰·穆勒的相互需求理论，其核心为比较优势理论。古典国际贸易理论建立在劳动价值论的基础上，认为劳动是唯一的生产要素，生产成本取决于劳动生产率，所以，劳动生产率成为国际贸易的重要决定因素。比较优势理论为国际贸易理论的发展奠定了基础。

第一节　绝对优势理论

在国际贸易的实践中，人们越来越认识到，贸易的发生是由于同一产品在不同国家之间存在着价格差异，而价格差异是由于商品的成本不同。解释成本差异的说法便构成了人们对于国际贸易产生原因的不同学说，古典贸易理论将成本差异的产生归结于劳动生产率的差异。

绝对优势理论（Absolute Advantage Theory）是国际贸易的古典理论之一，也是人们研究国际贸易理论时的一般出发点，它被看成是比较优势理论的特例。从历史上看，绝对优势理论是为产业资本家阶级的贸易利益而诞生的，是经济自由主义在国际分工领域中的应用。在经济政策上，经济自由主义对内主张自由放任（Laissez Faire），强调充分发挥"看不见的手"的作用，对外主张自由贸易，这是斯密时代英国经济实力在其对外经济关系上的反映。

一、绝对优势理论的前提假设

为了更好地说明国际贸易理论的基本内容，在国际贸易理论的阐述中，常常需要作一些假定，其设置原则是不能影响问题的说明。同样，绝对优势理论的阐述也需要一些假定。在此我们假定：

1. 生产要素只有一种——劳动力。
2. 生产要素在一国之内是完全同质的。
3. 世界由两个国家构成（英国和葡萄牙），每个国家生产两种产品（酒和布）。
4. 规模收益不变。
5. 要素在一国内自由流动，在两国之间不能流动。
6. 商品和劳动市场完全竞争。
7. 没有运输成本和其他交易费用。
8. 以劳动价值论为基础，价值由劳动时间决定。
9. 两国生产相同商品的劳动生产率不同。

二、绝对优势理论的主要内容

英国古典经济学家亚当·斯密（Adam Smith）在其不朽巨著《国民财富的性质和原因的研究》（*Inquiry into the Nature and Causes of the Wealth of Nations*，1776）即《国富论》（*The Wealth of Nations*）中，提出了后人称为绝对优势理论的国际分工和国际贸易理论。在《国富论》中，他指出："如果一件东西在购买时所费的代价比在家内生产时所费的小，就永远不会想要在家内生产，这是每个精明的家长都知道的格言。裁缝不想制作他自己的鞋子，而向鞋匠购买。鞋匠不想制作他自己的衣服，而雇裁缝裁制……他们都感到，为了他们自身的利益，应当把他们的全部精力集中使用到比邻人处于某种有利地位的方面，而以劳动生产物的一部分或同样的东西，即其一部分的价格，购买他们所需的任何其他物品。在每一个私人家庭的行为中是精明的事情，在一个大国的行为中就很少是荒唐的了。如果外国能以比我们制造还便宜的商品供应我们，我们最好就用我们自己较有优势的产业生产出来的物品的一部分来向他们购买。"[①] 亚当·斯密清楚地说明了国际分工和贸易的原因是两国生产成本和效率的差异，一个国家在生产某一商品时，必须具有绝对优势。如果在国际贸易中，人人都遵循这样的原则：生产、出口自己最具竞争力的商品，则参加国际贸易的每一个国家都能换得更多的商品，资源都能得到充分、有效的利用，最终参与贸易的各国福利水平都得到提高。

绝对优势理论的基本观点，简单说就是：如果一个国家生产某一商品的单位成本比其他国家生产该商品的单位成本绝对的低，则该国

绝对优势：如果一个国家生产某一商品的单位成本比其他国家生产该商品的单位成本绝对的低，则该国在该商品的生产中具有绝对优势。

---

① 亚当·斯密：《国民财富的性质和原因的研究》，中译版，商务印书馆1983年版。

在该商品的生产中具有绝对优势。各国专业化生产和出口具有绝对优势的商品，进口具有绝对劣势的商品，参加贸易的各国都会从中受益。

三、绝对优势理论的简单数字说明

由前面的假设前提，我们知道，世界上只有两个国家——英国和葡萄牙，两国都生产酒和布，由于资源条件和生产技术等方面的原因，两国的生产成本是不同的。为了简化问题，暂不考虑货币等因素，商品的成本只由劳动的消耗构成，劳动时间的多少直接是衡量商品成本的尺度。我们假定两国都生产两种产品——酒和布。其中英国生产 1 码布需要 1 小时劳动，生产 1 桶酒需要 4 小时劳动；葡萄牙生产 1 码布需要 2 小时劳动，生产 1 桶酒需要 3 小时劳动。在两个国家的生产在进行专业化分工之前，劳动消耗（成本）情况如表 1 – 1 所示。

表 1 – 1　　　　　　　　分工前两国的劳动需要量与绝对优势

国家	布（C）	酒（W）	封闭条件下的价格比率
英国	1 小时/码	4 小时/桶	1W：4C
葡萄牙	2 小时/码	3 小时/桶	1W：1.5C

注：1 码 = 0.9144 米，1 桶 = 158.9873 立方分米。

在封闭条件下，两国必须同时生产酒和布，即两国都需要将劳动分成两部分，一部分生产酒，另一部分生产布。一国如果增加其中一种产品的生产，则必须减少另一种产品的生产。经济学家用机会成本这一概念来描述这种产品之间的替换。

机会成本是指在生产两种产品情况下，增加一个单位某种产品的生产所放弃生产的另外一种产品的价值或数量。放弃一种产品一定数量的生产的目的是释放出一定的生产要素或经济资源，以生产另一种产品。

在绝对优势理论中是假设机会成本不变的，因而以上例子中，英国如果放弃 1 桶酒的生产，就可以用全部 4 小时的劳动时间生产 4 码布，于是 4 码布的机会成本就是 1 桶酒。同样在葡萄牙，如果放弃 1 桶酒的生产，就可以用 3 小时的劳动时间生产 1.5 码布，因此，1 桶酒的机会成本是 1.5 码布。

实际上，英、葡两国各自的机会成本就是贸易前布和酒的国内比价。由此可见英国国内布的价格低于葡萄牙，葡萄牙国内酒的价格低于英国。英国商人看到如果将英国的布运到葡萄牙来卖，可以换得比

机会成本： 在生产两种产品情况下，增加一个单位某种产品的生产所放弃生产的另外一种产品的价值或数量。

国内更多的酒，1 码布换 2/3 桶酒（或者 1W 换 1.5C），比在英国国内多换 5/12 桶酒。于是英国的布商就产生了将布运到葡萄牙来卖的倾向，即出口布。同样，在葡萄牙商人看来，将酒运到英国去卖，可以换得比国内更多的布，1 桶酒可以换回 4 码布（或者 1C 换 1/4W），比在葡萄牙国内多换 2.5 码布，于是葡萄牙的酒商就产生了将酒运到英国去卖的倾向，即出口酒。

按照绝对优势理论的观点，英国在布的生产上具有绝对低的生产成本，因此，英国应专门生产其高劳动生产率的布；葡萄牙在酒的生产上具有绝对低的生产成本，葡萄牙应专门生产其高劳动生产率的酒。在斯密看来，这里就存在贸易的基础，因为两国通过专业化生产其低成本的产品，并进口那些在国外可更便宜地生产出来的商品，两国的福利都可以明显地得到改善。

为了说明这种贸易互利的情况，现假设两个国家两种商品的交换比例是 1 桶酒换 3 码布，因此英国商人仅用 3 码布就能从葡萄牙换取 1 桶酒，而在其国内必须用 4 码布。同样，葡萄牙商人仅用 1/3 桶酒就能从英国换取 1 码布，而不是在国内要用 2/3 桶酒换取。可见，通过专业化生产和贸易，英国和葡萄牙均能获益。

四、简要评述

（一）绝对优势理论的积极意义

亚当·斯密的绝对优势理论是 18 世纪后期代表产业资产阶级的利益、适应产业革命的需要而提出的一种国际贸易理论。该理论具有多方面的积极意义。第一，批判了重商主义（Mercantilism，详见第五章第一节）的财富观。重商主义认为，金钱是唯一的社会财富。斯密认为，金银是财富的代表，充其量是财富的一种，具体的物质产品是社会的主要财富；出口商品的目的是获得进口商品的手段，而不是单纯为了金银；财富是劳动创造的，是可以增值的，总量不是固定不变的。第二，主张政府应鼓励经济自由主义，减少对经济的干预；同时认为贸易的顺差和逆差都存在着自动调节机制，一方不可能长期保持顺差进而以此积累财富，贸易的利益应是双方的，只有这样才可能使贸易得到正常发展。第三，斯密第一次运用劳动价值论说明了国际贸易的利益和基础，为国际贸易理论的建立奠定了基础。第四，绝对优势理论说明了国际贸易并不是一种"零和博弈"（Zero-sum Game，详见第五章第一节），参与贸易的双方均能从中受益，为国际贸易的扩大和国际分工的深化奠定了理论基础。

（二）绝对优势理论的不足之处

第一，就纯粹的国际贸易理论而言，斯密以劳动价值论为基础，未考虑需求因素，无法说明国际贸易均衡价格如何决定的问题，因而就无法解释国际贸易的收益分配问题，即谁获利多和谁获利少的问题。

第二，斯密的产业结构的调整和国际均衡价格的调整都是一次到位的，这种理论逻辑与现实情况完全不符。现实中，产业结构的调整和国内国际价格的调整是缓慢地逐步进行的，在斯密的模型中这个过程不存在。

第三，绝对优势理论的适用范围有限。绝对优势理论不能解释一国在两种产品的生产上劳动生产率均高于另一国，处于优势地位，而另一国在两种产品上均处于劣势地位时，国际分工和贸易是否可以进行的问题，而李嘉图的比较优势理论解决了这一问题。

第二节 比较优势理论

比较优势理论由英国著名古典经济学家大卫·李嘉图（David Ricardo）[①] 在亚当·斯密的绝对优势理论的基础上提出。李嘉图在1817年出版的《政治经济学及赋税原理》（*The Principles of Political Economy and Taxation*，1817）一书中对比较优势理论（Law of Comparative Advantage）进行了详细阐述，形成了较为完整的古典国际贸易理论。

一、比较优势理论的前提假设

1. 生产要素只有一种——劳动力。

2. 任何一国都有一个固定的资源禀赋水平，并且生产要素在一国之内是完全同质的。

3. 世界由两个国家构成（英国和葡萄牙），每个国家生产两种产品（酒和布）。

4. 生产成本不变，规模收益不变。

---

① 大卫·李嘉图，19世纪初英国著名经济学家，资产阶级古典政治经济学家的杰出代表。早年受斯密《国富论》的影响，专注于政治经济学的研究。1817年出版代表作《政治经济学及赋税原理》，在国际贸易分工方面发展了斯密的绝对优势理论，提出比较优势理论。

5. 要素在一国内自由流动，在两国之间不能流动。

6. 商品和劳动市场完全竞争。

7. 没有运输成本和其他交易费用。

8. 经济在充分就业状态下运行。

9. 以劳动价值论为基础，价值由劳动时间决定。

10. 虽然不同国家之间存在着技术水平的差异，但各国的技术水平都是既定的。

11. 政府对于经济活动不施加任何干预。

二、比较优势理论的主要内容

比较优势理论的内容可以概括为：一国生产不同产品的劳动成本可能比其他国家都要高，因而不具有绝对成本优势，但只要成本差异的程度不同，各国即可找到本国的比较优势。各国按比较优势进行分工和贸易，能够使各国资源得到更有效利用，产出水平和社会福利水平得到提高。

比较优势理论确立的分工原则是比较成本的高低，而非绝对成本的高低。以成本的相对高低来决定一国生产什么和进口什么，即遵循"两利相权取其重，两弊相权取其轻"的原理，实质上是根据机会成本的高低进行分工的。如果英国和葡萄牙两个国家的劳动生产率不等，英国在生产任何产品时劳动生产率均高于葡萄牙，具有绝对优势，而葡萄牙则相反，其劳动生产率在任何产品生产上均低于英国，具有绝对劣势。如果两国劳动生产率差异的程度不同，则生产同一种产品的机会成本在两国便不同，两国即可按照比较优势来进行分工和交换。英国应该专业化生产本国具有更大绝对成本优势的产品，葡萄牙应该专业化生产本国绝对劣势较小的产品，然后通过贸易，与对方国家进行交换，两个国家都可以节约社会劳动，提高消费水平。

三、比较优势理论的简单数字说明

我们假设英国和葡萄牙生产酒和布的单位劳动投入如表1-2所示。

表1-2　　　　　　　　分工前两国的劳动需要量

国家	布（C）	酒（W）	封闭条件下的价格比率
英国	1 小时/码	2 小时/桶	1W:2C
葡萄牙	6 小时/码	4 小时/桶	1W:2/3C

英国生产1码布需要1小时的劳动，生产1桶酒需要2小时的劳

动。而葡萄牙生产 1 码布需要 6 小时的劳动，生产 1 桶酒需要 4 小时的劳动。虽然，英国在生产两种商品上的劳动生产率均高于葡萄牙，但高的程度不同；葡萄牙在两种商品上的劳动生产率均低于英国，但低的程度也不同。从机会成本的角度看，在英国，多生产 1 码布的机会成本是放弃 1/2 桶酒的生产，而葡萄牙多生产 1 码布的机会成本是放弃 3/2 桶酒的生产；在英国，多生产 1 桶酒的机会成本是放弃 2 码布的生产，而葡萄牙多生产 1 桶酒的机会成本是放弃 2/3 码布的生产。由此可知，在布的生产上，英国的机会成本比葡萄牙低，在酒的生产上，英国的机会成本比葡萄牙的高，英国应专业化生产布，葡萄牙应专业化生产酒。两国投入原来各生产 1 码布和 1 桶酒的劳动量，就会生产出较多的产品，即英国生产出 3 码布，葡萄牙生产出 2.5 桶酒。我们假定国际交换价格为 1W∶1C，英国用 1 码布交换葡萄牙 1 桶酒，则两国最终消费两种产品的数量比分工前增加，福利水平提高（见表 1 - 3）。

表 1 - 3　　　　　　　　　　分工后两国的消费水平

国家	布	酒
英国	2	1
葡萄牙	1	1.5

四、比较优势理论的模型分析

下面通过对 A、B 两国使用劳动一种生产要素生产 X、Y 两种产品模型的分析，说明按比较优势原理进行国际分工和贸易为参与贸易的国家带来的利益。

（一）封闭条件下的生产与消费均衡

在封闭条件下一国的消费需求完全通过本国的生产来满足。

我们用生产可能性曲线（Production Possibility Curve，PPC）表示在一定资源条件和生产技术条件下，一国能够生产的两种商品的不同数量组合。因为只有一种生产要素，生产一种产品的边际机会成本不变，在这里生产可能性曲线是一条直线，其斜率表示这一经济中生产的机会成本。设 A 国的劳动总量为 L^A，生产 X 产品的单位劳动投入为 a_{LX}，生产 Y 产品的单位劳动投入为 a_{LY}。如果 A 国只生产 X 产品，最大产量为 L^A/a_{LX}；如果 A 国只生产 Y 产品，最大产量为 L^A/a_{LY}。将坐标轴上表示 X、Y 两种产品最大产量的两点连起来，就形成了 A 国的生产可能性曲线（见图 1 - 1）。

生产可能性曲线： 在一定资源条件和生产技术条件下，一国能够生产的两种商品的不同数量组合。

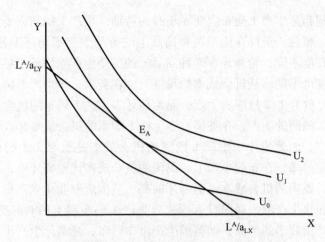

图 1-1　A 国封闭条件下的均衡

社会无差异曲线：能够为整个社会（或国家）带来相同满足水平的 X 商品与 Y 商品的组合。

我们用社会无差异曲线（Community Indifference Curve，CIC）表示能够为整个社会（或国家）带来相同满足水平的 X 商品与 Y 商品的组合。社会无差异曲线不能相交，具有序数效用（Ordinal Utility），较高的社会无差异曲线表示较高的消费水平或满足程度。社会无差异曲线的斜率用边际替代率（MRS）来反映。MRS 被定义为当多增加一单位 X 商品的消费时，为了使消费者的效用保持不变，消费者所必须放弃的 Y 商品的数量。图 1-1 中，我们画出三条社会无差异曲线，U_2 代表的消费福利水平高于 U_1，U_1 高于 U_0。

边际替代率：当多增加一单位 X 商品的消费时，为了使消费者的效用保持不变，消费者所必须放弃的 Y 商品的数量。

在封闭条件下，一国生产 X、Y 组合根据本国的消费选择来确定。在生产可能性曲线 PPC 和 U_1 的切点 E_A，X、Y 的生产和消费组合给 A 国消费者带来最高的可以实现的消费水平。E_A 为该国封闭条件下的生产消费均衡点。在该点，X 产品的相对价格为 $P_X/P_Y = a_{LX}/a_{LY}$，即 X 产品的机会成本，等于生产可能性曲线的斜率的绝对值。

用同样的方法，我们可以考察 B 国封闭条件下的生产和消费均衡状况。

（二）自由贸易条件下的生产、消费与均衡

比较优势：如果 A 国生产 X 的机会成本低于 B 国，则 A 国生产 X 产品具有比较优势，B 国生产 Y 产品具有比较优势。

1. 比较优势的确定。如果 A 国生产 X 的机会成本低于 B 国，则 A 国生产 X 产品具有比较优势，B 国生产 Y 产品具有比较优势。用公式表示，即如果：

$$(a_{LX}/a_{LY}) < (b_{LX}/b_{LY})$$

则 A 国在 X 商品上具有比较优势。其中，a_{LX}、a_{LY} 和 b_{LX}、b_{LY} 分别表示 A、B 两国生产 X、Y 产品的单位劳动投入。

a_{LX}/a_{LY} 是 A 国生产 X 商品的机会成本，同时也是 A 国生产可能性曲线的斜率（绝对值）。b_{LX}/b_{LY} 是 B 国生产 X 商品的机会成本，同

时也是 B 国生产可能性曲线的斜率（绝对值）。$a_{LX}/a_{LY} < b_{LX}/b_{LY}$，说明两国生产可能性曲线的斜率不同，A 国生产可能性曲线比 B 国生产可能性曲线要平，B 国生产可能性曲比 A 国生产可能性曲线要陡。通过比较两国生产可能性曲线的斜率，便可直观地确定两国的比较优势所在。

2. 自由贸易条件下的生产。两国之间开放贸易后，两国之间形成统一市场，出现单一的国际贸易价格。国际贸易价格在没有考虑需求因素的情况下无法具体确定，但应该介于两国贸易前国内贸易价格之间。各国厂商会发现，按国际贸易价格，生产出口本国具有比较优势的产品，并与对方国家具有比较优势的产品交换，对本国有利。也就是说，两个国家会在本国具有比较优势的商品上实行专业化生产。由于机会成本不变，两国的比较优势会持续存在，因此两国一般会实现完全的专业化生产。A 国专业化生产 X，最后的生产点是 P_A，B 国专业化生产 Y，最后的生产点是 P_B（见图 1-2）。

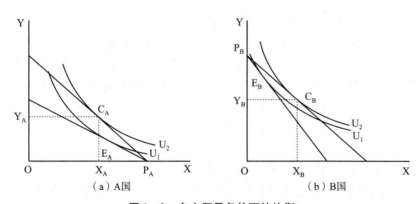

（a）A国　　　　　　　（b）B国

图 1-2　自由贸易条件下的均衡

3. 自由贸易条件下的消费与均衡。自由贸易条件下，A 国能够接受的国际贸易价格可以用由 P_A 引出的比本国生产可能性曲线更陡的直线的斜率表示。同样，B 国能够接受的国际贸易价格可以用由 P_B 引出的比本国生产可能性曲线更平的直线的斜率表示。实际的均衡国际贸易价格，必须使 A 国愿意出口的 X 商品的数量，正好等于 B 国愿意进口的 X 商品的数量；A 国愿意进口的 Y 商品的数量，正好等于 B 国愿意出口的 Y 商品的数量。

图 1-2（a）和（b）分别描述了均衡国际贸易价格下，A、B 两国的生产与消费情况。

A 国在封闭条件下的均衡点是 E_A，在自由贸易条件下的消费均衡点是 C_A，$C_A P_A$ 的斜率等于国际贸易价格，$C_A P_A$ 上的各点是 A 国通过贸易能够实现的 X、Y 消费组合。A 国用 $X_A P_A$ 的 X 商品出口，

换取 $X_A C_A$ 的 Y 商品进口，使本国的 X、Y 消费组合处于更优的无差异曲线 U_2 上，福利水平提高。$\Delta X_A C_A P_A$ 称为 A 国的贸易三角 (Trade Triangle)。

B 国在封闭条件下的均衡点是 E_B，在自由贸易条件下的消费均衡点是 C_B，$P_B C_B$ 的斜率是国际贸易价格，$P_B C_B$ 线上的各点是 B 国通过贸易能够实现的 X、Y 消费组合。B 国用 $P_B Y_B$ 的 Y 商品出口，换取 $Y_B C_B$ 的 X 商品进口，使本国的 X、Y 消费组合处于更高的一条的社会无差异曲线 U_2 上，社会消费水平与封闭条件下的 E_B 相比有了提高。$\Delta Y_B P_B C_B$ 称为 B 国的贸易三角。

在均衡的国际贸易价格下，$\Delta X_A C_A P_A \cong \Delta Y_B P_B C_B$，两国的两种商品的进出口数量相等。

五、简要评述

（一）比较优势理论的贡献

李嘉图的比较优势理论使人们对国际贸易的认识比斯密的绝对优势理论大大前进了一步，它说明没有绝对优势的国家可以凭比较优势参加国际分工和贸易，并从中受益。这种理论为不同经济发展水平的国家参与国际贸易提供了理论依据。直到今天，比较优势理论对各国参与国际分工与贸易仍具有指导意义。

（二）比较优势理论的不足

李嘉图的比较优势理论也存在一些不足。（1）该理论的假设前提过于苛刻，并不符合国际贸易的实际情况，如要素在国际上完全不能流动的假设，经济中不存在规模收益，并不是经济现实。这使得比较成本说的适用程度受到了限制。（2）该理论采用的是静态分析的方法，没有考虑动态发展变化的问题，以至于后来的经济学家批评比较优势理论是为发达国家设计的，发展中国家没有必要实现工业化。（3）作为国际贸易纯理论，比较优势理论同样没有考虑需求因素，就像绝对优势理论一样，它无法说明国际均衡价格的决定和贸易利益的分配问题。

第三节　相互需求理论

大卫·李嘉图的比较优势理论揭示了每个国家都可以通过国际分

工和交换来获取国际贸易利益的基本原理，但却没有进一步说明参与分工的两个国家究竟按照什么比价来交换他们的商品，即国际贸易的利益按照什么比例在不同的国家之间分配。英国古典经济学家约翰·穆勒（John Mill）① 在比较优势的基础上，提出了相互需求方程式，用相互需求解释自由贸易条件下均衡国际贸易价格的决定问题。相互需求方程式是指在国际分工的条件下，两个国家各自生产不同的产品并相互交换，这两种产品的交换比例必须等于两国相互需求对方产品总量的比例。

相互需求方程式： 在国际分工的条件下，两个国家各自生产不同的产品并相互交换，这两种产品的交换比例必须等于两国相互需求对方产品总量的比例。

一、相互需求理论的主要内容

（一）国际交换比例以贸易前两国的国内交换比例为限

设有英、葡两国，生产酒和布两种商品，使用劳动一种投入，两国生产两种产品的单位劳动投入继续假设如表 1-2 所示。

由表 1-2 可知，英国在布的生产上具有比较优势，葡萄牙在酒的生产上具有比较优势。英国应该出口布、进口酒；葡萄牙应该出口酒、进口布。英国与葡萄牙之间布与酒的交换比例如何确定，即两种商品的国际贸易价格如何确定？约翰·穆勒指出：国际交换比例介于贸易前（封闭条件下）两国的国内交换比例之间。

贸易前国内两种商品的交换比例是由生产成本决定的。

英国：1 码布交换 0.5 桶酒（或 1W：2C）

葡萄牙：1 码布交换 1.5 桶酒（或 1W：2/3C）

开展自由贸易后，两国之间布和酒的交换比例必定介于 1W：2C 和 1W：2/3C 之间，因为只有这样两国才能从分工和贸易中获益。

下面用 1W：1C 进行验证。英国出口布交换葡萄牙的酒，按 1W：1C 的国际贸易价格，英国每出口 1 码布可以换取 1 桶酒，而按原国内交换比例（机会成本），英国放弃 1 码布，只能得到 0.5 桶酒。那么，按现有国际贸易价格，英国每出口 1 码布可以多得 0.5 桶酒。

葡萄牙出口酒交换英国的布，按 1W：1C 的国际贸易价格，葡萄牙每出口 1 桶酒可以换取 1 码布，而按原国内交换比例（机会成本），葡萄牙必须放弃 1.5 桶酒，才能得到 1 码布。那么，按现有国际贸易价格，葡萄牙每进口 1 码布可以节约 0.5 桶酒，出口同样多的

---

① 约翰·穆勒，英国人，是李嘉图后最有影响的古典经济学家。1848 年出版代表作《政治经济学原理》。这是当时最有影响的教科书，直到 1890 年马歇尔的《经济学原理》出版。

酒可以换取更多的布。

如果国际交换比例是 1W：2C，葡萄牙可以获得最大利益，但英国无利可图；同样，如果国际交换比例是 1W：2/3C，英国会获得最大利益，但葡萄牙从分工中得不到任何好处。所以，国际交换比例越靠近对方原来的国内交换比例，对本国越有利；越靠近本国原来的国内交换比例，本国从贸易中得到的利益越少。

国际交换比例介于两国国内交换比例之间，虽然由穆勒系统提出，它实际上是由比较优势本身所决定的，或暗含在比较优势原理之中。穆勒的创新之处，在于引入需求因素，分析具体的国际贸易价格如何确定。

（二）国际交换比例由相互需求的强度决定

如果布与酒的国际交换比例为 1W：1C，在此贸易价格下，英国愿意出口 1000 码布，向葡萄牙交换 1000 桶酒；而葡萄牙愿意出口 1000 桶酒，向英国交换 1000 码布。由于此时两种商品的供求平衡，英国对葡萄牙酒的需求与葡萄牙对英国布的需求强度相等。1W：1C 是一个稳定均衡的交换比例。

假设英国需求发生变化，对酒的需求量减少为 800 桶，按 1W：1C 的比例，为此需出口 800 码布；而葡萄牙对英国布的需求仍是 1000 码，并愿意为此出口 1000 桶酒。在这种情况下，酒供过于求，布供不应求。布的相对价格会提高，而酒的相对价格下降。

如果布与酒的交换比例调整为 1W：0.9C，酒相对价格下降，英国对酒的需求增加，从 800 桶增加到 900 桶；布的相对价格上升，葡萄牙对布的需求下降，从 1000 码下降为 810 码。英国用 810 码布交换葡萄牙 900 桶酒，市场供求重新取得平衡，1W：0.9C 是新的均衡国际贸易价格。

国际贸易价格由 1W：1C 变为 1W：0.9C，对英国更为有利。英国因为对葡萄牙出口品需求的相对下降，贸易条件得到改善。

二、简要评述

穆勒的相互需求理论探讨了均衡国际贸易价格的决定问题，补充和发展了李嘉图的比较优势理论，对国际贸易理论的发展做出了贡献。西方将穆勒称为古典学派最后一位有影响的经济学家。但他用供求均衡说明国际贸易价格的决定，背离了劳动价值论。后来英国经济学家马歇尔将几何方法引入国际贸易价格的分析，是对相互需求理论的发展，但内容上没有实质意义上的突破。

本章思考与练习

1. 名词解释

（1）绝对优势。

（2）比较优势。

（3）相互需求理论。

2. A 国有 1200 单位劳动，可生产两种商品——大米和布，生产单位大米的劳动投入为 3，生产单位布的劳动投入为 2，在机会成本不变的条件下：

（1）画出该国的生产可能性曲线。

（2）用大米表示的布的机会成本是多少？

（3）在自给自足模式下，该国用大米表示布的相对价格是多少？

3. 设有甲乙两国，甲国的情况如题 2，现在加一个乙国，其劳动时间为 800 单位，乙国生产单位大米的劳动投入为 5，生产单位布的劳动投入为 2：

（1）画出乙国的生产可能性曲线。

（2）乙国用大米表示的布的机会成本是多少？

（3）按照绝对优势理论，两国会发生贸易吗？原因是什么？

（4）按照比较优势理论，两国会发生贸易吗？如果发生贸易，则两国可接受的贸易价格是什么？

4. 根据上题所提供的资料，假设甲乙两国的贸易价格为 1 单位大米 = 2 单位布，请图示贸易使甲乙两国消费改善的情况。

第二章

新古典国际贸易理论

要素禀赋理论由瑞典经济学家赫克歇尔和俄林提出，说明机会成本递增情况下比较优势的来源和贸易格局。要素禀赋理论认为，一国的比较优势决定于该国的要素禀赋。各国应该生产和出口密集使用本国丰裕要素生产的产品，进口密集使用本国稀缺要素生产的产品。各国按要素禀赋理论进行分工和贸易，本国丰裕要素的价格会上升，稀缺要素的价格会下降，两国间同一要素存在价格均等化趋势。20世纪50年代，里昂惕夫对美国进出口商品的要素密集度进行检验，得出了与要素禀赋理论相悖的结论。

第一节 要素禀赋与 H－O 模型

要素禀赋（Factor Endowments）理论是20世纪初兴起的贸易理论。要素禀赋理论是比较优势理论的继承和发展，但与李嘉图比较优势理论的研究基础和研究方法差别巨大。李嘉图的比较优势理论说明，各国依据比较优势进行分工和交换，对贸易各方都有利。在李嘉图模型中只有劳动一种生产要素，比较优势来源于劳动生产率方面的相对优势。新古典模型说明，在两要素经济中，依据比较优势进行分工和贸易，同样对各国有利。在存在两种要素、机会成本递增的条件下，比较优势形成的基础是什么？要素禀赋理论主要回答这一问题，同时探讨贸易对要素价格的影响。

要素禀赋论的创始人是瑞典经济学家赫克歇尔与俄林。埃利·赫克歇尔（Eli Hecksher）是瑞典著名经济史学家，1919年发表一篇题为《对外贸易对国民收入分配的影响》的论文，率先提出了一国生产要素拥有状况影响比较优势的观点。伯蒂尔·俄林（Bertil Ohlin）是赫克歇尔的学生，瑞典著名经济学家。在斯德哥尔摩大学获得博士学位，曾任教于哥本哈根大学、哈佛大学、剑桥大学、斯德哥尔摩大学，发表过许多论著。1933 年出版代表作《域际贸易与国际贸易》（*Interregional and International Trade*，1933），系统地提出了要素禀赋论的思想。因此，要素禀赋论通常被称为 H－O 理论，有时也被称作要素比例学说。

一、要素禀赋理论的基本假设

要素禀赋论建立在一系列假定前提下，主要包括以下几个方面：

第一，世界经济中只有两个国家，两种同质的产品和两种同质的生产要素，各国初始的要素禀赋水平是既定的，拥有的数量各不相同。也就是说，A、B 两国拥有的劳动（L）和资本（K）两种要素的比例不同，一国为劳动要素丰裕的国家，另一国为资本要素丰裕的国家。要素在国内可自由流动，在国家之间不能流动。

第二，两种产品要素密集度不同。A、B 两国使用劳动和资本两种要素生产 X、Y 两种产品，两种产品生产中要素投入比例不同，一种为劳动密集型产品，另一种为资本密集型产品。要素相对价格的变化不改变两种产品的要素密集性质。

第三，两国相同部门生产函数相同。生产函数表示要素投入与产出之间的关系，生产函数相同意味着两国生产技术相同。

第四，两国消费偏好相同。消费偏好相同是指两国具有相同的社会无差异曲线。相同的产品组合给两国消费者提供的效用或满足是相同的。

第五，市场处于完全竞争状态，两国生产两种产品时规模报酬不变。

第六，产品在国家之间的流动不受政策限制，运输成本为零。

二、要素禀赋与要素密集度

（一）要素禀赋

要素禀赋是指一国所拥有的两种生产要素的相对比例。要素禀赋是指不同的相对要素禀赋（Different Relative Factor Endowment）水平，而不是要素的绝对数量水平。H－O 分析中关键的是两个国家之间要素的比例是不同的。

假设有 A、B 两个国家，分别拥有资本（K）、劳动（L）两种要素，同一种要素两国的拥有量不同，可能一国资本拥有量较大，另一国劳动拥有量较大；也可能一国两种要素的拥有量均高于另一国。用

要素禀赋：一国所拥有的两种生产要素的相对比例。

$(K/L)^A$ 表示 A 国资本（K）、劳动（L）两种要素数量的相对比例，用 $(K/L)^B$ 表示 B 国资本（K）、劳动（L）两种要素数量的相对比例。

如果 $(K/L)^A < (K/L)^B$，则 A 国为劳动丰裕的国家，同时也是资本稀缺的国家。相反，B 国则是劳动稀缺、资本丰裕的国家。或者，劳动是 A 国的丰裕要素（Abundant Factor），在 B 国则属于稀缺要素（Scarce Factor）；资本是 A 国的稀缺要素，在 B 国则是丰裕要素。

H－O 模型中一国只能有一种丰裕要素，即使该国两种要素的绝对量均高于另一国。

在现实世界中，有许多国家，因而一国生产要素的丰缺不是绝对的，要看同哪个国家比较。A 国同 B 国比较是劳动丰裕的国家，但同 C 国比较则可能是资本丰裕的国家。一国究竟是哪种要素丰裕的国家是由两国两种要素的相对比例决定的。

（二）要素密集度

要素密集度：产品生产中投入的两种要素的相对比例。

要素密集度（Factor Intensity）是指产品生产中投入的两种要素的相对比例。不同产品生产所需的资本与劳动投入的比例不同。假定使用 K 和 L 两种要素生产 X 和 Y 两种产品，如果 $(K/L)_X < (K/L)_Y$，则 X 为劳动密集型产品，Y 为资本密集型产品。

一种产品是资本密集型还是劳动密集型，不是看该种产品生产中使用的资本和劳动的绝对数量，而是取决于与另一种产品相比，该产品生产中使用的两种要素的比例。在存在多种产品的情况下，A 产品与 B 产品相比属于劳动密集型产品，但与 C 产品相比则可能属于资本密集型产品。

产品生产中的资本—劳动比率是由厂商根据利润最大化原则确定的。具体决定过程如下：

等产量线：表示获得一定的产出所需生产要素的不同组合的曲线。

1. 等产量线。等产量线（Isoquant）是表示获得一定的产出所需生产要素的不同组合的曲线。

图 2－1 描述一国生产 X 产品的两条等产量线 X_1 与 X_2。横轴与纵轴分别表示该国生产 X 商品的劳动与资本要素投入量。在同一条等产量线的各点，资本和劳动的组合不同，但产出水平相同。远离原点的等产量线表示较高的产量，图 2－1 中 X_2 表示的产量高于 X_1。等产量线凸向原点表明，要减少一种要素投入，必须增加另一种要素投入，生产要素具有一定的替代性，但等产量线的斜率（$\Delta K_X / \Delta L_X$）即生产要素的边际技术替代率（Marginal Rate of Technical Substitution, MRTS）递减。图 2－1 中从 E 到 F 再到 G，劳动代替资本，并且等量劳动所能代替的资本不断减少。

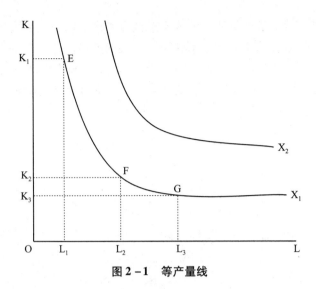

图 2 - 1　等产量线

2. 等成本线。等成本线（Isocost Line）是表示一国生产某一商品时相同成本条件下生产要素不同组合的曲线。

生产 X 商品需要 K、L 两种要素投入，由于两种生产要素可以在一定程度上相互替代，生产同一种商品可以使用不同的生产要素组合。生产成本由要素的投入量和要素的价格决定。用 w 表示劳动 L 的价格，r 表示资本 K 的价格，生产 X 商品需要的劳动与资本投入分别用 L_x 和 K_x 表示，则 X 产品的成本 $C = wL_x + rK_x$。

图 2 - 2 描述了一国生产 X 的两条等成本线，成本分别是 C 和 C^*。同一条等成本线上的任何一点，资本与劳动的组合不同，但成本相同。右上方一条等成本线 C^* 表示较高的成本。

等成本线： 表示一国生产某一商品时相同成本条件下生产要素不同组合的曲线。

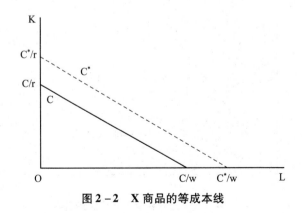

图 2 - 2　X 商品的等成本线

等成本线的斜率是 - w/r，即要素价格的比率。因此等成本线又被称作要素价格线。

3. 资本—劳动比率的确定。为实现最大利润，厂商会选择在代表该产品产量的等产量线上的成本最低点生产，即等产量线与等成本线相切，厂商在给定的成本下获得了最大的产出。

图2-3描述了一国 X 产品生产中要素投入比例的确定。P 点是等产量线 X_0 与等成本线 C 的切点，该点是生产 X_0 数量的 X 商品的成本最低点。OP 线的斜率等于生产 X 产品的资本—劳动比率 $(K/L)_X$。

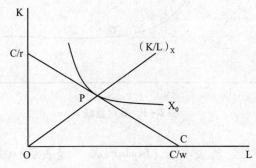

图2-3 资本—劳动比率的决定

从上述资本—劳动比率的决定过程可知，厂商可以沿着等产量线选择多种要素投入比例。具体的选择根据要素的价格确定。要素的价格比例不同，等成本线的斜率就不同，资本—劳动比率就不同。

在相同的要素价格条件下，资本—劳动比率在不同的行业往往不同。比如，钢铁行业的资本—劳动比率一般高于纺织行业（见图2-4）。钢铁与纺织品相比，钢铁是资本密集型产品，纺织品则是劳动密集型产品。

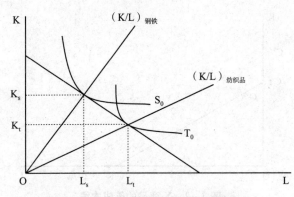

图2-4 不同行业要素投入比例的差异

图2-4中，S_0 代表钢铁的等产量线，T_0 代表纺织品的等产量线。K_s 和 L_s 分别是钢铁生产中需要的资本和劳动要素投入量，K_t 和

L_t 分别是纺织品生产中需要的资本和劳动要素投入量。

三、H - O 模型

（一）要素禀赋与生产可能性曲线

两国要素禀赋水平不同，在生产要素密集度不同的两种产品时，两国的相对生产能力存在差异。资本丰裕的国家较适合生产资本密集型产品，该种产品的相对供给能力较大；而劳动丰裕的国家比较适合生产劳动密集型产品，其劳动密集型产品的相对供给能力较大。反映在生产可能性曲线上，资本丰裕国家的生产可能性曲线（PPC）偏向表示资本密集型产品的坐标轴，而劳动要素丰裕的国家的 PPC 则偏向表示劳动密集型产品的坐标轴。注意，我们这里所用的 PPC 是机会成本递增情况下的，因而不是一条直线而是一条凹向原点（向外弯曲）的曲线。PPC 斜率的负值是边际转换率（Marginal Rate of Transformation，MRT），它反映了由 X 的变化量所引起的 Y 的变化量，它等于两个行业的边际成本之比（MC_X/MC_Y）。

假设 A 国劳动要素丰裕，B 国资本要素丰裕；X 为劳动密集型产品，Y 为资本密集型产品。则 A 国的生产可能性曲线（PPC_A）偏向 X 轴，B 国的生产可能性曲线（PPC_B）偏向 Y 轴（见图 2 - 5）。

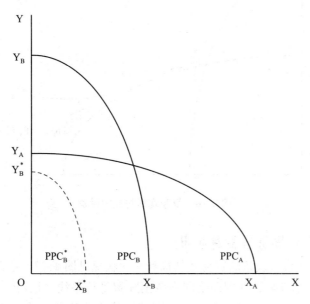

图 2 - 5 要素禀赋与生产可能性曲线

受资源总量的影响，一国有可能两种产品的供给能力均大于另一国。但是，一国在密集使用本国丰裕要素的产品方面的供给能力却相对较强。如图 2 – 5 中 PPC$_A$ 和 PPC$_B^*$ 表示的情况。

（二）要素禀赋与比较优势

上述分析表明，要素禀赋差异会导致两国两种产品相对供给能力的差异。在两国需求偏好相同的假定前提下，两国相对供给能力的差异就会形成封闭条件下两国相对价格的差异。

图 2 – 6 描述了 A、B 两国的比较优势。在社会无差异曲线与生产可能性曲线的切点，形成两国封闭条件下的生产消费均衡点 E$_A$ 和 E$_B$。生产可能性曲线在上述均衡点的斜率给出了封闭条件下两国各自的相对价格水平。可以看出，由于 A 国具有丰裕的劳动要素，其劳动密集型产品 X 的供给能力相对较高。而 B 国具有丰裕的资本要素，其资本密集型产品 Y 的供给能力相对较高。在相同的需求条件下，$(P_X/P_Y)_A < (P_X/P_Y)_B$，A 国 X 产品的相对价格低于 B 国，B 国 Y 产品的相对价格低于 A 国。因此，A 国生产 X 产品具有比较优势，B 国生产 Y 产品具有比较优势。

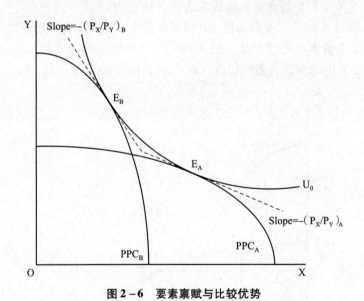

图 2 – 6 要素禀赋与比较优势

（三）贸易与福利状况

H – O 模型表述的贸易及其福利变化状况见图 2 – 7。在两国开放开展贸易活动后，两国面临同一条国际贸易价格线 $(P_X/P_Y)_w$，该价格处于两国国内价格水平之间，即贸易价格线比 A 国贸易前的价格线更陡峭，比 B 国贸易前的价格线更平坦。贸易前，A 国在 E$_A$ 点进行生产和消费，B 国在 E$_B$ 点进行生产和消费。贸易后，A 国的生产

点移动到 P_A 点，消费点移动到 C_A 点；B 国的生产点移动到 P_B 点，消费点移动到 C_B 点。在这种情况下，A 国将出口 X 产品（X_1X_0 单位）到 B 国，同时从 B 国进口 Y 产品（Y_0Y_1 单位），并在这个过程中达到一条更高的社会无差异曲线（U_1）。同样，B 国也发现通过出口 Y 产品（Y_1Y_2 单位）和进口 X 产品（X_2X_1 单位），可以改善其福利状况。其中，$X_1X_0 = X_2X_1$，$Y_0Y_1 = Y_1Y_2$。

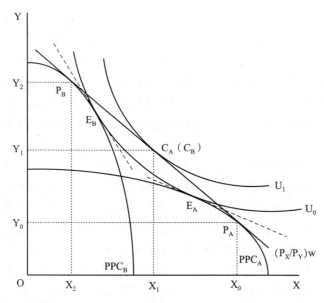

图 2-7　技术水平和需求相同但相对要素禀赋不同的国家之间的贸易互利

H-O 定理（H-O Theorem）表述如下：在需求条件相同的前提下，要素禀赋决定一国的比较优势，一国应生产和出口密集使用本国丰裕要素生产的产品，进口密集使用本国稀缺要素生产的产品。H-O 定理为不同国家确定各自的比较优势产业提供了便利标准，有助于各国比较优势的发挥和世界资源的有效利用，同时为分析贸易的福利效应奠定了框架基础，是对比较优势理论的发展。

第二节　国际贸易与要素价格

各国根据 H-O 理论确定的比较优势进行专业化生产和贸易，会导致生产要素的价格发生相对变化。本节介绍斯托尔珀-萨缪尔森定理（The Stolper-Samuelson Theorem）和要素价格均等化定理（The Factor Price Equalization Theorem），分析产品价格对要素价格的影响和贸易对两国同一要素价格的影响，从而考察贸易对一国不同要素所有者和两个国家产生的福利效应。

一、斯托尔珀－萨缪尔森定理

（一）产品价格变化对要素价格的影响

开放贸易后，各国会生产和出口本国具有比较优势的产品。与封闭状态相比，各国比较优势产品的相对价格提高。根据 H－O 理论，开放贸易后，一国会扩大密集使用本国丰裕要素的产品的生产，从而增加对本国丰裕要素的需求。同时，该国会减少密集使用本国稀缺要素的产品的生产，从而减少对本国稀缺要素的需求。这样，在一国资源供给一定的条件下，开放贸易会提高丰裕要素的价格，降低稀缺要素的价格。

假定 A 国是一个劳动力丰裕的国家，X 产品是劳动密集型产品，Y 产品是资本密集型产品。根据 H－O 理论，开放自由贸易后，A 国会倾向于专业化生产 X 产品。由于 X 产品是劳动密集型产品，X 产品生产的扩大将增加对劳动的需求。同时，A 国 Y 产品的生产将减少，这样也会释放出一些劳动，可供 X 产品生产的使用。但是，由于 Y 产品是资本密集型的，释放出来的劳动相对较少，并未达到增加 X 的产量所需要的劳动相对（于资本）数量。因此，A 国对劳动力的需求相对比以前增加，劳动力的价格（工资）提高。

同样，A 国减少资本密集型产品 Y 的生产，减少了本国对资本的需求。虽然劳动密集型产品 X 生产的扩大会增加对资本的需求，但需求增加相对（于劳动）较小。从总体看，A 国对资本的需求相对减少，资本要素的价格下降。

实际上，自由贸易条件下产品相对价格的变化，会导致生产中密集使用的生产要素的价格同方向更大比例的变化。这里存在一个放大效应（Magnification Effect）。比如，劳动密集型产品 X 相对价格上升 10%，则工资上升 10% 以上。这是因为在竞争性要素市场的均衡状态下，工资等于劳动的边际生产率（MP_L）乘以劳动密集型产品 X 的价格。出口商品 X 的价格和工资的增长速度取决于 MP_L 的变化，如果 MP_L 提高，工资的增幅将大于出口商品价格的增幅。两国发生贸易后，劳动丰裕的国家工资提高，资本的价格下降，生产者在生产中将增加资本的投入，相对减少劳动力的雇佣，由此提高了劳动的边际生产率，进而使工资的上涨幅度高于出口商品价格的上涨幅度，产生放大效应。1941 年，斯托尔珀（Wolfgang Stolper）[1] 和萨缪尔森（Paul Samuelson）[2] 在《经济研究评论》上发表论文《论贸易保护与实际工资》，研究了关税对收入分配的影响，揭示了国际贸易的收入分配效应。斯托尔珀－萨缪尔森定理表述如下：假定两国在贸易前后均实现了充分就业，从长期看，贸易的发生将促使本国丰裕要素价格上升，稀缺要素价格下降，导致丰裕要素所有者报酬提高，稀缺要素所有者报酬下降，而且无论这些生产要素在哪个行业中使用都是如此。

（二）斯托尔珀－萨缪尔森定理的意义

斯托尔珀－萨缪尔森定理表明，自由贸易会增加本国丰裕要素的报酬，由于丰裕要素报酬的增长超过产品相对价格的提高幅度，丰裕要素所有者的福利得到改善。同时，自由贸易降低稀缺要素的报酬，由于要素报酬的降低超过产品相对价格的降低幅度，稀缺要素所有者的福利水平下降。自由贸易总体上可以改善一国福利水平，但是对国内不同要素所有者福利的影响不同。一部分人福利改善，另一部分人福利恶化。这是一国不同的社会群体对同一贸易政策持不同态度的主要原因。

二、要素价格均等化

（一）要素价格均等化定理

斯托尔珀－萨缪尔森定理说明的是自由贸易对一国不同要素价格的影响，而要素价格均等化探讨的是自由贸易条件下两国同一生产要素价格的变动趋势。

自由贸易能够促使产品价格均等化。如果生产要素能够在国家之间自由流动，则要素价格也会倾向于均等化。比如，劳动力会从工资低的国家流向工资高的国家，从而引发低工资国家工资上涨，高工资国家工资下降，两国工资水平趋向一致。

但我们假定生产要素在国内自由流动，在国家间不能流动。虽然这一假定并不完全符合事实，但它确实反映出国界对要素流动的影响。要素在国家之间的流动性明显低于在国内的流动性。国家之间要

---

① 沃尔夫冈·斯托尔珀，美国经济学家。1912 年生于维也纳，1938 年获得哈佛大学经济学博士学位。1949 年起一直在美国密执安大学任教，担任过福特基金会、世界银行、联合国的经济顾问。

② 保罗·萨缪尔森，美国著名经济学家。1915 年生于芝加哥的一个波兰移民家庭，获得哈佛大学博士学位后，进入麻省理工学院任教。萨缪尔森的研究领域非常广泛，在最有影响的学术刊物上发表了大量的论文，受到学术界极高评价。萨缪尔森在经济学基础原理的教学研究方面也取得了杰出成就。1948 年出版教材《经济学》，再版至今。1970 年萨缪尔森获得诺贝尔经济学奖，他是获得该奖的第一位美国经济学家。

斯托尔珀－萨缪尔森定理： 假定两国在贸易前后均实现了充分就业，从长期看，贸易的发生将促使本国丰裕要素价格上升，稀缺要素价格下降，导致丰裕要素所有者报酬提高，稀缺要素所有者报酬下降，而且无论这些生产要素在哪个行业中使用都是如此。

素的非流动性意味着，并不存在明显的机制使要素价格均等化。

那么，产品的自由贸易对两国同一要素的价格有什么影响呢？

开放自由贸易后，一国会扩大比较优势产品的生产。根据 H－O 理论，扩大生产的产品是密集使用本国丰裕要素生产的产品。这样，生产扩大导致对丰裕要素的需求增加，进而导致其价格上涨，而原来这一要素价格较低。同时，比较劣势产品的生产减少，降低了对稀缺要素的需求，稀缺要素的价格会降低。在另一个国家，贸易会对要素价格产生相同的影响，但两国的丰裕和稀缺要素正好相反。本国丰裕的要素是对方国家稀缺的要素，本国稀缺的要素是对方丰裕的要素。这样，对同一种生产要素，自由贸易使其在供应丰裕的国家价格上升，在供应稀缺的国家价格下降。在生产要素不能在国家之间自由流动的假定前提下，产品的自由贸易可以替代要素在国家之间流动，使两国丰裕要素价格上升，稀缺要素价格下降，最终两国同一生产要素的价格趋于均等化。这一结论被称为要素价格均等化定理。1948 年，萨缪尔森首次对此作了证明，因此也称作 H－O－S 定理。

（二）妨碍要素价格均等化的因素

然而，我们并未发现现实生活中出现完全的要素价格均等化。这是因为，有许多因素妨碍着要素价格的均等化。第一，生产要素是非同质的。要素价格均等化的一个前提是要素的同质性。比如劳动，素质相同，劳动效率相同；但实际上，劳动是非同质的。一国的劳动力接受了较多的教育培训，有较高的技能，产出较多，报酬较高；另一国劳动力素质较差，产出较低，报酬也较低。两国工资水平必然有差距。第二，不同国家技术不同。H－O 理论假定不同国家生产同一种产品使用相同技术，但实际上国家之间存在技术差异。先进技术会取代落后技术，但国家之间技术的扩散和转移存在时间差距。两国技术不同，生产同一种产品对生产要素的需求不同，生产要素的报酬就不同。第三，国家间产品价格存在差异。要素价格均等化是从产品价格均等化推导出来的。但国家之间产品价格由于许多因素的限制并未均等化。比如，运输成本、贸易保护措施、非贸易产品的存在等。国家间产品价格的差异限制了要素价格均等化的实现。

（三）要素价格均等化定理的意义

尽管不存在完全的要素价格均等化，要素价格均等化定理对我们认识贸易对要素价格的影响仍很有意义。自由贸易会缩小两国要素报酬的差距，这一点增加了一国政策选择的余地。一国出口密集使用丰裕要素进行生产的产品，实际上是间接地出口本国丰裕的生产要素，从而提高本国丰裕要素的报酬。劳动力丰裕的国家，不必通过向外移民或劳动力输出提高工资水平，通过出口劳动密集型产品同样能够提高本国的工资水平，减少与外国的收入差距。比如中国，对外贸易的发展，使得我国劳动力丰富且价格低的比较优势得以凸显，也同样带动了密集使用要素即劳动力价格的快速上涨。因此，新时期依然要推动劳动密集型产品的出口，实现劳动者收入增长，拓宽实现共同富裕的路径。

第三节　里昂惕夫之谜及其解释

一、里昂惕夫之谜

根据 H－O 理论，一般认为美国是一个资本要素丰裕的国家，应该出口资本密集型产品，进口劳动密集型产品。但里昂惕夫（Wassily Leontief）[①] 用其投入产出分析对美国的进出口商品的要素投入进行检验，却得出了相反的结论。

1953 年，里昂惕夫计算 1947 年美国每百万美元出口商品和进口替代品生产中资本与劳动的比率，结果如表 2－1 所示。

表 2－1　里昂惕夫对美国进出口品资本—劳动比率的检验结果

项目	出口品	进口替代品
资本（美元）	2550780	3091339
劳动（人/年）	182	170
资本—劳动比率	14015	18184

资料来源：里昂惕夫：《国内生产与对外贸易》，载《美国哲学学会会刊》，1953 年。

上述检验结果表明，美国出口品的资本—劳动比率低于进口品，或者说，美国出口的产品是劳动密集型的，进口的产品是资本密集型的。这一结论与 H－O 理论正好相反，被称作"里昂惕夫之谜"（Leontief Paradox）。

里昂惕夫之谜在西方国际贸易理论界引起震动。不少经济学家纷纷进行类似的检验，结果各异。

1956 年，里昂惕夫用同样的方法对美国 1951 年的进出口进行检验，结论与 1953 年一致。

里昂惕夫之谜：美国出口品的资本—劳动比率低于进口品，或者说，美国出口的产品是劳动密集型的，进口的产品是资本密集型的。这一结论与 H－O 理论正好相反，被称作"里昂惕夫之谜"。

---

① 瓦西里·里昂惕夫，当代美国著名经济学家，投入产出经济学的创始人。祖籍俄国，自幼受到良好教育，21 岁获得柏林大学博士学位。1931 年加入美国籍，长期担任哈佛大学教授，曾任美国经济学会会长。由于他在投入产出经济学领域的开创性贡献，1973 年获诺贝尔经济学奖。

1971 年，美国经济学家鲍得温（R. G. Baldwin）的研究也证实美国出口的资本密集度低于进口品。

1959 年，日本两名经济学家对日本的研究显示，日本出口资本密集型产品，进口劳动密集型产品。当时日本是一个劳动力过剩、资本并不丰裕的国家，谜是存在的。但进一步考察美日贸易表明，日本对美国的出口相对于从美国的进口劳动密集度较高，谜并不存在。

1962 年，巴哈尔德瓦（Bharadwai）对印度的研究表明，印度出口劳动密集型产品，进口资本密集型产品，符合 H－O 理论。但对印度同美国之间的贸易的检验表明，印度出口资本密集型产品，进口劳动密集型产品，谜是存在的。

此外，加拿大、民主德国、苏联等国家经济学家对本国进出口品要素密集度的检验结果，有的符合 H－O 理论，有的则与之相矛盾。

二、对里昂惕夫之谜的解释

里昂惕夫之谜的出现，引发各国经济学家围绕这一问题提出许多解释，有的仍在 H－O 理论框架内探讨问题，提出对 H－O 理论的许多修正，使理论与实践相吻合。有的则走出 H－O 理论的框架，提出新的理论解释各国的贸易实践。这里介绍几种对 H－O 理论的修正，新的贸易理论在下一章介绍。

（一）需求偏好的作用

H－O 理论假定各国的需求偏好是相同的。但实际上，各国的需求偏好是存在差别的。在成本递增条件下，需求因素影响一国两种产品的相对价格，从而影响一国的比较优势。强烈的需求偏好可以使一国生产、出口密集使用本国稀缺要素的商品，即需求逆转。

假定 A 国是劳动力丰裕的国家，其要素禀赋水平适合生产劳动密集型产品 X；B 国拥有丰富的资本要素，适合生产资本密集型产品 Y。但是由于 A 国消费者偏好消费 X 产品，强烈的需求使 X 产品在 A 国的相对价格高于 B 国，而 Y 产品相对价格却低于 B 国，结果 A 国出口 Y 产品具有比较优势，与其要素禀赋水平相背离（见图 2－8）。

图 2－8 描述了 A、B 两国的生产可能性和封闭条件下 X、Y 产品相对价格的情况。尽管两国的生产可能性曲线体现出各自国家的要素禀赋优势，但由于两国需求偏好的作用，A 国的生产消费均衡点在 E_A，B 国的生产消费均衡点在 E_B，结果出现 A 国生产可能性曲线在均衡点的斜率绝对值高于 B 国的情况，即 A 国生产和出口 Y 产品具有比较优势。

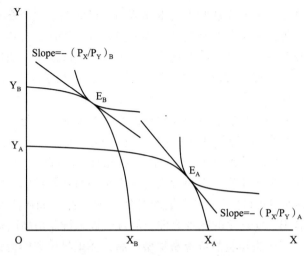

图2-8　需求偏好与比较优势

从逻辑上讲，需求偏好可以解释里昂惕夫之谜。如果与外国相比，美国的需求偏好强烈地倾向于消费资本密集型产品，那么，资本密集型产品在美国的价格就会相对较高，美国就会进口资本密集型产品，出口劳动密集型产品。

但并没有证据表明美国与其他国家存在足以改变要素禀赋形成的比较优势的需求偏好的巨大差异，并且随着收入的提高，人们对劳动密集型产品的需求在增长，如手工制作的产品。此时用需求偏好解释贸易流向正好与里昂惕夫之谜一致。

（二）贸易壁垒的作用

H-O理论所揭示的贸易流向，是以自由贸易为前提的。但现实世界中，各国都存在关税、配额等各类限制贸易的措施。贸易壁垒使H-O理论所揭示的规律不能实现。美国是一个资本丰裕的国家，应出口资本密集型产品。但是政府出于政治考虑，保护缺乏竞争力的劳动密集型行业，向美国出口资本密集型产品容易，出口劳动密集型产品难，这样就影响了美国进出口的要素构成。1971年，罗伯特·鲍德温（Robert Baldwin）在其研究中发现美国的关税结构的确对进出口商品的要素密集度产生了一定影响。

如果要检验H-O理论，必须使用去除贸易壁垒影响后的数据。但各国的贸易壁垒非常复杂，既有关税，又有非关税措施，很难把实际的贸易数据修正为自由贸易数据。

（三）生产要素的分类

H-O理论把生产要素分为资本和劳动两种，但现代生产中投入的要素有许多，有些无法归入资本和劳动。目前关于生产要素的分类有多种，常见的一种分类是把生产要素投入分为耕地、自然资源、人力资本、物质资本和非熟练劳动力。这种分类更能准确地描述不同国家的要素禀赋状况。按此分类，美国是人力资本和耕地丰裕的国家，依据 H－O 理论美国应该出口高技术产品和农产品，完全符合实际。

生产要素细分后，有两点能对里昂惕夫之谜做出解释。

第一点是自然资源。里昂惕夫之谜公布不久，分析家就发现与 H－O 理论冲突最显著的部门是与自然资源有关的部门。尽管美国幅员辽阔，资源较为丰富，但也存在许多类别的自然资源国内供给不足的情况，因此美国每年进口大量的自然资源产品，如矿产品、木材等，这符合 H－O 理论的基本原理。但自然资源行业是高度资本密集型的行业，美国进口自然资源密集型产品，在里昂惕夫的检验中表现为进口资本密集型产品，出现与美国丰裕的资本要素禀赋相矛盾的现象。当把自然资源产品从里昂惕夫的检验中剔除后，谜不再存在。

第二点是人力资本。不同国家的劳动力素质与技能存在差异，劳动力不是同质的。劳动力的技能是通过教育、培训、医疗保健等方面的投资形成的。正如投资于机器设备可以形成物质资本一样，在教育培训等方面的投资形成人力资本。人力资本可以提高劳动力的劳动生产率。美国出口部门劳动力素质较高，使用较多的熟练劳动力，人力资本较多。

1966 年，美国经济学家基辛（Donald B. Keesing）对部分国家或地区 1962 年 46 个行业每 10 亿美元出口产品生产中劳动力要素投入及其技能结构进行研究。他把从业人员按技能和熟练程度从高到低分为八个等级，分别是：Ⅰ 科学家和工程师；Ⅱ 技术员和制图员；Ⅲ 其他专业人员；Ⅳ 经理；Ⅴ 机械工人和电工；Ⅵ 其他熟练手工操作工人；Ⅶ 办事员；Ⅷ 半熟练和非熟练工人。结果表明美国出口行业使用的熟练劳动力比其他国家要多，代表了较多的人力资本投入（见表 2－2）。

表 2－2   部分国家（地区）出口品生产中的劳动技能要求

国家（地区）	劳动投入（人/年）	劳动技能分布（%）							
		Ⅰ	Ⅱ	Ⅲ	Ⅳ	Ⅴ	Ⅵ	Ⅶ	Ⅷ
美国	48194	5.02	2.89	2.74	4.85	8.38	14.96	15.73	45.42
加拿大	34881	4.17	2.33	2.43	4.76	5.39	16.45	14.70	49.76
英国	49833	3.77	2.29	2.36	4.79	7.20	15.01	14.91	49.68
奥地利	52954	2.76	1.76	1.91	4.15	5.71	15.97	12.87	54.87
比利时	48611	2.83	1.71	1.98	3.86	4.67	17.35	12.75	54.85
法国	49381	3.15	1.92	2.15	4.58	5.28	15.55	14.14	53.24

续表

国家 （地区）	劳动投入 （人/年）	劳动技能分布（%）							
		I	II	III	IV	V	VI	VII	VIII
德国	50495	3.89	2.48	2.33	4.69	8.44	15.84	14.54	47.79
意大利	52304	3.89	2.48	2.33	4.69	8.44	15.84	14.54	47.79
荷兰	44519	3.62	2.39	2.31	4.65	5.04	15.62	14.50	51.87
瑞典	49984	3.53	2.34	2.23	4.41	8.92	18.87	13.73	45.96
瑞士	54971	3.50	2.39	2.18	5.29	7.76	12.66	15.65	50.56
日本	57842	2.48	1.66	1.78	3.96	4.56	15.15	12.04	58.38
中国香港	74304	0.69	0.49	1.13	3.75	1.34	8.48	10.39	73.73
印度	66517	0.71	0.58	1.06	3.47	1.33	11.13	9.62	72.09

资料来源：罗纳德·基辛：《劳动技能与比较优势》，载《美国经济评论》，1966 年 5月第 56 期。

　　把生产中实际使用的劳动力分解为人力资本加非熟练劳动力，将人力资本量化后加入物质资本作为总资本投入，再计算进出口品生产中使用的资本—劳动比率，美国出口品的资本—劳动比率会显著提高，里昂惕夫之谜消失。

（四）要素密集度逆转

　　H－O 理论假定不同国家产品的要素密集性质是相同的，即同一产品在不同的国家具有相同的要素密集性质。但由于各国的要素价格不同，各国生产中实际的要素投入比例不同。同一种产品在不同国家有可能发生要素密集度逆转（Factor Intensity Reversal），即在一国是劳动密集型产品，在另一国却是资本密集型产品。

　　如本章第一节所述，生产中使用的两种要素的比例决定于等产量线与等成本线的切点。如以横轴表示劳动要素的投入，纵轴表示资本要素的投入，则原点与上述切点的连线的斜率等于生产中使用的资本—劳动比率。在等产量线既定的情况下，生产中的资本—劳动比率决定于要素价格的比率，即等成本线的斜率。

　　在封闭条件下，两国要素禀赋不同，要素价格比率不同，因而同一产品生产中使用的资本—劳动比率不同。通常用替代弹性表示要素价格变化与资本—劳动比率调整的关系。替代弹性决定等产量线的弯曲度。较大的弯曲度表示较低的替代弹性。图 2－9 中，等产量线 X_1 比等产量线 Y_1 弯曲度低，X 产品生产中的替代弹性较高。

　　一般情况下，资本—劳动比率的差异并不影响产品的要素密集性质，即一产品在 A 国属于劳动密集型产品，在 B 国也将是劳动密集型产品。但如果两种产品生产中的替代弹性有很大差异，两国不同的要素价格比率会导致出现要素密集度逆转。

要素密集度逆转：由于各国的要素价格不同，各国生产中实际的要素投入比例不同。同一种产品在不同国家有可能发生要素密集度逆转，即在一国是劳动密集型产品，在另一国却是资本密集型产品。

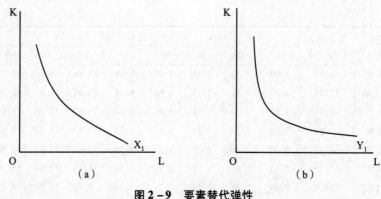

图 2-9　要素替代弹性

如图 2-10 所示，由于 X 与 Y 两种产品生产的替代弹性差异较大，导致两种产品等产量线两次相交。在 A 国，劳动要素丰裕，劳动与资本要素价格的比率 $(w/r)_A$ 较低，X 行业的资本—劳动比率低于 Y 行业，即 $(K/L)_X^A < (K/L)_Y^A$，X 是劳动密集型产品。而在 B 国，资本要素丰裕，劳动与资本要素价格的比率 $(w/r)_B$ 较高，X 行业的资本—劳动比率高于 Y 行业，即 $(K/L)_X^B > (K/L)_Y^B$，X 是资本密集型产品。同一种产品在两国表现出不同的要素密集型，出现要素密集度逆转。

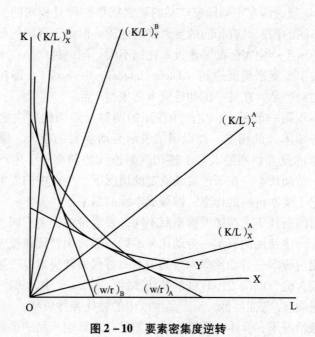

图 2-10　要素密集度逆转

当出现要素密集度逆转时，H-O 理论将会失效。因为根据 H-O 理论，各国会出口密集使用本国丰裕要素进行生产的产品。由于出现要素密集度逆转，X 产品在两国均成为密集使用本国丰裕要素进行生产的产品。但两国同时拥有同一种产品生产上的比较优势是不可能的。不过出现要素密集度逆转的情形并不多见。

上述各种解释，都有一定道理，但说服力有限。因此出现了一些新理论来解释战后的国际贸易。

三、里昂惕夫之谜的意义

里昂惕夫之谜引发了国际贸易理论界对传统国际贸易理论和战后贸易实践的反思，促进了战后国际贸易理论的发展。一般认为，H－O 理论以要素禀赋作为贸易分工的基础，可以说明要素禀赋不同的国家之间的贸易，但无法解释资源条件相似的国家之间的产业内贸易的发展。里昂惕夫之谜催生了一些新贸易理论的出现。

本章思考与练习

1. 名词解释
（1）要素禀赋。
（2）要素密集度。
（3）要素价格均等化。
（4）里昂惕夫之谜。
（5）要素密集度逆转。
（6）人力资本。
2. 什么是 H－O 定理？有何意义？
3. 什么是斯托尔珀－萨缪尔森定理？有何意义？
4. 什么是要素价格均等化定理？有何意义？
5. 妨碍要素价格均等化的主要因素有哪些？
6. 什么是里昂惕夫之谜？有何意义？
7. 对里昂惕夫之谜主要有哪几种解释？
8. 需求逆转是否会影响要素价格均等？为什么？
9. 在第二次世界大战后几十年间，日本、韩国等东亚的一些国家和地区的国际贸易商品结构发生了明显变化，主要出口产品从初级产品变为劳动密集型产品，再到资本密集型产品，试对此变化加以解释。

第三章
现代国际贸易理论

现代国际贸易理论是指第二次世界大战后，伴随着国际贸易的迅速发展而产生的一系列新的国际贸易理论。里昂惕夫之谜的出现促使经济学家们从新的角度，探讨国际贸易产生的成因和贸易格局等问题，促进了国际贸易新理论形成。传统国际贸易理论主要从供给角度分析比较优势及其成因，现代国际贸易理论则将比较优势动态化，把需求因素和不完全竞争市场引入贸易格局的决定。本章介绍的国际贸易理论包括动态比较优势理论、产业内贸易理论、产品内分工理论和企业异质性贸易理论。

第一节　动态比较优势理论

一、技术差距理论

（一）技术差距理论的提出

在 H - O 理论中，由于假定各国使用相同的技术，因而技术及技术进步的国际差异对贸易的影响被忽略。而实际上，各国之间，技术和技术进步存在明显的差异。发达国家物质资本和人力资本雄厚，研究与开发投入强度大，技术创新能力强，技术先进，技术进步的速度快，这就形成了发达国家在技术上的明显优势。技术差距理论把技术作为独立于劳动和资本的第三种生产要素，探讨技术差距或技术变动对国际贸易的影响。由于技术变动包含了时间因素，技术差距理论被看成是对 H - O 理论的动态扩展。

最早指出技术在解释贸易模式中的重要性的是美国经济学家克拉

维斯（Irving Kravis）。1956 年，克拉维斯发表《可获得性以及影响贸易商品构成的其他因素》一文，认为使一国能够出口技术先进的产品的关键因素，是该国与其贸易伙伴相比，具有技术上的优势。他认为，从本质上说，每个国家将出口其企业家能够开发出来的商品。例如，如果一个国家有廉价的劳动力生产袖珍计算器，但缺乏创新者、企业家、熟练劳动来开发这种计算器，则这种产品的生产和出口将不会发生。后来，克拉维斯的这种可获得性分析方法（The Availability Approach）受到了波斯纳（M. V. Posner）和胡佛鲍尔（G. C. Hufbauer）等的重视。1961 年，波斯纳发表《国际贸易与技术变化》一文，提出了国际贸易的技术差距模型（Technological Gap Model）。

（二）技术差距理论的主要内容

波斯纳认为，工业化国家之间的工业品贸易，有很大一部分实际上是以技术差距的存在为基础进行的。他通过引入模仿时滞（Imitation Lag）的概念来解释国家之间发生贸易的可能性。

在创新国（Innovation Country）和模仿国（Imitation Country）的两国模型中，创新国研究开发力量雄厚，通过大量的 R&D 投入，创新国创新一种产品成功后，在模仿国掌握这种技术之前，创新国具有技术领先优势，从而创新国可以向模仿国出口这种技术领先的产品。随着专利权的转让、技术合作、对外投资和国际贸易的发展，创新国的领先技术流传到国外，模仿国开始利用自己的低劳动成本优势，自行生产这种商品并减少进口。创新国逐渐失去该产品的出口市场，因技术差距而产生的国际贸易量逐渐缩小。随着时间的推移，新技术最终被模仿国掌握，技术差距消失，以技术差距为基础的贸易也随之消失。在这个过程中，波斯纳把技术差距产生到技术差距引起的国际贸易终止的时间差距称为模仿时滞（见图 3-1），即创新国（A 国）创新成功并生产一种新产品，到模仿国（B 国）完全掌握这种新产品的生产技术，生产达到一定的规模，能满足国内需要，不需要再进口这种商品时为止的这个时间间隔，称为模仿时滞。反应时滞的长短，主要取决于企业家的决定意识和规模经济、关税、运输成本、国外市场容量及居民收入水平高低等因素。如果创新国在扩大新产品生产中能够获得较多的规模收益，运输成本较低，进口国进口关税率较低，进出口国市场容量和居民收入水平差距较小，就有利于创新国保持出口优势，延长反应时滞；否则这种优势就容易失去，反应时滞就将缩短。掌握时滞的长度主要取决于技术模仿国吸收新技术能力的大小。模仿国吸收新技术能力强，则掌握时滞短。需求时滞的长度则主要取决于两国收入水平差距和市场容量差距，差距越小则需求时滞越短。

模仿时滞进一步又可分为反应时滞（Reaction Lag）和掌握时滞（Mastery Lag）两个阶段，其中反应时滞的初期称为需求时滞（Demand Lag）。反应时滞是指从创新国开始生产新产品，到模仿国开始模仿其技术生产这种新产品的时间间隔；掌握时滞是指模仿国开始生产创新国创新的新产品，到生产能满足国内需求，并开始出口这种新产品的时间间隔；需求时滞则指从创新国开始生产新产品，到模仿国开始进口这种新产品（创新国开始出口这种新产品）的时间间隔。

显然，只要模仿时滞长于需求时滞，创新国就可以依据其技术领先地位，向模仿国出口其创新产品，模仿时滞超过需求时滞的时间越长，创新国向模仿国的累积出口量就越大。

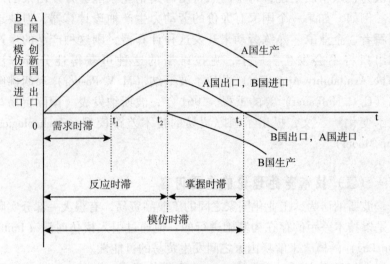

图 3-1　技术差距与国际贸易

（三）对技术差距理论的经验研究

对于技术差距理论，曾有两项重要的经验研究，一项是哥登·道格拉斯（Gordon Douglas）在 1963 年所进行的研究，他运用模仿时滞的概念解释了美国电影业的出口模式。他认为，一旦某个国家在给定产品上处于技术领先的优势，该国将在相关产品上持续保持这种技术领先的优势。例如，美国在电影业的领先地位，就使它在相关的话剧、彩色电影和宽银幕电影等方面，也保持着领先的地位，从而使美国具有出口这些产品的技术优势。当这些技术变得极为普遍时，美国在这些产品上的贸易量和贸易流向就难以决定了。

另一项经验研究，是 1966 年盖瑞·胡佛鲍尔（Gary Hufbauer）做出的。他也是利用模仿时滞的概念，解释了合成材料产业的贸易模式。他发现，一个国家在合成材料出口市场的份额，可以用该国的模仿时滞和市场规模来解释。当他按照各国的模仿时滞对国家进行排序时发现，模仿时滞短的国家最新引进新合成材料技术，并开始生产和向模仿时滞长的国家出口，随着技术的传播，模仿时滞长的国家也逐步开始生产这种合成材料，并逐步取代模仿时滞短的国家的出口地位。

（四）简要评述

对技术差距理论的经验研究，支持了其理论观点，即技术是解释国际贸易模式的重要因素。虽然技术差距理论说明了技术差距的存在是产生国际贸易的重要原因，但它没有进一步解释国际贸易流向的转变及其原因。而在技术差距理论基础上发展起来的产品生命周期理论，正好弥补了技术差距理论的这一缺陷。

二、产品生命周期理论

（一）产品生命周期理论的提出

产品生命周期理论是由弗农（Raymond Vernon）于 1966 年最先提出的，后经威尔斯（Louis T. Wells）进一步发展并广泛应用于市场营销学、国际投资理论等其他领域中。该理论致力于解释一国某种产品在国际贸易中进出口流向的转变及其成因。

（二）产品生命周期理论的主要内容

产品生命周期理论认为，由于技术的创新和扩散，制成品和生物一样，也具有一个生命周期。在产品生命周期的不同阶段，各国在国际贸易中的地位是不同的。下面我们采用威尔斯的图解法来介绍产品生命周期与贸易的关系（见图 3-2）。

制成品的生命周期可以大致划分为 5 个阶段，即：（1）引入期（Introduction）；（2）成长期（Expansion）；（3）成熟期（Maturity）；（4）销售下降期（Sales Decline）；（5）衰亡期（Demise）。

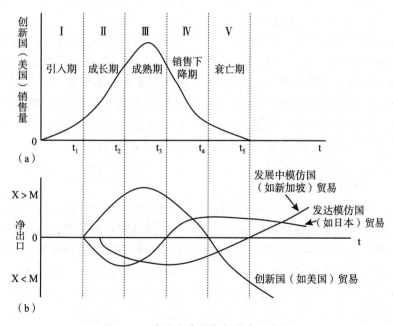

图 3-2 产品生命周期与进出口变化

图 3-2 中，（a）图表示创新国（如美国）某种产品销售量随时

间变化的情况，（b）图表示创新国（如美国）、发达的模仿国（如日本）以及发展中的模仿国（如新加坡）的净出口随时间变化的情况。在产品生命周期的第一阶段，即引入期，发达国家（如美国）的某个企业创新一种产品，开始生产并投放国内市场，满足国内高收入阶层的特殊需求。在这一阶段，需要投入大量的研究开发费用和熟练劳动进行生产，生产技术尚不确定，产量较低，没有规模经济利益，成本较高，但厂商在新产品的世界市场上拥有实际的技术垄断优势。

随着时间的推移，企业生产逐步增长，国外需求逐步增加，企业逐步取得生产的规模经济，并开始向国外出口这种新产品，产品生命周期进入成长期，创新国的生产和出口迅速增长。随着产品生产技术的成熟和标准化以及海外市场的扩展，创新国的生产达到适度规模，新产品进入成熟期。在这一阶段，生产技术已经扩散到国外，外国厂商开始模仿生产新产品，且生产者数量不断增加，竞争加剧；由于生产技术已趋成熟，产品逐步标准化，创新国的技术垄断优势逐步丧失，R&D及熟练劳动要素的重要性已经降低，产品由知识技术密集型向资本密集型转变（生产技术已逐步固化到资本设备中），经营管理水平和销售技巧成为比较优势的重要决定因素。在这一阶段，一般发达国家都有这种产品生产的比较优势，发达模仿国（如日本）的进口替代生产使创新国的出口下降。当发达模仿国的生产达到相当规模，能够充分满足本国需要之后，开始向发展中国家市场出口，展开与创新国的竞争，使得创新国的生产和出口进一步下降，进入产品生命周期的第四阶段，即销售下降阶段。当创新国完全丧失比较优势而变为净进口者时，产品在创新国进入衰亡期。在这一阶段，不但R&D和人力资本要素不再重要，甚至资本要素也不太重要了，低工资和非熟练劳动成为比较优势的重要条件，产品由资本密集型向非熟练劳动密集型转变，具有一定工业基础的发展中国家对该产品进口替代生产的发展，最终使其成为该产品市场的净出口者。

（三）简要评述

在产品生命周期的不同阶段，随着技术的传播和扩散，新产品逐渐由知识技术密集型向资本密集型、再向劳动密集型转变，这使得决定产品生产优势的因素，也逐渐由技术垄断优势向低劳动成本优势转变，从而使不同国家在贸易中的地位不断地发生变化。它运用动态分析方法，从技术创新和技术传播的角度，分析了国际贸易的基础和贸易格局的动态扩展。这一理论对解释国际贸易、国际投资、国际技术转移等，都有重要的影响。

产品生命周期理论是把动态的比较成本理论与要素禀赋理论、新要素理论（技术要素的引入，如技术差距理论）结合起来的一种理论。

第二节 产业内贸易理论

一、产业内贸易理论的提出

从统计的角度讲，产业内贸易是指一个国家在出口的同时又进口某种同类产品。这里的同类产品是指按国际贸易标准分类（SITC）至少前3位数相同的产品，即至少属于同类、同章、同组的商品。产业内贸易兴起于第二次世界大战后发达国家之间。到20世纪70年代末，发达国家和新兴国家贸易中有一半左右为产业内贸易；到90年代，其产业内贸易接近60%。

产业内贸易（Intra-industry Trade）是指不同国家在同一产业部门内同类产品之间的进出口贸易。

传统贸易理论认为，国际贸易格局的形成取决于各国的资源禀赋、技术水平甚至需求偏好这类基本的经济特征，各国为了充分发挥以这些基本特征的国际差异为基础所形成的比较利益而进行贸易。但实践表明，发达工业化国家之间的产业内贸易，特别是资本、技术密集型产品贸易，并不是以这些基本经济特征的差异为基础的。从当代国际贸易的发展看，规模经济、需求重叠、产品差异已跃居当代国际贸易发展的主导因素。特别是在区域内、产业内贸易中，规模经济的作用甚至超过了常规的比较利益，这已是不争的事实。规模经济因素被抽象出来作为国际贸易的决定因素，在理论上具有极高的价值，它标志着传统国际贸易理论向现代新贸易理论的转变。

（一）产品差别

传统贸易理论都假定市场结构是完全竞争市场，产品是同质的。这种假定表明一国不可能既出口又进口同一种商品。对消费者来讲，差别产品不是完全可以相互替代的。产品差别可以分为垂直差别和水平差别，如性能、质量等方面的差别属于垂直差别。轿车的主要功能是交通工具，但开奥迪与开夏利给人的感觉有所不同。品牌、款式等方面的差别属于水平差别。同样是桑塔纳，我喜欢白色，他喜欢红色。不同颜色给消费者提供的效用也不同。产品差别的存在使每一种产品都能满足不同消费者的需求，每个国家生产的产品都有不同，为国家之间产业内贸易的开展提供了可能。

但现实世界中，大多数产品市场是不完全竞争市场，产品不是同质的，而是存在差别，产品差别使厂商具有一定的垄断市场的能力。

当然，产业内贸易也会发生在同质产品上。同质产品的贸易主要与地理和季节因素有关。靠近一国边境的地区从相邻的国家购买产品有时比在国内购买成本更低。一些产品生产和销售具有季节特点，在生产旺季需要出口，在生产淡季则需要进口。

（二）规模经济

消费者的需求是非常多样化的，规模经济的存在使一个国家不可能生产所有的差别产品满足本国消费者的需要。本国的厂商只能满足本国主流消费群体的需求。产品生产存在规模效益，如果产量太低，价格会过高，市场无法接受，因此本国厂商无法满足。本国少数消费者的需求只能通过进口来满足。

（三）需求重叠

不同国家收入水平相同的消费者的需求偏好相似，本国厂商生产的产品在与本国收入水平接近的国家会找到消费者，对方国家生产的产品也会满足本国一部分消费者的需求，需求重叠为差别产品的国际贸易提供了市场基础。

下面分别介绍以规模经济和需求重叠为基础的产业内贸易理论。

二、规模经济与国际贸易

规模经济（Economies of Scale）是指在产出的某一范围内，平均成本随着产出的增加而递减。规模经济虽不易于精确度量，但对很多产业来说是十分重要的经济特征。

传统的国际贸易理论假设生产的规模收益是不变的，现代国际贸易理论承认存在规模经济。规模经济贸易理论是由著名经济学家克鲁格曼（Paul R. Krugman）在与赫尔普曼（Elhanan Helpman）合著的《市场结构与对外贸易》（1985）一书中提出的学说。其主要观点为：规模收益递增为国际贸易直接提供了基础，当某一产品的生产发生规模收益递增时，随着生产规模的扩大，单位产品成本递减而取得成本优势，由此导致专业化生产并出口这一产品。

规模经济通常有两种表现形式，一种是内在的，即厂商的平均生产成本随着其自身生产规模的扩大而下降；另一种对单个厂商来说是外在的，而对整个行业来说是内在的，即平均成本与单个厂商的生产规模无关，但与整个行业的规模有关。

规模经济对国际贸易的意义在于，无论国家间是否存在相对价格差异，规模经济的存在都会使得各国厂商专门生产部分产品，而不再独自生产所有产品，这样便可获得来自规模经济的好处。而消费者所需的产品，则部分来自国内，部分来自国外。因此，规模经济可以说是有别于传统比较优势的另一种独立的国际贸易起因。

（一）外部规模经济与国际贸易

外部规模经济是一种外部经济性表现，其产生的根源有很多方面。例如，行业地理位置的集中往往会带来外部规模经济效应。因为随着行业集中，相应的基础设施和配套服务也逐渐完善起来，这对行业内的每个企业来说都是一件好事，有利于企业成本的降低。又如，生产中的一些技能或知识往往直接来自实践经验的积累。对于单个企业来说，由于生产规模较小，这种直接来源于单个企业生产活动的经验积累是极其有限的。但从整个行业角度看，随着整个行业的规模扩大，来自实践的经验积累就比较显著了。因此，行业内每个企业都可从整个行业的规模扩大中获得更多的知识积累，这便是肯尼思·阿罗（K. Arrow）所说的"干中学"（Learning by Doing）效应。

这里仍以 2×2 模型为基础，假设 X 和 Y 两个部门均存在外部规模经济，市场结构是完全竞争的，而且假设两国相同部门的生产函数、要素禀赋、消费偏好及市场规模均相同，所以在封闭条件下，当达到均衡时，两国的相对价格完全一致，即不存在比较优势。那么，在没有比较优势的情况下，两国之间还会发生贸易吗？

在规模经济（无论是外部的，还是内在的）存在的情况下，生产可能性边界的形状可能会不同于前两章所提到的形式。这里，影响生产可能性边界形状的因素不仅有要素密集度，规模经济也直接影响生产可能性边界的形状。一般来说，部门间要素密集度的差异会产生一种将生产可能性边界向外凸的"张力"，而规模经济则产生一种将生产可能性边界向内凹（机会成本递减）的"吸力"，最终整条生产可能性边界的形状则取决于两股相反"力量"的对比。这里假设规模经济的影响超过了要素密集度的影响，因此，生产可能性边界的形状如图 3-3 所示，是一条凹向原点的曲线 P_BP_A。

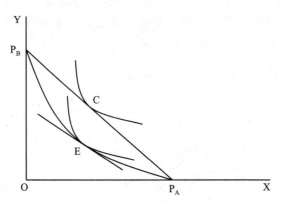

图 3-3　外部规模经济与国际贸易（1）

封闭条件下，一般均衡点在图 3-3 中的 E 点。在 E 点，相对价格线（P_X/P_Y）与生产可能性边界和社会无差异曲线共切。由于两国所有条件均完全相同，所以图 3-3 可同时描述两国在封闭条件下的一般均衡。

由图 3 - 3 可知，在封闭条件下，两国的相对价格完全相同，都生产两种产品，社会福利水平也相同。但在开放条件下，均衡点 E 对两国来说都不再是稳定的，两国都会立即发现通过国际分工与贸易可以改善各自的福利。此时，如果 A 国专门生产 X，B 国专门生产 Y，由于两个部门都存在外部规模经济，对整个世界来说，由一国专门生产 X，要比两国都生产可以得到更多的 X。同理，产品 Y 也是如此。在此基础上，如果 A、B 两国都愿意将各自所生产的产品的一部分与对方进行交换，那么两国的消费点都会超过生产可能性边界，如位于图 3 - 3 中直线 P_BP_A 上的点 C。这时很明显，通过贸易两国都会获益。因此，即使不存在来自要素禀赋的比较优势，外部规模经济也可导致国际贸易的产生。

在上述情形中，两国在开放条件下的消费均衡点重合，即两国从国际贸易中获得的好处是相同的。但在一般情况下，贸易利益在两国间的分配可能是不均等的。也就是说，在图 3 - 3 中，两国消费点重合可能只是一种巧合，两国的社会无差异曲线不见得正好都相切于直线 P_BP_A 上的点 C。例如，如果两国一开始都希望消费更多的 X 产品，则意味着 A 国 X 产品的出口供给就要小于 B 国的 X 产品的进口需求，于是 X 的价格就要上升，Y 的价格就要相对下降。随着价格的变化，A 国 X 产品的出口供给就会增加，B 国 X 产品的进口需求则下降，最终两国的贸易达到平衡。这时国际均衡价格 $P_w = (P_X/P_Y)$ 高于图 3 - 3 中的国际均衡价格。两国的消费均衡点如图 3 - 4 中所示，A 国的消费均衡点为 C_A，B 国的消费均衡点为 C_B。在图 3 - 4 中，通过 C_A 点与国际相对价格线 P_w 相切的社会无差异曲线位于通过点 C_B 与国际相对价格线相切的社会无差异曲线之上，这说明 A 国从国际分工与贸易中获得的好处要多于 B 国。

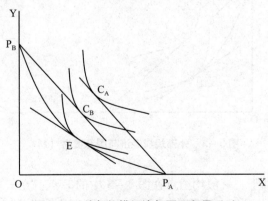

图 3 - 4　外部规模经济与国际贸易（2）

以上说明了外部规模经济可成为国际贸易的一个独立起因，但还有一个问题没有解决，即国际分工格局如何决定？

在这个简单模型里，由于两国情况完全相同，所以国际分工及国际贸易格局并不确定，两国无论生产或出口哪种产品都能从国际贸易中获益。如果假设 X、Y 是属于同一产业部门内的不同产品种类，或者是具有一定差别的同类产品，那么，该模型就可以解释外部规模经济条件下的产业内贸易活动。不过，在图 3-3 和图 3-4 中，开放条件下两国的一般均衡解并不是唯一的，例如对 A 国来说，其生产均衡点既可以是 P_A 点（完全生产 X），也可以是 P_B 点（完全生产 Y）。但对应于不同的国际分工和国际贸易格局，一国从国际贸易中获得的利益则可能会有所不同，甚至相差甚远。在存在多种均衡解的情况下，国际分工与国际贸易格局的确定可能完全由偶然或历史因素决定。

（二）内部规模经济与国际贸易

内部规模经济与外部规模经济对市场结构的影响不同。在存在内部规模经济的行业中，规模大的厂商比规模小的厂商更能降低成本，因而更有优势，竞争的结果就会形成不完全竞争的市场结构。因此，内部规模经济对国际贸易的影响是用垄断竞争模型来分析的。

内部规模经济是由于厂商所需生产要素的不可分割性和厂商内部进行专门化产生的。从企业长期平均成本曲线的形状中可以看出企业内部规模报酬变化的特点。企业的长期平均成本曲线随着产量的增加先降后升，形成一个"U"字形。随着产量的不断增加，一开始企业的长期平均成本下降，这一阶段就是"规模报酬递增"即"规模经济"阶段；其后，随着产量的增加，企业的平均成本保持不变，这一阶段就是"规模报酬不变"阶段；再其后，如果继续增加产量，平均成本会随着规模过大和管理成本上升而上升，进入"规模报酬递减"阶段，又称为"规模不经济"阶段。因此内部规模经济是与一定行业内企业的生产规模相对应的。对于一家企业，只有在产量达到相当大的规模时，像大型机器设备和生产线这样的不可分割的设备才能达到充分负荷，组织管理、车间操作、专门销售、大规模的研究和开发工作等专业分工的潜在优势才能充分地利用起来，从中取得经济效益，大幅度降低成本，获取利润。

一国能生产的产品种类及其生产规模都受到该国市场规模的限制，对于那些人口较少、国内市场狭小但资本供给相对丰富的小国来说，要得到像生产汽车这样的比较优势，就更需要一个能够自由进行贸易的广阔市场。国际贸易能克服这种限制，它所造就的一体化的世界市场为互利性的生产提供了机会。各国能够在一个比贸易前要宽的市场范围内从事某些产品的大规模的专业化生产；同时，通过从别国

在具有内部规模经济的行业中，内部规模经济的实现与市场容量有着密切关系。

购买自己不生产的产品来扩大消费者可获取的商品种类。内部规模经济的这种作用，导致了产业内贸易的蓬勃发展，促进了贸易与投资自由化、区域经济一体化的发展。

上述情况表明，在那些具有内部规模经济的产业，即使两国具有完全一样的资本/劳动比率，它们的厂商仍会生产有差异的产品。同时，消费者对不同产品的需求会继续促使两国开展产业内贸易。规模经济使各国不再独自生产所有的产品。因此，规模经济本身可以成为国际贸易的独立动因。

三、重叠需求与国际贸易

（一）重叠需求理论的提出

重叠需求理论（Overlapping Demand Theory），又被称为需求偏好相似理论（Preference Similarity Theory），由瑞典经济学家林德（B. Linder）于1961年提出。传统贸易理论一般从供给角度分析比较优势的形成和贸易的流向等问题，林德则从需求的角度探讨了国际贸易发生的原因和格局。

（二）重叠需求理论的主要内容

重叠需求理论的核心思想是：两国之间的贸易流向与规模由两国需求偏好相似的程度决定。

林德认为，H－O理论能够较好地解释初级产品的贸易模式，或者说解释自然资源密集型产品的贸易模式，但是这一理论不足以解释制成品的贸易模式。而林德提出的重叠需求理论从需求角度出发，从一个方面很好地解释了产业内贸易的产生原因。

林德认为不同国家消费偏好存在差别，而消费偏好在很大程度上取决于收入水平，一个国家的人均收入水平决定了该国特有的偏好模式和需求结构。而这种需求结构又在很大程度上决定了该国的生产结构。因此，一个国家生产的各种产品均反映着该国的人均收入水平。这些特定的商品构成了出口的基础。林德引入了潜在的贸易（Potential Trade）这一概念来说明他的理论。根据这一结论，两国的需求结构越相似，它们之间潜在的贸易就一定越密集。当然，潜在的贸易转化为实际的贸易需要一些条件。如果两国的潜在出口品和潜在进口品基本一致，那么这两个国家之间为什么会发生实际贸易呢？林德认为答案在于产品差别（Product Differentiation），各种各样的产品差别和消费者的多样化偏好结合在一起，就可以使得基本相同的同类产品之间发生贸易。显然，经济增长会导致人均收入的增加，并相应地带来

潜在的贸易具体地分为潜在的出口品和潜在的进口品。潜在的出口品由国内的需求决定，一种产品成为潜在出口品的必要条件是生产国存在对该产品的国内需求。至于潜在的进口品，同样是由国内的需求决定的，潜在出口品的范围一定和潜在进口品的范围相一致或者是它的子集。

需求结构的变化，导致潜在的以及实际的进出口品的范围随着时间的推移以一种渐进的和可预测的方式变化。

图3-5描述了收入水平和需求偏好重叠的情况。横轴表示一国的人均收入水平（Y），纵轴表示消费者所需的各种商品的品质等级（Q）。人均收入水平越高，则消费者所需商品的品质等级也就越高，二者的关系由图中的OP线表示。

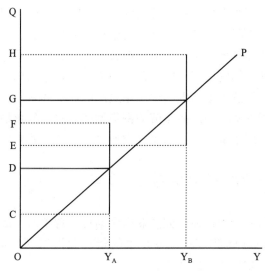

图3-5　收入水平与需求重叠

假设A国的人均收入水平为Y_A，则A国所需商品的品质等级处于以D为基点、上限为F、下限为C的范围内。假设B国的人均收入水平为Y_B，则其所需商品的品质等级处在以G为基点，由H和E确定的范围内。对于两国来说，超出各自上下范围的物品不是太高档就是太过低劣，是其不能或不愿购买的。

A国的品质等级处于C和E之间的商品，B国的品质等级处于F和H之间的商品，均只有来自国内的需求，而没有国外需求，所以不可能成为贸易品。但在E和F之间的商品，在两国都有需求，即存在所谓的重叠需求。这种重叠需求是两国开展贸易的基础，品质处于这一范围内的商品，A、B两国均可输出或输入。

关于重叠需求理论的适用性，林德曾指出其理论主要是针对工业产品或制成品。他认为初级产品的贸易是由自然资源的禀赋不同而引起的，所以初级产品的需求与收入水平无关。而且，就算生产国缺少对初级产品的国内需求，它也仍然可以成为出口品。也就是说，初级产品的贸易可以在收入水平相差很大的国家之间进行，所以初级产品的贸易可以用要素禀赋理论来加以说明。而工业产品的品质差异较明

当两国的人均收入水平越接近时，重叠需求的范围就越大，两国重叠需要的商品都有可能成为贸易品。所以，收入水平相似的国家，互相间的贸易关系也就可能越密切；反之，收入水平相差悬殊，则两国之间贸易的空间很小，贸易关系的密切程度也就很低。

显，其消费结构与一国的收入水平有很大的关系。从需求方面看，发生在工业品之间的贸易与两国的经济发展水平和收入水平有密切关系。所以，重叠需求理论适合于解释工业品之间的贸易。另外，发达国家的人均收入水平较高，它们之间对工业品的重叠需要范围较大，因此工业品的贸易应主要发生在收入水平比较接近的发达国家之间。

重叠需求理论将需求因素引入贸易格局的决定，是对国际贸易理论的发展。需求的相似性导致了相似但有差别的产品的国际贸易的发生。这明显地不同于传统贸易理论的看法。在传统贸易理论看来，导致国际贸易发生的一个基本因素是要素禀赋差异导致的产品相对价格差异，这些差异越大，贸易的可能性就越大。重叠需求理论与要素禀赋理论各有其不同的适用范围。概括而言，要素禀赋理论主要较适用于解释发生在发达国家与发展中国家之间的产业间贸易，即工业品与初级产品或资本密集型产品与劳动密集型产品之间的贸易；而重叠需求理论则较适用于解释发达国家之间差异产品的产业内贸易。

四、产业内贸易指数

格鲁贝尔和劳埃德在研究产业内贸易理论现象时，用产业内贸易指数（Intra-industry Trade Index）来衡量产业内贸易的水平的高低。产业内贸易指数的计算公式为：

$$B = 1 - (X - M)/(X + M)$$

式中，X 和 M 表示某个特定差异产品的出口和进口。当 B = 0 时，表明一个国家的这种产业只有进口或者只有出口，即完全没有产业内贸易；当 B = 1 时，表明这种产业的产品出口与进口相等，产业内贸易水平最高。

使用产业内贸易指数来衡量产业内贸易程度有一个重要的缺陷，就是对产业定义的宽窄或者商品组的大小将影响 B 值的大小。一般来说，对产业的定义越宽泛，B 值就越大。但在对产业界定一致的情况下，利用该指标进行分析还是十分有用的，如用于测量不同产业间产业内贸易的差异，或者同一产业中产业内贸易随着时间的推移而变化时，就会比较有效。

B 值的大小能够反映一个国家或者经济体参与国际经济竞争的程度，但 B 值越大，并不必然意味着一个国家的产业越处于有利地位。这里，应当具体分析 B 值较高的原因。转口贸易会高估一国的产业内贸易水平，因为该指数并没有将同种产品的进口再出口这一因素剔除出去，因而 B 值就不能反映该国对某种产品的生产或消费的真实水平。在加工贸易中，真正体现技术水平和要素价值含量的高新技术设备和中间品等生产投入是从国外进口的，产品也会返销到国外，这种情况在跨国公司的直接投资项目中比较普遍。

五、简要评述

产业内贸易的基础是产品差别、规模经济和需求重叠，产业内贸易理论是对国际贸易理论的重大发展。产业内贸易理论更贴近发达国家相互之间的贸易现实。与以要素禀赋为基础的产业间贸易相比，产业内贸易的开展对要素相对价格的影响较小，贸易自由化面临的保护主义压力也较小。

第三节　产品内分工理论

一、产品内分工理论的提出

随着全球化发展的不断深入，国际经济贸易领域出现了许多新的重大变化，其中最令人瞩目的是全球性生产和中间产品贸易的不断增长，产品内分工（Intra-product Specialization）模式受到了越来越多的关注。与以产品为基本对象的国际分工形态不同，当代国际分工是将产品生产过程中的不同工序和区段拆散后，投入不同国家进行，这样就形成了以工序、区段、环节等为对象的分工体系。即便是传统认为是不可贸易的劳务产品，这些年也出现了程度不等的具有工序分工性质的新型国际分工方式。

二、产品内分工理论的主要内容

（一）产品内分工的定义

产品内分工是指特定产品生产过程中不同工序、不同区段、不同零部件在空间上分布到不同国家，每个国家专业化于产品生产价值链的某一特定环节进行生产的现象。因而，产品内分工是国际分工的进一步深化，是同一产品的不同生产阶段（生产环节）之间的国际分工，其实质是生产布局的区位选择。产品内分工既可在跨国公司内部实现，也可通过市场在不同国家间的非关联企业内完成。产品内分工实现的方式分为横向扩展和纵向延伸。横向扩展方式表现为发达国家之间的中间产品贸易，而纵向延伸方式表现为处于不同发展阶段的国

产品内分工：产品内分工是指特定产品生产过程中不同工序、不同区段、不同零部件在空间上分布到不同国家，每个国家专业化于产品生产价值链的某一特定环节进行生产的现象。

45

家之间的中间产品贸易。另外，"零散化"（Fragmentation）和"外包"（Outsourcing）是产品内分工理论中常被提到的两个概念。"零散化"是指将原来完整的生产过程分割为两个或更多的部分，并且各部分存在地域上的分离。"外包"是指将业务转移至国内或国外的其他公司完成。我们从定义上可以看出，零散化与外包的范围有交叉，但外包范围更广。

（二）产品内分工的基础

1. 比较优势与产品内分工。如前所述，产业间分工现象可以用比较优势理论来解释，而产品内分工现象依然可以用比较优势理论来解释，不同的是产业间分工以产业为分工的边界，而产品内分工则以价值链为分工的边界。按照要素密集度不同，可将产品的价值链分为劳动密集环节、资本密集环节和技术密集环节，并且各国依据自身的要素禀赋确定其在产品价值链上具有比较优势的环节并进行生产。

通过一个简单的 2×2 模型，可以说明产品内分工的原理。假设有 A、B 两个国家，A 国劳动较丰裕，B 国资本较丰裕。假定 X 产品是劳动密集型产品，它的生产需经 x_1、x_2 两道工序完成；x_1 是劳动密集型工序，x_2 是资本密集型工序；不考虑服务成本。若产品工序在空间上不可分离，则 X 产品在 A 国生产；若产品工序可分离，即存在产品内分工的情况下，根据比较优势理论，不同要素密集度的工序可被安排在具有相应比较优势的国家进行，因此，x_1 工序将在 A 国进行，x_2 工序将在 B 国进行，X 产品最后的组装也将在 A 国进行。通过产品内分工可以降低 X 产品的生产成本。

2. 规模经济与产品内分工。在存在规模经济的场合，如果企业能够在给定市场需求数量以内，通过分工组合，各自扩大规模进行生产，就可能节省成本和提升资源配置效率。从规模经济角度分析，产品内分工把具有不同最佳规模的工序分布到不同区位的生产单位完成，就会降低成本和创造利益。

因此，产品内分工分布形态，是由比较优势和规模经济两方面因素决定的。实际上，不同工序既可能存在规模经济差异，也存在要素投入比例差异，通常是特定工序的投入品比例决定了分工的国别结构，同时规模经济因素进一步强化了这类分工。

（三）产品内分工强度的决定因素

不同行业和产品发生工序国际分工的相对强度主要由以下因素决定：

第一，生产过程不同工序环节空间的可分离性。要想进行产品内分工，把产品生产过程分布到不同国家进行，需要这一生产过程在技

产品内分工强度的决定因素： 第一，生产过程不同工序环节空间的可分离性。第二，不同生产工序要素投入比例的差异度。第三，不同生产区段有效规模的差异度。第四，产品及其零部件单位价值运输成本大小。第五，跨境生产活动的交易成本。

术上有可能被分解，并且不同工序有可能分布到不同空间区位进行。在其他条件给定时，不同生产区段的可分离性越大，产品内分工的潜在可能性和实现强度越大。制成品生产过程包含多道工序，通常存在空间可分离性，为发展产品内分工提供了有利条件。

第二，不同生产工序要素投入比例的差异度。生产过程不同工序或区段，依据特定生产工艺要求，对投入品要素组合可能存在不同数量比例要求。不同区段生产工艺所要求的投入品比例反差越大，越有可能通过产品内分工节省全球范围内的稀缺资源，从而在经济合理性前提下发展产品内分工。因而，其他条件给定时，不同生产区段的要素比例差异程度与产品内分工的强度具有正向联系。

第三，不同生产区段有效规模的差异度。生产过程的不同工序或区段，由其特定技术和成本属性决定，可能存在不同的有效规模。不同生产工序或区段有效规模差异越大，越有可能通过国内或国际产品内分工节省成本和提升效率。不同生产区段的有效规模差异程度，与产品内分工的强度具有正向联系。

第四，产品及其零部件单位价值运输成本大小。产品内分工意味着中间产品跨国流动实现不同生产区段的连接，因而产品运输成本大小对于特定产品是否采取产品内分工的生产方式，具有重要意义。大体来说，其他条件相同时，运输成本越高，产品内分工强度应当越低。进一步来讲，产业分工程度与产品单位价值量的运输成本具有反向关系，产品单位价值量的运输成本越高，或运输成本占产品总价值量的比率越大，产品分工程度越低。

第五，跨境生产活动的交易成本。对于中间产品跨越不同国家边境的产品内分工来说，不仅要支付一般意义上衔接不同空间区位经济活动的运输和协调成本，还会额外发生与跨境经济活动相联系的成本。例如，货物过境要缴纳关税，通过海关稽查和其他检查（技术、动植物检疫等）程序需要支付时间成本，人员跨国过境需要申请签证和安全检查，国外制度、政策、习俗、语言差异以及时间差和季节差等因素，都属于跨境生产交易成本。其他条件给定时，这类交易成本越低，产品内分工越有可能发展。换句话说，跨境交易成本与产品内分工强度呈反向变动。

（四）当代产品内分工发展的动因

1. 运输成本下降。运输成本下降主要包括远洋运输成本下降和航空运输成本下降。当代运输成本降低对产品内分工和经济全球化的影响，主要表现在两方面：一是远洋运输技术进一步完善，特别表现为大宗货物运输费用大幅下降和运输时间节省；二是航空运输成本下降为国际生产分工和贸易提供了新的运输手段。

当代产品内分工发展的动因：（1）运输成本下降。（2）信息交流成本下降。（3）技术进步的影响。（4）贸易自由化改革影响。（5）发达国家鼓励加工贸易政策。（6）发展中国家鼓励出口加工政策。

2. 交易成本下降。现代信息技术发展推动交易成本大幅度降低是促进国际分工深化的重要推动因素。主要体现在三个方面：（1）信息获取由线下转为线上，降低信息不对称，使信息搜寻更为便利；（2）信息获取方式的转变，也推动新型交易方式出现，缩短了交易时空距离；（3）降低中小企业参与分品分工的成本，使得产品内分工更容易找到合适的参与主体。

3. 技术进步的影响。技术进步和产业结构变迁促进了产品内分工发展。以电子行业发展为例来看，电子技术进步和相关产业发展，除了降低信息交流成本外，还从另外两方面对产品内分工产生积极推动作用。一方面，很多电子产品生产过程不同加工区段在要素投入品比例上存在较大差异，并且电子零部件和中间产品单位价值运输成本较低，因而特别有利于采用产品内分工生产方式，从而给产品内分工扩展提供了适当的对象。另一方面，其他行业在进行电子化改造过程中，也派生出新的产品内分工机会。另外，材料领域的技术和产业进步，也对国际产品内分工产生了推动作用。从 20 世纪 80 年代中期开始，很多制成品部件从冶金材料向塑料转变，降低了精密机械工程（Precision Mechanical Engineering）的重要性，从而为很多原先复杂的生产工序向国外转移提供了可能性或便利条件。同时，塑料部件运输成本比冶金部件显著降低，也有利于采用产品内分工生产方式。

4. 贸易自由化改革影响。各国对国际贸易设置的限制壁垒是约束产品内分工的跨国交易成本。过去几十年间，通过不同途径推进的贸易自由化改革，从制度变迁和政策调整方面降低了产品内分工交易成本，成为产品内分工发展的又一主要根源。

5. 发达国家鼓励加工贸易政策。美国 1963 年开始实行生产分享项目（Production Sharing Scheme），通过特殊免税措施（Tariff Provision）来鼓励某些生产工序分散到其他国家进行。这一政策的关键内容，是对在国外全部或部分利用美国出口部件和某些中间产品组装的产品，在经过国外加工环节返回美国时，可以享受减免关税待遇。这是发达国家较早实行的鼓励加工贸易政策之一，促进了美国企业把它们产品的组装工序转移到邻国进行。类似政策在欧盟称为外向加工贸易（Outward Processing Trade，OPT），又称为外向加工流通（Outward Processing Traffic）或外向加工救助安排（Outward Processing Relief Arrangements）等。另外，发达国家还实行了一些非双向对应性的优惠项目（Non-reciprocal Preferential Schemes），如欧盟的加勒比盆地项目（The Caribbean Basin Initiative）、军火以外无所不包项目（The European Union's Everything-but – Arms Initiative）、美国的非洲增长和机会法案（The United States' African Growth and Opportunity Act，AGOA）项目等。这些政策对某些低收入国家出口提供特殊优惠便利，也包含有利于这些国家参与加工出口的内容。

6. 发展中国家鼓励出口加工政策。第二次世界大战结束后，很多发展中国家实行进口替代战略，即试图通过强政策干预措施建立和发展本国制造业，替代过去制成品进口，以求实现国家工业化和国民经济现代化。这类政策虽能一度刺激民族工业增长，但或迟或早都会面临深层困难。东亚和部分拉美国家大体从 20 世纪 60 年代中期开始改变战略，朝出口导向方向转变。无论是作为进口替代到出口导向战略转变的组成部分，还是在进口替代方针没有根本改变背景下受扩大出口创汇的动机支配，这些发展中国家都采取了不同种类的以鼓励出口加工为目标的经济政策，这对产品内分工发挥了积极促进作用。

三、简要评述

当代生产方式演变的一个重要趋势，是国际分工对象从产品层面深入工序层面，表现为特定产品生产过程不同区段越来越多地拆分到不同国家和地区去进行。虽然工序国际分工的某些特殊表现能在较早历史时期得见端倪，但这类现象成为基本分工和贸易类型，并对全球生产方式和经济格局总体产生显著影响，主要是在过去 30~40 年间发生的。产品内国际分工提高了全球范围资源配置效率，促进了技术进步和制度变迁，推动了经济全球化的历史进程。

第四节　企业异质性贸易理论

一、企业异质性贸易理论的提出

20 世纪 90 年代之前的贸易理论大多从国家和产业的层面对国际贸易进行解释和分析，假设企业是同质的，这无法解释现实经济存在的企业间的巨大异质特征，这种背景下形成的国际贸易理论显然不具有说服力。20 世纪 90 年代以来，国际贸易理论开始从国家宏观层面、中观产业层面向微观的企业层面深入，试图从企业层面解释国际贸易发生的根源及其引发的结果。大量的研究表明，企业在一国的出口和进口中扮演着极其重要的角色。即使是在细分的行业内部。

企业在生产率、规模和其他经济特征上都存在明显的差别，企业同质性这一假设是完全不符合现实经济情况的。

二、企业异质性贸易理论的主要内容

（一）贸易起因

传统贸易理论从国家之间差异的角度来解释产业间贸易产生的原因，新贸易理论从规模经济、需求偏好相似的角度解释产业内贸易产生的原因。这些理论均假设企业是同质的，意味着同一部门内所有企业要么都出口，要么都不出口。然而，现实经济中，即使是一国最具有竞争优势的出口部门，也只有部分企业出口，这就需要新的理论给予解释。

梅利茨（Melitz）认为企业间生产率水平的差异是企业是否出口的决定因素。他在克鲁格曼垄断竞争模型的基础上添加了两个关于企业异质性的重要假设：第一，企业生产力水平存在差异，具有异质性特征；第二，企业出口需要支付开拓市场的固定成本以及"冰山"运输成本。只有生产率高于出口门槛生产率的企业才有能力支付出口的固定成本及"冰山"运输成本，进入国际市场。生产率低于出口门槛生产率的企业只能在国内销售，生产率最低的企业退出市场。但目前的研究还无法对企业生产率异质性的来源做出准确、合理的判断。

"冰山"运输成本是一种形象的说法，由萨缪尔森于1952年提出并被克鲁格曼应用到国际贸易研究中。原指"冰山"从极地冰川漂往目的地时会在海洋气流和风的作用下逐渐融化。在贸易理论中是指一单位运往外地的产品中只有一部分能到达目的地，其余部分会在途中消耗，消耗掉的就是运输成本。

（二）贸易模式

由于企业间存在生产率异质和出口固定成本的差异，生产率水平介于国内部门生产率和出口门槛生产率水平之间的企业，其产品只能在国内销售，只有生产率高于出口门槛生产率水平的企业才能出口。

古典贸易理论认为每个国家应该出口（进口）其生产率水平相对高（低）的产品。新古典理论假设两国间不存在生产率水平的差异，每个国家应该出口（进口）密集使用其丰富（稀缺）要素生产的产品。规模经济理论假设两个国家之间是完全对称的，每个国家应该出口（进口）其具有（不具有）规模经济效应的产品。异质性企业贸易理论关于贸易模式的解释并没有偏离传统贸易理论和新贸易理论，而是以传统贸易理论和新贸易理论为基础进一步回答了每一个出口部门中到底哪些企业出口，哪些企业仅服务于国内市场。企业如果出口，如何确定出口产品的范围、出口产品的组合及出口的目的地市场。

（三）贸易利得

企业异质性贸易理论中，贸易所得主要来源于三个方面：

1. 消费者消费产品的种类增多。传统的比较优势模型假设商品是同质的，它所反映的进口能力是指该国消费原有商品的数量增加。然而，消费者既希望能够消费更多数量的产品，又希望能够消费更多种类的产品。克鲁格曼（1979，1985）最先放宽产品同质性假设，将消费者多样化需求偏好置于国际贸易福利分析的框架之中，消费品种类的增多会增加消费者的福利水平。

2. 产业内企业间资源优化配置的效应。首先，在异质性企业模型中，企业生产率是内生确定的，一个国家的平均生产率随贸易成本的变化而变化。贸易自由化会提高企业的平均生产率水平。其次，在异质性企业贸易模型中，自由贸易减少了本国企业的市场份额，并降低了本国企业的成本加成和利润，迫使低效率的企业退出市场，将更多的资源配置到生产率高的出口企业，总体生产率水平提高。最后，对于多产品生产企业来说，自由贸易使得企业放弃生产率较低的产品的生产，并将资源转移到高效率产品的生产中，提高了企业层面的生产率。因此，自由贸易不仅通过企业的自选择行为，实现了产业内企业间资源的优化配置，还实现了企业内产品间资源的优化配置。

3. 通过进口竞争，企业的产品价格下降。对外贸易通过竞争效应促使垄断企业的价格下降。对于消费者来说，国外企业的进入降低了本国企业的市场份额，加剧了国内市场竞争，企业的产品价格下降，消费者可以以更低的价格消费商品而得到满足。

在存在企业异质的情形下，一国通过对外贸易，不仅可以获得传统贸易理论下分工和交换的利益，以及新贸易理论下规模经济与产品多样化的利益，还可以通过企业的自选择行为实现产业内企业间资源的优化配置。因此，在异质性贸易理论框架下，对外贸易的福利效应更大。而且，自由贸易提高了所有国家的生产率门槛，更多的低效率企业退出市场。尽管每个国家中企业的数目减少了，但企业的平均生产率和平均收入上升了。

三、企业异质性贸易理论的评价

企业异质性理论的发展推动了贸易理论的演进，主要体现在从微观层面来解释贸易发生的基础动因、模式和福利收益，即生产率差异和沉淀成本构成了企业出口自我淘汰机制的假定基础。传统理论强调贸易比较优势导致要素在部门间配置从而实现社会福利最优，而企业异质性理论强调要素禀赋在企业间的配置来实现效率最大化。微观数

贸易利得来源：
（1）消费者消费产品的种类增多。（2）产业内企业间资源优化配置的效应。（3）通过进口竞争，企业的产品价格下降。

据的实证研究大量展开，对传统理论结果构成了挑战。当前经验研究对诸多传统出口影响因素（成本、汇率、自由化政策等）进行考察时，发现诸多违背先前理论基础的现象，可以由企业异质性理论来加以解析。企业异质性理论发展和经验考察对我国当前研究具有重要启示。贸易大国具有广泛的微观基础，中国出口贸易企业具有典型的研究价值，而新兴贸易理论对中国样本的考察更具迫切性和实际意义。

本章思考与练习

1. 请用图示说明产品生命周期的各个阶段发明国与模仿国的出口情况。

2. 请用产品生命周期理论解释为什么美国是世界上的汽车生产和出口大国。

3. 什么是规模经济？它如何成为现代贸易理论的基础？

4. 以规模经济为基础的贸易方式在什么样的情况下会导致贸易利益的均等分配？在什么样的情况下将不能产生这样的结果？

5. 重叠需求理论是否可以用于解释发展中国家之间的贸易？

6. 重叠需求理论与需求逆转有哪些区别？

7. 产业内贸易与产业间贸易的主要区别表现在哪些方面？

8. 试根据图 3 - 4 证明，如果贸易后 Y 商品的相对价格下降幅度很大，那么完全专业化生产 Y 商品的国家福利可能因贸易而遭受损失。

9. 试述企业异质性贸易理论关于贸易起因、贸易模式、贸易利得的主要内容。

10. 试述现代贸易理论与传统贸易理论的区别。

第四章
国际贸易与经济增长

国际贸易和经济增长问题分为两个层面，一是国际贸易对经济增长的影响；二是经济增长对国际贸易的影响。关于国际贸易对经济增长的影响，本章介绍对外贸易是经济增长的发动机理论和对外贸易乘数理论。前者强调经济增长中对外贸易的重要性，后者探讨对外贸易规模变动对经济总量的影响方向与程度。关于经济增长对国际贸易的影响，本章介绍经济增长中生产和消费变化对国际贸易的影响，针对经济增长的不同来源和增长国家贸易地位的差异分析经济增长的贸易与福利效应。

第一节　国际贸易对经济增长的影响

经济增长是提高一国福利水平的重要基础，促进经济增长是各国政府的重要政策目标。本节简要介绍关于对外贸易对经济增长的作用的两种理论观点。

一、对外贸易是经济增长的发动机理论

20 世纪 30 年代英国经济学家罗伯特逊（Dennis H. Robetson）[①]提出对外贸易是"经济增长的发动机"（Engine of Growth）的观点。50 年代纳克斯（Ragnar Nurkse）[②] 根据对 19 世纪英国和新移民地区经济增长原因的研究，进一步补充和发展了这一理论。上述经济学家

对外贸易可以提供实现经济增长所需的市场、技术与资源，并将经济增长传递到其他国家和地区，因而受到经济学家和政府的重视。

[①]　丹尼斯·罗伯特逊，1890～1963 年，英国经济学家。1937 年发表"国际贸易的未来"，提出了对外贸易是经济增长发动机的理论。

[②]　莱哥纳·纳克斯，1907～1959 年，美国经济学家。1959 年发表"贸易格局与经济发展"，继承和发展了罗伯特逊的上述理论。

及其追随者被称为 R－N 学派。

（一）理论的主要内容

1. 传递经济增长是国际贸易的重要动态利益。R－N 学派认为在 19 世纪国际贸易对许多国家经济的发展做出了重要贡献。这种贡献来自两个方面，一是国际贸易的静态、直接利益；二是国际贸易的动态、间接利益。国际贸易的静态利益是指贸易使各国发挥各自的比较优势，使资源得到优化配置，通过分工与交换，各国的消费水平超过了本国生产可能性限制。各国从国际贸易中获得的静态利益的大小与贸易条件有关。

国际贸易的动态利益是指贸易对一国经济结构调整、技术水平提高和经济增长等方面的积极影响。R－N 学派认为传递经济增长是国际贸易的重要动态利益。纳克斯指出，19 世纪英国等中心国家经济的迅速增长，通过国际贸易传递到外围的新国家，包括美国、加拿大、澳大利亚等新移民国家。这种传递是通过对初级产品迅速增加的需求实现的。当时的贸易不仅是简单地把一定数量的资源进行优化配置的手段，更是经济增长的发动机。

2. 出口增长可以带动实现经济增长。R－N 学派认为，较高的出口增长率通过多种途径带动经济增长。

（1）较高的出口水平为一国增加进口奠定基础，而资本货物（尤其是本国生产过程中所需要的中间投入品）的进口对促进经济增长尤其重要。资本货物的进口使一国获得国际分工的利益，大大地节约了生产要素的投入量，有利于提高工业经济效益。

（2）出口的增长影响一国投资的产业布局，资本会投向国民经济中最有效率的行业，即本国的比较优势产业。在这些产业领域进行专业化生产，将会提高劳动生产率。

（3）出口有助于一国获得规模经济利益。国内市场加上国外市场要比单独的国内市场规模大，有利于容纳更大规模的生产。

（4）世界市场的竞争给一国的出口工业带来压力，促进其降低成本，提高出口产品质量，淘汰效率低下的出口企业（或行业）。

（5）一个日益发展的出口部门还会鼓励国内外投资，刺激加工工业以及交通、能源等部门的发展，促进国外先进技术、管理知识和经验的引进。

3. 该种理论仅适用于 19 世纪。R－N 学派认为，关于国际贸易是经济增长的发动机的理论，是根据 19 世纪的历史经验提出的。由于 20 世纪各种条件的变化，上述理论不再适用。在 20 世纪，中心国家的经济增长并没有通过对初级产品的需求的增加传递到世界其他国家。纳克斯认为发生这种变化的原因有六个：

出口增长带动经济增长的方式：（1）较高的出口水平为一国增加进口奠定基础。（2）出口的增长影响一国投资的产业布局。（3）出口有助于一国获得规模经济利益。（4）世界市场的竞争给一国的出口工业带来压力。（5）一个日益发展的出口部门还会鼓励国内外投资。

（1）发达国家工业结构改变，由轻工业转向重工业，从原料消耗高的工业转向原料含量低的工业。

（2）发达国家国民生产总值中，服务业所占的比重增加，因而对原料的需求落后于生产的增加。

（3）发达国家对农产品需求的收入弹性低。

（4）发达国家农业保护主义蔓延。

（5）发达国家工业用原料的节约使用。

（6）发达国家合成原料和人造原料越来越多地代替天然原料。

（二）简要评述

对外贸易是经济增长的发动机理论强调对外贸易对促进一国经济增长的意义以及国际贸易在传递经济增长中的作用。这种理论虽然基于 19 世纪世界经济增长的历史经验，直到今天这种强调对外贸易在经济增长中的作用的理论仍然具有现实意义。R－N 学派根据 20 世纪上半叶世界贸易增长落后于世界生产增长的事实，作出了上述理论不再适用的结论。但第二次世界大战以来，随着国际分工与合作的加强，世界贸易的增长持续高于世界生产的增长，再次显示出贸易在经济增长中的重要作用。一些发展中国家通过实施出口导向型经济发展战略，实现了经济的高速增长，是对外贸易在一国经济增长中发挥重要作用的有力证明。改革开放以来中国经济发展得益于国际市场的推动，如今中国正在积极构建更大范围、更宽领域、更深层次对外开放格局。当然，经济增长是多种因素共同作用的结果，不应片面理解对外贸易在经济增长中的作用。

二、对外贸易乘数理论

经济变动中的乘数效应最初由英国经济学家卡恩（Richard F. Kahn）[1] 提出，由哈罗德（Roy F. Harrod）[2] 应用于对外贸易领域。

（一）乘数效应

现代经济学认为，社会支出水平的变动影响一国经济总量的变动。由于国民经济内在的连锁反应，经济总量的变动并不直接等于支出的初始变动。例如，政府增加公务员工资支出 100 万元，公务员收

对外贸易乘数（Foreign Trade Multiplier）是指一国进出口变化与国民收入变动之间的倍数关系。

---

[1] 理查德·卡恩，1904～1989 年，英国剑桥凯恩斯学派的代表人物之一，著述不多。1931 年在《经济学报》发表题为"国内投资与失业的关系"的论文，提出了乘数概念。

[2] 罗伊·哈罗德，1900～1978 年，英国经济学家。对经济学的突出贡献主要在经济增长领域，提出了著名的哈罗德—多玛增长模型。1933 年出版《国际经济学》，将卡恩的乘数概念引入对外贸易领域。

入增加 100 万元。公务员会将增加收入的一部分用于消费，因而向公务员提供商品和服务的人员收入增加，这些人也会将其增加收入的一部分用于增加消费支出，这个增加过程会持续进行下去。这样政府的初始支出增量为 100 万元，但最终国民经济总量的增加要大于 100 万元。同样，如果政府减少公务员工资支出 100 万元，国民经济总量的减少也将大于 100 万元。实际的经济总量的变动是初始政府支出变动的一定倍数，这就是经济中的乘数效应。

（二）对外贸易乘数

对外贸易乘数：
对外贸易乘数是进出口差额变化导致的国民经济增量变化的倍数。

对外贸易乘数是进出口差额变化导致的国民经济增量变化的倍数。对外贸易分为进口和出口，两者对国民收入变动的影响相反。出口具有扩大国内需求和带动国内增长的作用；进口具有减少国内需求和减缓国内增长的作用。用 X 表示出口，M 表示进口，Y 表示国民收入，α 表示对外贸易乘数，则对外贸易乘数的含义可用下式表示：

$$\alpha = \Delta Y / \Delta(X - M)$$

对外贸易乘数的大小可以通过以下方式推导出来：

在开放条件下，一国的均衡国民收入等于社会总需求，包括消费（C）、投资（I）、政府支出（G）和净出口（X–M）。

$$Y = C + I + G + X - M \qquad (4-1)$$

消费 C 分为两部分，一部分为自发性消费（C_0），不受收入水平影响；另一部分随可支配收入变化。用 b 代表边际消费倾向，即新增可支配收入中用于消费的比例，得出消费函数：

$$C = C_0 + bY_d \qquad (4-2)$$

居民可支配收入 Y_d 是全部收入扣除政府税收后的部分。用 t 表示边际税率，即收入增量中税收所占的比重，则：

$$Y_d = (1-t)Y \qquad (4-3)$$

将式（4–3）代入式（4–2），

$$C = C_0 + b(1-t)Y \qquad (4-4)$$

为分析方便，假定投资 I、政府支出 G 和出口 X 均为外生变量，因此：

$$I = I_0 \qquad (4-5)$$
$$G = G_0 \qquad (4-6)$$
$$X = X_0 \qquad (4-7)$$

进口 M 分为两部分，一部分为自发性进口，不受收入变动的影响；另一部分随收入变化。用 m 表示边际进口倾向，即收入增加部分中用于购买进口品的比例，得出进口函数：

$$M = M_0 + mY \qquad (4-8)$$

将上述式（4–4）、式（4–5）、式（4–6）、式（4–7）和式

（4-8）代入式（4-1），得出国民收入均衡条件：

$$Y = C + I + G + X - M = C_0 + b(1-t)Y + I_0 + G_0 + X_0 - M_0 - mY$$

求解 Y，得出均衡的国民收入水平为：

$$Y = \frac{1}{1 - b(1-t) + m}(C_0 + I_0 + G_0 + X_0 - M_0) \qquad (4-9)$$

由此得出，在存在对外贸易的条件下，一国的支出乘数 α 为：

$$\alpha = \frac{1}{1 - b(1-t) + m} \qquad (4-10)$$

假定 b = 0.5，t = 0.2，m = 0.2，则 α = 1.25，说明任何支出的增加或减少引发的国民收入总量的增加或减少等于支出初始变动规模的 1.25 倍。在消费 C_0、投资 I_0 和政府支出 G_0 不变的情况下，进出口差额 $X_0 - M_0$ 的变动导致的国民收入总量的变动同样为进出口差额变动的 1.25 倍。

因此，在探讨对外贸易对经济总量变动的影响时，可以将 α 称为对外贸易乘数或开放经济乘数。但实际上，这是在存在对外贸易条件下一国的支出乘数，该乘数不仅适用于外贸差额的变动，也同样适用于消费、投资和政府支出的变动。

（三）乘数发挥作用的条件

支出变动的乘数效应的发挥需要满足两个条件：一是市场体系完善，需求的变动能通过价格信号传递给生产者；二是国内资源尚未得到充分利用，生产点处于其生产可能性曲线以内。

第二节　经济增长对国际贸易的影响

经济增长指一国或一个经济体的 GDP 或国民收入的增加。现代经济学认为，生产要素增加和技术进步都会带来经济增长，经济增长改变一国的生产和消费，从而对该国的进出口贸易产生影响。当前中国经济总量稳居世界第二位，人均生活水平持续提高，消费市场规模居全球首位且消费需求持续旺盛，进而形成了中国进出口贸易稳中求进的发展趋势，中国坚定奉行互利共赢的开放战略，不断以中国新发展为世界提供新机遇，推动建设开放型世界经济，更好惠及各国人民。由于不同国家贸易量的变化对贸易条件的影响不同，加上经济增长的来源存在差异，经济增长最终对各国福利变化产生不同影响。本节的分析以 H-O 理论为基础，使用 2×2×2 模型，即两个国家使用两种生产要素生产两种产品的模型，假定规模报酬不变。

一、经济增长的来源与生产可能性曲线的变化

经济增长表现为生产可能性曲线的向外扩张。不同来源的经济增长，表现在经济增长后生产可能性曲线发生不同方向的变化。

（一）生产要素增加

生产要素增加类型：（1）要素均衡增长。（2）劳动要素单一增长。（3）资本要素单一增长。（4）要素非均衡增长。

在其他条件不变的情况下，增加生产要素的投入就会带来产出的增加。一国拥有的生产要素总量增加了，在资源得到有效利用的情况下，该国就会实现经济增长。生产中实际使用要素有多种，为了分析简便，我们假定只使用劳动和资本两种要素。

随着时间的改变，一国拥有的劳动和资本要素的总量都会发生变化。劳动要素的增长来源于人口的增加和劳动力人口比例的提高。资本要素的增长则来源于本国资本积累和外国资本的流入。根据劳动和资本要素增长的情况，可把经济增长分为四种类型：要素均衡增长、劳动要素单一增长、资本要素单一增长和要素非均衡增长。其中劳动要素单一增长和资本要素单一增长可以视为要素非均衡增长的两种极端情况。

1. 要素均衡增长。要素均衡增长是指劳动和资本两种要素同比例增长。在其他条件不变的情况下，要素均衡增长将使两种产品的产出总量同比例增长，生产可能性曲线同比例向外扩张。图 4 - 1 中，PPC_1 和 PPC_2 分别为两种要素同比例增长前后的生产可能性曲线，X、Y 两种产品产量同比例增长，生产可能性曲线外扩，形状不变。

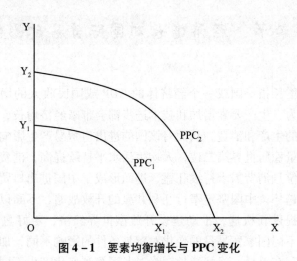

图 4 - 1　要素均衡增长与 PPC 变化

2. 劳动要素单一增长。劳动要素单一增长对一国两种产品的生产能力产生不均衡影响。劳动密集型产品 X 的产量会有较大幅度的

增长，资本密集型产品 Y 的产量也会增加，但增加幅度较小。劳动要素单一增长表现为生产可能性曲线沿着表示劳动密集型产品的坐标轴发生较大幅度的外扩。图 4－2 中，增长后的 PPC_2 在表示劳动密集型产品的横轴方向有较大幅度的扩张。

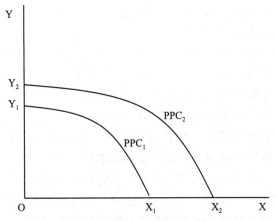

图 4－2 劳动要素单一增长与 PPC 变化

3. 资本要素单一增长。资本要素单一增长如同劳动要素单一增长，对一国两种产品的生产能力产生非均衡影响，不过这时增长较快的产品是资本密集型产品。图 4－3 中，增长后的 PPC_2 在表示资本密集型产品的纵轴方向有较大幅度的扩张。

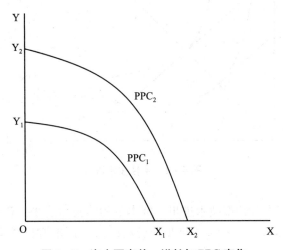

图 4－3 资本要素单一增长与 PPC 变化

4. 要素非均衡增长。在资本和劳动两种要素同时增长但增长比例不同时，两种产品的生产能力将发生类似于生产要素单一增长的非均衡变化。如果劳动要素的增长较快，生产可能性曲线的变化与劳动要素单一增长的情况类似；如果资本要素增长较快，生产可能性曲线的变化则类似于资本要素单一增长的情况。

（二）技术进步

在生产要素投入总量不变的情况下，技术进步可以增加生产要素的利用效率，提高产出水平。

技术进步类型：
（1）中性技术进步。（2）资本节约型技术进步。（3）劳动节约型技术进步。

1. 技术进步的类型。英国经济学家约翰·希克斯（John R. Hicks）[1] 依据厂商在要素价格不变的情况下为实现成本节约所采用的技术所导致的资本—劳动投入比的变化，将技术进步分为中性技术进步、劳动节约型技术进步和资本节约型技术进步。

（1）中性技术进步。中性技术进步（Neutral Technical Progress）指技术进步使资本和劳动的生产率同比增长，生产中的资本—劳动比率保持不变。图 4-4 中，X_0 和 X_0^* 分别是技术进步前后生产 X_0 数量的 X 产品的等产量线，X_0^* 与较低的一条等成本线相切，表明技术进步后生产成本降低。由于假定技术进步前后要素价格比例不变，两条等成本线斜率相同。生产中使用的资本—劳动比率保持不变，为 $(K/L)_X$。

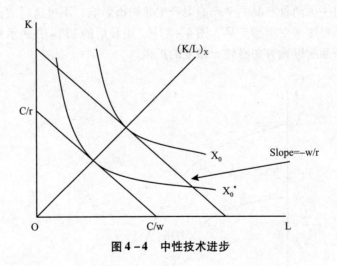

图 4-4　中性技术进步

（2）资本节约型技术进步。资本节约型技术进步（Capital-saving Technical Progress）指技术进步使劳动的边际产出增长高于资本边际

----

① 约翰·希克斯，1904~1989 年，出生于英格兰，毕业于牛津大学，曾在伦敦经济学院、剑桥大学、牛津大学等著名大学任教，研究领域广泛，代表作《价值与资本》（1939）。因为对一般均衡理论和福利理论的贡献，与美国经济学家肯尼斯·阿罗一起获得1972 年诺贝尔经济学奖。

产出，生产厂商相对增加劳动要素的投入量，资本—劳动投入比下降。图 4 – 5 中，新技术使生产同样 X_0 数量产品的成本降低，技术进步后资本—劳动投入比下降，$(K/L)_X^* < (K/L)_X$。

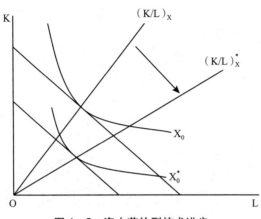

图 4 – 5 资本节约型技术进步

（3）劳动节约型技术进步。劳动节约型技术进步（Labor-saving Technical Progress）指技术进步使资本的边际产出相对于劳动的边际产出增加，生产厂商相对增加资本的投入量，资本—劳动投入比上升。图 4 – 6 中，新技术使生产同样 X_0 数量产品的成本降低，技术进步后资本—劳动比率上升，$(K/L)_X^* > (K/L)_X$。

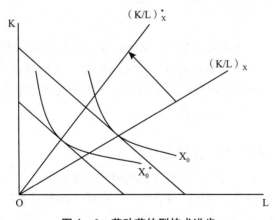

图 4 – 6 劳动节约型技术进步

2. 技术进步与生产可能性曲线。任何一种类型的技术进步都会提高资源的利用效率，使该国的生产可能性曲线向外扩张。两种产品技术进步的类型可能不同，技术进步的程度也可能不同，这些因素都影响生产可能性曲线向外扩张的具体方向和程度。这里仅讨论中性技术进步。

中性技术进步可以发生在单一行业，也可以同时发生在两个行业。

单一行业中性技术进步使生产可能性曲线沿着代表技术进步行业产品的坐标轴单方面扩展。仅限于 X 行业的中性技术进步会提高 X 产品的生产能力，但 Y 产品的生产能力没有变化。同样，仅限于 Y 行业的中性技术进步会提高 Y 产品的生产能力，但 X 产品的生产能力保持不变。见图 4 – 7 （a）。

两个行业同等程度的中性技术进步会使生产可能性曲线等比例向外扩张，形状保持不变。见图 4 – 7 （b）。

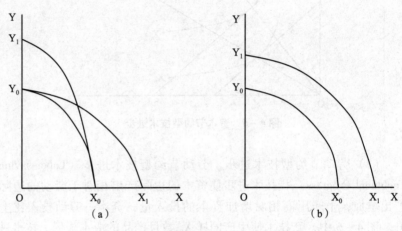

图 4 –7　中性技术进步与 PPC 变化

二、经济增长的贸易效应

经济增长不管来源于生产要素的增加还是生产技术的进步，都直接改变一国的生产能力。同时，经济增长将带来消费的增长与变化。生产和消费的变化将对贸易产生影响。下面根据经济增长的贸易效应对生产和消费增长进行分类。

（一）生产增长的贸易效应

经济增长使一国生产可能性曲线向外扩张，通过比较增长前后均衡生产点相对位置的变化，可以确定生产增长的贸易效应。

仍然假定一国生产 X、Y 两种产品，出口 X 产品，进口 Y 产品。增长前的生产消费均衡见图 4 – 8 （a），生产点在 P_0 点，消费点在 C_0 点，阴影部分为该国的贸易三角。

经济增长后该国生产厂商有机会重新确定两种产品的生产组合。大体上有三种选择：一是同比例增加两种产品的生产；二是同时增加两种产品的生产，但其中一种产品的增加比例较大；三是增加一种产品的生产，同时减少另一种产品的生产。

根据生产厂商在经济增长后对生产点的定位，可将新的生产可能性曲线分为四个区域。新生产点定位于不同区域，会产生不同的贸易效应。图 4-8（b）中，以原生产点 P_0 为原点，建立一个小坐标，同时将原点 O 和原生产点 P_0 的连线延长，形成 I、II、III、IV 四个区域。

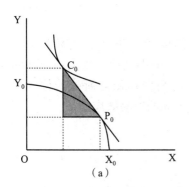 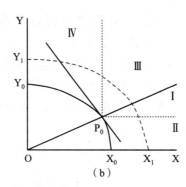

（a）　　　　　　　　　　　（b）

图 4-8　生产增长的贸易效应

1. 中性贸易生产效应。如果新生产点定位在的 OP_0 延长线上，X、Y 产品的产出组合比例不变，出口品 X 和进口竞争产品 Y 的生产同比增长，增长具有中性贸易生产效应（Neutral-trade Production Effect）。

2. 顺贸易生产效应。如果新生产点定位在区域 I，即处于 OP_0 延长线和小坐标横轴之间，X、Y 两种产品的生产均有增长，但出口品 X 的生产增长快于商品 Y 的增长，贸易潜力增加，增长具有顺贸易生产效应（Protrade Production Effect）。

3. 超顺贸易生产效应。如果新生产点定位在区域 II，即处于原生产可能性曲线以外大小坐标横轴之间的区域，出口品 X 生产增长，进口竞争产品 Y 的生产绝对下降，意味着该国具有更大的贸易潜力，增长具有超顺贸易生产效应（Ultra-protrade Production Effect）。

4. 逆贸易生产效应。如果新生产点定位在区域 III，即处于 OP_0 延长线和小坐标纵轴之间，X、Y 两种产品的生产均有增长，但进口竞争产品 Y 的生产增长快于出口品 X 的生产增长，该国贸易潜力降低，增长具有逆贸易生产效应（Antitrade Production Effect）。

5. 超逆贸易生产效应。如果新生产点定位在区域 IV，即处于原生产可能性曲线以外大小坐标纵轴之间的区域，进口竞争产品 Y 的生产增长，出口品 X 生产绝对下降，意味着该国贸易基础大大削弱，增长具有超逆贸易生产效应（Ultra-antitrade Production Effect）。

此外，如果新生产点定位在小坐标的横轴上，增长的贸易效应介

生产增长的贸易效应：（1）中性贸易生产效应。（2）顺贸易生产效应。（3）超顺贸易生产效应。（4）逆贸易生产效应。（5）超逆贸易生产效应。

于顺贸易生产效应和超顺贸易生产效应之间。如果新生产点定位在小坐标的纵轴上，增长的贸易效应介于逆贸易生产效应和超逆贸易生产效应之间。

上述依据增长后生产点的位置对贸易效应的判断，均以横轴表示出口商品为基础。如果纵轴表示出口产品，除中性贸易效应外，其他生产点的贸易效应正好相反。

（二）消费增长的贸易效应

经济增长后均衡消费点的变化同样产生不同的贸易效应。图4-9中，以原消费均衡点为原点建立一个小坐标，将大小坐标的原点O和C_0连接并延长，将增长后新的消费均衡点所处的位置分为Ⅰ、Ⅱ、Ⅲ、Ⅳ四个区域，各自具有不同的贸易效应。

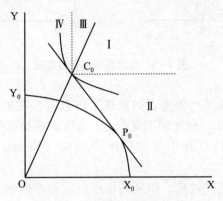

图4-9　消费增长的贸易效应

消费增长的贸易效应：（1）中性贸易消费效应。（2）逆贸易消费效应。（3）超逆贸易消费效应。（4）顺贸易消费效应。（5）超顺贸易消费效应。

1. 中性贸易消费效应。如果新消费点定位在的OC_0延长线上，X、Y产品的消费组合比例不变，出口产品X和进口竞争产品Y的消费同比例增长，增长具有中性贸易消费效应（Neutral-trade Consumption Effect）。

2. 逆贸易消费效应。如果新消费点定位在区域Ⅰ，即处于OC_0延长线和小坐标横轴之间，X、Y两种产品的消费均有增长，但出口品X的消费增长快于商品Y的增长，该国贸易意愿降低，增长具有逆贸易消费效应（Antitrade Consumption Effect）。

3. 超逆贸易消费效应。如果新消费点定位在区域Ⅱ，即处于小坐标横轴以下的区域，出口品X的消费量增长，但进口竞争产品Y的消费量绝对下降，这意味着该国的贸易意愿有可能大幅度降低，增长具有超逆贸易消费效应（Ultra-antitrade Consumption Effect）。

4. 顺贸易消费效应。如果新消费点定位在区域Ⅲ，即处于OC_0延长线和小坐标纵轴之间，X、Y两种产品的消费均有增长，但进口竞争产品 Y 的消费增长较快，该国贸易潜力增加，增长具有顺贸易消费效应（Protrade Consumption Effect）。

5. 超顺贸易消费效应。如果新生产点定位在区域Ⅳ，即处于小坐标纵轴左边的区域，进口竞争产品 Y 的消费量增加，出口品 X 的消费量绝对下降，该国的贸易可能性大大增加，增长具有超顺贸易消费效应（Ultra-protrade Consumption Effect）。

新消费点的定位还有两种可能。一是新消费点定位在小坐标的横轴上，这时增长的贸易效应介于逆贸易消费效应和超逆贸易消费效应之间。二是新消费点定位在小坐标的纵轴上，增长的贸易效应介于顺贸易消费效应和超顺贸易消费效应之间。

以上关于消费的贸易效应的分析以横轴代表出口产品为基础。如果纵轴代表出口产品，则上述判断除中性贸易效应外正好相反。

（三）生产和消费增长的综合贸易效应

经济增长的贸易效应取决于增长的生产和消费效应。不同的生产和消费效应的组合会产生不同的综合贸易效应。图 4-10 描述了生产与消费均衡变化的两种组合情况。

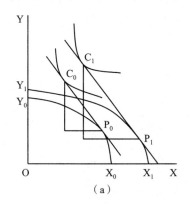 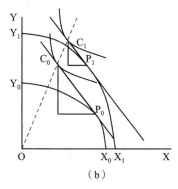

（a） （b）

图 4-10 生产与消费增长的综合贸易效应

在图 4-10（a）中，增长后的新生产点 P_1 处于区域Ⅱ，增长具有超顺贸易生产效应。而新消费点处于区域Ⅰ，增长具有逆贸易消费效应。虽然生产和消费的贸易效应相反，但从两种效应的对比看，生产的贸易扩大效应占主导地位。因此增长后的贸易三角大于增长前的贸易三角，经济增长最终带来贸易的增长。

图 4-10（b）描绘了另一种生产与消费增长的组合。增长后的新生产点 P_1 处于区域Ⅳ，增长具有超逆贸易生产效应。而新消费点处于 OC_0 的延长线上，增长具有中性贸易消费效应。上述两种贸易效应的组合导致增长后贸易三角减小，贸易量下降。

经济增长后生产和消费的变化还有多种多样的组合。不同组合的综合贸易效应可以使用同样的方法来确定。

三、小国经济增长的贸易与福利效应

如果一国某产品的进出口数量在世界贸易总量中的比重很小，其进出口数量的改变对世界市场有关商品的价格没有影响，该国就属于贸易小国。下面分析小国经济增长的生产、贸易和福利效应。

（一）生产效应

在贸易小国的情况下，由于经济增长前后国内外两种产品的比价保持不变，增长后新生产点处于贸易价格线与新生产可能性曲线的切点。

如果经济增长来源于两种要素均衡增长，生产可能性曲线等比例向外扩张，新生产点处于坐标原点与原生产点连线的延长线上，两种产品的产出同比增长。

如果经济增长来源于某一要素的单一增长，生产可能性曲线将发生不均衡变化。要素的单一增长对生产的变化产生显著影响。图4－11考察了劳动要素丰裕的小国劳动要素单一增长对生产的影响。

两种要素增长和两种产品生产技术进步的不同组合，会导致生产可能性曲线发生不同变化，从而决定增长前后生产点位置的相对变化。

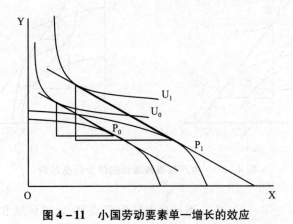

图4－11　小国劳动要素单一增长的效应

劳动要素的单一增长使该国生产可能性曲线沿着代表劳动密集型产品 X 的横轴产生较大幅度的扩张。增长前后的生产点分别在 P_0 点和 P_1 点，P_1 点位于 P_0 点的右下方。劳动要素的增长使该国劳动密集型产品 X 产量增加，资本密集型产品 Y 产量减少。之所以出现这种变化，是因为在贸易小国情况下，产品的相对价格保持不变，由于技术不变，要素的相对价格也保持不变。这样增长后 X、Y 两个行业的资本—劳动投入比不会发生变化。要充分利用增长的劳动要素，劳动密集型产品生产扩大，劳动密集型行业需要增加资本投入。在该国资本要素总量不变和已经充分利用的情况下，劳动密集型行业增加的资本投入只能来源于资本密集型行业。因此在劳动密集型产品生产增加的同时，资本密集型产品的生产会下降。

如果该国出现资本要素单一增长，按同样道理，资本密集型产品 Y 的产出会增加，而劳动密集型产品 X 的产出将减少。

一般地讲，在商品的相对价格不变的情况下，如果一种要素增长而另一种要素保持不变，密集使用增长要素的产品的生产将会增加，密集使用不变要素的产品的生产将会下降。这一结论称为罗勃津斯基[①]定理（Rybczynski Theorem）。

如果经济增长来源于技术进步，生产的变化取决于两个行业技术进步的对比情况。如果两个行业发生同等程度的中性技术进步，两行业的资源利用效率同步提高，其生产效应类似于两种要素的均衡增长。如果单一行业发生中性技术进步，技术进步行业生产效率提高，未发生技术进步的行业生产效率不变，其生产效应类似于单一生产要素的增长。不同的是，未发生技术进步的产品的生产能力不会有任何改变。如果两个行业发生不同性质的技术进步，两行业的资本—劳动比率将发生变化，生产变化的情况将十分复杂。

（二）贸易量效应

根据前面的分析，生产的变化和消费的变化具有各自的贸易扩张或紧缩效应。不同的生产和消费贸易效应的组合对贸易的最终影响，要看两者的作用方向是否一致以及两者的作用强度大小。如果生产和消费都具有贸易扩张效应（顺贸易效应或超顺贸易效应），经济增长后贸易量将显著增加；如果两者均具有贸易紧缩效应（逆贸易或超逆贸易效应），经济增长后贸易量将显著减少。如果生产具有贸易扩张效应而消费具有贸易紧缩效应，或者相反，则增长后的贸易变动要看扩张效应和紧缩效应哪一个作用更强。

图 4 - 11 中，经济增长后生产的变化具有超顺贸易效应，消费的变化具有逆贸易效应，但生产的贸易扩张效应较强，因而总体来看，经济增长后贸易量增加，新贸易三角大于增长前的贸易三角。

（三）福利效应

在出现经济增长的情况下，国民收入水平提高，消费偏好会发生变化。如果人口增加，人均消费水平也会受到影响。因此，简单比较

罗勃津斯基定理：一般地讲，在商品的相对价格不变的情况下，如果一种要素增长而另一种要素保持不变，密集使用增长要素的产品的生产将会增加，密集使用不变要素的产品的生产将会下降。这一结论称为罗勃津斯基定理。

经济增长后贸易量的变化取决于增长带来的生产和消费的变化。

---

① 泰德兹·罗勃津斯基，1923～1998 年，英国经济学家，曾长期担任英国商业经济学家协会会长。

经济增长前后消费点所处的社会无差异曲线的高低，难以准确判断增长的实际福利效应。

为了分析方便，我们假定社会消费偏好保持不变，并使用人均消费水平表示一国的福利水平。这样，我们就可以通过比较新消费点所处的社会无差异曲线的高低判断社会福利水平的变化。

如果贸易小国的经济增长来源于资本要素的增长或技术进步，该国总体消费水平和人均消费水平提高，福利改善。

如果贸易小国经济增长来源于劳动要素的增长，则福利变化面临两种情况：一是劳动要素的增长来源于人口的增长，社会总产出和社会总消费增长率低于人口增长率，人均消费下降，福利恶化；二是劳动要素的增长来源于劳动人口比例的增长，人均消费增加，福利改善。

如果一国贸易后新消费点处于较高的一条社会无差异曲线上，贸易提高了该国福利水平；如果新消费点处于较低的社会无差异曲线上，则该国福利水平下降。

四、大国经济增长的贸易与福利效应

如果一国在某产品世界贸易总量中的比重很大，其进出口数量的变化会影响世界市场有关商品的价格，则该国属于贸易大国。贸易大国由于具有影响世界市场价格的能力，经济增长对贸易和福利的影响与贸易小国的情形有所不同。如果经济增长使贸易大国进出口增加，其出口产品的相对价格会下降，贸易条件恶化；如果经济增长后该国进出口贸易减少，其出口品的相对价格将会提高，贸易条件改善。这里，贸易条件（Terms of Trade，TOT）是指一国出口产品价格与进口产品价格的比值。经济增长后贸易条件的变化对经济增长后一国新的生产和消费均衡点的形成产生影响，进而影响该国的贸易和福利水平。

（一）大国单一要素增长的效应

图 4-12 描述了劳动要素丰裕的贸易大国劳动要素单一增长产生的贸易与福利效应。TOT_1 是增长前的贸易条件。如果增长后贸易条件不变，新的生产点应是 P_1 点。根据罗勃津斯基定理，P_1 点位于 P_0 点的右下方，生产变化具有超顺贸易效应。但是，X 生产的增加和出口的扩大使 X 的相对价格降低，该国贸易条件恶化，表现为增长后的贸易条件不是 TOT_1，而是 TOT_2，$TOT_2 < TOT_1$。贸易条件的恶化影响到增长后 X、Y 的生产组合，新的生产点在 P_2 点，而不是 P_1 点。P_2 点与 P_1 点相比，X 产品的产量减少，Y 产品的产量增加。

贸易条件的变化同样影响到增长后的消费组合。在贸易条件不变的情况下，增长后的新消费点应该在 C_1 点，该国总体的消费水平应为社会无差异曲线 U_1。但实际上由于贸易条件的恶化，增长后的消费点在 C_2 点，该国的总体消费水平为社会无差异曲线 U_2，$U_2 < U_1$。

贸易条件的恶化对该国人均消费水平产生负面影响。

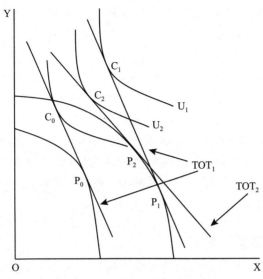

图 4 - 12　大国单一要素增长的效应

（二）大国单一行业技术进步的效应

假定劳动要素丰裕的贸易大国在资本密集型产品 Y 行业出现中性技术进步，该国 Y 产品生产能力增加，X 产品生产能力保持不变，生产可能性曲线沿着表示 Y 产品的纵轴单向扩张，见图 4 - 13。

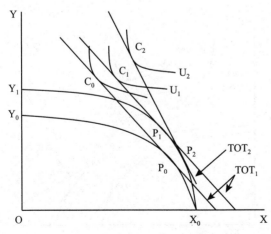

图 4 - 13　大国单一行业技术进步的效应

经济增长前生产点在 P_0 点，消费点在 C_0 点。在 Y 行业技术进步带来经济增长后，如果贸易条件不变，仍为 TOT_1，新的生产点和消费点应位于 P_1 点和 C_1 点，生产和消费的变化均具有贸易紧缩效应。

如果劳动要素的增长来源于人口的增长，人均消费下降幅度增大，福利恶化程度加大；如果劳动要素的增长来源于劳动人口比例的增长，人均消费增加，但增幅降低，福利改善程度减小。

由于该国为贸易大国，其 X 产品出口和 Y 产品进口的减少，对国际市场两种产品的比价产生影响，X 产品的相对价格上升，该国贸易条件改善。因此，经济增长后的实际贸易条件是 TOT_2，$TOT_2 > TOT_1$。

贸易条件的改善对该国增长后的生产和消费产生影响，该国倾向于增加 X 产品的生产和 Y 产品的消费。增长后的均衡生产点在 P_2 点，与 P_1 点相比，X 产出增加，Y 产出减少。贸易条件的改善使该国的消费均衡点从 C_1 点变为 C_2 点，与 C_1 点相比，C_2 点处于较高的一条社会无差异曲线上，该国总体消费水平因贸易条件改善而进一步提高。由于该国经济增长来源于资本密集型产品 Y 行业的中性技术进步，该国人口没有变化，因此总体消费水平的提高同时意味着人均消费水平的提高，该国福利水平改善。贸易条件的改善扩大了该国福利水平提高的幅度。

（三）贫困化增长

贫困化增长：在人口没有增长的情况下，如果一国生产和贸易的增长导致贸易条件的恶化，也可能出现经济增长后福利水平下降的情况。

从上面的分析可以看出，经济增长并不一定带来福利的增长。如果生产的增长落后于人口的增长，社会福利水平就会下降。在人口没有增长的情况下，如果一国生产和贸易的增长导致贸易条件的恶化，也可能出现经济增长后福利水平下降的情况。1956 年，巴格瓦蒂（Jagdish Bhagwati）[1] 分析了这种情况，称为贫困化增长（Immiserizing Growth）。贫困化增长的根源是增长带来的贸易条件的恶化，因此只发生在贸易大国。

图 4 - 14 假定一国出口 X 产品，进口 Y 产品，该国经济增长导

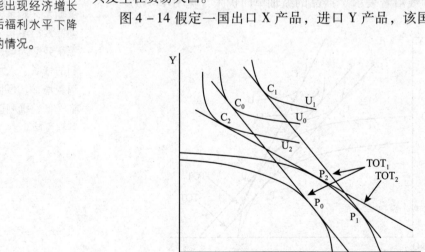

图 4 - 14 贫困化增长

---

① 加格迪什·巴格瓦蒂，1934 年生于印度，先后在剑桥大学、麻省理工学院和牛津大学接受教育，曾在印度和美国多所大学任教，现任哥伦比亚大学教授，美国经济学会副会长。著述颇丰，对国际贸易理论和经济发展理论等领域的贡献尤为突出。

致 X 产品生产能力明显提高，同时假定经济增长不是来源于人口的增长。在贸易条件不变的情况下，经济增长会使该国的消费和福利水平从 U_0 移到 U_1，福利水平提高。不过由于生产点 P_1 和消费点 C_1 的组合产生出口扩大效应，导致该国贸易条件急剧恶化，从 TOT_1 变为 TOT_2，结果福利水平从 U_1 移到 U_2，增长后的福利水平低于增长前的水平，$U_2 < U_0$。

贫困化增长的发生需要四个前提条件：一是经济增长偏向于增长国的出口部门，否则不会存在贸易条件恶化的情况；经济增长幅度较小，如果增长幅度大，增长的正面收入增长效应足以抵消贸易条件恶化的影响。二是增长的贸易量效应明显，进出口显著增加。三是对方国家对该国出口产品的需求弹性很低，要扩大出口数量，必须大幅度降低出口价格。四是该国对单一产品出口依赖严重，贸易条件恶化使福利水平大幅下降。

贫困化增长的实际例证较为罕见。20 世纪 30 年代以前，巴西咖啡生产量很大，在世界市场占有重要份额。为增加收入，巴西大量生产和出口咖啡，结果导致该国贸易条件严重恶化，出口扩大反而使本国福利水平下降。特别说明的是增长国的增长的利益去向何处了？这部分利益以"转移支付"的形式为贸易伙伴国所享有。与此相反，中国经济增长坚持以推动高质量发展为主题，避免陷入贫困化增长。首先，经济增长注重增强国内大循环内生动力和可靠性，提升国际循环质量和水平；其次，推动经济实现质的有效提升和量的合理增长；再次，推动货物贸易优化升级，创新服务贸易发展机制，发展数字贸易，加快建设贸易强国，增强国际市场对中国产品和服务的需求弹性；最后，不断优化出口商品结构，推动战略性新兴产业融合集群发展，构建新一代信息技术、人工智能、生物技术、新能源、新材料、高端装备、绿色环保等一批新的增长引擎。

贫困化增长的四个前提条件：一是经济增长偏向于增长国的出口部门，否则不会存在贸易条件恶化的情况。二是增长的贸易量效应明显，进出口显著增加。三是对方国家对该国出口产品的需求弹性很低，要扩大出口数量，必须大幅度降低出口价格。四是该国对单一产品出口依赖严重，贸易条件恶化使福利水平大幅下降。

本章思考与练习

1. 应如何评价对外贸易是经济增长的发动机理论？
2. 什么是对外贸易乘数？乘数发挥作用有哪些条件？
3. 生产和消费的变化各具有哪几种贸易效应？
4. 什么是罗勃津斯基定理？
5. 经济增长对小国和大国贸易及福利的影响有何不同？
6. 什么是贫困化增长？其发生需要哪些条件？

第五章
贸易保护理论

从总体上看，世界贸易朝着自由化的方向演进，但贸易保护主义仍然存在。例如，如今美国政府存在贸易保护主义行为，其推行的大量扭曲市场竞争、阻碍公平贸易、割裂全球产业链的投资贸易限制政策和行为，有损以规则为基础的多边贸易体制。贸易保护理论为这些贸易保护措施提供了理论依据。本章从理论演进的角度，介绍主要的贸易保护理论。重商主义是资本主义生产方式准备时期的贸易保护理论与政策主张，强调通过贸易顺差积累金银财富。幼稚产业保护理论出现在资本主义自由竞争时期，其目的在于培植国内新兴产业的自由竞争能力。超保护贸易政策盛行于两次世界大战期间，其理论基础是凯恩斯主义。战后新贸易保护理论介绍了"中心－外围"理论和战略性贸易政策理论，前者支持发展中国家通过实施保护贸易政策加快实现工业化进程，后者为发达国家在战略性行业支持本国企业在国际竞争中取胜提供了理论依据。

第一节　重商主义

一、重商主义概述

重商主义：欧洲资本主义萌芽促进了"重商主义"的产生。

14 世纪、15 世纪，欧洲资本主义首先萌芽于意大利，随后在西北欧出现，15 世纪末 16 世纪初，一系列的地理发现刺激了商品生产和商品流通的迅速发展，新兴商业资产阶级对于加速资本原始积累有着迫切的需求。商业资产阶级需借助国家政权对内扫除封建割据统一国内市场、对外实行殖民扩张拓展海外市场，而代表国家政权的国王也需要借助商业资本的力量维持军队和宫廷奢华，两者的联盟促进了兼具政策和学说特点的所谓"重商主义"（Mercantilism）的产生。

被普遍公认的重商主义文献主要出现在17世纪20年代至18世纪中期的英国，大多数的重商主义者（Mercantilist）是生意人、贸易商和政府官员，他们主要就诸如贸易、储运、关税与产业保护的经济效应等实践问题发表看法。[①] 这些从事具体事务性工作的人倾向于研究与其密切相关的经济问题，"每个人都是他自己的经济学家"。[②] 共识性定义和一致性教程的缺乏导致其后关于重商主义的讨论常常模糊不清。较普遍的看法是，"重商主义"一词最先以"重商主义体系"（Systém Mercantile）出现在米若比（Mirabeau）和弗朗西斯·奎奈（Francois Quesnay）合著的《自1763年以来的哲学原理》一书中，[③] 后来亚当·斯密在其巨著《国富论》中认为"重商主义体系"（Mercantile System）的特征是保持有利的贸易顺差以使金银源源不断地流入国内。[④] 到19世纪末期，德国历史学派普及了"重商主义"一词，将其界定为一种经济思想体系和特定类型的经济政策，被视为欧洲实现中央集权和经济现代化的重要组成部分。

虽然重商主义者没有形成完整的理论体系，具体的观点和看法也存在差异，但其基本思想总体上是一致的。[⑤]

（1）在对社会财富的看法方面，将金银货币视为社会财富的唯一形态。他们反对早期学者重视自然经济、鄙视货币财富的观点，将货币等同于财富，认为财富就是金银、货币就是财富，金银的多少意味着财富的多寡，因而主张进行大量的金银积累以增加财富量。

（2）在对财富源泉的看法方面，认为通过对外贸易多卖少买是获得财富的根本途径。要获取更多的金银，除了本国开采金银矿藏外，只有通过对外贸易，用产品出口换取别国的金银、多卖少买才能有效增加金银财富；尽管国内商业流通也是必要的，但它只会使国内金银货币从一个口袋转移到另一个口袋，并不会增加一国的财富量。

（3）在对国家作用的看法方面，极力主张政府干预对外贸易和各种经济活动，采取鼓励出口和限制进口的政策。要求政府用法律手段保护国内工商业，为其提供各种有利条件，以利于本国产品的出口。同时，通过航海和殖民地政策带动出口。对进口则实行高关税甚

> 重商主义将金银货币视为社会财富的唯一形态，认为通过对外贸易多卖少买是获得财富的根本途径。

---

① 拉尔斯·马格努松：《重商主义经济学》，中译版，上海财经大学出版社2001年版，前言1~2页。

② 哈里·兰德雷斯、大卫·C.柯南德尔：《经济思想史》（第四版），中译版，人民邮电出版社2011年版，第47页。

③ 拉尔斯·马格努松：《重商主义经济学》，中译版，上海财经大学出版社2001年版，第2页。

④ 亚当·斯密：《国民财富的性质和原因的研究》（下卷），中译版，商务印书馆1983年版，第1~23页。

⑤ 杨建飞：《西方经济思想史》，武汉大学出版社2010年版，第36~37页。

至禁止措施，保证贸易处于顺差地位。

（4）在对人口作用的看法方面，承认人口是劳动力的重要组成部分，是一国生产的重要力量。人口是促进一国生产和经济发展的源泉，也是当时西欧各国对外殖民扩张的兵源。因此，他们主张国家增加人口、限制人口外流，但要鼓励外国人特别是有熟练技艺的人才流入本国。

二、早期重商主义

早期重商主义：
盛行于 15 世纪
至 16 世纪中叶。

一般认为，重商主义经历了早期和晚期两个发展阶段，早期重商主义盛行于 15 世纪至 16 世纪中叶，晚期重商主义盛行于 16 世纪中叶至 17 世纪。[①] 早期重商主义又称货币差额论、重金主义或货币主义，其代表人物包括英国的约翰·海尔斯（John Hales）和威廉姆·斯坦福德（William Stafford）、法国的让·博丹（Jean Bodin）和安东尼·蒙克莱田（Anthony Montchrétien）等。

海尔斯的代表作《对我国同胞某些控诉的评述》（*A Compendious or Briefe Examination of Certayne Ordinary Complaints of Diuers of Our Country Men in These Our Dayes*），[②] 于 1581 年由斯坦福德修改后匿名出版。当时正值英国圈地运动如火如荼，大量贵金属从美洲流入欧洲，英国物价飞涨，人民生活水平下降；而皇室依然挥霍无度，财政上靠铸造不足值的货币维持开支，造成足值铸币大量外流。该书采用通过骑士、商人、手工业者、牧师的对话，阐述了作者将货币保持在国内的措施和主张。在国际贸易方面，该书主张实行保护关税政策，禁止外国工业品，尤其是奢侈品的进口，不管其售价是否低于本国产品；禁止从英国输出羊毛、皮革和锡等原料，奖励英国工业品生产者；主张多出口少进口，保持贸易顺差，任何金银的流出都是本国财富的流失。

在早期重商主义阶段，国家迫切需要增加货币，所以早期重商主义者都极力鼓动吸收国外货币到国内并禁止货币输往国外；国家也力图通过行政手段干预货币流动以达到储藏尽量多的货币、积累起充足财富的目的。当时英国、西班牙、葡萄牙等西欧国家采取了一系列禁止金银出口、限制商品进口和鼓励出口的措施。例如英国在爱德华四世时制定法律，将输出金银定为重罪。这些国家还规定，外国商人必

---

① 对此尚存不同看法，如兰德雷斯和柯南德尔（2011）认为重商主义主要指公元 1500~1750 年的经济文献与经济实践；马格努松（2011）主要指 17 世纪、18 世纪的经济政策体系和经济学说；杨建飞（2010）认为重商主义产生于 15 世纪，全盛于 16 世纪、17 世纪，衰落于 18 世纪。

② 据考证，此书原稿名为《关于英国公共福利的对话》，由约翰·海尔斯在 1549 年写成。参见颜鹏飞：《西方经济思想史》，中国经济出版社 2010 年版。

须将出口货物获得的全部货币用于购买当地商品，而本国商人在国外销售商品后只能将金银带回国内，不能带回外国商品。恩格斯曾经对早期重商主义作了十分生动的描述，认为早期重商主义者"就像守财奴一样，双手抱住心爱的钱袋，用嫉妒和猜疑的目光打量自己的邻居，他们不择手段地骗取那些和本国通商的民族的现钱，并把侥幸得来的金钱，牢牢地保持在关税线内"①。

因各国都防止金银外流，结果窒息了贸易，反而妨碍了金银的流入。重商主义者在实践中逐渐认识到货币只有在运动中才能实现增值，于是重商主义进入后期阶段。

三、晚期重商主义

晚期重商主义又称贸易差额论或重工主义，主要代表人物是英国的托马斯·孟（Thomas Mun）、法国的让·巴普蒂斯特·柯尔贝尔（Jean – Baptiste Colbert）、意大利的安东尼奥·塞拉（Antonio Serra）。如果说早期重商主义强调少买、禁止货币输出，那么晚期重商主义则强调多卖、允许货币输出国外但需获得外贸出超。

托马斯·孟是英国乃至整个欧洲大陆晚期重商主义的杰出代表，他于 1621 年出版了《论英国东印度的贸易》（*A Discourse of Trade from England unto the East Indies*），论述了晚期重商主义的观点和主张；他于 1630 年对该书重新进行了全面细致的修订，在他去世后由其子于 1664 年以《英国得自对外贸易的财富》（*England's Treasure By Foreign Trade*）为名出版，该书形成了较为系统的理论形态，被看作重商主义划时代的著作。② 在国际贸易方面，托马斯·孟的思想和观点主要有：

（1）货币产生贸易，贸易增多货币。孟认为"输出货币与输出货物同样都是很有利的，因为输出的货币也是用在贸易上的，所以它会增多我们的财富"，③ 商品出超是增加货币财富并使国家富足的通常手段，对于无金银矿藏的英国也是唯一的手段；而投入商品流通的货币越多才能使货币不断增值，否则把货币储藏起来不仅不能使货币增多，还将引起物价高涨。

（2）贸易差额的重点在于普遍平衡。以前英国对外贸易体制追求的目标是每个个别的贸易出超，即英国从每个国家的进口都需要以向该国出口来平衡，甚至力求每个英国商人平衡其进出口贸易。

晚期重商主义： 盛行于 16 世纪中叶至 17 世纪，强调多卖，允许货币输出国外但需获得外贸出超。

① 《马克思恩格斯全集》第 1 卷，人民出版社 1956 年版，第 596 页。
② 杨建飞：《西方经济思想史》，武汉大学出版社 2010 年版，第 42 页。
③ 托马斯·孟、尼古拉斯·巴尔本、达德利·诺斯：《贸易论（三种）》，中译版，商务印书馆 1982 年版，第 10 页。

孟强调必须从贸易的全局出发来考虑贸易平衡问题，不应拘泥于单笔个别贸易项目的差额，但最终目的要使一国年出口商品总值大于进口商品总值；为此，国家应扩大商品生产，改善产品质量；降低商品价格，提高产品在国际市场上的竞争力；认真节约，减少奢侈品进口，扩大经济作物耕种，力求自给自足；多出口制成品，减少原料品的出口；减免出口商品的税收，对进口商品课以重税；重视发展航运业和转口贸易业，注意运费、保险、旅游等所谓无形进口的项目。

（3）贸易出超状况取决于生产者人数和技艺。孟认为人口越多，生产的商品也越多，可供出口的商品也就越多。"因为在人数众多和技艺高超的地方，一定是商业繁盛和国家富庶的。"[①] 事实上，由于当时资本主义生产还处于欠发达阶段，发展工业深感劳动力的不足，所以孟在主张发展对外贸易的同时，重视鼓励人口的增加。

受晚期重商主义的影响，英国当时实行的贸易政策包括：国家垄断对外贸易；限制进口，征收保护关税；在殖民地经营独占性贸易和海运业务，使其成为原料供应地和产品出口市场；实行航海法，一些输往英国的货物必须使用英国或出口国的船舶运输；鼓励外国技工移入，限制本国技工外流等。

四、简要评述

重商主义是资产阶级最早的经济学说和国际贸易理论。早期和晚期重商主义虽然在对待金银出入和贸易差额的看法上存在差别，但两者均将金银货币当作财富的代表，主张通过国际贸易获取更多的金银。重商主义基于上述认识所提出的一系列保护主义措施，反映了商业资产阶级在资本原始积累时期对货币资本的强烈需求，对当时欧洲各国的对外贸易政策产生重大影响，促进了商品货币关系的发展，对早期资本主义生产方式的发展起了积极作用。

重商主义将货币和财富混为一谈，将研究领域局限于流通领域，认为财富和利润产生于流通领域，国际贸易是财富和价值的源泉，反映出商业资产阶级的历史局限性。

重商主义贸易政策是一种高度的贸易保护主义政策，其广泛实施最终妨碍了商品的国际流通，不利于资本主义生产方式的运行。因此新兴的产业资产阶级需要大幅度扩大出口市场时，重商主义理论和政策便受到强烈的抨击。今天一些国家实施的贸易保护政策也常被指责

---

① 托马斯·孟：《英国得自对外贸易的财富》，中译版，商务印书馆1981年版，第12页。

为"新重商主义"。

第二节　幼稚产业保护理论

幼稚产业是指在本国处于初级发展阶段但又面临国外强大竞争的产业。幼稚产业保护理论形成于资本主义自由竞争时期，直到今天仍然是一些国家保护本国新兴产业的理论基础。本节介绍汉米尔顿和李斯特的幼稚产业保护学说，以及幼稚产业衡量标准的发展。

一、汉米尔顿的制造业保护论

（一）理论背景

美国独立以后，亚历山大·汉密尔顿（Alexander Hamilton）[①] 于1789 年担任第一任财政部部长。当时美国虽然在政治上取得独立，但经济上仍属于殖民地经济形态，国内产业以农业为主，工业方面仅限于农产品加工和手工业品的制造，与英国相比处于十分落后的状态。美国北方工业资产阶级要求实行保护关税政策，以独立地发展本国经济。南部种植园主仍主张实行自由贸易政策，继续向英国、法国、荷兰等国出口小麦、棉花、烟草等农林产品，换取进口这些国家的工业产品。1790 年 1 月美国总统乔治·华盛顿（George Washington）向国会说明了制造业和国防的关系，指出制造业关键部门如军需供应对国家安全是必要的；一周后，国会命令财政部部长汉密尔顿准备一份美国政府应该如何促进制造业的报告；汉密尔顿随后花了将近两年时间进行写作并四次修改，其间研究了亚当·斯密和大卫·休谟的经济学思想和重商主义拥护者法国财政大臣雅克·内克尔（Jacques Necker）的著作，最终于 1791 年 12 月向国会提交了《关于制造业的报告》（*Report on the Subject of Manufactures*），提出了对美国制造业实行保护关税政策的主张。[②]

幼稚产业：本国处于初级发展阶段但又面临国外强大竞争的产业。

（二）主要思想与政策主张

汉密尔顿在其报告中系统阐述了保护和发展制造业的必要性与重

① 亚历山大·汉密尔顿，1755～1804 年，美国开国元勋之一、宪法起草人之一，是美国政党制度的创建者，在美国金融、财政和工业发展史上占有重要地位，后因与人决斗而丧命。

② Northrup, Cynthia Clark, *The American Economy：A Historical Encyclopedia*（Volume One）, Short Entries. ABC - CLIO, Inc., 2003, pp. 214.

要性。他指出，一个国家如果没有工业的发展，就很难保持其独立地位。美国工业起步晚，技术落后，生产成本高，根本无法同英、法等国家的廉价商品进行自由竞争。因此，美国应实行保护关税制度，帮助新建立起来的工业生存、发展和壮大。

汉密尔顿还较为详细地论述了发展制造业的直接和间接利益。他认为，制造业的发展有利于推广机器使用，提高整个国家的机械水平，促进社会分工的发展；有利于扩大就业，促进移民流入，加速美国国土开发；有利于提供更多的开创各种事业的机会，使个人才能得到发挥；有利于消化农业原料，保证农产品的销路和价格稳定，刺激农业发展；等等。

为了保护和促进制造业的发展，汉米尔顿提出了一系列具体的政策主张。主要包括：向私营工业发放政府信用贷款，为企业提供发展资金；实行保护关税制度，保护国内新兴工业；限制重要原料出口，免税进口极为紧缺的原料；为必需品工业发放津贴，为各类工业发放奖励金；限制改良机器输出；建立联邦检查制度，保证和提高制造品质量。

（三）政策影响

汉密尔顿提出《关于制造业的报告》时，代表南方农业利益的政党在国会占据上风，因而其主张当时未获通过。随着英法等国工业革命的不断发展，美国工业遇到这些国家越来越大的竞争压力，汉密尔顿的保护主义关税主张在美国贸易政策上得到了反映。1816年，美国提高了制造品的关税，这是美国第一次实行以保护为目的的关税政策。1828年，美国再度加强关税保护，工业制造品平均关税提高到49%。

汉密尔顿的制造业保护理论对美国制造业的发展产生了积极影响，开创了后起国家保护新兴产业的先河。

二、李斯特的幼稚产业保护论

幼稚产业保护论：由德国历史学派先驱弗里德里希·李斯特提出，代表德国工业资产阶级利益。

（一）理论背景

19世纪上半叶，英国已经完成工业革命，法国近代工业也有长足发展，德国却是一个政治上分裂、经济上落后的农业国。1834年德意志关税同盟成立后，国内对实行何种贸易政策意见尖锐对立，一派主张实行自由贸易政策，其理论基础是亚当·斯密的绝对优势理论和大卫·李嘉图的比较优势理论；另一派主张实行保护关税政策，主要体现德国工业资产阶级的愿望，但缺乏有力的理论支持。德国历史学派先驱弗里德里希·李斯特（Friedrich List）①代表德国工业资产阶级的利益，在与英国古典学派的论战中提出了系统的保护幼稚产业的理论，其主要理论观点体现在1841年出版的名著《政治经济学的国民体系》（*Das Nationale System der Politischen Oekonomie*，*The National System of Political Economy*）中。

（二）主要理论观点

1. 否定古典学派的自由贸易理论，倡导保护贸易。李斯特认为斯密和李嘉图的古典学派存在三个主要缺点：②根本缺点是推行所谓"世界主义"而忽视经济发展的民族特点；比较优势理论强调了各国追求当前的最大利益，却没有考虑各国和各民族的长远利益；片面扩大了自由竞争的作用，否定国家干预经济的积极作用。李斯特提出各国发展之间并不存在共同的普遍规律，因为各民族的经济都有自己发展的特殊道路；为避免沦为先进国家的附庸，经济落后国家在建立本国工业的过程中虽然会暂时付出较高的代价，但将对国家的长远利益带来好处；经济落后国家应主动干预经济发展过程，实行保护贸易政策，以便早日赶上先进国家的经济发展水平。

2. 发展生产力是国际贸易政策的出发点。斯密和李嘉图从其价值理论出发提出了自由贸易理论；李斯特否认古典学派价值理论也适用于经济落后国家，提出生产力理论来代替古典学派的价值理论，作为其保护学说的理论基础。李斯特强调财富与财富的生产力的区别，他认为生产力就是创造财富的能力，生产力来源于"物质资本"（自然资源、生产工具等）和"精神资本"（国民身心力量、文化素质、社会状况、政治制度等）两大因素。李斯特把生产力与财富的关系比作果树与果实的关系：生产力是果树、财富是果实，只有生产力发展了，财富这种果实才会不断地被生产出来。因而，一国实行什么样的外贸政策，首先必须考虑国内生产力的发展，而不是从交换中获得多少财富；实行保护贸易政策是抵御外国竞争、促进国内生产力成长的必要手段。

3. 贸易政策要与国家经济发展所处的阶段相适应。李斯特将各国经济的成长分为五个阶段：原始未开化时期、畜牧业时期、农业时期、农工业时期和农工商时期。处于经济发展不同阶段的国家应实行

李斯特经济发展五阶段论：原始未开化时期、畜牧业时期、农业时期、农工业时期和农工商时期。

---

① 弗里德里希·李斯特，1789年生于德国符腾堡的一个皮革匠家庭，1817年曾任图平根大学政治学教授，1819年倡议成立了旨在统一各邦国关税的德国工商业协会，1820年被推举为符腾堡国会议员，后因抨击时政、主张激进改革被政府监禁；1825年移居美国，在美期间深受汉密尔顿主张的贸易保护政策成效的鼓舞；1832年以美国驻莱比锡领事身份回到德国，1846年因贫病交困自杀身亡。

② 范爱军：《国际贸易学》，山东人民出版社2005年版，第211~213页。

不同的贸易政策。处于农业时期的国家，应实行自由贸易政策，以引入工业品，刺激国内工业的建立。处于农工业时期的国家，工业刚刚建立，缺乏竞争力，应该实行保护贸易政策。处于农工商时期的国家，工商业十分发达，具备对外自由竞争的能力，应实行自由贸易政策。李斯特认为英国处于农工商时期，因此应该实行自由贸易政策。但德国处于农工业时期，应该实行保护贸易政策。

（三）政策主张

1. 保护对象。李斯特认为，保护的对象主要是国内工业，农业不需要保护。李斯特反复强调工业发展给一国带来的巨大利益，并从国民经济均衡的角度，阐明了保护工业发展的重要意义。但他并不主张对所有的工业都实施保护，需要保护的是那些处于发展初期阶段而又面临外国强大竞争的有发展前途的工业。

2. 保护手段。李斯特将关税作为保护国内工业的主要手段，并主张逐步提高关税税率。因为突然征收过高的关税会割断原来存在的与各国的商业联系，对国内市场造成冲击，反而对本国生产产生不利影响。李斯特说："这类关税只应随着国内吸引来的资本、技术和企业精神的增长比例而提高，只应随着国家对于原来专供输出用的那些剩余原料与天然产物能够改由自己利用的进展比例而提高。"[①]

3. 保护程度。对不同行业要采取不同程度的保护。对奢侈消费品，只需征收很低的保护关税，因这类产品进口总值不大、影响较小，征税过高反而刺激走私；生活必需品的生产部门对国民经济有重要意义，其建立和经营需要大量资本、技术和人力投入，需要通过高关税给予充分保护；对国内不能生产的各种复杂机器的进口应当免税或征收很低的关税，对这类产品的过分限制会影响国内工业的快速发展。

4. 保护期限。对国内某项工业的保护不能永久持续下去，保护只能在一定期限内进行。有些工业部门经过一定时期的保护，当其产品价格已低于国外同类产品的价格时，可以降低保护程度或撤除保护，让其参与国际市场自由竞争；有些被保护的工业部门，经过一定的保护期后仍没有进步，离开政府的扶持仍难以独立发展，则政府应撤除对其保护、任其自生自灭。李斯特认为，对工业部门的保护最长不能超过 30 年，否则将不利于经济的发展和生产率的提高。

（四）简要评述

李斯特的幼稚产业保护理论和政策主张对德国后来的贸易政策产

---

① 弗里德里希·李斯特：《政治经济学的国民体系》，中译版，商务印书馆1983年版，第264页。

生了重要影响，德国保护关税政策促进了德国工业的成长，对该国经济的快速发展发挥了积极作用。李斯特的幼稚产业的保护不同于15～17世纪欧洲的重商主义，前者的目的是培植新兴产业的竞争力，而后者的目的在于通过贸易顺差获得金银货币，这种差别体现了李斯特幼稚产业保护理论的积极意义。这种理论对今天发展中国家新兴产业建立过程中贸易政策的制定具有一定的指导意义。

三、幼稚产业选择标准的发展

（一）穆勒－巴斯塔布尔－肯普标准

19世纪英国经济学家约翰·穆勒（John S. Mill）① 是自由贸易论者，但他接受了李斯特的幼稚产业保护理论。穆勒认为，受保护的国内产业在保护结束后必须具有国际竞争力，成为本国的比较优势产业，只有这样才算达到了保护的目的。如果某产业必须持续接受政府保护才能生存，否则就无法自立，则该产业就不应作为幼稚产业给予保护。② 穆勒标准的实质是假设本国产业面临一条比他国更为陡峭的向下倾斜的平均成本曲线，强调的是将来成本上的优势地位。

查尔斯·巴斯塔布尔（Charles F. Bastable）③ 补充了穆勒关于确定幼稚产业的标准，提出作为幼稚产业进行保护的产业，除了在一定时期后能够自立外，其将来所产生的利益必须超过现在实行保护而受到的损失。巴斯塔布尔标准考虑了贸易保护的成本与收益问题，比穆勒的标准前进了一步。

默瑞·肯普（Murray C. Kemp）④ 将穆勒和巴斯塔布尔的标准结合在一起，称为"穆勒—巴斯塔布尔准则"（Mill–Bastable Dogma），同时又补充了一个更为严格的标准，即只有先行企业获得的经验具有外部经济时，保护才是正当的。在一国建立新型产业，本身是一个学习的过程，面临许多风险；如果先行企业获得经验可以保留在企业内部，其他企业不能从中受益，那么先行企业的投资和风险可以从新产业建立后的市场领先地位中获得补偿，无须政府给予特殊保护；如果

穆勒标准：实质是假设本国产业面临一条比他国更为陡峭的向下倾斜的平均成本曲线，强调的是将来成本上的优势地位。

---

① 约翰·穆勒，1806～1873年，英国著名哲学家和经济学家，19世纪影响力很大的古典自由主义思想家，其经济学代表作是《政治经济学原理》（1848）。

② 穆勒上述确定幼稚产业的标准其实并没有超出李斯特界定的范畴，经济学界之所以将其称为穆勒标准，是因为李斯特虽然是著名的幼稚产业保护的倡导者，但其在经济学领域的影响力远不如穆勒，穆勒在其著作中对幼稚产业保护表示支持，才引起经济学界对幼稚产业问题的关注。

③ 查尔斯·巴斯塔布尔，1855～1945年，长期担任都柏林圣三一学院（Trinity College）经济学教授，代表作包括《国际贸易理论》（1887）和《国家商业论》（1891）。

④ 默瑞·肯普，1926年生于澳大利亚，当代著名国际经济学家，在新南威尔士大学等多所大学担任教职，著述颇丰。

先行企业取得的经验具有外部经济，其他企业可以无偿受益，市场竞争将使先行企业的投资和风险不能获得应有的补偿，企业将失去投资新兴产业的积极性，需要政府给予保护。可见，肯普标准将外部经济效应与幼稚产业保护联系在了一起。

图 5-1 概括了上述三个幼稚产业选择标准之间的联系和区别。图中横轴表示时间（t），纵轴表示价格（P），P_dD 和 P_wW 分别是本国和外国的平均成本曲线，P_d 和 P_w 分别表示本国和外国相同产品的价格。穆勒标准意味着：本国刚开始生产时，成本较高，本国价格高于国外价格（$P_d > P_w$）；但本国生产成本和价格下降较快，在 t_1 后，国内产品价格低于外国产品价格（$P_d < P_w$）。

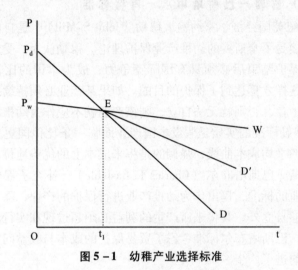

图 5-1　幼稚产业选择标准

如果本国最先开始生产该产品的企业在学习过程中积累的经验被控制在企业内，那么在 t_1 之后先行企业具有市场垄断地位，其他企业无法直接从先行企业的经验中受益，要进入该行业必须自己摸索与学习，初始成本同样很高。这样先行企业可以将国内价格定在高于 ED 的水平，比如 ED′，两者之差即为先行企业的超额利润；按照巴斯塔布尔标准，如果这些利润折现后超过了保护成本，则该产业值得保护；但肯普指出在这种情况下，无须政府保护，盈利前景会吸引企业投资于新兴行业和新产品的生产。

肯普标准的严格之处在于强调外部经济效应。如果先行企业在学习过程中积累的经验具有外部效益，其他进入该行业的企业会大大缩短学习过程，成本会迅速降低，在 t_1 后先行企业和后来企业的成本与价格都是 ED，先行企业开始时付出的较高成本和承担的巨大风险将无法获得补偿。如果没有政府在开始阶段的特殊保护，企业将不会进入新兴行业。如果政府能够给予保护，比如在 t_1 之前按照国内外产品价格的差距对进口产品征收关税，这样国内产品的价格会上升，国内企业得以收回生产成本，消除了企业进入新兴行业的障碍。在这种情况下，政府对幼稚产业的保护具有合理性。

（二）小岛清标准

日本经济学家小岛清（Kiyoshi Kojima）[1] 认为，穆勒、巴斯塔布尔、肯普等只是根据个别企业或产业的利弊得失来寻求确定幼稚产业的标准，这种方法是不正确的。要根据要素禀赋和比较优势的动态变化选择一国经济发展中应予保护的幼稚产业。只要是有利于国民经济发展的幼稚产业，即使不符合巴斯塔布尔或肯普确定的标准，也是值得保护的。小岛清对如何确定有利于国民经济发展的幼稚产业提出了以下具体标准：[2]（1）所保护的幼稚产业要有利于潜在资源的利用——通过实施保护政策，建立新兴产业，开发利用潜在资源，带动经济增长；（2）对幼稚产业的保护要有利于国民经济结构的动态变化——一国的要素比率是变化的，当资本积累率超过劳动力增加率时，社会资本—劳动比率就会发生改变，如果资本密集型产业属于幼稚产业，对其进行保护有利于国民经济结构的转变；（3）保护幼稚产业要有利于要素利用率的提高——如果新兴产业经过保护能迅速实现技术进步，使单位产品的要素消耗大大降低，或者取得显著规模经济优势，都会提高要素利用率。

第三节 超保护贸易理论

超保护贸易主义的兴起是在第一次世界大战与第二次世界大战期间，1929～1933年资本主义世界发生空前严重的经济危机，市场争夺激烈，超保护贸易政策发展到空前的规模。英国经济学家约翰·梅纳德·凯恩斯（John Maynard Keynes）[3] 20世纪30年代提出关于贸易顺差的理论，强调贸易顺差在扩大需求和增加就业方面的重要性，被称为"新重商主义"，常被视为超保护贸易理论，具体体现在其代表作《就业、利息和货币通论》（*The General Theory of Empoloyment*,

超保护贸易主义：兴起于第一次世界大战与第二次世界大战期间，资本主义大危机时期发展到空前的规模。

---

① 小岛清，1920～2010年，当代日本著名经济学家，一桥大学教授，代表作《对外贸易论》。

② 赵春明：《国际贸易学》，石油工业出版社2002年版，第125～126页。

③ 约翰·梅纳德·凯恩斯，1883～1946年，英国经济学家和金融家，曾任人寿保险公司董事长和英格兰银行董事，在国际货币基金组织和国际复兴开发银行建立过程中任英国首席谈判代表。1936年出版代表作《就业、利息与货币通论》，主张国家干预经济，创立了凯恩斯主义。

Interest and Money）中。

凯恩斯原来崇尚经济自由主义，信奉自由贸易理论，但 1929～1933 年大危机改变了他对资本主义市场经济的认识，认为仅仅依靠市场机制本身，社会将面临有效需求不足，无法实现充分就业均衡。要增加有效需求和实现充分就业，必须加强政府干预，对内鼓励私人消费和投资，增加公共消费和投资；对外推行贸易保护主义，奖出限入，增加贸易顺差。

一、外贸顺差的重要性

凯恩斯认为传统贸易理论忽视了外贸顺差的重要性。传统理论认为，一国的对外贸易是用丰富产品交换短缺产品，进出口保持平衡。有时两国间的贸易会出现不平衡，一国有顺差、另一国有逆差，但这是暂时现象。物价的变动将使两国的贸易重新恢复平衡。因此，传统贸易理论认为，一国既不必为贸易逆差而担忧，也不必为贸易顺差而高兴。凯恩斯指出，传统的国际收支自动调节论虽有一定道理，却忽略了两个问题。

一是国际收支自动调节过程对一国的国民收入与就业产生较大影响。比如，当一国出现贸易逆差后，自动恢复平衡需要一段时间。在这期间，由于进口大于出口，国内市场供给增加，价格下跌。较低的物价水平将抑制国内经济的发展，引起利润下降、收入降低、企业破产和工人失业。

二是国际收支自动调节理论只强调贸易平衡的重要性，而没有认识到外贸顺差对一国经济发展的意义。凯恩斯指出，关于外贸顺差的重要性，重商主义者看得很清楚，他们认识到只有争取外贸顺差，才能使货币流入；货币多了，本国利率就会下降，投资将会增加，失业减少。"政府当局为维持繁荣起见，必须密切注意贸易差额。若贸易为顺差，又不太大，则颇有鼓励作用；若为逆差，则可能很快产生顽固的经济衰退。"[1]

凯恩斯同时指出，重商主义的这一做法不能推至太远。一是贸易顺差扩大至一定规模后，由于国内货币存量增加，利率下降，投资和就业增加，失业减少；工人会要求增加工资，出口成本上升，贸易条件恶化，贸易顺差减少。二是当国内利率降至低于国外利率时，资本将会外流，如超过贸易顺差，则前功尽弃。因此对贸易的限制并不是越严越好。

---

[1] 约翰·梅纳德·凯恩斯：《就业、利息与货币通论》，中译版，商务印书馆 1997 年版，第 290 页。

二、对外贸易乘数理论和超保护贸易政策

凯恩斯在《就业、利息与货币通论》中提出投资乘数原理，说明社会支出增加对国民收入总量变动的影响，后者为前者的若干倍，称为乘数效应。凯恩斯主义者又将上述原理扩展至对外贸易领域，认为出口增加国内需求，进口减少国内需求，贸易顺差具有净增加国内需求的效应，该需求增量引发的国民收入的增加同样为贸易顺差的若干倍，这就是对外贸易乘数效应。为了扩大国内需求，促进经济增长，增加就业，一国在存在闲置资源的情况下，应争取实现贸易顺差。外贸乘数理论为实施贸易保护提供了理论依据（关于对外贸易乘数理论，参见第四章第一节）。

乘数效应：社会支出增加对国民收入总量变动的影响，后者为前者的若干倍。

所谓"超保护贸易理论"并非体现在其对外贸乘数效应的强调方面，而是体现在其政策手段与以李斯特为代表的传统保护贸易政策的比较方面。传统保护贸易政策的主要目的是发展本国的生产力；而超保护贸易政策实施目的是巩固和加强对国内外市场的控制，以争取外贸顺差，解决失业问题。传统贸易保护政策的保护对象主要是经济落后国家的幼稚工业，而超保护贸易政策的保护对象则主要是经济发达国家的夕阳工业。传统保护贸易政策的主要保护手段是关税措施，而超保护贸易政策的保护手段还包括各式各样的非关税措施。传统保护贸易政策以防御性地限制进口为主；而超保护贸易政策更多地以政府补贴和商品倾销等手段，"以邻为壑"获得贸易顺差。

第四节　新贸易保护理论

第二次世界大战以后，发展中国家迫切需要发展本国经济，但受到旧的国际分工和贸易的阻碍而困难重重，为此一些经济学家代表发展中国家利益，提出了自己的贸易理论和政策主张，代表性的理论有"中心－外围"论；同时，一些发达国家通过扶持战略性产业实现了经济复苏或发展，一些经济学家从不完全竞争和规模经济角度对贸易保护政策进行了新的解释，代表性的理论有"战略性贸易政策"理论。

一、"中心－外围"理论

第二次世界大战以后，一大批前殖民地、半殖民地和附属国取得

政治独立。如何迅速发展民族经济以实现经济独立，是这些国家面临的迫切任务。然而，这些发展中国家面临的国际经济环境对它们的发展十分不利。经济学家劳尔·普雷维什（Raul Prebisch）[1] 在 20 世纪 50 年代提出"中心－外围"理论，对发展中国家的国际经济地位和不利处境进行了分析，主张发展中国家通过实施贸易保护政策，促进本国工业化进程。

（一）"中心"与"外围"的划分

中心－外围理论：由阿根廷经济学家劳尔·普雷维什在 20 世纪 50 年代提出。认为少数工业化国家处于国际经济体系的中心，广大的非工业化发展中国家，处于国际经济体系的外围。中心国家和外围国家在世界经济中的地位截然不同。

普雷维什认为，整个世界经济体系实际上被分为两个部分：一部分是少数工业化国家，处于国际经济体系的中心；另一部分是广大的非工业化发展中国家，处于国际经济体系的外围。中心国家和外围国家在世界经济中的地位截然不同，中心国家依靠资本和技术优势占据主导地位，享受着国际分工产生的绝大多数利益；外围国家由于技术水平落后、生产效率低下，在国际经济体系中处于十分被动的地位，主要靠出口初级产品与中心国家进行贸易，成为中心国家的经济附庸，几乎享受不到国际分工的利益。因此，发展中国家如果依据传统的比较优势原则参与国际分工，将永远无法改变贫穷落后状况。

（二）发展中国家贸易条件恶化及其原因

普雷维什在 1950 年向联合国提交的题为"拉丁美洲的经济发展及其问题"（*The Economic Development of Latin America and Its Principal Problems*）的报告，首次提出发展中国家贸易条件长期恶化的命题。它以英国 1876～1938 年的进出口资料为基础，计算了 60 多年间初级产品和制成品价格比率的变动情况。以 1876～1880 年世界初级产品价格和制成品价格比率为 1∶1，到 1936～1938 年该比率降为 0.641∶1。

普雷维什等经济学家认为，导致外围发展中国家贸易条件长期恶化的原因主要有以下几点：

1. 技术进步的利益分配不均。中心国家因为资本雄厚、研发能力强，成为技术的创新者和传播者，而外围国家只是技术的模仿者和接受者。技术进步使中心国家制成品劳动生产率提高比外围国家初级产品劳动生产率的提高要快得多。但中心国家技术进步的利益并未通过产品价格的降低分配到世界各国：中心国家通过普遍提高利润和工资的方式获取技术进步的好处，产品价格几乎不变，甚至上升；外围

---

① 劳尔·普雷维什，1901～1986 年，阿根廷经济学家和政治活动家，曾任阿根廷财政部副部长和中央银行总裁、联合国贸易与发展会议秘书长、联合国拉美经济委员会执行秘书等职务。1950 年向联合国提交题为《拉丁美洲的经济发展及其主要问题》的报告，引起世界关注。1980 年获得"第三世界基金奖"。

国家则是通过降低产品价格的方式利用技术进步的好处，收入几乎不变。技术进步的利益基本上被中心国家占有，发展中国家贸易条件陷于恶化。

2. 初级产品和制成品进口需求弹性不同。外围发展中国家出口初级产品，但中心国家对初级产品的需求弹性很低，收入增加并未带动对初级产品需求的明显增加。外围国家进口工业制成品，而制成品的需求弹性较高，收入的增长会显著增加对制成品的需求。这一特点导致了初级产品的相对价格不断下降、工业制成品相对价格不断上升，外围发展中国家贸易条件恶化。

3. 工业制成品价格具有垄断性。工业制成品和初级产品的价格在经济周期的不同阶段都会出现波动，但两类产品的价格波动幅度差异很大。在经济繁荣时期，两类产品的价格都会上升，但工业制成品的价格上升趋势更加明显；在萧条时期，初级产品的价格受需求影响会大幅度下跌，而工业制成品的价格因存在垄断性，下降幅度很小，甚至没有下降。

发展中国家贸易条件的持续恶化表明，发展中国家并没有从国际分工中获得应有的利益。要改善发展中国家的处境，必须改变旧的国际分工格局。

（三）保护贸易政策对外围国家的重要性

普雷维什主张发展中国家通过实施贸易保护政策，促进国内工业化进程，改善在世界经济体系中的地位，摆脱受控制、受剥削的处境。

工业化国家和发展中国家在国际经济体系中的"中心"和"外围"地位，是由上述不同类型国家的工业化水平决定的。发展中国家要想改变在旧的国际分工体系中的被动地位，只有努力实现本国的工业化。由于发展中国家工业化起步较晚，民族工业建立和发展初期难以承受外来强大竞争压力，自由贸易政策会将这些工业扼杀在摇篮中；因此，外围国家应当实行保护贸易政策，促进本国进口替代产业的成长。但普雷维什同时强调，贸易保护不能过分，否则不利于民族工业的健康发展。

普雷维什认为，在外围发展中国家实行保护贸易政策的同时，中心国家应向外围国家开放市场。外围国家实行贸易保护是为了实现工业化从而摆脱在世界经济中的不平等地位而采取的措施，它不会妨碍世界贸易的增长速度；外围国家向中心国家出口增长后，便会增加从中心国家的进口，特别是机器设备等的进口。因此，中心国家向外围国家开放市场，不仅有利于外围国家增加出口，最终也会促进中心国家向外围国家的出口，是互惠互利的。

（四）简要评述

普雷维什的"中心－外围"论分析了发展中国家在国际经济体系中的不利地位，主张发展中国家通过实施贸易保护发展本国进口替代产业、实现工业化。这种理论从发展中国家的利益出发，致力于解决发展中国家面临的发展困境，对发展中国家的贸易政策产生了深远影响。但进口替代政策及其配套的贸易保护政策在实施中也暴露出许多问题，从不同发展中国家的经济增长实绩看，较高的保护程度往往与较低的经济增长速度联系在一起，许多国家最后转向外向型发展道路。

二、战略性贸易政策理论

战略性贸易政策：在不完全竞争市场结构和存在规模经济的条件下，政府通过对影响未来经济增长和具有显著外部经济效应的战略性产业实施贸易保护，可以协助本国企业获取竞争优势，从竞争者手中夺取垄断利润。

战略性贸易政策理论是 20 世纪 80 年代开始出现的一种新贸易政策理论。该理论放弃了传统理论关于自由竞争和规模收益不变的假设，试图证明在不完全竞争市场结构和存在规模经济的条件下，政府通过对影响未来经济增长和具有显著外部经济效应的战略性产业实施贸易保护，可以协助本国企业获取竞争优势，从竞争者手中夺取垄断利润。下面通过两种模型说明战略性贸易政策的意义。

（一）双寡头竞争与出口补贴

该模型最早由加拿大不列颠哥伦比亚大学商学院教授巴巴拉·斯宾塞（Barbara Spencer）和詹姆斯·布兰德（James Brander）于 1983 年提出。

该模型假设有本国和外国各一家垄断企业在第三国市场进行竞争，两寡头企业均不在本国市场销售产品。图 5-2 描述了两寡头企业在 i 市场的销售情况。图中横轴表示本国企业在第三国市场（i 市场）销售 X 产品的数量，纵轴表示外国企业在该市场销售 X 产品的数量。FF 和 HH 分别为外国企业和本国企业的反应函数。一个企业的反应函数，表示在生产规模和边际成本一定的情况下，本企业根据同一市场另一企业的销售规模确定的利润最大化销售规模。反应函数向下倾斜，因为当一家企业增加销售量时，另一家企业预计价格会下跌、盈利机会减少，从而其确定的实现利润最大化的销售量会降低。在均衡点 E 两家企业均实现利润最大化销售规模。图中 FF 的斜率小于 HH 的斜率，因为如果相反，均衡点 E 将很不稳定，一旦失衡会偏离得越来越远。

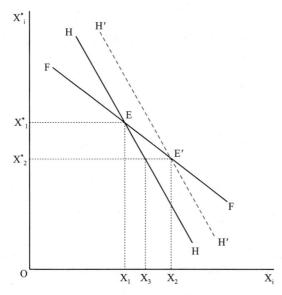

图 5 - 2 出口补贴对双寡头竞争的影响

现假定本国企业希望增加市场份额和利润，声称要将 X 的产量从 X_1 增至 X_2。如果本国企业的上述扩张得以实现，外国企业将会沿着其反应函数 FF 将销售量从 X_1^* 降至 X_2^*。新的均衡点将是 E'。然而外国企业并不会因本国企业的威胁而降低产量，因为外国企业相信本国企业会沿着 HH 调整产量以实现利润最大化。如果外国企业的产量为 X_2^*，本国企业的产量定在 X_3 比定在 X_2 能够获得更大利润，因此本国企业的产量将是 X_3，而不会是 X_2，不过这一产量也是不稳定的，最终会回到 E。

在上述情况下，本国政府对本国企业的出口补贴将会发生重要作用。如果本国政府提供出口补贴，并事先公布，与外国企业的不同销售量相对应的本国企业销售量将会增加，本国企业的反应曲线右移至 H'H'。反应曲线的移动使本国企业将出口销量增至 X_2 的威胁变得可信。外国企业现在不得不沿着 FF 将出口销量减至 X_2^*，出口补贴的使用将均衡点移至 E'。本国企业出口销量和利润的增加提高了本国企业的生产者剩余，因产品不在本国销售从而不影响本国消费者剩余，如果生产者剩余的增加超过出口补贴成本，本国的福利将得到改善。当然，本国福利的改善是以外国的福利损失为代价的，外国的生产者剩余因产品销量减少而降低。

出口补贴对改善寡头竞争市场中本国企业竞争地位的作用，可以通过以下客机制造业的例子得到更直观的说明。飞机制造业投资很大，规模效益明显，因此世界上只有少数飞机制造商。目前在客机制造业最大的两家企业是美国波音公司（Boeing）和欧洲空中客车公司

（Airbus）。

假定两公司都有能力为世界市场生产一种新型飞机。由于市场需求总量一定，如果两家都生产，都会亏损 500 万美元。如都不生产，当然既无亏损，也无利润。如只有一家生产，则会获得利润 1 亿美元。两公司生产和盈亏情况如表 5 - 1 所示。

表 5 - 1　　　　　　　　　　两家企业生产决策与盈亏情况　　　　　　单位：百万美元

项目		空中客车			
		生产		不生产	
波音	生产	-5	-5	100	0
	不生产	0	100	0	0

两家公司完全依靠本身的力量展开博弈，结果带有不确定性。现在假定欧盟对航空制造业进行保护，给予空中客车公司 2500 万美元的出口补贴，美国政府未对波音公司采取保护措施。欧盟的出口补贴使两家公司的盈亏情况发生变化（见表 5 - 2）。如果只有空中客车公司一家生产，利润为 1.25 亿美元；如果两家都生产，空中客车公司盈利 2000 万美元（2500 万美元补贴减去 500 万美元亏损），波音公司仍亏损 500 万美元。

表 5 - 2　　　　　　　　　　补贴后两家企业的盈亏情况　　　　　　单位：百万美元

项目		空中客车			
		生产		不生产	
波音	生产	-5	20	100	0
	不生产	0	125	0	0

空中客车公司在享受欧盟给予的出口补贴支持后，只要生产就有利润，因而该公司肯定会投入生产。而波音公司面临两种选择：或者生产，亏损 500 万美元；或者不生产，既无亏损也无利润。波音无获利可能，只能退出市场。欧盟以 2500 万美元的出口补贴换取了 1.25 亿美元的盈利，福利得到改善。

不过，欧盟对空中客车进行贸易保护的成本可能不仅仅限于补贴支出，如果该种飞机在欧盟市场也有销售，因出口补贴会导致其在欧盟市场的价格上升，消费者福利因此减少，出口补贴增加欧盟福利的概率会减少。

（二）双寡头竞争与规模经济

这一模型最早由美国经济学家保罗·克鲁格曼（Paul Krugman）[①]于1984年提出。克鲁格曼假定在寡头垄断市场和存在规模经济的条件下，边际成本随着产出的增加而递减，那么进口保护通过降低企业边际成本能达到促进出口的目的，故该模型又称为"进口保护以促进出口"（Import Protection as Export Promotion）。克鲁格曼选择双寡头竞争模型，并假定国内外市场相互分割，各国企业可以在不同市场采取不同的价格，两家企业生产同质商品，相互向对方市场渗透，且产品均出售到第三国市场，即国内外市场都是双寡头市场结构。一国政府通过贸易保护，全部或局部地封闭本国市场，阻止国外产品进入本国市场，可使国外竞争者市场份额缩小、边际成本上升；与此同时，本国原本处于追随地位的厂商则可以快速扩大市场份额，在规模经济条件下降低边际成本，从而增强进军国际市场的竞争力，扩大产品出口。

若对进口产品征收关税，可降低本国企业边际成本，从而增加外国企业的边际成本，本国企业与外国企业的反应曲线反向移动，达到新的均衡，本国企业的销售量上升，而外国企业的销售量下降。

边际成本与反应函数的变动如图5-3所示。图5-3中，横轴表示本国企业在i（第三国或F国）市场的销售量，纵轴表示外国企业在该市场的销售量，HH和FF分别为本国企业和外国企业的反应函数。假设本国政府对来自外国企业的产品征收进口关税或实施配额限制，本国企业在国内市场份额增加，本国企业边际成本下降，进一步导致在第三国市场和F国市场竞争力增强，出口增加，本国企业在任一出口市场的销售量相对于外国企业的每一销售量均有增加，本国的反应函数HH右移至H'H'。同样，外国企业边际成本的上升导致其反应函数FF下移至F'F'，对应于本国企业的任一销售量，外国企业的销售量都减少了。两国反应函数的变动形成新的均衡点E'，与原均衡点E相比，本国企业的销售量增加，而外国企业的销售量减少。可见，在存在规模经济的双寡头竞争市场，本国政府对外国产品进入本国市场的关税及非关税限制，可以使本国企业在任一出口市场的销量增加，而外国企业的销量相应减少。

进口保护以促进出口： 在寡头垄断市场和存在规模经济的条件下，边际成本随着产出的增加而递减，那么进口保护通过降低企业边际成本能达到促进出口的目的。

[①] 保罗·克鲁格曼，1953年生，现任普林斯顿大学教授，此前曾在麻省理工学院、耶鲁大学和斯坦福大学任教；著述颇丰，是新贸易理论的奠基人之一，1991年获得美国经济学会颁发的"约翰·贝茨·克拉克奖"，2009年获得诺贝尔经济学奖。

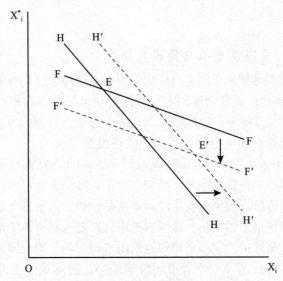

图 5-3　边际成本与反应函数的变动

克鲁格曼的上述分析并非出于提倡贸易保护的目的，而是试图说明日本等国家的某些产业，如汽车制造业，在国内市场受到保护的情况下发展成为世界市场重要的出口来源的原因。但上述分析透露出在不完全竞争市场环境和存在规模经济的条件下，政府对外国产品的进口限制具有增加本国企业世界市场份额和销量的作用。

（三）简要评述

战略性贸易政策理论是 20 世纪 80 年代兴起的一种新贸易理论。该理论立足于不完全竞争和规模经济，更符合大多数产品国际贸易的实际情况。这一理论说明，政府有可能通过对本国战略性产业实施贸易保护，改善本国企业的国际竞争地位，为贸易保护政策提供了新的理论支持，受到许多国家的重视。但如同其他贸易保护政策一样，本国利益的改善以竞争对手贸易利益的减少为代价，对方国家不会坐视不管。一旦对方国家采取对应措施，本国政府贸易保护措施的效果将带有不确定性。对战略性产业进行保护还会为国内各类产业寻求政府保护提供新的借口，助长贸易保护主义。

本章思考与练习

1. 名词解释。

（1）重商主义。

（2）幼稚产业保护理论。

（3）对外贸易乘数。

（4）战略性贸易政策理论。

2. 重商主义的主要思想及其缺陷是什么?
3. 李斯特幼稚产业保护理论有什么积极意义?
4. 试推导对外贸易乘数公式。
5. 应如何评价普雷维什的"中心－外围"理论?
6. 战略性贸易政策的主要理论依据是什么?

第六章
贸易政策措施

各国实施的贸易政策措施可分为关税措施与非关税措施两类。关税的历史十分悠久，非关税措施出现较晚。战后随着多边贸易自由化进程的推进，关税的总体水平大幅度下降，非关税措施的使用也受到制约。但非关税措施本身的特点使其成为目前主要的贸易障碍。本章介绍关税与非关税措施的主要种类，分析其贸易效应以及对整个经济的影响。

第一节　关税概述

一、关税的概念

关税：是进出口商品经过一国关境时，由政府设置的海关向进出口商征收的税收。

关税（Tariff，Customs Duty）是进出口商品经过一国关境时，由政府设置的海关向进出口商征收的税收。

关税是一种古老的税种，对其起源有不同的说法。一种说法是，公元 700 年左右，在地中海西口距直布罗陀不远，有个地方叫塔里伐（Tarifa），被海盗盘踞，进出地中海的商船为避免被抢劫，被迫向当地海盗交纳一笔税费，过往的船员称其为关税（Tariff）。

关税在其演变过程中经历了从内地关税到国境关税的演变。在封建社会，诸侯割据，关卡林立，一国内部设有许多关卡，过往货物都要交纳一定的税收，属于内地关税；内地关税多次征收，不利于商品流通。到资本主义社会，内地关税被废除，实行统一的国境关税制，进出口货物统一在国境上一次征收，国内不再重征。英国是世界上最早实行国境关税制的国家，1640 年资产阶级革命胜利后，即建立国境关税制。国境关税制一直沿用至今。

二、征收关税的目的

（一）增加财政收入

关税作为一个税种，其最初的目的在于获取财政收入。目前，关税仍是财政收入的一个来源。但随着关税税率的降低和其他财源的增长，关税的财政收入作用在降低；以美国为例，1808 年进口关税收入达到美国政府总支出的两倍，1937 年已经降为不足 1/3，到 19 世纪末美国关税收入只占到美国政府收入的一半，第二次世界大战前夕进一步降为约 6%。[①] 中国关税收入占总税收收入的比重 1985 年为 10.1%，1997 年降至 3.9%，2011 年降为 2.9%，[②] 2015 年进一步降为 2.05%。[③] 至 2021 年中国关税收入占税收总收入的 1.6%。[④]

（二）保护国内产业

关税是最常用的贸易保护手段之一。通过征收关税提高进口商品的国内销售价格，降低进口商品的价格竞争力，诱导国内消费者选择购买国内产品，增加国内产业发展的市场空间。受到较多保护的产业多属于幼稚产业和夕阳产业。幼稚产业是面临国外强大竞争的国内新兴产业，保护的目的在于培植新兴产业的竞争力；夕阳产业是失去竞争力的衰落产业，保护的目的是减缓产业调整引发的经济震动。高额关税具有显著的限制进口作用，常被称为关税壁垒。

（三）限制某些商品的消费

有时征收关税并非为了保护国内的进口竞争产业，而是为了提高进口品的价格，限制此类商品的国内消费。比如，对某些奢侈品进口征收高关税。

（四）维持贸易平衡

在出现贸易赤字时，提高关税可以减少国内市场对进口品的需求，从而降低进口规模，改善贸易收支状况。但提高关税受到 GATT/WTO 规则的严格限制，目前很少使用。

> **征收关税的目的：** 增加财政收入、保护国内产业、限制某些商品的消费、维持贸易平衡。

---

① "Tariff"，*Encyclopædia Britannica Ultimate Reference Suite*，Encyclopædia Britannica，Inc.，2012.
② 根据《中国统计年鉴 2012》有关数据计算得到。
③ 根据《中国统计年鉴 2015》有关数据计算得到。
④ 根据《中国统计年鉴 2021》有关数据计算得到。

三、关税的主要种类

（一）按征税商品流向分进口税、出口税与过境税

关税按征税商品流向分进口税、出口税、过境税。

1. 进口税（Import Duties）。进口税是进口国海关在外国商品输入时对本国进口商征收的关税。

进口税率一般分为最惠国税率和普通税率。最惠国税率适用于来自与本国签订有最惠国待遇（Most-favoured-nation Treatment）条款贸易协定的国家或地区的进口商品。普通税率适用于来自没有签订最惠国待遇协定的国家或地区的进口商品。普通税率高于最惠国税率。

所谓"最惠国待遇"即正常贸易关系（Normal Trade Relations），早在 17 世纪初就已有多个商业协定包含了最惠国待遇条款，1860 年理查德·科布登（Richard Cobden）和米歇尔·谢瓦利埃（Michel Chevallier）签订的《英法条约》（Anglo - French Treaty）规定，"任何一方不能针对另一方实施尚未应用于第三方的进口或出口限制措施"，许多国家通过与英法或相互缔结最惠国条款而使欧洲大部分地区的关税大幅降低。最惠国待遇分为有条件最惠国待遇和无条件最惠国待遇。有条件最惠国待遇即缔约国一方给予第三国的优惠待遇是有条件的，缔约国另一方必须提供同样的条件才能享受这些优惠待遇；无条件最惠国待遇即缔约国一方现在及将来给予任何第三方的一切优惠待遇，都无条件地给予缔约国的另一方。除了国家之间的双边贸易协定规定有关国家相互提供最惠国待遇外，GATT/WTO 规定成员之间的经贸关系适用无条件最惠国待遇，成为保障贸易自由化的基本原则之一。

2. 出口税（Export Duties）。出口税是产品出口时本国海关向出口商征收的关税。

由于征收出口税会降低本国出口品在世界市场的价格竞争力，目前大多数国家对绝大多数商品出口不征收关税，主要是一些发展中国家在使用出口税，其目的主要有以下几种：增加国家财政收入，缓解政府资金短缺的矛盾；保护国内重要的原材料资源，以支持国内相关产业的发展；对一些垄断性的产品征收出口税，以转嫁研发费用或防止该产品国际价格降低；在国际贸易顺差过大引起贸易摩擦时，通过征收出口税平衡国际收支。根据中国商务部数据，2013 年中国依然保留对煤、原油、化肥和钛合金的临时出口关税。

3. 过境税（Transit Duties）。过境税是对通过关境的外国货物征收的关税。

在 16~18 世纪重商主义盛行的欧洲和 19 世纪的一些国家，过境税很流行。过境税最直接最明显的影响就是阻碍了商品的国际流动、

增加了进口国的进口成本，但过境货物对本国生产和消费并不会产生实质影响，因此各国逐渐废除了过境税。1921 年，资本主义国家在巴塞罗那签订了《自由过境公约与规范》（*Convention and Statute on Freedom of Transit*），缔约国之间废除一切过境税。战后大多数国家不再征收过境税。GATT/WTO 规定，成员国对过境商品不得征收过境税，但因过境而支出的行政费用或提供服务的费用，可以收取。一般只收取少量的准许费、登记费、印花费等。

（二）按差别待遇分进口附加税、特惠税和普遍优惠税

1. 进口附加税（Import Surtaxes）。进口税是最常见的关税形式，日常生活中所说的关税一般指进口税。对进口商品除了征收正常的进口税外，又加征的一部分关税，称作进口附加税。征收进口附加税通常都是临时性措施。其目的或是维持进出口平衡，应对国际收支危机；或是抵消外国商品倾销或补贴；或是对某个国家实行歧视或者报复。

进口附加税可分为两类：

一类对所有进口商品征收，目的是改善贸易收支。例如，美国 1971 年上半年出现 19 世纪末以来首次贸易逆差，国际收支恶化；尼克松政府在当年 8 月 15 日宣布，对进口商品一律加征 10% 的进口附加税。

另一类只对个别国家的个别商品征收。这类附加税主要有两种：反补贴税和反倾销税。

（1）反补贴税（Countervailing Duties）。反补贴税是对直接或间接享受出口国政府或任何公共机构财政资助并对进口国国内产业造成损害的进口商品征收的进口附加税；征税目的在于抵消补贴对进口商品价格的影响，维护公平竞争。

根据 WTO《补贴与反补贴协议》（*Agreement on Subsidies and Countervailing Measures*），征收反补贴税的一个必要条件是他国补贴对本国某产业造成实质性损害或产生实质性损害威胁，或者对某一产业的新建产生严重障碍，而且这些损害、威胁或障碍是由于接受补贴的产品售价低的结果。该协定还规定，经调查属实后，可对接受外国补贴的进口品征收不超过其补贴额的反补贴税；对于受补贴的倾销产品，不可同时征收反倾销税和反补贴税；正常的出口退税，不得被视为接受了出口补贴。

（2）反倾销税（Anti-dumping Duties）。反倾销税是对实行倾销的进口商品征收的进口附加税。征税目的是抵消倾销给进口商品带来的价格优势，维护公平竞争。

WTO《反倾销协议》（*Anti - Dumping Agreement*）完善和扩展了 GATT 第 6 条的规定，成员国政府必须证明外国产品存在倾销、测算倾销的程度并且证明倾销活动正在损害或威胁其国内竞争性产业。根

进口附加税：对进口商品除了征收正常的进口税外，又加征的一部分关税，称作进口附加税。

反补贴税：是对直接或间接享受出口国政府或任何公共机构财政资助并对进口国国内产业造成损害的进口商品征收的进口附加税。

反倾销税：是对实行倾销的进口商品征收的进口附加税。

据规定，所谓"倾销"即产品以低于正常价值（Normal Value）的方式进入另一国商业。对于"正常价值"的确定有三种办法：①出口国国内市场上的实际销售价格，这是最基本的一种方法；②出口国向第三国出口该种产品或相似产品的价格；③结构价格，即该生产国的生产成本加上合理的管理、销售和一般成本及利润。需要注意的是，上述正常价值的确定方法仅适用于对市场经济国家产品的正常价值或公平价值的确认。

由于相关条款的模糊性，反补贴税和反倾销税已成为有关国家的重要贸易保护手段，例如，2011年11月9日，美国商务部正式宣布对中国输美太阳能电池（板）产品发起反倾销反补贴合并调查；2012年10月10日，美国商务部做出终裁，认定中国晶体硅光伏电池及组件的生产商或出口商在美国销售此类产品时存在倾销行为，倾销幅度为18.32%～249.96%，同时还裁定中国输美的此类产品接受了14.78%～15.97%的补贴；2012年11月7日，美国国际贸易委员会（ITC）做出终裁，认定从中国进口的晶体硅光伏电池及组件实质性损害了美国相关产业，美国将对此类产品征收反倾销和反补贴（"双反"）关税。此外，在2020年9月美国启动对我国多家轮胎制造商的双反关税调查，美国国际贸易委员会（ITC）以51票授权美国商务部启动行政审查，以确定我国出口到美国市场的轮胎是否还应再受五年的关税上限限制。自2015年以来，美国已经对我国国内多家轮胎企业以及我国在外投资的轮胎企业均征收了大量的反倾销以及反补贴税（反倾销税从15.4%～87.2%不等，反补贴税从21.4%～101.9%不等）。尽管近几年我国对美国的轿车和卡车轮胎出口大幅下降，但美国市场仍然是全球最大的轮胎市场。在美国"双反"政策的压力下，我国轮胎制造商不得不接受美国提出的条件以确保企业的发展，在2021年5月，美国继续针对我国轮胎制造商在泰国、越南和美国开设的工厂所生产的轮胎产品采取了反倾销调查以及反补贴调查，这对我国轮胎企业对美国的轮胎出口造成极为不利的影响。

2. 特惠税（Preferential Duties）。特惠税是指对来自某个国家或地区的全部或部分进口商品征收特别优惠的低关税或零关税，其税率低于最惠国税率。特惠税有的是互惠的，有的是非互惠的。

提供和享受特惠税的国家或地区往往存在特别密切的联系。第二次世界大战前，特惠税主要在宗主国与殖民地附属国之间推行，目的在于保证宗主国在殖民地附属国市场上的优势；英国、法国、葡萄牙、荷兰、比利时、美国等与其殖民地附属国之间都实行过这种关税，最有名的特惠税是1932年英联邦国家在渥太华会议上建立英联邦特惠税，它是英国确保获取廉价原料、食品和销售其工业品，垄断其殖民地附属国市场的有力工具。

特惠税：特惠税是指对来自某个国家或地区的全部或部分进口商品征收特别优惠的低关税或零关税，其税率低于最惠国税率。

第二次世界大战后，最有名的非互惠特惠税案例是《洛美协定》（*Lomé Convention*），1975 年欧共体同非洲、加勒比和太平洋地区的 46 国在多哥首都洛美签署，后经多次续订；该协定规定，欧共体在免税和不限量的条件下接受来自非加太发展中国家的全部工业品和绝大多数农产品的进口。2000 年 2 月，非加太集团和欧盟就第五期《洛美协定》达成协议，并于同年 6 月在科托努正式签署，称《科托努协定》（*Cotonou Agreement*），《洛美协定》就此宣告结束。经欧盟 15 国和非加太集团 76 国政府正式批准，《科托努协定》自 2003 年 4 月 1 日起正式生效，有效期为达 20 年，每 5 年修订一次；2010 年 10 月 22 日有关国家对该协定作了第二次修订，特别关注了区域经济一体化、安全和发展、气候变化等问题。①

互惠的特惠税一般在区域贸易协定或双边贸易协定成员间根据协定实行，这里的"互惠"不一定是对等的相同税率。

2013 年，根据我国与有关国家或地区签署的贸易或关税优惠协定、双边换文情况以及国务院有关决定，对老挝等东南亚三国、苏丹等非洲 30 国、也门等 7 国，共 40 个联合国认定的最不发达国家实施特惠税率。2016 年继续对 40 个与我国建交的最不发达国家执行特惠税率，税率维持不变。从 2022 年 9 月 1 日起，我国给予 16 个最不发达国家 98％税目产品零关税待遇。按照《国务院关税税则委员会关于给予最不发达国家 98％税目产品零关税待遇的公告》（税委会公告 2021 年第 8 号）的有关内容，根据我国政府与有关国家政府换文规定，自 2022 年 9 月 1 日起，对原产于多哥共和国、厄立特里亚国、基里巴斯共和国、吉布提共和国、几内亚共和国、柬埔寨王国、老挝人民民主共和国、卢旺达共和国、孟加拉人民共和国、莫桑比克共和国、尼泊尔、苏丹共和国、所罗门群岛、瓦努阿图共和国、乍得共和国和中非共和国 16 个最不发达国家的 98％税目的进口产品，适用税率为零的特惠税率。其中，98％税目为税委会公告 2021 年第 8 号文件附件中税率为 0 的税目，共计 8786 个。

3. 普遍优惠税（GSP Duties）。普遍优惠税即在普遍优惠制（Generalized System of Preferences，GSP）下实施的优惠关税。

（1）普遍优惠制的产生。普遍优惠制是发达国家对来自发展中国家的进口给予普遍关税优惠的制度。战后广大的亚非拉国家摆脱了殖民统治，取得政治独立；它们强烈要求发展民族经济，改善人民生活；但由于种种原因，发展中国家经济发展缓慢，对外贸易在世界贸易中的比重甚至下降。20 世纪 50 年代，发展中国家在世界出口中的

普遍优惠制：普遍优惠制是发达国家对来自发展中国家的进口给予普遍关税优惠的制度。

————————

① "The Cotonou Agreement"，http：//ec. europa. eu/europeaid/where/acp/overview/cotonou-agreement/index_en. htm

比重为 32%，60 年代中期下降为 20% 左右。发展中国家认为发达国家应对扩大来自发展中国家的进口承担责任。在发展中国家的倡导和推动下，首届联合国贸发会议（United Nations Conference on Trade and Development，UNCTAD）于 1964 年在日内瓦召开。[1] 会上 77 国集团（The Group of 77）发表联合宣言，要求发达国家给予发展中国家普遍优惠关税待遇，发达国家以普惠制破坏最惠国待遇原则为由予以拒绝。发展中国家继续努力，终于于 1968 年在新德里召开的第二届联合国贸发会议上通过了建立普惠制的决议。

普惠制的主要原则：普遍性、非歧视性和非互惠性。

（2）普惠制的原则与目标。普惠制的主要原则是普遍性、非歧视性和非互惠性。普遍性是指发达国家对发展中国家出口的制成品和半制成品普遍给予关税优惠；非歧视性是指所有发展中国家均享受优惠；非互惠性是指发达国家单方面向发展中国家提供关税优惠，不要求发展中国家提供反向优惠。

普惠制的目标是扩大发展中国家制成品和半制成品的出口，增加其财政收入，促进发展中国家工业化进程，加快经济增长。

（3）普惠制方案的主要规定。1970 年 10 月，联合国贸发会议特别委员会做出决议，由每个发达国家制定各自的普惠制方案。当时的欧共体（European Communities）于 1971 年 7 月 1 日率先实施普惠制方案，其他给惠国家于 1971～1976 年先后实施各自的方案。截至 2013 年 2 月，向 UNCTAD 秘书长报告实施的普惠制方案共有 13 个，给惠国包括澳大利亚、白俄罗斯、保加利亚、加拿大、爱沙尼亚、欧盟、日本、新西兰、挪威、俄罗斯、瑞士、土耳其和美国。[2] 2021 年 12 月 1 日起，欧盟成员国、英国等 32 个国家放弃针对中国的普惠制。因为在这部分国家看来，如今中国在国际贸易层面以及经济水平都得到了十分明显的提升，因此放弃针对中国的普惠制。同一时期，我国海关总署发布了《关于不再对输欧盟成员国、英国、加拿大、土耳其、乌克兰和列支敦士登等国家货物签发普惠制原产地证书的公告》（2021 年第 84 号公告），核心内容为自 2021 年 12 月 1 日起，我国海关不再对输欧盟成员国、英国、加拿大、土耳其、乌克兰等 32 个国家货物签发普惠制原产地证书。普惠制方案主要包括以下几个方面的规定：

第一，受惠国家或地区。普惠制的非歧视原则没有得到完全彻底的贯彻，每个普惠制方案都有受惠国名单。受惠国由给惠国根据发展中国家的经济状况和政治态度单方面决定。

例如，美国长期不给予中国出口产品普惠制待遇。美国 1974 年贸易法规定，总统不得指定下列国家为受惠国：A. 该国是共产党国

---

① 劳尔·普雷维什任首届联合国贸发会议秘书长。
② "About GSP"，http：//unctad. org/en/Pages/DITC/GSP/About – GSP. aspx.

家，除非（i）该国的产品享受最惠国待遇；（ii）该国是关贸总协定的缔约方和国际货币基金组织的成员国；（iii）该国不受共产国际的操纵和支持。B. 该国是石油输出国组织的成员或任何其他计划的参加者，这些计划拒绝向国际贸易供应重要的初级产品资源，或把这些产品的价格抬高到引起经济严重破坏的不合理水平。中国"入世"以后，尽管这一法律已经消除，但依然未获美国普惠制待遇。

第二，受惠产品。普惠制的普遍性原则也未得以完全贯彻，许多给惠国都公布有受惠产品清单，其中农产品受惠商品较少，工业产品一般都享受优惠，少数不能享受优惠的商品列入排除清单。

第三，关税优惠幅度。优惠幅度是指受惠产品的普惠制税率低于最惠国税率的幅度。总体上看，工业品优惠幅度大于农产品。

第四，给惠国保护措施。给惠国为了保护国内生产，在向发展中国家进口提供优惠的同时又做出一些保护性规定。例如，免责条款（Escape Clause）规定，若受惠商品进口量增加，对国内同类产品或有竞争关系的产品生产造成或即将造成严重损害时，给惠国有权完全或部分取消给予的关税优惠；还有"毕业条款"（Graduation Clause），当某些发展中国家或其某些产品竞争力已经相当强时，给惠国将取消这些国家或商品享受优惠的资格。1989 年 1 月 1 日美国就取消了"亚洲四小龙"享受其普惠制的资格；而根据欧盟 2014 年即将生效的新普惠制方案规定，当某受惠国某类受惠商品的进口超过欧盟同类产品进口总额的 17.5%，该国此类商品的出口将失去受惠资格（纺织品和服装的比例为 14.5%）。

第五，原产地规则。只有来自规定的受惠国的产品才有资格享受优惠。某一受惠国家的出口产品，如果不含有任何进口成分，或含有进口成分（原材料、零部件）但经本国加工发生实质性改变，均视为原产于该国的产品，有资格享受普惠制优惠。

判定产品是否有实质性改变，常用的有两种标准：一是加工标准；二是增值标准。按加工标准，如果进口成分与加工后的产品在海关税则中税号不同，则认为进口成分已经经过实质性改变，完成最后加工工序的国家为该产品的原产国；如欧盟规定完全得自出口国或在该国得到充分加工处理的产品符合原产地标准，前者包括矿产品、蔬菜、渔猎产品等，后者要看该类产品在协调制度（Harmonized System）中的改变情况。增值标准根据进口成分在制成品价值中的比例确定是否经过实质性改变，美国、澳大利亚、新西兰曾采用这一标准。美国规定受惠国原材料成本和直接加工成本占到出口品最终产品价值的 35% 以上，可视为原产于该国的产品。

受惠国要求享受普惠制待遇的出口商品，报关进口时必须提供统一格式的普惠制原产地证书，称为 Form A。

毕业条款： 当某些发展中国家或其某些产品竞争力已经相当强时，给惠国将取消这些国家或商品享受优惠的资格。

判定产品实质性标准： 一是加工标准；二是增值标准。

四、关税的征收

（一）关税的征收方法

按照关税的征收方法，关税主要有从量税、从价税及在这两种基础上派生出的复合税、选择税，另外还有差价税等。

从量税： 按商品的重量、数量等计量单位为标准征收关税。

1. 从量税（Specific Duty）。从量税是按商品的重量、数量等计量单位为标准征收关税。从量税的优点是计税方便，从量税额＝商品数量×单位从量税额；其缺点是税负不甚合理，随着产品档次和性能的提高和通货膨胀的影响，进口品的到岸价格会提高但从量税额不变，从而造成从量税实际税负降低，既影响财政收入也影响保护效果。

从价税： 以商品的价格为标准征收关税。

2. 从价税（Ad Valorem Duty）。从价税是以商品的价格为标准征收关税。第二次世界大战以前，资本主义国家普遍采用从量税，战后改为从价税。其优点是应纳税额确定为商品价值的一定比例，税负公平、税率明确，便于国际比较；缺点是确定完税价格较为复杂。

完税价格由海关依据进口国关税法规审查进口申报后确定，称为海关估价（Customs Valuation）。为了避免进口国滥用海关估价对贸易产生不利影响，GATT 第七条对海关估价的原则作了规定，乌拉圭回合达成的《海关估价协议》（实施 1994 年关税与贸易总协定第七条的协议，*Agreement on Implementation of Article Ⅶ of the General Agreement of Tariffs and Trade* 1994 – *Agreement on Customs Purposes*）规定了海关应依次以以下六种价格为基础确定完税价格：（1）成交价格；（2）相同商品成交价格；（3）相似商品成交价格；（4）进口国售价推算价格；（5）合成价格（即用原料和制造成本加利润和管理费用）；（6）其他合理价格。如以上方法不能确定进口货物的完税价格，海关可以使用与 GATT 原则一致的方法合理确定。

复合税： 对同一商品同时征收从量税和从价税。

3. 复合税。复合税（Compound Duty）也称混合税。对同一商品同时征收从量税和从价税。有的以从价税为主加征一定的从量税，有的则以从量税为主加征一定比例的从价税。

复合税一般只适用于个别商品，绝大多数商品从价征税。

4. 选择税。选择税（Alternative Duty）是指对同一进口货物同时订有从价税和从量税两种税率，由海关根据有关法规选择其中一种征税。通常选择税额较高的一种。如鼓励进口，则会选择税额较低者。

差价税： 按国内市场和国际市场的价格差额对进口商品征收的关税，是一种可变关税。

5. 差价税（Variable Levy）。差价税是按国内市场和国际市场的价格差额对进口商品征收的关税，是一种可变关税。

一个典型的例子是欧盟国家对农产品进口征收的关税。欧共体成立后，为促进本地区农业的发展和保护农场主的利益，实施共同农业政策，制定了高于世界市场农产品价格的目标价格（Target Price），作为干预欧共体农产品市场价格的基准。为了免受外来低价农产品的冲击，欧共体对农产品实行差价税。具体做法是，用目标价格减去从内地中心市场到主要进口港的运费，确定可接受的最低进口价格，称为门槛价格（Threshold Price）。然后计算农产品从世界主要市场运至欧共体主要进口港的成本加运费加保费价（CIF），门槛价格与 CIF 的差额即为农产品差价税的征税幅度。如果世界市场农产品价格下降，欧盟的差价税将相应上调，保证欧盟市场农产品价格维持在所确定的水平。

（二）海关税则

海关税则（Customs Tariff）是一国海关对进出口商品征收关税的依据。由两部分构成：一部分是国家有关关税的规章条例及说明；另一部分是关税税率表。关税税率表一般包括税则号列、货物分类目录和税率三个部分。

1. 海关税则的分类。根据海关税则关税税率的差别适用情况，可将海关税则分为单式税则和复式税则。在单式税则中，一个税目只有一栏税率，适用于来自所用国家的进口，没有差别待遇。目前只有少数国家实行。复式税则中，一个税目有多栏税率，分别适用于来自不同类型国家的进口，能够体现国别政策。大多数国家采用复式税则。

根据制定和调整税率的权限，可将海关税则分为自主税则和协定税则。自主税则的税率由本国自主确定；协定税则的税率则通过与其他国家或地区签署协定的方式确定。

2. 海关税则商品分类目录。进出口商品种类繁多，系统分类非常必要。为了便于从事国际贸易和国际合作，世界各国逐渐采用统一的分类方法。战后一直到 20 世纪 80 年代末，各国普遍采用的是"海关合作理事会税则目录"（Customs Cooperation Council Nomenclature，CCCN）。

另外，出于贸易统计和研究的需要，联合国经社理事会下设的统计委员会于 1950 年编制公布了"国际贸易标准分类"（Standard International Trade Classification，SITC）作为国际贸易统计对比的标准分类，建议各国采纳。我国于 1980 年采用该分类进行贸易统计。上述两种分类同时并存，有诸多不便。海关合作理事会从 1970 年开始着手制定能够满足征税、统计等多方需要的商品分类目录，于 1983 年完成，称作"商品列名与编码协调制度"（Harmonized Commodity Description and Coding System），简称"协调制度"（HS）。该制度是

海关税则：一国海关对进出口商品征收关税的依据。由两部分构成：一部分是国家有关关税的规章条例及说明；另一部分是关税税率表。

海关税则商品分类目录包括：海关合作理事会税则目录（CCCN）、国际贸易标准分类（SITC）和商品列名与编码协调制度（HS）。

一部科学的、系统的国际贸易商品分类体系，采用六位编码，适用于税则、统计、生产、运输、贸易管制、检验检疫等多方面，目前全球贸易量98%以上使用这一目录，已成为国际贸易的一种标准语言。"协调制度"于1988年1月1日生效，生效后的"协调制度"目录取代原"海关合作理事会税则目录"。

我国自1992年1月1日起也开始采用"协调制度"。我国进出口税采用十位编码，前八位等效采用HS编码，后两位是我国子目，它是在HS分类原则和方法基础上，根据我国进出口商品的实际情况延伸的两位编码。在2022年，为适应国际贸易的发展，世界海关组织发布了2022年版《协调制度》修订目录，并于2022年1月1日生效。2022年版《协调制度》共有351组修订，修订后的《协调制度》共有6位数子目5609个，比2017年版《协调制度》增加了222个。

五、关税的保护程度

关税的保护程度与税率的高低有关，但并非关税越高，保护程度越高，所以存在名义保护与有效保护的区别。澳大利亚经济学家马克斯·科登（Max Corden）和加拿大经济学家哈里·约翰逊（Harry Johnson）提出了有效保护的概念，他们将有效保护定义为包括本国工业的投入品进口与最终品进口两者在内的整个工业结构的保护程度。根据这一定义，一国关税政策的保护程度不仅要看其最终产品受保护的程度，还要看受保护产业的进口中间产品是否也受到了相应的保护，因此，关税的实际保护程度取决于关税税率和关税结构两个因素。

（一）名义保护率

名义保护率（Nominal Rate of Protection）是指征收关税后进口货物价格提高的比率。

通常，名义保护率等于名义关税。名义关税的保护作用是通过提高进口品的价格，从而影响消费者的消费选择来实现的。进口品价格因征收关税而提高，部分消费者将从消费进口品转向国产品，从而起到保护国内产业的作用。

但是，要真正保护国内产业，必须使国内生产厂商因征收进口关税而获益。仅从某产品名义关税的高低我们无法准确判断有关生产厂商是否获益，关税保护是否有效。

（二）有效保护率

有效保护率（Effective Rate of Protection，ERP）是征收关税后国内某项产业增值提高的比率。

增值（Value-added）是产品价格扣除生产资料投入后的部分，可以视作生产要素的报酬。如果征收关税后，国内工业加工增值增加，国内生产将会扩大，保护就是有效的。增值提高越大，保护越有效。

征收关税后国内加工增值如何变化，不仅取决于产品关税的高低以及价格的变化，而且取决于中间投入品的税率及价格变化。因此，有效保护率与关税结构（Tariff Structure）有关。关税结构是指相关行业不同产品进口关税税率的高低关系，主要是同一行业原料、半制成品和最终产品的税率结构。

只有一种中间投入品时，有效保护率可用以下公式计算：

$$ERP = \frac{V_1 - V_0}{V_0} = \frac{t_f - at_i}{1 - a}$$

其中，V_0 和 V_1 分别表示征税前后的增值；t_f 表示最终产品的名义关税；t_i 表示某种中间投入品的名义关税；a 表示自由贸易条件下中间投入品在最终产品价格中的比重，（$1 - a$）则为加工增值所占比重。

ERP 计算公式推导如下：

设 P 为自由贸易条件下最终产品价格，aP 则是自由贸易条件下投入品的价格。

$$V_1 = P(1 + t_f) - aP(1 + t_i)；\quad V_0 = P(1 - a)$$

$$ERP = \frac{V_1 - V_0}{V_0} = \frac{P(1 + t_f) - aP(1 + t_i) - P(1 - a)}{P(1 - a)} = \frac{t_f - at_i}{1 - a}$$

下面通过毛线加工业的简单例子说明有效保护率及其与关税结构的关系。

假定在自由贸易条件下 1 公斤毛线价格 20 元，羊毛投入 15 元，$a = 3/4$，$1 - a = 1/4$。对毛线和羊毛征收不同的关税，对毛线加工增值的影响不同，有效保护程度不同。

第一种情况：毛线进口关税 $t_f = 10\%$，羊毛进口免税 $t_i = 0$。
ERP $= 10\% \div 1/4 = 40\%$

第二种情况：毛线进口关税 $t_f = 10\%$，羊毛进口关税 $t_i = 10\%$。
ERP $= (10\% - 3/4 \times 10\%) \div 1/4 = 10\%$

第三种情况：毛线进口关税 $t_f = 10\%$，羊毛进口关税 $t_i = 20\%$。
ERP $= (10\% - 3/4 \times 20\%) \div 1/4 = -20\%$

从第一种情况到第三种情况，在最终产品进口税率不变的情况下，中间投入品关税不断提高，有效保护率不断下降。第三种情况下有效保护率为负值，说明征收关税使本国加工业增值下降，对毛线加工业保护无效。

一般来讲，关税结构与有效保护率的关系：

如果 $t_f > t_i$，则 $ERP > t_f$；

如果 $t_f = t_i$，则 $ERP = t_f$；

如果 $t_f < t_i$，则 $ERP < t_f$。

由此可见，关税的有效保护程度与关税结构有关。要提高或降低有效保护程度，就要改变关税结构。要提高对某项加工业的保护程度，或者提高最终产品进口税率，或者降低中间投入品进口税率。在各国关税水平不断下降的情况下，有效保护率可以通过最终产品和中间投入品进口税率的下调幅度予以调整。

如果投入的中间产品不止一种，则有效保护率的公式可以扩展为：

$$ERP = \frac{t_f - \sum a_i t_i}{1 - \sum a_i}$$

其中，t_f 表示最终产品的名义关税；t_i 表示第 i（$i = 1, 2, \cdots$）种中间投入品的名义关税；a_i 表示自由贸易条件下第 i 种中间投入品在最终产品价格中的比重。

通过上述分析可知，名义保护率与实际保护率的差别很大，因而不能用名义保护率作为给予某个行业保护的衡量标准；有效保护对资源配置的影响主要由各个产业的相对有效保护率来决定；发达国家一般趋向于对最终产品或在最终生产阶段实施较多的保护，即发达国家关税结构一般具有随生产加工深度的增加提高关税税率的特征，称为关税升级（Tariff Escalation）。

关税升级：发达国家对初级产品进口实行低关税，对制成品实行较高的关税，鼓励发展中国家出口初级产品，对其制成品的出口却形成壁垒。

发达国家对初级产品进口实行低关税，对制成品实行较高的关税，鼓励发展中国家出口初级产品，对其制成品的出口却形成壁垒。关税升级利于维持既定的国际分工格局，这将导致新兴工业化国家难以从劳动密集的产品过渡到资本与技术密集的产品上来，因而对发展中国家摆脱其所处的不利的国际分工地位产生不利影响（见表 6 - 1）。

表 6 - 1　　乌拉圭回合后工业化国家自发展中国家进口的关税升级

	名义关税
全部工业产品（不包括石油）	
原材料	0.8%
半制成品	2.8%

续表

	名义关税
最终产品	6.2%
全部热带工业产品	
原材料	0.0%
半制成品	3.5%
最终产品	2.6%
自然资源型产品	
原材料	2.0%
半制成品	2.0%
最终产品	5.9%

资料来源：GATT《乌拉圭回合多边贸易谈判结果最后文件》，1994 年。

第二节 进口关税效应分析

本节使用局部均衡和一般均衡方法，分析进口关税对进口国生产者、消费者和国家整体福利的影响。由于不同国家对世界市场价格的影响力不同，进口关税对该国福利的影响也有差别。下面的分析将国家分为两种类型，如果一国某产品的进出口数量在世界贸易总量中的比重很小，其进出口数量的改变对世界市场有关商品的价格几乎没有影响，该国属于贸易小国；如果一国某产品在世界贸易总量中的比重很大，其进出口数量的变化会影响世界市场有关商品的价格，则该国属于贸易大国（关于小国和大国定义，参见第四章第二节）。

一、小国的关税效应

（一）小国关税的局部均衡分析

1. 自由贸易条件下生产与消费均衡。图 6－1 描述了一个贸易小国对 Y 产品进口征收关税前后的生产和消费均衡。S^d 和 D^d 分别是该国国内供给和需求曲线。封闭条件下的供求均衡点在 E，Y 的产量为 Q_0，价格为 P_0。在开放自由贸易后，由于是进口小国，该国面对一条水平的世界供给曲线 S^w，即该国进口量的变化对世界市场 Y 产品的价格 P_w 没有影响。世界市场价格 P_w 低于该国封闭条件下的国内价格 P_0，开放自由贸易后该国将进口 Y 产品。在 P_w 价格条件下，S^w 与 S^d 和 D^d 分别相交于 Z 点和 F 点，该国消费 Q_1 数量的 Y 商品，其中

Q_2 数量的产品由本国生产，其余 $Q_1 - Q_2$ 数量的产品由进口满足。与封闭条件下相比，自由贸易条件下，该国 Y 产品的消费量从 Q_0 增至 Q_1，价格从 P_0 降至 P_w。但国内 Y 产品的产量自 Q_0 下降至 Q_2。

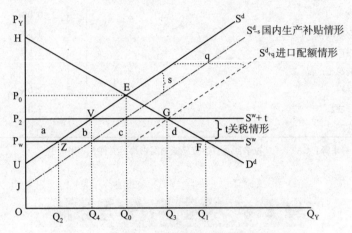

图 6-1　小国贸易政策经济效应的局部均衡分析

2. 征收关税后的生产和消费均衡。自由贸易对本国生产的影响产生贸易保护主义压力。假定为了改善国内生产状况，进口国政府决定对 Y 进口征收关税，每单位 Y 进口征收 t 数额的关税。在征收关税的情况下，该国面临的供给曲线由 S^w 变为 $S^w + t$，Y 产品的国内价格由 P_w 变为 P_2（即 $P_w + t$）。新的供求均衡点变成 G 点，该国 Y 产品的消费总量自 Q_1 降为 Q_3，其中国内厂商供应 Q_4 单位，进口数量为 $Q_3 - Q_4$ 单位。与征收关税前的情况相比，Y 产品的国内生产自 Q_2 增至 Q_4，进口量减少。

3. 进口关税的福利效应。征收关税对生产者和消费者的影响不同，我们通过生产者剩余（Producer Surplus）和消费者剩余（Consumer Surplus）的变化来观察关税对两者的影响。生产者剩余指生产者出售其商品时实际获得的价格超过其可接受的最低价格的部分。消费者剩余是指消费者购买商品时实际支付的价格低于其愿意支付的价格的部分。

（1）消费者福利的变化。自由贸易条件下，该国 Y 产品的消费量为 Q_1，价格为 P_w，消费者剩余是 HFP_w。征收关税后，Y 产品的消费量降至 Q_3，价格为 P_2，消费者剩余为 HGP_2，与征税前相比减少了 $a + b + c + d$ 部分。消费者剩余的减少表明进口关税对消费者的福利产生了负面影响。

（2）生产者福利的变化。自由贸易条件下，该国 Y 产品的产量为 Q_2，价格为 P_w，生产者剩余是 UZP_w。征收关税后，Y 产品价格上

生产者剩余： 指生产者出售其商品时实际获得的价格超过其可接受的最低价格的部分。

消费者剩余： 是指消费者购买商品时实际支付的价格低于其愿意支付的价格的部分。

升为 P_2，国内产量增至 Q_4，生产者剩余为 UVP_2，与征税前相比增加了 a 部分。生产者剩余的增加表明进口关税对生产者的福利产生了有利影响。

（3）关税的财政收入效应。自由贸易条件下，政府没有来自关税的收入。征收关税后，政府的财政收入增加 c 部分，等于进口数量 $Q_3 - Q_4$ 与进口税率 t 的乘积。

（4）关税的总体福利效应。由于征收关税，该国消费者剩余减少 a + b + c + d 四个部分。其中 a 部分转化为生产者剩余，因而不是该国福利的净损失，而是社会福利的再分配。c 部分成为政府的财政收入，也不是该国福利的净损失，因为政府如果没有关税收入，可能会增加其他税收。关税增加而其他税收减少，消费者福利不变。而 b + d 部分没有转化为社会其他群体的收入或福利，因而是该国福利的净损失，称为福利损失（Dead-weight Loss）。其中 b 部分是生产性净损失，由于实施关税保护，国内生产增加，但国内生产成本高于国外成本，形成资源的低效利用和浪费。d 部分是消费性净损失，由于国内消费数量减少和价格提高给消费者造成的损失，无处弥补。因此，贸易小国征收关税，对生产者有利，但消费者利益受损，整个国家存在净福利损失。

（二）小国关税的一般均衡分析

一般均衡分析与局部均衡分析的区别在于后者仅分析单一产品市场的均衡，而前者则同时分析相互联系的两种（或多种）产品市场的均衡。

1. 自由贸易条件下的生产与消费均衡。图 6-2 描述了一贸易小

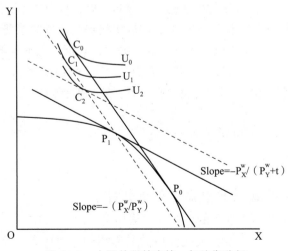

图 6-2 小国关税效应的一般均衡分析

国对 Y 产品进口征收关税前后的一般均衡状况。横轴和纵轴分别表示该国 X 产品和 Y 产品的生产及消费数量。在自由贸易条件下，该国的生产和消费均衡点分别在 P_0 和 C_0，均衡贸易条件是 P_X^w/P_Y^w，福利水平为 U_0。可以看出，在自由贸易条件下，该国出口 X 产品，进口 Y 产品。X 产品为该国比较优势产品。

2. 征收关税后的生产与消费均衡。假定该国对 Y 产品生产实施关税保护，单位产品进口关税税额为 t。由于该国为进口小国，在该国征收关税后，世界市场 Y 产品的价格保持不变，仍是 P_Y^w，但国内市场 Y 的价格上升为 P_Y^w+t。国内生产者面临的价格比率是 $P_X^w/(P_Y^w+t)$，小于 P_X^w/P_Y^w。国内市场 X 相对价格的下降，将导致国内 X 产品生产减少，Y 产品生产增加。国内生产点最终将从自由贸易条件下的 P_0 点转移到 P_1 点。在 P_1 点，生产可能性曲线的斜率为 $-P_X^w/(P_Y^w+t)$，等于该国国内市场 X 产品与 Y 产品的比价。

然后，该国仍然可以通过出口 X 产品和进口 Y 产品，使本国的消费组合达到尽可能高的消费满足程度。国际贸易条件依然是 P_X^w/P_Y^w。该国通过贸易使生产点定在 P_1，而消费点在 C_1，消费满足水平为 U_1，低于自由贸易条件下的消费满足水平 U_0。征收关税降低了本国的福利水平。

上述福利损失是由于该国扩大比较劣势产品 Y 的生产造成的低效率生产损失。但这不是问题的全部。

征收进口关税后，该国消费者面临的国内价格比率是 $P_X^w/(P_Y^w+t)$，不是 P_X^w/P_Y^w。这样，该国最终的消费均衡点不是 C_1 点，而是在国际贸易条件线上国内交换比率线与一条社会无差异曲线的切点，即 C_2 点。该国 X 和 Y 的消费组合定在 C_2 点，消费满足水平为 U_2，低于 U_1，该国福利水平进一步降低。福利水平从 U_1 进一步降低为 U_2，是因征收关税使 Y 产品的国内价格提高造成的消费损失。

总之，该贸易小国由于征收进口关税，其福利水平下降。福利损失来自生产性和消费性损失两个方面。对贸易小国征收关税进行一般均衡分析得出的结论与局部均衡分析的结论相互印证。

二、大国的关税效应

（一）大国关税的局部均衡分析

1. 自由贸易条件下的生产与消费均衡。图 6-3 描述了一个贸易大国对 Y 产品进口征收关税前后的局部均衡。封闭条件下该国的供求曲线是 S^d 和 D^d；自由贸易条件下，该国对 Y 产品的需求面对的供

给曲线是 S^w ，该曲线向右上方倾斜，与进口小国的情况不同。大国的进口可以影响外国对该产品的供应价格。进口减少会使得世界市场 Y 产品价格下降。自由贸易条件下，该国的供求均衡点在 C，国内 Y 产品的消费量是 Q_0，价格为 P_0，其中本国生产 Q_1，进口为 $Q_0 - Q_1$。生产者剩余和消费者剩余分别是 GFP_0 和 ECP_0。

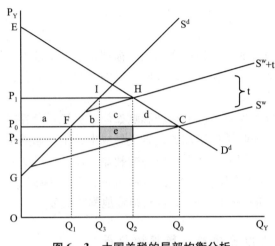

图 6-3 大国关税的局部均衡分析

2. 征收关税后的生产与消费均衡。现在该国对 Y 进口征收关税，从量税率为 t。这样该国面临的供给曲线上移，变成 $S^w + t$，国内消费者支付的价格包括外国供应商索要的价格和进口关税。新的均衡点在 H。国内 Y 的价格上升为 P_1，消费量减少为 Q_2，其中国内供应量增长为 Q_3，进口量减少为 $Q_2 - Q_3$。生产者剩余和消费者剩余分别是 GIP_1 和 EHP_1。与征收关税前相比，生产者剩余增加 a 部分，消费者剩余减少 a + b + c + d 部分。a 部分是消费者与生产者之间的收益再分配，这是关税的收入再分配效应；b 部分是由于国内价格提高使国内低效率厂商扩大生产造成的生产性净损失；c 部分是政府的关税收入；d 部分是由于消费量减少和消费价格提高造成的消费性净损失。到此为止，上述分析与小国的情况是基本相同的。b + d 是该国消费者福利的净损失。

然而，在进口大国情况下，c 并不是政府关税收入的全部。关税收入总额等于进口总量 $Q_2 - Q_3$ 与单位税额 t 的乘积，t 等于 S^w 和 $S^w + t$ 之间的垂直距离。因此，c 部分只是政府关税收入的一部分，该部分由国内消费者承担，消费者付出了比自由贸易条件下较高的价格，$P_1 > P_0$。政府关税收入的另一部分是 e，e 部分由外国出口商承担，因为出口商获得的价格低于自由贸易条件下的价格，$P_2 < P_0$。

为什么出口价格在进口国征收关税后下降？因为征收关税后，进口国国内价格提高，本国生产增加，进口量减少。该国为进口大国，进口量减少，影响到世界市场对该种产品的需求，国际市场价格因而下降。

因此，进口大国征收关税存在贸易条件改善效应，进口国因此增加政府关税收入 e。该国福利的最终变化将取决于消费者福利的净损失 b + d 和贸易条件改善效应 e 的比较。如果 b + d < e，该国净福利增加；如果 b + d > e，则该国净福利减少。

最优关税：进口大国可以确定某一关税税率，使本国获得的净福利最大化，称为最优关税。

以上分析说明，进口大国征收关税的效应与进口小国有所不同，大国有可能通过征收关税提高本国净福利水平。从理论上讲，进口大国可以确定某一关税税率，使本国获得的净福利最大化，称为最优关税（Optimum Tariff）。

不管征收关税对本国的福利影响如何，关税对世界净福利的影响都是负面的。征收关税增加了世界交易成本，生产和消费都偏离最优状态，损失了一部分得自自由贸易的利益。而且通过征收关税改善本国福利是以贸易伙伴福利减少为代价的，是一种以邻为壑的政策（Beggar-thy-neighbor Policy），容易招致他国的报复。

（二）大国关税的一般均衡分析

进口大国与小国的区别在于其对世界市场价格以及国际贸易条件的影响不同。进口大国通过压低世界市场供应价格，可以改善本国的贸易条件。贸易条件改善的程度决定该国征收关税后福利水平的变化。

图 6-4 描述了征收关税后进口大国生产消费均衡的一种情况。

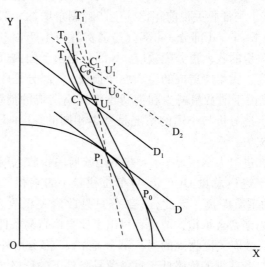

图 6-4　大国关税效应的一般均衡分析

自由贸易条件下，该国生产均衡点在 P_0 点，通过出口 X 产品和进口 Y 产品，该国消费均衡点定在 C_0 点，消费满足程度为 U_0。X 产品与进口 Y 产品的交换比率 P_X/P_Y，等于国际贸易条件线 T_0 的斜率。

对 Y 进口征收关税 t 后，国内 Y 产品价格上升为 P_Y+i，i 小于 t，两种产品的国内比价变为 $P_X/(P_Y+i)$。与自由贸易条件相比，X 产品相对价格下降，Y 产品相对价格提高，导致国内 X 产品生产下降，Y 产品生产增加，生产点自 P_0 点移至 P_1 点。生产可能性曲线在 P_1 点的斜率等于两产品的国内比价 $P_X/(P_Y+i)$。该国新的消费均衡点为新的国际贸易条件线 T_1 上的 C_1 点。在 C_1 点，社会无差异曲线的斜率等于国内两产品的比价 $P_X/(P_Y+i)$。T_1 线的斜率为征收关税条件下 X 产品与 Y 产品的国际交换比率。因为该国为进口大国，征收进口关税后 Y 产品进口量的减少导致国际市场 Y 产品价格下跌，该国贸易条件改善，表现为 T_1 线的斜率大于 T_0 线的斜率。由于该国新的消费均衡点 C_1 处在较低的一条社会无差异曲线上，$U_1<U_0$，该国福利水平下降。

上述结论的一个前提条件是进口关税引发的贸易条件改善幅度较小。如果贸易条件大幅度改善，进口大国的福利水平有可能提高。同样利用图 6-4 分析进口大国征收关税后福利改善的情形。在征收关税前，该国生产和消费均衡点分别是 P_0 和 C_0，福利水平为 U_0。征收关税后，生产点移至 P_1 点。关税使本国的贸易条件显著改善，T_1' 线的斜率明显高于 T_0 线的斜率。通过贸易该国的消费均衡点定位于 C_1' 点，福利水平改善，$U_1'>U_0$。

第三节 非关税措施

一、非关税措施概述

非关税措施指关税以外所有贸易保护的政策措施，常称作非关税壁垒（Nontariff Trade Barriers，NTBs）。非关税措施种类繁多，不仅包括限制进口的措施，而且包括促进出口的措施。

非关税壁垒由来已久，在资本主义发展初期就已出现。但只是到了 20 世纪 30 年代资本主义经济危机爆发时，非关税壁垒才作为贸易壁垒的主要组成部分出现。由于危机期间价格大跌，仅仅通过关税难以有效限制进口，因此各国广泛采用进口配额、进口许可证和外汇管制等非关税壁垒措施限制进口。1930 年，澳大利亚首先对工业制成

非关税措施： 非关税措施指关税以外所有贸易保护的政策措施，常称作非关税壁垒。非关税措施种类繁多，不仅包括限制进口的措施，而且包括促进出口的措施。

品进口实行进口许可证，其他国家相继仿效；1931 年 5 月，法国率先对化肥等产品实施进口配额限制；外汇管制也被各国广泛采用。

战后初期，许多国家仍执行严格的贸易限制措施，因为战后各国面临经济重建任务，一方面外汇短缺；另一方面产品竞争力差，因此对进口限制较严。随着经济的恢复和发展，从 20 世纪 50 年代到 70 年代初，资本主义各国出现贸易自由化趋势。适应战后经济较快增长的需要，在关贸总协定的推动下，关税税率大幅度降低，非关税措施大多被取消。

20 世纪 70 年代中期以后，受经济危机的影响，贸易保护主义重新抬头，各国之间的贸易战愈演愈烈。由于关税受到关贸总协定的制约，各国竞相使用非关税壁垒限制进口，出现了以非关税壁垒为主、关税壁垒为辅的新贸易保护主义。

为了减少非关税措施对世界贸易的不利影响，关贸总协定与世界贸易组织就一些主要的非关税措施的使用达成协议；但在原有非关税措施受到规范的同时，新的非关税措施不断出现。非关税措施因其具有灵活性和隐蔽性以及限制进口作用更强的特点，将是今后限制贸易的主要措施。

二、非关税措施的主要种类

（一）数量限制

1. 进口配额。进口配额制（Import Quotas System）又称进口限额制，是一国政府在一定时期（通常为一年）以内，对某些商品的进口数量或金额加以直接的限制；限额以内的货物可以进口，超过限额不准进口，或者征收更高的关税或罚款后才能进口。一般来讲，配额的分配方法有以下几种：公开拍卖、根据进口商或消费者的申请、根据以往的业绩进行分配。其中公开拍卖被认为是最公平的一种分配方式。

（1）种类。进口配额可以分为绝对配额和关税配额两种：

①绝对配额（Absolute Quotas）。绝对配额是在一定时期内，对某些商品的进口数量或金额规定一个最高额数，达到这个额数后，便不准进口。绝对配额按照其实施方式的不同，又有全球配额、国别配额两种形式。全球配额（Global Quotas）属于世界范围的绝对配额，即对某种商品的进口规定一个总的限额，对来自任何国家或地区的商品一律适用。这使得进口国家在限额的分配和利用上难以贯彻国别政策，因而不少国家转而采用国别配额。国别配额（Country Quotas）即政府不仅规定了一定时期内的进口总配额，而且将总配额在各出口

进口配额： 是一国政府在一定时期（通常为一年）以内，对某些商品的进口数量或金额加以直接的限制；限额以内的货物可以进口，超过限额不准进口，或者征收更高的关税或罚款后才能进口。

绝对配额： 绝对配额是在一定时期内，对某些商品的进口数量或金额规定一个最高额数，达到这个额数后，便不准进口。绝对配额按照其实施方式的不同，又有全球配额、国别配额两种形式。

114

国家和地区之间进行分配。实行国别配额可以使进口国家根据它与有关国家或地区的政治经济关系分配给予不同的额度；为了区分来自不同国家和地区的商品，通常进口国规定进口商必须提交原产地证明书。

②关税配额（Tariff Quotas）。关税配额是对商品进口的绝对数额不加限制，而对在一定时期内，在规定配额以内的进口商品，给予低税、减税或免税待遇；对超过配额的进口商品则征收较高的关税，或征收附加税或罚款。

关税配额按商品进口的来源，可分为全球性关税配额和国别关税配额。按征收关税的目的，可分为优惠性关税配额和非优惠性关税配额。前者是对关税配额内进口的商品给予较大幅度的关税减让、甚至免税，而对超过配额的进口商品即征收原来的最惠国税率；欧共体（欧盟）在普惠制实施中所采取的关税配额就属此类。后者是在关税配额内仍征收原来的进口税，但对超过配额的进口商品，则征收极高的附加税或罚款。

（2）经济效应。下面对进口小国实行进口配额的经济效应做简要分析。

这里再次利用图 6-1 描述一国对 Y 进口实施配额限制的经济效应。该国在自由贸易条件下面对的供给曲线是 S^w，供求均衡点在 F 点。国内 Y 的需求量是 Q_1，国内生产量为 Q_2，进口量为 $Q_1 - Q_2$。

该国现在对 Y 进口实行配额限制，配额为 q 数量。国内对 Y 产品的需求面临的供给曲线变成 $S^d + q$，它与国内供给曲线平行，由国内供给曲线右移形成，右移的距离为配额的数量。在任一价格水平，国内市场的供应量等于国内生产量加上进口配额数量。

实施配额限制后，国内新的供求均衡点为 G，国内 Y 产品的价格由 P_w 上涨为 P_2。国内需求量从 Q_1 下降到 Q_3，国内生产量从 Q_2 增加至 Q_4，进口数量为 $Q_3 - Q_4$，等于配额数量 q，低于自由贸易条件下的进口量 $Q_1 - Q_2$，体现出配额限制进口的作用。

价格上涨对该国生产者和消费者福利的影响与关税的影响类似。价格上涨使生产者剩余增加 a 部分，消费者剩余减少 a+b+c+d 部分。a 部分由消费者剩余转化为生产者剩余，是社会福利的再分配；b 部分是低效率生产扩大造成的福利损失；d 部分是消费价格提高和消费量减少造成的福利损失。以上三部分与关税情况完全相同。c 部分有所不同。c 部分在征收关税情况下是政府的关税收入；实施配额的情况下，它是配额带来的一种收入，称作配额租金（Quota Rents）。配额租金最终成为谁的收入，取决于配额的分配方式。如果配额由进口商无偿地获得，c 则转化为进口商的收入。如果政府通过拍卖的方式发放配额，c 的一部分或全部则转化为政府的收入。

关税配额：关税配额是对商品进口的绝对数额不加限制，而对在一定时期内，在规定配额以内的进口商品，给予低税、减税或免税待遇；对超过配额的进口商品则征收较高的关税，或征收附加税或罚款。

（3）进口配额与关税的区别。与关税相比，进口配额有以下几点不同：

①关税和配额收入的去向不同。关税为政府收入；配额租金可能成为政府收入，也可能成为进口商的收入。

②限制进口的作用不同。配额限制作用较强，不管国内生产比较劣势多大，配额规定了进口的最大规模，国内生产厂商得到的保护较强。因此生产厂商更愿意获得配额保护。

③对经济效率的负面影响不同。对进口实施限制，国内厂商会在国内市场形成一定程度的垄断。垄断削弱了竞争，对资源的有效利用产生负面影响。实施关税保护后，国内厂商得以提高国内价格，但由于面临进口竞争，其垄断力有限，价格提高也受到限制。相对而言，实施配额限制，进口竞争受到的限制更严格，国内厂商对国内市场的垄断增强，对经济效率的负面影响较大。

④管理的难度不同。关税较易于管理；配额存在分配问题，提高了管理成本。在实行国别配额的情况下，必须加强原产地管理，防止受配额限制的国家将商品转口至非配额国家后再出口到进口国。

自愿出口限制：是出口国根据与进口国达成的协议，在规定限额内自行控制某商品的出口量。自愿出口限制并非自愿，否则会受到进口国关税或进口配额的限制。

2. 自愿出口限制。自愿出口限制（Voluntary Export Restraints，VERs）是出口国根据与进口国达成的协议，在规定限额内自行控制某商品的出口量。自愿出口限制并非自愿，否则会受到进口国关税或进口配额的限制。美国1968年以来对钢材进口长期通过自愿出口限制控制进口数量；1981年要求日本对美汽车出口实施自愿出口限制，当年日本对美出口轿车限额168万辆。

自愿出口限制的效应与配额相似。实际上自愿出口限制也是一种配额，不过是由出口国管理实施。正是这一点不同，使得实施自愿出口限制时配额租金的分配与实施进口配额时不同：自愿出口限制的配额租金由出口商或出口国政府获得。如果出口国政府无偿地将出口配额分配给出口商，则配额租金由出口商获得；如果出口国政府将出口配额拍卖，则配额租金的一部分或全部将会转化为出口国政府的收入。

另外，自愿出口限制一般规定控制出口的数量，为了减少对出口的限制作用，出口商倾向于提高出口货物的档次。例如，1981年日本对美国汽车出口实行自愿出口限制后，日本厂商的出口从低价车型转向高档汽车。因此，自愿出口限制会对进口国低收入消费者的福利产生不利影响。

自愿出口限制由进出口国双方通过协议确定贸易规模限制，容易被出口国接受。而进口配额通常由进口国单方面决定，易于引起出口国的报复。世界贸易组织成立以前，自愿出口限制被视为灰色区域措施（Grey Area Measures），是否违背国际贸易规则，不易确定，因而被一些国家广泛使用。1994 年签署的世界贸易组织《保障措施协定》明确禁止使用自愿出口限制等灰色区域措施。

（二）补贴与倾销

1. 补贴。一些国家通过向本国企业提供补贴的方式增强本国厂商在国内外市场的竞争力。补贴可以分为国内生产补贴和出口补贴。国内生产补贴用于增强国内进口竞争部门的竞争力，增加补贴产品的国内生产；出口补贴用于增强出口产品在国际市场的价格竞争力，扩大补贴产品国际市场份额。补贴可以采取多种形式，可以是直接的现金补贴；也可以是间接补贴，如优惠贷款、税收减免等。

（1）国内生产补贴的经济效应。国内生产补贴是指一国为鼓励进口品的国内生产，对国内生产厂商提供每单位产品一定数额的补贴。这里再次回到图 6 - 1，看一看进口小国对 Y 产品的国内生产给予补贴对该国生产与消费的影响。S^d 与 D^d 为该国国内供给和需求曲线。自由贸易条件下，该国作为小国，面临的供应曲线是 S^w。价格为 P_w，国内需求量是 Q_1，国内产量是 Q_2，进口量为 $Q_1 - Q_2$。

为了鼓励国内生产，该国政府对国内 Y 产品的生产厂商给予补贴，每单位 Y 产品补贴 s，国内供给曲线从 S^d 下移为 $S^d - s$，即在任何一个供应量上，国内生产厂商由于享受补贴而相应地降低了供应价格，降低幅度为 s。S^d 与 $S^d - s$ 之间的垂直距离等于补贴额 s。Y 产品的国内价格不变，需求量也没有变化，但国内产量从 Q_2 增加到 Q_4，进口量下降为 $Q_1 - Q_4$。

可见，补贴使国内生产增加。国内厂商获得的收入 P_2 等于消费者支付的价格（市场价格 P_w）加上政府的补贴 s。政府为增加国内生产付出的代价是国内产量与单位补贴额的乘积，即 $Q_4 \times s$，正好等于 a + b 的面积。可以证明补贴使生产者的剩余增加相当于 a 部分，b 部分则成为保护国内生产造成的福利净损失。在使用补贴的情况下，没有消费者剩余的减少，消费量和消费价格都没有变化，该国的净福利损失与关税和配额情况相比较小。因此，补贴可以起到关税和配额同样的保护国内生产的作用，但代价较低。当然，政府补贴最终要由社会公众通过税收方式承担。

（2）出口补贴的经济效应。出口补贴是指出口国为鼓励本国产品出口，给予出口商每单位出口产品一定数额的补贴。图 6 - 5 描述了一出口小国对 X 产品出口给予补贴对本国生产与消费的影响。在自由贸易条件下，该国 X 产品出口面临的需求曲线是 D^w，价格是 P_w，国内产量为 Q_1，国内消费量为 Q_2，出口数量为 $Q_1 - Q_2$。

补贴： 一些国家通过向本国企业提供补贴的方式增强本国厂商在国内外市场的竞争力。

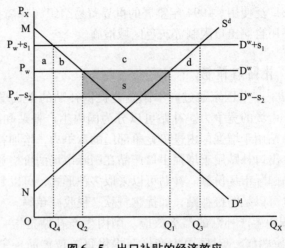

图 6 – 5　出口补贴的经济效应

该国政府决定对 X 的出口给予补贴，以鼓励出口。下面分两种情况分析出口补贴对该国的影响。

①单一国家补贴出口情形。在该国单独实施出口补贴的情况下，由于该国是小国，其出口补贴对世界市场价格没有影响，仍然是 P_w；出口商的出口收入包括出口价格 P_w 和出口补贴 s_1。这样，国内出口商面临的需求曲线由 D^w 变成 $D^w + s_1$；国内价格上升为 $P_w + s_1$，国内价格上升是因为较高的出口收入刺激国内厂商多出口，少在国内销售，最终将国内价格提高到 $P_w + s_1$。出口收入和国内价格的提高使国内生产从 Q_1 增至 Q_3，国内消费量从 Q_2 降至 Q_4，出口从 $Q_1 - Q_2$ 增加为 $Q_3 - Q_4$。国内生产者剩余增加 $a + b + c$，消费者剩余减少 $a + b$。$b + c + d$ 是出口补贴总额，成为该国纳税人新的税收负担。

生产者剩余增加中的 a 部分来源于消费者剩余的减少，是社会福利的再分配，没有产生净福利损失。生产者剩余增加中的 c 部分来源于政府的出口补贴，是纳税人与生产者之间的一种再分配。而 $b + d$ 部分成为出口国的净福利损失。b 部分从消费者剩余转化为生产者剩余，对国内净福利没有影响；但 b 作为出口补贴的一部分，增加了国内纳税人的支出，是该国的净福利损失。d 是纳税人支付的补贴的一部分，但没有转化为生产者剩余，是低效率生产扩大造成的福利损失。总体来看，出口补贴使出口扩大、生产者获益、消费者受损、纳税人负担增加、出口国遭受净福利损失。

②所有出口国补贴出口情形。假定所有 X 产品出口国均补贴出口，而且单位产品出口补贴相同，为 s_2。这时，X 产品的世界市场价格将比正常价格下降 s_2，变成 $P_w - s_2$。出口国国内生产者实际获得的出口收入等于国际市场价格 $P_w - s_2$ 加上本国出口补贴 s_2，与国内价

格相同为 P_w。这样，国内价格、生产、消费和出口量与补贴前相比都没有变化，唯一的不同是出口国纳税人要承担出口补贴的负担，补贴总额等于出口量乘以单位补贴额，即图中 s 部分。在所有国家都实施出口补贴的情况下，出口补贴并不会起到增加出口的作用。但一国单独停止对本国出口的补贴，该国出口将会减少。

为了减少补贴对贸易的扭曲，乌拉圭回合谈判达成的《补贴与反补贴协议》和《农产品贸易协议》（*Agreement on Agriculture*）对成员国补贴和反补贴措施的运用进行了规范。

2. 倾销。倾销是出口企业以低于国内价格或低于成本在外国市场销售产品的行为，倾销的目的是增加出口产品的价格竞争力。倾销可分为三种类型：

（1）偶然性倾销（Sporadic Dumping）。偶然性倾销是指出口国短期内在外国倾销商品，减少库存。此类倾销对进口国影响较小。

（2）持续性倾销（Persistent Dumping）。持续性倾销是指持续地在外国市场低于国内价格或成本销售商品。持续地低于国内价格出口产品是国际厂商的一种国际差别定价策略（International Price Discrimination），是国际厂商追求利润最大化的一种做法。国内市场和外国市场的竞争形势不同，一般来讲，国际市场对出口产品需求的价格弹性高于国内市场。因此，在国内市场执行较高的价格，在外国市场执行较低的价格，可以使得该厂商的全球利润最大化。

持续地低于成本出口产品一般情况下缺乏可行性，除非得到出口国政府的持续补贴。例如欧美国家对农产品的补贴出口。

（3）掠夺性倾销（Predatory Dumping）。掠夺性倾销是指出口商以低于所有竞争对手的价格在外国市场倾销商品，挤垮竞争对手，取得市场垄断地位后再提高价格，弥补倾销期间承受的损失。

掠夺性倾销以垄断进口国市场为动机，是对进口国利益产生最大威胁的倾销形式。但掠夺性倾销的成功有赖于十分严格的条件。一是出口商有充足的财力挤垮所有竞争对手；二是取得垄断地位后能够阻止其他国内外厂商进入出口市场；因此掠夺性倾销实际操作起来非常困难，实际的例证极为少见。

倾销通常被认为是不公平贸易做法。GATT/WTO《反倾销协议》允许成员国对倾销进口并对国内产业造成损害的外国产品实施反倾销措施。越来越多的国家使用反倾销措施对受影响的国内产业进行保护，出现了滥用反倾销措施的现象，反倾销程序本身成为一种新的非关税措施。

（三）金融措施

1. 外汇管制（Foreign Exchange Control）。外汇管制是一国政府

倾销：倾销是出口企业以低于国内价格或低于成本在外国市场销售产品的行为。

倾销类型：偶然性倾销、持续性倾销、掠夺性倾销。

为了平衡国际收支和稳定本国货币汇价，对本国对外结算和外汇买卖实行限制的制度。目前实行外汇管制的主要是发展中国家。

在实行严格外汇管制的国家，出口商出口所得外汇必须按官方汇率出售给政府指定的银行，进口所需外汇经批准后到指定的银行购买。这样国家进出口管理部门就可以通过外汇的审批影响进口总量以及进口的结构。外汇管制的基本做法有数量性外汇管制和成本性外汇管制，前者指政府主管部门以行政手段控制外汇交易，对外汇买卖的数量直接进行限制和分配；后者指国家外汇管理机构对外汇买卖实行复汇率制度（即本国货币对外汇有两种以上的汇率），利用外汇买卖成本的差异，间接影响不同商品的进出口；有时候两种做法还同时采用，更加严格。

2. 外汇倾销（Exchange Dumping）。外汇倾销是指通过本国货币对外贬值扩大出口。本国货币对外贬值后，用外币表示的本国出口品的价格下降，以此增加价格竞争力，扩大出口。

外汇倾销要起到扩大出口的作用，需具备两个条件：第一，货币贬值程度大于国内价格上涨程度；第二，其他国家不实行同等程度的货币贬值或采取其他报复措施。

（四）管理规定和技术标准

1. 当地成分要求（Local Content Requirement）。国内成分要求是指一国规定某些产品的国内成分必须达到一定比例才允许在国内销售。国内成分包括国内的原料、零部件、国内加工装配等。国内成分要求在汽车行业较多使用。

国内成分要求对国内企业利用国际分工产生不利影响。在国际分工日益发达的今天，生产国际化是增强竞争力的必然要求；要想使产品具有优势，产品的不同零部件的生产和不同的加工工序都应在最具比较优势的国家进行；产品越复杂，国际分工的必要性越强。国内成分要求是对利用国际优势的限制，因此遭到国内制造商尤其是外国投资商的反对；同时，国内成分要求在一定程度上限制了其他国家相关行业中间投入品对该国的出口。

乌拉圭回合达成的《与贸易有关的投资措施协议》（*Agreement on Trade-related Investment Measures*）禁止对外国投资企业提出当地成分要求。

2. 政府采购政策。政府采购是指政府对政府部门的办公设备、政府投资的公共工程的购买。政府是一个大买主，但政府的购买行为不同于一般厂商和消费者，政府采购通常体现本国的某些经济和社会目标，一般通过公开招标方式进行。许多国家通过法律或其他形式规定，政府采购对国内生产商给予优惠或优先考虑。

外汇倾销：外汇倾销是指通过本国货币对外贬值扩大出口。本国货币对外贬值后，用外币表示的本国出口品的价格下降，以此增加价格竞争力，扩大出口。

国内成分要求：国内成分要求是指一国规定某些产品的国内成分必须达到一定比例才允许在国内销售。

政府采购：是指政府对政府部门的办公设备、政府投资的公共工程的购买。

比如，美国 1933 年制定了《购买美国货法案》(*Buy American Act*)，要求联邦政府采购时优先购买美国货。对一般民用产品，如果美国供应商的投标价格高出国外投标价格不超过 6%，联邦政府优先接受本国供应商的投标。美国国防部采购时对国内供应商的优惠幅度达 50%。

政府采购中对本国产品的优惠意味着对进口产品的歧视。为规范政府采购行为，减少其对贸易的限制，1979 年结束的 GATT 东京回合达成了《政府采购协定》(*Government Procurement Agreement*)，该协议是 WTO 管辖的诸边协议之一。该协定只对签字国（地区）生效，截至 2013 年 2 月，该协议有 15 个成员经济体和 26 个观察员经济体，其中，中国 2002 年 2 月 21 日成为观察员。2002 年中国在加入世界贸易组织时作出承诺，会积极推动加入 GPA 的进程，加入 GPA 对中国的法制和经济发展有重要意义，也符合国际社会尤其是 GPA 缔约方对中国的期待。加入 GPA 涉及政府采购开放范围和中国法律与 GPA 的衔接两个方面。为了积极实现这一目标，2002 年中国出台《中华人民共和国政府采购法》，并在 2007 年提交第一份出价清单进行谈判。然而中国至今尚未成功加入《政府采购协定》，其中国有企业作为出价清单中的重要一环，一直以来是主要缔约方对清单的争议重点。他们认为中国应该开放更多的国有企业，甚至全部国有企业以实现对等。中国在第六份清单中首次纳入三家国有企业，2019 年提交第七份清单在更大范围内开放国有企业，但仍未成功加入政府采购协议。

3. 技术与管理标准。每个国家对本国生产和销售的产品在技术、安全与卫生等方面，都要求符合一定标准；进口产品也必须符合这些标准，才能在国内销售。有时候国家还专门为进口产品制定管理规定，不符合要求则禁止销售。上述标准和规定对进口有一定的限制作用，被称为技术性贸易壁垒 (Technical Barriers to Trade，TBT)。

（1）技术标准。各国拥有自己的技术标准，不同国家的技术标准存在很大差别。各国强制性技术标准的差别本身就是不利于国际贸易的一种因素。有时一国制定的特定标准直接针对来自其他国家的进口产品，限制贸易的作用十分明显。例如，联邦德国曾禁止国内使用车门从前向后开的汽车，这种汽车正是意大利菲亚特 500 型汽车的式样；日本邮电管理部门曾对车载电话的频率等做出技术要求，结果美国制造的车载电话在东京附近日本经济最发达的地区无法使用，在遭到美国关税报复的威胁后，日本才修改了有关标准。1987 年以前，德国法律规定，啤酒中只能含有水、酵母、大麦和一种使啤酒带有苦味的植物蛇麻草。而外国生产的啤酒多含有化学添加剂和大米、玉米等其他粮食，进口因此受到限制。

技术性贸易壁垒： 每个国家对本国生产和销售的产品在技术、安全与卫生等方面，都要求符合一定标准；进口产品也必须符合这些标准，才能在国内销售。有时候国家还专门为进口产品制定管理规定，不符合要求则禁止销售。

（2）卫生检疫规定。为保障消费者的身体健康，各国对食品或日常用品中有害物质的含量做出限制规定。例如，英国规定花生中黄曲霉素的含量不得超过百万分之二十；澳大利亚规定陶瓷制品的含铅量不得超过百万分之二十，而美国和加拿大则规定不得超过百万分之七。苛刻的卫生检疫规定对贸易存在很大限制作用。

（3）包装和标签规定。许多国家对进口商品的包装和标签做出规定，外国产品不符合要求则禁止进口。如加拿大对罐装食品的容量做出具体规定，许多商品必须同时用英文和法文标注含量、用法、产地等。

为了减少各类技术与管理标准对贸易产生不应有的限制作用，GATT/WTO 制定了《技术贸易壁垒协议》（*Agreement on Technical Barriers to Trade*）和《卫生检疫措施协议》（*Agreement on the Application of Sanitary and Phytosanitary Measures*），对成员国使用有关措施的原则和程序等做了规定。

本章思考与练习

1. 名词解释

（1）普惠制。

（2）有效保护率。

（3）反补贴税。

（4）进口配额。

（5）自愿出口限制。

（6）外汇倾销。

2. 关税的基本作用是什么？它对一国的经济福利有哪些影响？

3. 以大国情形为例，试画图分析配额的福利效应。

4. 反倾销税的征收可能产生的影响有哪些？

5. 试分析一国征收关税对商品相对价格的影响及其经济效应。

6. 进口配额与关税在保护本国产业方面有什么异同？如果让国内生产者来选择，他们会选择哪种措施？

7. 假设某一行业（X_1），需要另外两个行业（X_2 和 X_3）的产品作为中间投入，投入系数分别为 $a_{21} = 0.2$，$a_{31} = 0.5$，三个行业的进口关税分别为 t_1、t_2 和 t_3，试计算在下列情况下 X_1 的有效保护率。

（1）$t_1 = 30\%$、$t_2 = 20\%$、$t_3 = 10\%$；

（2）$t_1 = 30\%$、$t_2 = 20\%$、$t_3 = 40\%$；

（3）$t_1 = 30\%$、$t_2 = 50\%$、$t_3 = 10\%$。

第七章

贸易政策的历史演进

不同时期，或者相同时期，不同国家的政府往往会采取截然不同的贸易政策。这些贸易政策的制定或者是受某种理论的影响，或者是有意无意地暗合了某种理论，因此其绩效也成为检验和验证有关理论的事实。如同所有的国际贸易理论最终都可以划分为自由贸易理论和保护贸易理论一样，所有的贸易政策也可以归结为自由贸易政策和保护贸易政策两大类。这两类政策此起彼伏，在不同的历史时期以不同的特征交错出现，但当前经济全球化的特征表明自由贸易政策逐渐占据主要地位。战后兴起的众多发展中国家，由于本身经济条件所限，在贸易政策的选择上呈现出独有的特征。

第一节　资本主义发展历史中的贸易政策演进

从资本主义原始积累到今天 WTO 推动下的全球化浪潮，资本主义世界在其发展过程中实施过不同的贸易政策。在这里我们试图打破自由贸易政策和保护贸易政策的基本分类框架，按时间顺序来考察资本主义发展历史中贸易政策的演进。

一、资本主义原始积累时期的贸易政策

受重商主义强调贸易顺差的影响，英国、法国、荷兰等最早进行殖民扩张的资本主义国家都实行过奖出限入的贸易政策，其内容包括以下三个方面。

（一）限制进口政策

1. 禁止若干外国商品，尤其是奢侈品的进口；

2. 课征保护关税，限制外国商品的进口。

（二）促进出口措施

1. 对本国出口的商品，给予津贴；

2. 出口退税，在商品出口后，将原征国内税部分或全部退还出口厂商；

3. 禁止重要原料的出口，但允许自由输入原料，加工后再出口；

4. 减低或免除出口关税；

5. 实行独占性的殖民地贸易政策，设立独占经营的殖民地贸易公司（如英、法、荷等国的东印度公司），在殖民地经营独占贸易与海运，使殖民地成为本国制成品的市场和本国原料的供给地。

（三）其他措施

1. 保护农业。英国在 1660～1689 年，通过若干法令限制谷物的进口，产生了《谷物法》。

2. 英国政府通过职工法，鼓励外国技工的移入，以行会法奖励国内工场手工业的发展。

3. 1651 年英国通过重要的航海法案。按该法案规定，一切输往英国的货物必须用英国船载运或原出口国船只装运，对亚洲、非洲及北美的贸易必须利用英国或殖民地的船只。

4. 奖励人口繁殖，充裕劳工来源，降低劳工成本。

二、资本主义自由竞争时期的自由贸易政策

早期的自由贸易政策始于英国。工业革命之后，英国的工业迅速发展起来，但重商主义奖出限入的做法，妨碍了新兴工业阶层对粮食、原料和市场的获得，因此，要求废除重商主义政策的呼声渐高。1846 年《谷物法》被废除，标志着英国进入了自由贸易政策时期。在这场变革中，亚当·斯密和大卫·李嘉图的古典自由贸易理论发挥了重要的作用。这些通向自由化的贸易政策主要包括以下六个方面。

（一）废除谷物法

1838 年英国棉纺织业资产阶级组成"反谷物法同盟"，然后又成立全国性的反谷物法同盟，展开了声势浩大的反谷物法运动，经过斗争，终使国会于 1846 年通过废除谷物法的议案，并于 1849 年生效。

（二）降低关税税率，减少纳税商品数目

在 19 世纪初，经过几百年的重商主义实践，英国有关关税的法

令达 1000 项以上。1825 年英国开始简化税法，废止旧税率，建立新税率。进口纳税的商品项目从 1841 年的 1163 种减少到 1853 年的 466 种，1862 年减至 44 种，1882 年再减至 20 种。税率大大降低，禁止出口的法令完全废除。

（三）废除航海法

航海法是英国限制外国航运业竞争和垄断殖民地航运事业的政策。从 1824 年逐步废除，到 1849 年和 1854 年，英国的沿海贸易和殖民地全部开放给其他国家，至此，重商主义时代制定的航海法全部废除。

（四）取消特权公司

在 1831 年和 1834 年东印度公司对印度和中国贸易的垄断权分别被废止，从此对印度和中国的贸易开放给所有的英国人。

（五）改变对殖民地贸易政策

在 18 世纪，英国对殖民地的航运享有特权，殖民地的货物输入英国享受特惠关税和待遇。大机器工业建立以后，英国竞争力增强，对殖民地的贸易逐步采取自由放任的态度。1849 年航海法废止后，殖民地已可以对任何国家输出商品，也可以从任何国家输入商品。通过关税法的改革，英国废止了对殖民地商品的特惠税率，同时准许殖民地与外国签订贸易协定，殖民地可以与任何外国建立直接的贸易关系，英国不再加以干涉。

（六）与外国签订贸易条约

1860 年签订了英法条约，即"科布登条约"。根据这项条约，英国对法国的葡萄酒和烧酒的进口税予以减低，并承诺不禁止煤炭的出口；法国则保证对从英国进口的一些制成品征收不超过价格 30% 的关税。"科布登条约"是以自由贸易精神签订的一系列贸易条约的第一项，列有最惠国待遇条款。在 19 世纪 60 年代，英国就缔结了 8 项这种形式的条约。

在英国带动下，19 世纪中叶，许多国家降低了关税，荷兰、比利时相继执行自由贸易政策。

这些自由贸易政策给当时的英国带来了明显的经济利益。由于对外贸易对英国经济增长的积极作用，英国一直主张自由贸易。然而，随着英国经济逐步被美国、德国和法国超过，其自由贸易政策的使用范围也发生了变化。

三、资本主义自由竞争时期的保护贸易政策

当英国率先完成工业革命，并以自由贸易政策将其产品推向全世界的时候，美国、德国和法国等后起的资本主义国家，为了保护本国的新兴工业，却采取了保护贸易政策。

美国的第一任财政部部长亚历山大·汉密尔顿就坚决主张实行保护贸易政策，措施为不断提高关税。以美国 1934 年制定的《互惠贸易协定法》（Reciprocal Trade Agreements Act）为分界线，1949 年后至 1933 年，美国一直高筑关税壁垒。1816 年关税税率为 7.5% ~ 30%，1824 年平均税率提高到 40%，1847 年通过的第一部关税法中，其进口关税的平均水平为 50%。

在欧洲，面对英国廉价产品的竞争，德国、法国也相继采取了贸易保护政策。1879 年，德国首相俾斯麦改革关税，对钢铁、纺织品、化学品、谷物等征收进口关税，并不断提高，同时与法国、奥地利、俄国等展开关税竞争。1898 年，又通过修正关税法，对贸易进行高度保护。

德国这个时期的贸易政策，明显地受李斯特的幼稚产业保护理论所影响。其经济所取得的快速增长，使这种贸易保护政策被予以高度的评价，并被后来的许多经济落后的国家所效仿。但是，需要注意的是，保护幼稚产业的贸易政策，被保护的对象始终集中于本国的幼稚产业，而且保护是有期限的，即只保护那些通过短期的保护能形成比较优势的产业。这种保护政策与比较优势间的关联往往被后来的效仿者所忽略。

四、两次世界大战期间的超保护贸易政策

超保护贸易政策：又称侵略性保护贸易政策，是指两次世界大战期间，尤其是 1929 ~ 1933 年大危机期间资本主义国家实行的高度保护的贸易政策。

超保护贸易政策，又称侵略性保护贸易政策，是指两次世界大战期间，尤其是 1929 ~ 1933 年大危机期间资本主义国家实行的高度保护的贸易政策。

19 世纪末 20 世纪初，资本主义进入垄断阶段，国际经济贸易竞争更加激烈。1929 ~ 1933 年，主要资本主义国家爆发了历史上最为严重的经济危机，市场问题十分尖锐。在这种背景下西方国家纷纷采取严格的贸易保护措施。1930 年，美国通过"斯穆特—霍利关税法"（Smoot - Hawley Tariff Act），将进口关税提高到极高的水平，1931 年美国进口货物的平均关税高达 53.2%，而 1914 年只有 37.6%。美国提高关税在资本主义国家引发关税战，先后有 45 个国家提高关税。由于危机期间价格大跌，仅仅通过关税难以有效限制进口，因此各国

广泛采用进口配额、进口许可证和外汇管制等非关税壁垒措施限制进口。

与资本主义自由竞争时期的贸易保护政策相比，超保护贸易政策具有以下特点：

（1）保护对象扩大。传统的贸易保护政策仅仅保护本国的幼稚产业，而超保护贸易政策不仅保护幼稚产业，同时也保护国内成熟产业和出现衰落的产业。

（2）保护目的改变。传统的贸易保护政策的目标是为新兴产业的成长创造条件，培养其自由竞争的能力，而超保护贸易政策的目的主要是巩固和加强本国企业在国内外市场的竞争地位。

（3）保护措施多样化。传统的贸易保护的主要手段是关税措施，而超保护贸易政策手段不仅包括关税措施，而且大量使用进口配额和许可证等非关税措施。

（4）保护从国内延伸到国外。传统的贸易保护主要是限制外国商品进入国内市场，保护具有防御性；而超保护贸易政策不仅包括进口限制措施，而且包括出口补贴、倾销等促进出口的措施，保护带有进攻性。

超保护贸易政策并没有取得期望的效果。各国以邻为壑的做法使世界经济在危机中越陷越深。1933 年罗斯福上台执行新政，美国开始放弃这种保护政策。罗斯福提出以"建设一个世界贸易的多边体系"作为对外经济政策的基本目标，提出"睦邻政策"，倡导遏制关税保护大战，并且根据国会通过的《互惠贸易协定法》，先后与 29个国家签订贸易协定和关税互惠协定，这些措施在一定程度上刺激了资本主义生产，缓和了当时的美国经济危机。

五、战后初期的自由贸易政策

第二次世界大战之后，为了营造一个有助于各国经济恢复和发展的良好环境，在美国的带动下，发达国家相继实行了贸易自由化政策。在关贸总协定的组织和协调之下，通过多边谈判和协商，关税壁垒和非关税壁垒被大幅度地削减。发达国家的总体关税水平从 1947年的 40% 左右下降到乌拉圭回合之前的 5% 左右，而且还有继续下降的趋势。非关税壁垒的使用也受到限制，如在关贸总协定第七轮东京回合谈判中，非关税壁垒成为重要的谈判议题，并最终达成了六个限制非关税壁垒的准则（Codes），这些准则是《海关估价协议》（即《关于实施关贸总协定第七条的协议》，*Agreement on Implementation of Article Ⅶ of the General Agreement on Tariffs and Trade*）、《进口许可证手续协议》（*Agreement on Import Licensing Procedures*）、《技术性贸易壁垒协议》、《补贴和反补贴协议》（即《关于解释和实施关贸总协定第 6 条、第 16 条和第 23 条的协议》，*Agreement on Interpretation and Application of Articles* Ⅵ，ⅩⅥ *and* ⅩⅩⅢ *of the General Agreement on Tariffs and Trade*）、《反倾销协议》（即《关于实施关贸总协定第六条的协议》，*Agreement on Implementation of Article* Ⅵ *of the General Agreement on Tariffs and Trade*）和《政府采购协议》。① 乌拉圭回合谈判中，非关税壁垒得到了更高程度的重视。

发达国家在相互提供贸易优惠的同时，还向发展中国家提供了贸易的便利，为战后一些发展中国家经济的发展提供了良好的国际空间。普惠制原则要求发达国家向来自发展中国家的工业制成品和半制成品提供普遍的、非互惠的优惠待遇。但发达国家在受惠国的选择上往往会附加很多复杂苛刻的条件。

六、20 世纪 70 年代后期的新贸易保护主义

第二次世界大战之后，全球贸易的自由化倾向推动了世界经济的快速增长，但是到 70 年代之后，这种增长的势头受到遏制。世界性的经济衰退导致贸易保护主义重新抬头。发达国家从自身的利益出发，采取了很多奖出限入的做法，这一时期的政策带有明显的"新重商主义"色彩。由于关贸总协定的协调和管理以及各国之间的相互制约，这种贸易保护政策和传统的做法有很大的区别，具体表现为：

1. 被保护的商品不断增加。被保护的商品从传统产品转向高科技工业制成品，从有形商品扩展到技术、服务、知识产权等无形商品。

2. 保护措施种类繁多。非关税措施成为主要的保护手段。其种类已逾千种。发达国家的技术壁垒日渐苛刻，反倾销调查案件不断增加，而且许多是针对发展中国家的。

3. 转向系统的管理贸易体制。20 世纪 70 年代中后期，贸易自由化的趋势和贸易保护主义交织在一起，形成一种新的管理贸易（Managed Trade）体制，即有组织的自由贸易体制。这种贸易体制既争取本国对外贸易的有效发展，又一定程度兼顾他国利益，力争达成多方均能接受的贸易方案，避免极端形式的贸易冲突，以维护国际经贸关系的相对稳定和发展。

4. 区域经济一体化的发展。以欧共体为代表的区域经济一体化

管理贸易体制：即有组织的自由贸易体制。这种贸易体制既争取本国对外贸易的有效发展，又一定程度兼顾他国利益，力争达成多方均能接受的贸易方案，避免极端形式的贸易冲突，以维护国际经贸关系的相对稳定和发展。

① "Tokyo Round Codes"，https：//www.wto.org/english/docs_e/legal_e/prewto_legal_e.htm.

组织迅速发展并不断提高一体化组织的水平，在区域内实行自由贸易政策，在对区外的贸易中，保护性则加强。

在这一时期，战略性贸易政策开始被越来越多的国家重视并采用，战略性贸易政策源于不完全竞争的市场结构。现实中，发达国家的企业面临着不完全竞争的市场结构。在很多学者看来，当其他国家普遍采取贸易保护政策时，单个国家采取自由贸易政策将不利于本国的经济利益。因此，他们鼓励本国政府采取一系列贸易政策，改变企业的战略行为，使本国企业在国际竞争中占据优势地位。目前来看，发达国家的战略性贸易政策主要表现为战略出口政策、战略进口政策和进口保护以促进出口的政策。

实行战略性贸易政策的典型国家是日本及 20 世纪 90 年代以来的美国。日本一直是西方国家所指责的封闭市场、鼓励本国出口的典型国家。自 20 世纪 70 年代起，日本通过战略性贸易政策（主要是进口保护以促进出口）鼓励其汽车工业、半导体工业及通信电器业的发展，结果其相应工业迅速发展起来，不但减少了进口，还占领了美国等一些传统出口国的市场。著名经济学家保罗·克鲁格曼曾经以此提醒美国采取战略性贸易政策。1994 年美国专门提出了"国家贸易战略"方案，该方案提出在未来的一段时间内，需要对美国的传统市场和新兴市场分别采取不同的出口战略。同时为保护本国市场，美国也不断引用其国际贸易修正案中的"301 条款"和"超级 301 条款"，以公平贸易的名义迫使别国开放市场，并以反补贴、反倾销为理由，限制他国商品进入本国市场。这种带有战略性贸易政策色彩的措施使美国的出口有明显的增加。当然，这些贸易保护的政策也受到一些发达国家和一些发展中国家的指责，他们试图在多边框架下抑制美国以"公平贸易"为借口所采取的贸易保护政策。总的来看，20 世纪 90 年代以来美国贸易政策有两大特点：一是强调市场开放与公平贸易并重；二是强调出口的重要性。

七、乌拉圭回合之后贸易自由化的艰难推进

20 世纪 80 年代世界经济的低迷及贸易保护主义的抬头，促使关贸总协定启动了第八轮多边谈判——乌拉圭回合谈判。乌拉圭回合谈判历时 8 年，终于在 1994 年达成协议。乌拉圭回合谈判不但使传统贸易中的关税壁垒和非关税壁垒被大量削减，而且还涉及投资、服务贸易、知识产权等新领域。乌拉圭回合之后，发达国家的关税总体水平进一步下降至 3%，许多市场，包括一些发展中国家的市场也开始全面开放，为世界经济的增长提供了新的空间。

乌拉圭回合的另一个重要成果是成立了世界贸易组织。世界贸

战略性贸易政策：本国政府采取一系列贸易政策，改变企业的战略行为，使本国企业在国际竞争中占据优势地位。

战略性贸易政策分类：战略出口政策、战略进口政策和进口保护以促进出口的政策。

组织作为一个正式的国际组织在全球贸易的管理和协调中能够发挥更大的作用，然而由其启动于2001年的多哈回合，多次中止，又多次重启，时至今日依然未能完成。[①] 这一阶段，多边贸易体系面临多方面挑战，多边贸易自由化推进艰难：一是世界经济尚未从2008年全球金融危机中完全恢复过来，欧盟、美国面临债务危机，日本经济回升乏力，发达国家面临国内政治压力，不愿推进多边贸易自由化；二是发展中国家与发达国家在关键问题上难以达成一致意见，对于全球气候变化的责任与义务、新兴国家的市场准入、发达国家农产品补贴等问题，发展中国家与发达国家针锋相对，屡屡使谈判陷入僵局，世界经济有滑向贸易保护的危险。

八、"逆全球化"浪潮下的全球贸易保护主义进入新抬头周期

当前，"逆全球化"的浪潮正在兴起，从欧洲到美国，从英国脱欧到美国新任总统特朗普当选，一次又一次的"黑天鹅"事件不断冲击着当代经济的全球化惯性。而作为"逆全球化"的最主要表现，此起彼伏的贸易保护主义也正在越来越多的国家蔓延，全球贸易增速持续下滑的原因，除世界经济增速放缓外，还与贸易保护主义抬头有较大关联。当然，从某种程度上说，贸易保护主义抬头势头的出现同样也源自低迷的全球经济形势。据英国智库经济政策研究中心发布的《全球贸易预警（GTA）》报告显示，在全球经济增长乏力的背景下，各国正加速实施"以邻为壑"的贸易保护措施。2015年全球实施的贸易限制措施数量为736个，较上年增加了50%，是此期间实施的促进自由贸易措施的3倍。2016年前4个月实施了150个，而此前每年前4个月的这一数值仅为50~100。

在全球贸易保护主义又处于新的上升周期背景下，中国自然无例外地继续成为最主要的目标区域。统计显示，中国已经连续十年成为全球遭受反倾销和反补贴最多的国家，2016年上半年，针对我国的贸易救济调查就有65起，美国和印度分别以18起和15起成为对我国发起调查数量和涉案金额均最多的国家。2016年前11个月，中国钢铁产品遭受贸易救济调查的案件数量同比增长24%。另外，根据世界贸易组织相关规定，世界贸易组织成员对中国反倾销的"替代

---

① 2013年12月7日，多哈回合谈判终于迎来了其自启动12年以来的第一份全球多边贸易协定成果"巴厘一揽子协定"。但就内容来看，该协定只能算作世贸组织多哈回合谈判协议的严重缩水版本，距离谈判的最终目标还相距甚远。事实上，鉴于不同国家群体在农业政策上的分歧依然严重，自2015年以来，已经有发达国家开始主张放弃谈判，多哈回合的未来前景依然渺茫。

国"做法须于 2016 年 12 月 11 日终止，但欧美等发达国家均没有履行承诺。① 依形势研判，在全球各国所共同面临的低迷的外部经济环境下，更多的贸易保护将使我国出口贸易在所遭受的负面外部因素方面雪上加霜。

九、互联网的广泛应用逐渐催生出以数字贸易为代表的贸易新业态

进入 21 世纪以来，互联网技术的大范围应用及普及，较大程度地刺激了过去传统国际经济贸易模式的改变。互联网技术作为一个信息共享的大型平台，其用户能通过互联网完成信息交换、信息创立及信息搜寻，满足不同用户的信息检索需求。在"互联网 +"背景下，国际经济贸易发展具有全球融合性、创新驱动性、重塑市场性、开放包容性及数字虚拟性等鲜明特点。

"互联网 +"国际贸易模式的普及，完全改变了过去国际经济贸易的发展模式，是国际经济贸易的自我性革命，并且"互联网 +"国际贸易模式的运用，加快了国际经济贸易的发展进程，革新了原有的税款缴纳方式、贸易对象、销售渠道、贸易理念、贸易结算及行政监管。在"互联网 +"模式下，国际贸易流程、贸易形式及贸易分工无可避免地被重新塑造，证明了运用互联网技术能有效整合市场资源，形成统一的全球化的国际贸易市场。受贸易市场日趋全球化的影响，各个国家势必需要逐渐改变过去传统的国际贸易市场监管方式及税收监管机制。进入"互联网 +"时代后，能充分发挥市场自我调节的作用，持续优化市场资源配置，促使国际贸易市场环境具备更强大的开放性及包容性，从而帮助更多创业者实现自我价值，有利于构建虚拟化的全球市场，进一步细化国际分工。由此可见，充分发挥"互联网 +"技术的优势，带动国际贸易产业发展尤为重要。

随着互联网的广泛应用，其对国民经济的各个领域都产生了重要影响，对国际贸易领域来说也是如此。互联网技术的不断升级迭代，其对国际贸易的影响无论从形式还是到内容，均已经发生了巨大变化。主要体现在以下两个方面：

1. 互联网提升国际贸易规模，改变国际贸易结构。互联网对国际贸易的第一个基本影响是提升国际贸易规模。互联网发展对服务出口贸易具有显著的促进作用，基于国际互联网的营销活动能够增加这些企业的信息来源，帮助企业发展对外商业联系，进而促进企业出

---

① 2016 年 12 月 12 日，中国就美国、欧盟对华反倾销"替代国"做法，先后提出世贸组织争端解决机制下的磋商请求，正式启动世贸组织争端解决程序。

口。互联网对国际贸易的第二个基本影响是互联网能够改变国际贸易结构。由于互联网的发展往往会对贸易的外延边际、集约边际和质量边际产生影响，从而引起国际贸易结构的改变。互联网对出口企业的影响在于与不使用互联网的企业相比，使用互联网的企业更加倾向于使用增加新的产品线（扩展外延边际）的方式来增加出口。

2. 互联网催生国际贸易新业态。随着互联网技术的发展，互联网的功能日益强大和多维，对国际贸易的影响也呈现出多样性。

一开始互联网的主要功能是提供信息，企业可以利用互联网平台发布广告和产品信息，企业和个人用户可以利用互联网获取信息。相应地，这一时期互联网影响国际贸易的方式也较为单一。随后互联网技术的发展开始允许一般用户不仅能够通过网络获取信息，而且能够发布信息，人们可以通过互联网实现真正的多向互动，这导致互联网对国际贸易的影响程度不断加深。

近年来，随着数字技术的发展，基于互联网的各种应用程序不断迭代升级，互联网对国际贸易的影响已经超越了传统意义上的规模或结构的范畴，这种超越的重要表现就是催生出以数字贸易、跨境电商和跨境物流为代表的国际贸易新业态。传统国际贸易基本上是单纯以贸易规模和价值为目标，包括询价、议价、签约到最终交付等在内的大部分交易环节都是线下进行的。相比之下，数字贸易（尤其是跨境电子商务）主要是在线上获取信息和交易，这使得贸易环节变得灵活多样和"碎片化"，同时往往具有重复多批次特性，这是对传统贸易方式的重大革新，已经对国际贸易和全球经济产生了巨大影响。

第二节　第二次世界大战后发展中国家和地区的贸易发展战略

发展中国家和地区的贸易政策与其经济发展战略是密不可分的。第二次世界大战之后，许多经济发展水平比较低的民族和地区相继独立。这些政治上独立的国家和地区迫切要求经济上的独立。实现国民经济的工业化，建立起完备的工业体系无疑是经济独立的必由之路。但在经济基础薄弱、资金短缺的情况下，如何实现工业化，不同的国家和地区在发展战略上却做出了不同的选择。战后发展中国家和地区的贸易发展战略大体可以分为两类：一是以拉美国家、中国为代表的重工业优先的进口替代战略；二是"亚洲四小龙"为代表的出口导向战略。

一、进口替代战略

进口替代战略（Import Substitute Strategy）是指通过发展本国或本地区的工业，实现用本国或本地区生产的产品逐步代替进口品来满足国内或区内需求，最终实现本国或本地区的全面工业化的战略。战后的一些拉美国家，受两位来自发展中国家的经济学家普雷维什和辛格的影响，将其发展战略称为进口替代战略。中国在改革之前的自力更生战略在实质上也是一种典型的进口战略。

（一）进口替代的类型

战后的发展中国家和地区都不同程度地实施过进口替代战略。但是在进口替代的产业选择上各个国家和地区却不尽相同，大体可以归结为两类：

1. 顺比较优势的进口替代。韩国等"亚洲四小龙"在20世纪60年代中期之前曾短期地实施过进口替代战略。它们从非耐用消费品入手，发挥其丰富而廉价的劳动力资源优势，在竞争力增强后政策转向鼓励出口，出口积累的资本能够为次级进口替代打下基础，促进了产业继续向耐用消费品、中间产品和资本品的升级。这样的贸易战略是有比较优势的，因而可以在短期内放弃对市场的保护。

2. 逆比较优势的进口替代。中国、巴西等国家的进口替代是从重工业开始的，这些国家在资金严重短缺的情况下，发展钢铁、制造业等资金密集型重工业。由于这些产业距本国拥有比较优势的产业段较远，所以必须依靠政府长期的保护，采用关税和非关税措施，如进口限制、外汇管制及本币币值高估手段等。

顺比较优势的进口替代尽管也强调以国产品替代进口品，但进口替代只是其经济发展过程中的短暂阶段，一旦形成出口优势则会放弃保护实行自由贸易政策，其战略发展仍然以比较优势为引导。而逆比较优势的进口替代由于远离本国的比较优势产业段，因而需要更严格的保护措施和更长的保护期限，这必然会导致价格的扭曲及资源配置的扭曲。典型的进口替代以后一种为代表，除非特别表明，本书中所指的进口替代均指后一种，即逆比较优势的进口替代。

（二）进口替代战略的理论依据

支持进口替代战略的理论除了流行于20世纪50～70年代的发展经济学，还可以向前追溯到重商主义的理论、李斯特的幼稚产业保护理论、凯恩斯的国家干预理论等。

进口替代战略： 通过发展本国或本地区的工业，实现用本国或本地区生产的产品逐步代替进口品来满足国内或区内需求，最终实现本国或本地区的全面工业化的战略。

进口替代的类型： 顺比较优势的进口替代、逆比较优势的进口替代。

重商主义：通过奖出限入抑制贸易的做法来帮助一国或地区积累财富提升国力，强调国家的权威。

幼稚产业保护理论：提倡对本国或本地区的"新生工业"进行保护。

1. 重商主义。重商主义通过奖出限入抑制贸易的做法来帮助一国或地区积累财富提升国力，强调国家的权威，它的许多政策主张在战后执行进口替代战略的国家或地区都有所体现。

2. 幼稚产业保护理论。李斯特的幼稚产业保护理论反对古典经济学关于自由贸易的政策主张，提倡对本国或本地区的"新生工业"进行保护。认为一国或地区在经济相对落后的情况下，实行自由贸易政策，只能使本国或本地区的经济长期依附他国或他地区，一旦遭遇战争或外国禁运，则没有能力应对；李斯特还强调国家或地区在经济生活中的作用，主张以国家或地区的力量来促进工业发展。这些理论对刚刚摆脱殖民控制的发展中国家和地区具有重要的影响。许多国家和地区以此为依据对本国或本地区的工业进行严格的保护，同时增加国有经济在整个经济中所占的比重。

3. 凯恩斯的国家干预理论。20 世纪 20 年代末 30 年代初的世界性经济危机使人们意识到资本主义市场的不完备，因而主张国家干预的凯恩斯理论便有了广泛的现实基础，发展经济学不可避免地对这种思想进行了移植，所以战后许多的发展中国家和地区都强调政府对经济的直接干预，强调通过政府的力量快速地实现本国的工业化。

4. 发展经济学的有关理论。战后兴起的发展经济学，站在发展中国家和地区的立场上强调发展中国家和地区和发达国家经济基础的不同，主张发展中国家和地区采取完全不同于发达国家的贸易战略。其"中心—外围"论及不平等交换论（Theory of Unequal Exchange）等都建议发展中国家和地区发展的过程应是以进口替代为重要手段的工业化。

（三）实施进口替代战略国家的特点

一个国家或地区在资金短缺、技术落后的情况下实施进口替代战略实现工业化的目标，必须要求有大量的资源，如原材料、劳动力等可供调遣，同时还必须有较大的国内或区内市场来吸纳本国或本地区质次价高的工业制成品，这决定了一个国家和地区要想在较长的时间内实施进口替代战略，必须具备这样的条件：

1. 丰富的国内或区内资源。实施进口替代的国家和地区通常拥有较丰富的自然资源和劳动力供应，因为进口替代部门通常生产效率较低，资源消耗量大，如果没有丰富的自然资源作保证，这种战略不可能长期实施。这可以解释为什么战后中国、印度、巴西等资源大国一直实施进口替代战略，而国土狭小的东亚国家却较早地放弃这种战略。

2. 较大的国内或区内市场。由于进口替代战略需要一国或地区集中本国或本地区资源发展本国或本地区并不具有比较优势的产业，生产的成本往往大大高于国际市场的平均价格，因此出口的机会较少，产品必须要在本国或本地区市场消化。较大的国内或区内市场也是这种战略得以实施的重要条件。

3. 二元经济结构。所谓二元经济，是指在一个发展中国家和地区内，比较先进的资本密集型且工资水平相对较高的工业部门和传统的落后的农业部门并存的经济结构。大多数的发展中国家和地区，在独立后经济都具有二元经济特征，殖民地时期遗留下来的工业基础与占国民经济主体的落后农业并存，为进口替代战略的实施提供了起步的平台以及大量廉价的劳动力和资源。

二元经济：是指在一个发展中国家和地区内，比较先进的资本密集型且工资水平相对较高的工业部门和传统的落后的农业部门并存的经济结构。

（四）进口替代战略的政策措施

进口替代战略要求将有限的资金集中于被替代的产业，通常需要有相关的政策措施来保证这种战略的实施。

1. 关税、非关税壁垒。为了对国内工业进行保护，避免外国工业品的竞争，实行进口替代的国家和地区在高关税保护之外，还设立大量的非关税壁垒，如许可证、配额，甚至采取直接的贸易管制，限制企业的进出口经营权，提出限制和禁止进口商品目录等。

2. 外汇管制。实行进口替代的国家和地区，由于出口部门得不到充分发展，因而外汇短缺，为了把有限的外汇资源集中用于本国或本地区的进口替代部门，往往采取严格的外汇管制。

3. 本币币值高估政策。对本币币值高估可以降低进口替代部门的成本，使其获得发展必需的设备、技术等。

（五）对进口替代战略的评述

关于进口替代战略的绩效，学者们一直在进行争论。采取过进口替代战略的国家和地区，如拉美的阿根廷、巴西、墨西哥以及亚洲的印度、中国等的发展经验表明，进口替代战略在这些国家和地区工业化的过程中确实发挥了重要的作用。如巴西通过进口替代战略，发展了本国的汽车工业、飞机制造、钢铁工业等，印度的重工业也有了较大的发展。但是，进口替代战略给发展中国家和地区带来的一系列问题正在越来越清晰地被人们所认识。

首先，进口替代战略的实施并没有达到当初各国和地区设想的效果，实行进口替代的发展中国家和地区并没有实现经济的高速增长，也没有成为新兴的工业化强国。相反，与实施开放政策的东亚国家和地区相比，实行进口替代的发展中国家和地区经济增长的速度大大落后。1960~1981 年人均国民生产总值的年平均增长率，印度为 1.4%、菲律宾为 2.8%、巴西为 5.1%、阿根廷为 1.9%、乌拉圭为 1.6%。除巴西外，全都低于各自所属收入组别的平均增长水平。

其次，进口替代战略导致发展中国家和地区国内或区内价格和宏观经济政策的扭曲。发展中国家和地区面临的共同问题是资金短缺、劳动过剩，在这种情况下，优先发展工业必然需要政府进行大量的财政补贴或者进行直接的公共投资，造成巨额财政赤字，为了弥补资金缺口，不得不大量借用外债，最后陷入债务危机；20世纪80年代后期发生于拉美地区的金融危机，大多与此有关。除了直接的财政补贴外，发展中国家和地区还常常采用压低利率的办法来解决工业发展资金不足的问题，造成国内或区内的价格扭曲及整个宏观经济政策的扭曲。

再次，进口替代战略会导致生产的低效率和社会福利流失。对国内或区内市场的保护会使本国或本地区企业缺乏竞争意识和创新精神、经营效率低下、生产成本过高，从而造成社会资源的严重浪费。另外，由于政府通过发放许可证、设置限额、低息贷款以及价格干预等方式对各产业实行差别待遇，企业一旦取得这些优惠条件或补贴便可以获利，因而会投入大量的人力、物力、财力进行寻租，造成资源的浪费和国民福利的净损失。

最后，进口替代战略会加重外汇短缺、农业落后及就业压力。实施进口替代的国家和地区，必须将有限的资金应用于被替代部门，这样出口部门和农业部门会面临更严重的资金短缺，在生产中不得不选择更落后的技术，结果造成出口能力低下、外汇短缺，也使农业长期摆脱不了落后的局面。资金密集型的进口替代部门在吸纳就业的能力上大大低于劳动密集型的出口部门和农业部门，因此进口替代战略的实施会增加就业的压力，导致许多国家和地区的失业率居高不下，人民生活长期贫困。

总之，许多学者认为，进口替代战略的核心问题是它违背比较优势原则，通过人为地干预将资源或生产要素转向处于比较劣势的部门或产业，因而经济发展的速度不但不会加快，反而会减缓。

二、出口导向战略

出口导向战略：
是指发展中国家和地区通过促进本国和本地区产品的出口，积累发展资金，发展经济的战略。

出口导向战略（Export - Oriented Strategy）是指发展中国家和地区通过促进本国和本地区产品的出口，积累发展资金，发展经济的战略。

（一）出口导向战略的理论基础

出口导向战略是建立在比较优势的理论基础上的。比较优势理论认为，一个国家不管处于何种经济发展水平，按照比较优势参与国际分工，总能使它们获利。发展中国家和地区拥有丰富而廉价的劳动力，因而生产和出口劳动密集型产品拥有比较优势。实施出口导向战略的国家和地区产业发展的重点都在劳动密集型的产业上。

（二）实施出口导向战略国家和地区的特点

选择出口导向的国家和地区一般具有以下 3 个特点。

1. 国内或区内资源贫乏。采取出口导向的国家和地区自然资源普遍贫乏，生产制成品所需的原材料必须进口，如果实施进口替代，对市场进行保护，则不利于原材料进口。

2. 国内或区内市场狭小。采取出口导向的国家和地区一般地域狭小，人口较少，国内或区内市场不足以吸收掉本国或本地区生产的制成品，因而必须依靠出口。

3. 劳动力价格低廉。采取出口导向的国家和地区具有廉价的劳动力优势，生产的劳动密集型制成品在国际市场上具有较强的竞争力。

采取出口导向战略的国家和地区，在最初并没有有意地选择这种发展战略，后来在自身条件的限制之下，才走上了出口导向的道路。如韩国，最初确定的贸易战略是进口替代，但进口替代所必需的过量的资源消耗以及吸收本国产品的巨大市场是韩国并不具备的，因而它很早就放弃了这种战略，转向出口导向。

（三）出口导向战略的政策措施

出口导向战略需要外部市场来提供原材料吸纳制成品，这种大进大出的贸易战略需要稳定、便利的贸易环境。进口替代所必需的贸易壁垒在出口导向中则要废除。具体到贸易政策，主要表现为：

1. 较低的关税壁垒和非关税壁垒。如韩国 1967 年加入关贸总协定后总体关税税率下调到 14%，制造业产品的关税税率下调到 12%，初级产品的关税税率下调到 17%；各种非关税措施的使用也大大减少。

2. 出口补贴及其他鼓励出口的措施。台湾地区在 1963～1972 年的 10 年间采取各种措施积极发展出口工业，如实行工业投资租税减免、关税和间接税退还、利息补贴、汇制改革及建立出口加工区等等，极大地推动了产品出口。

3. 货币贬值。本国或本地区货币的贬值可以降低出口成本，增强本国或本地区产品的出口竞争力。韩国发展战略由进口替代转向出口导向后，货币一再贬值。1961～1963 年，韩国货币先后三次贬值，1964 年贬值为 255∶1，并规定汇率每隔一段时间就贬值一次；中央银行在此间加强持续干预，以保持相对稳定的实际汇率。

4. 放松外汇管制。例如台湾地区，在进口替代时期，制定并实行多种严格的外汇管理法规，包括复式汇率、实绩制度和进口配汇限额等。20 世纪 50 年代末台湾地区由进口替代向出口导向转型，进行了大幅度的汇制改革，一方面将新台币大幅贬值，另一方面将多元汇率简化为官定汇率和结汇证两种；20 世纪 70 年代后，又简化了复杂的汇率结构，把十几种复式汇率统一为单一汇率，建立了外汇市场，实行管理浮动汇率制度；20 世纪 80 年代以来，又进一步放开金融管制，扩大企业和个人持有外汇，取消结汇证制度。

（四）对出口导向战略的评述

从总的情况来看，与实行进口替代战略的国家和地区相比，采取出口导向战略的国家和地区在实现本国或本地区经济的发展上是比较成功的。20 世纪 60 年代中期以后，一些发展中国家和地区相继采取了出口导向战略，结果这些国家和地区经济出现迅速的发展。其中，韩国、中国香港、新加坡和中国台湾是最有典型意义的国家和地区，由于它们 30 年左右的经济持续高速增长，故被誉为"亚洲四小龙"，其经济持续高速增长的事实也被称为"东亚奇迹"。[①] 它们的经验被许多的发展中国家所效仿，一些长期实行进口替代的国家和地区也开始放弃传统的发展战略，走上出口导向之路。

但是应该看到，亚洲国家和地区出口导向战略的成功与特定的历史条件分不开。20 世纪五六十年代，国际政治经济环境为出口导向战略的实施提供了便利的条件。首先，战后的重建、科学技术的飞速发展、全球经济的高速增长及发达国家人均收入的大幅提高为劳动密集型产品提供了巨大的市场空间；其次，全球贸易自由化的趋势减少了发展中国家和地区进入发达国家市场的障碍；再次，中国、拉美国家仍然致力于通过进口替代来实现工业化，劳动密集型产品的国际竞争压力小；最后，美国出于战略目的对这些国家和地区在政治、经济上的扶持也促进了它们的发展。

20 世纪 80 年代，当众多的发展中国家和地区纷纷转向出口导向战略的时候，这种战略的绩效便发生了改变。许多学者从不同的角度指出了这种战略的缺陷，主要包括：

1. 采取出口导向战略的国家和地区进口原料出口成品，因而对国际市场的依赖严重，一旦发达国家对进口产品的需求有所变化，势必波及其制成品的出口，进而影响其经济正常、持续的发展。

2. 近年来发达国家贸易保护主义抬头，使发展中国家和地区的产品进入发达国家市场的难度增加，发展中国家和地区借助国外或区外市场推动本国或本地区经济发展的愿望可能受挫。

3. 越来越多的发展中国家和地区同时选择出口导向战略，并且

---

① 关于"东亚奇迹"是否存在，克鲁格曼有不同看法，他认为东亚国家和地区的经济增长是以增加投入资源、资本来促进的，而不是依靠全要素生产率的提高，因而建立在这种粗放型增长方式基础上的"东亚经济奇迹"，只不过是个"神话"而已。参见 Krugman, P., "The Myth of Asia's Miracle", *Foreign Affairs*, Nov/Dec 1994, pp. 63 – 79.

出口结构类似的时候，势必造成激烈的国际竞争，发展中国家和地区的比较优势不一定能转化为竞争优势。如果在竞争中失败，势必对其经济造成沉重的打击。

1997 年发生的亚洲金融危机，使出口导向战略备受指责，许多学者认为金融危机的发生正是亚洲各国和地区长期实行出口导向战略从而对国外或区外市场严重依赖的后果。但也有学者认为，此次金融危机的直接原因是大量的资金涌入房地产和股票市场导致泡沫经济，加之各国和地区政府对金融机构的监管力度不够导致泡沫破灭，与出口导向战略并没有直接的联系。中国台湾是出口导向战略执行最好的地区，极具竞争力的出口业带来高额的外汇储备，因而抵御金融风险的能力很强。而韩国在金融危机中受创严重，一个重要的原因是韩国政府长期大力扶持一些不具有比较优势的企业集团，这些企业的严重亏损、偿债能力差，导致大量的银行坏账。

三、进口替代和出口导向战略的比较

第二次世界大战后很长的时期里，进口替代和出口导向战略在不同的发展中国家和地区被分别实施，各发展中国家和地区经济发展的不同状况似乎表明，出口导向战略更优于进口替代战略，所以 20 世纪 80 年代后，许多曾经实行进口替代战略的国家和地区也纷纷放弃进口替代战略转向出口导向战略。但是每个国家和地区在不同的历史时期对贸易发展战略的选择，是受多种因素影响的，这些因素既有经济方面的，又有政治、文化方面的；因而，简单地判定谁是谁非则显然过于武断。

进口替代战略和出口导向战略在具体的政策选择上千差万别，但最本质的区别在于是否遵循比较优势原则。进口替代战略违背比较优势，以牺牲国民福利为代价换取国家或地区工业的发展，而出口导向则顺应比较优势，追求由国际分工中所获取的国民福利的增加。

在现实中，绝对的遵循比较优势总是很少见的，许多执行出口导向战略的国家和地区为了发展某些特殊的行业往往会对这些行业进行保护，出现进口替代与出口导向政策的混合。20 世纪 70 年代，巴西等国曾经推行一种混合型的贸易战略，试图集合两种战略的优点，既扩大出口又发展国内的进口替代工业。在这种战略的引导下，1970～1981 年，巴西依靠高度的保护和补贴政策刺激制成品的出口扩张，达到了较高的增长速度；但由于出口扩张主要是靠政府补贴和外国资本起作用，进口替代战略下的资源配置效益低、企业经营竞争力差的状况并没有得到改变，一旦外国资本和政府补贴减少，经济增长则失去了动力。巴西在这一时期之后，经济增长速度骤减，1980～1991

年国内生产总值的年平均增长率仅为 2.5%。中国在 20 世纪 80 年代也实施过混合型的贸易政策，在不减少进口保护的情况下依靠大量的补贴和优惠来扩大出口，但进口替代和出口导向作为两种取向的发展战略，在政策上有许多不能融合的地方，对进口的保护意味着对出口的惩罚，进口替代要求高关税和非关税壁垒、本币币值高估、外汇管制等，出口导向则要求宽松自由的贸易环境、本国货币贬值等。混合型贸易战略一般最终向自由化程度更高的贸易战略来过渡。

第三节　中国贸易发展战略的调整

自新中国成立至今的 70 多年的时间里，中国的贸易发展战略经过了大幅的调整，由计划经济时期的进口替代战略调整到当前的自由化程度较高的发展战略，具体的贸易政策也相应地发生了很大的改变。

一、计划经济时期的进口替代战略

新中国成立之后，面临着复杂的国际政治、经济环境。一方面是朝鲜战争的威胁及与台湾国民党政权的军事对峙；另一方面是以美国为代表的西方资本主义国家对中国实行了政治上的孤立、经济上的封锁和制裁。这样的政治、经济、军事格局迫使中国在自力更生的旗帜下努力在短时间内建立起自己比较完备的工业体系，并将重工业置于特殊重要的地位。

（一）进口替代战略的政策措施

新中国成立之初，全国工农业总产值只有 466 亿元，人均国民收入为 66.1 元。在工农业总产值中，农业占 70%，工业仅占 30%。在这样落后的条件下发展工业，尤其是资金密集型的重工业，面临着极大的困难。资源禀赋与发展战略间的矛盾迫使政府不得不采取一系列的政策措施来支持其发展战略，这些政策措施包括：人为地压低利率、原材料及生活必需品的价格，资源的计划配置，贸易控制，压低外汇汇率及外汇管制等。

1. 人为地压低利率、工资、原材料的价格。新中国成立之初经济落后、资金短缺的现实制约着政府建立工业化强国的目标。由于资金存量少，市场利率高，发展资金密集型的重工业成本远远大于劳动密集型的农业和轻工业。在这种情况下发展重工业，通常要求政府对重工业部门予以一定的财政补贴；但新中国成立后薄弱的经济基础使政府缺乏足够的资金来承担补贴任务，所以政府选择的做法是以行政手段压低利率，并同时压低工资、原材料的价格，人为地降低工业生产的成本。为了在低工资的情况下维持劳动力的再生产，又采用了城市生活必需品的供应制度。

2. 资源的计划配置。利率的压低使市场对资金的需求增加，为了将资金集中于国家优先发展的部门，只有采取计划控制，用行政方式分配资金以及其他生产要素。市场被完全取消，生产要素以及城乡居民的生活品都由计划配给。由于工业发展需要的资金积累主要来源于农业，为了能有效地控制农业剩余，又实行了统供统销的农产品销售体系，并配合以人民公社制度。

3. 贸易控制。由于国内市场与国际市场的价格差异，如果实行不受限制的贸易就会造成资源品的大量出口和消费品的大量进口，这与国家的规划思想显然是彻底相违背的。所以贸易控制是必需的。贸易控制措施主要包括控制外贸经营权和核定商品目录、进出口关税和非关税限制、外汇管制三个方面。其中，对贸易经营权实行审批制度和核定贸易商品目录是中国一种有特色的贸易控制方式。它们既限制了哪些人可以进行国际贸易，又限制了对哪些商品可以进行国际贸易。国家通过这种方式将贸易全部集中在几个贸易总公司手中，既有利于实施中央制定的外贸计划，又能对国内外价格起到必要的缓冲作用。

4. 压低外汇汇率及外汇管制。进口替代战略执行的初期，总是要从国外进口必要的技术设备。在资金和外汇短缺的情况下，市场形成的汇率使进口企业负担不起进口的成本。为保证国家重点项目能够以较低的价格进口设备，政府以行政手段压低外汇汇率，高估本币，并控制每一笔外汇的用处。外贸企业出口所创外汇，必须按照国家牌价上缴，进口所需外汇，要由国家审批。在1950年3月至1951年5月，人民币对美元的汇率被连续压低15次，汇率由1950年3月13日的420元人民币（由旧币按1万元旧币折合1元人民币新币的比价折合而成）兑换100美元压到1951年5月23日223元兑换100美元。1952～1972年，中国的汇率不再挂牌，仅为内部掌握，且汇率一直稳定在很低的水平上。1955年3月1日至1971年12月，汇率水平始终保持在246.18元人民币折合100美元。

（二）进口替代战略的评述

通过实施进口替代战略，中国在极其困难的情况下建立起了自己的相对完备的工业体系，国民收入中工业所占份额由1949年的12.6%上升到1978年的46.8%，按可比价格计算，1980年中国工业总产值达 4992 亿元，比 1952 年的 343.3 亿元增长了 13.5 倍。基本上实现了当初所确立的"自力更生、独立自主"的目标，并在造船、航天等工业取得了很大的进展，在国际上的地位也获得提升。但是由于进口替代战略不可避免的生产低效率和资源浪费，这些成就的取得也付出了巨大的代价。至 1978 年改革开始前，中国的经济实际上已经陷入了极大的困境中，表现为：

1. 产业结构严重失衡。中国在资金短缺的情况下长期发展自己不具有比较优势的重工业，致使产业结构严重失衡，轻工业和农业由于资金短缺得不到发展，人民生活所需产品严重短缺、长期靠票证供应，农村的贫困问题得不到根本改善。

2. 外汇短缺。当大量的资金集中于重工业时，劳动密集型的轻工业和农业面临更严重的资金不足，只能采用落后的技术来生产，由于这个产业段正是中国比较优势所在，其发展的不足，使中国的出口落后，缺乏有竞争性的出口产品，加上本币币值高估对出口的抑制，这个时期国家面临着严重的外汇短缺。

3. 城市化进程慢。资金密集型的重工业在吸纳就业上明显地劣于劳动密集型的产业，大量的人口不得不滞留农村，致使改革之前中国的城市化进程非常缓慢，低于世界平均发展水平。

4. 生产效率低下。一方面企业经营效率低下，这有多方面的原因：首先，进口替代战略使企业缺乏外来的竞争者；其次，企业没有自主权，无法按照生产的需要自行雇用和解雇工人；最后，企业缺乏相应的劳动激励机制，企业的经营绩效与职工及企业领导人都没有直接的关系。另一方面农村中人民公社下的"大锅饭"制度也使农民缺乏劳动的积极性，粮食生产落后，许多地区甚至连农民的温饱问题也解决不了，这直接促使了 1978 年以"包产到户"为标志的农业改革的发生，并为中国的整体改革拉开了序幕。

二、改革开放后贸易发展战略的调整

1978 年改革开放之后，中国从提高农村、企业的经营效率入手，开始逐步地对长期进口替代战略下的宏观政策扭曲、资源配置扭曲进行纠正，到 2001 年中国加入 WTO，传统的进口替代战略已基本被放弃，中国经济的开放程度已经大大提高。这种发展战略的调整是分阶段进行的：

（一）进口替代下的出口促进时期（1980～1983 年）

1980 年，中国开始将农业改革的成就向工业领域推广。随着对外开放政策的实施，中国在一定程度上放弃了传统的进口替代战略，开始注重发挥比较优势来扩大出口，从而使出口企业看到以世界价格衡量的大致正确的相对价格，国内市场与国际市场的长期隔绝被打破了，但这种鼓励措施还是"边际"意义上的，主要包括在广东和福建两省设立经济特区以吸引进行劳动密集型产品出口加工的外国资本，允许部分地方的外贸公司留存一定比例的出口创汇，开办外汇调剂市场与额度借贷业务，形成高于官方汇率的调剂汇率等。但从全国的范围来看，贸易计划和本币币值高估使反出口偏向仍然非常强烈。

（二）进口替代与出口导向的混合时期（1984～1994 年）

这个过程又可以细分为两个阶段。

1. 进口替代为主的阶段（1984～1990 年）。这一阶段，中国继续增加对出口的刺激。1984 年中国对前期试行的外汇留成制度进行了正式的推广，以鼓励出口，并于 1985 年开始实施出口退税政策。1988 年的一揽子外贸改革中进一步增加了对外销的鼓励，包括试行多元的按商品分类的外汇留成制度、全面的出口退税、鼓励来料加工和进料加工的出口、发展国家出口商品基地、扩大出口信贷。轻工业品、工艺品、服装和机电产品的出口受到特别的优惠照顾。从这些方面看，出口导向的外向型战略比前一段时间有了明显的增强。但是这一时期，进口保护和本币币值高估的进口替代政策仍然被广泛地使用，出口导向所要求的取消进口贸易壁垒和本币贬值的常规做法并没有被采用。

2. 进口替代减弱的阶段（1991～1993 年）。这一阶段最突出的特点是中国开始对进口体制进行改革，进口替代政策得到一定的遏制，具体包括：连续降低关税的平均水平和取消进口调节税、削减进口计划、配额和许可证，宣布取消进口替代清单并承诺不再制定这样的措施等。进口自由化的加强不但降低了最终产品的价格，而且降低了中间品进口价格，出口部门可以更直接地以较低的成本来进口设备，使中国劳动密集型产品的竞争力加强，出口猛增；在这样的背景下，中国的纺织业脱颖而出。出口竞争力的增强，使出口补贴和货币贬值的压力减轻，1991 年出口补贴被完全废止。但是，不可忽视的是这一阶段进口的自由化仍然只是"边际"意义上的，进口关税的总体水平仍然较高，非关税壁垒仍然普遍存在，1992 年进口总额中受中央计划、进口许可证和配额及第一、第二进口管制等五种非关税壁垒共同限制的比例仍高达 54.1%。同时，外汇和汇率体制没有根本的变化。这一阶段贸易政策的混合型特征仍然比较明显。

（三）贸易自由化进程加快时期（1994～2001 年）

1994 年后，中国贸易自由化进程加快。一方面，中国继续深化经济体制改革，试图矫正长期进口替代战略下形成的宏观政策扭曲、资源配置机制扭曲，为在改革中效率不断提高的微观经营机制扫清障碍；另一方面，中国努力使自己的经济融入而不是继续隔绝于世界市场，中国全面参与了乌拉圭回合的谈判并最终在一揽子协议上签字，使国内的政策措施进一步地与国际贸易规则相适应，为加入 WTO 做好准备。

这一时期，关税和非关税壁垒被大幅度地削减，关税结构中的梯度差距也被大大缩小。更重要的是，长期的外汇管制开始松动，1994年双重汇率（官方汇率与调剂汇率）并轨，统一实行以反映市场供求变动的调剂汇率为基础的、单一的、有管理的浮动汇率制，并允许银行间进行外汇交易。这一举措使人民币贬值了近 50%，而且增加了利用汇率杠杆促进出口的能力，在此基础上，1996 年 12 月全面实现了人民币经常项目下的可自由兑换。

这一时期的改革与整体的价格改革、利率改革配套进行，大大推动了中国经济的市场化进程。尽管中国在贸易自由化方面仍然落后于其他市场化程度相对较高的发展中国家，距离开放的贸易体制仍有一定的距离，但贸易战略改革的自由化指向已经十分明确。

（四）加入 WTO 之后的贸易自由化（2001 年以后）

2001 年中国成功加入 WTO，标志着中国经济的全面开放。加入WTO 之后，中国进一步开放市场，扩大开放领域，积极开辟利用外资的新领域、新途径。"入世"以来，中国获得了更加广阔的对外贸易成长空间，走出了一条以开放促改革、以开放促发展的道路，完成了从世贸组织的新成员、参与者到推动者的角色转变。中国在清理法律法规、市场准入、保护知识产权等方面信守入世承诺，逐步扩大了农业、制造业和服务业的市场准入，开放外贸经营权、降低关税并取消非关税限制。通过"入世"，中国不仅建立起符合 WTO 规则的涉外经贸体制，更重要的是促进了国内经济体制的改革，并逐步发展成为制定"国际游戏规则"的参与者和推动者。[1] 尽管这一时期中国的贸易政策总体上保持了自由化趋势，但也不是一成不变的，"入世"后的 15 年又可分为四个阶段：[2]

---

[1] 裴长洪、王宏淼：《入世十年与中国对外贸易发展》，载《中国经济时报》，2011年 12 月 9 日。

[2] 盛斌等：《入世十年转型：中国对外贸易发展的回顾与前瞻》，载《国际经济评论》，2011 年第 5 期，第 84～101 页。

第一阶段（2001~2005年），全面履行入世承诺的贸易自由化时期。在此期间中国全面与切实履行了入世承诺，有力地推进了规则导向的经济市场化与自由化，使经贸法律法规体系与政策管理的透明度显著提高。例如，2004年开始实施的《行政许可法》为中国履行加入WTO承诺提供了一个总体性的法律和行政框架，2004年根据WTO规则修订了《反倾销条例》、《反补贴条例》和《保障措施条例》；2004年4月修改的《对外贸易法》对中国的所有企业全面放开贸易经营权，取消外贸审批制。

第二阶段（2006~2008年），转变贸易增长方式的政策调整期。在此期间为促进贸易增长方式的转变，以及减少对外贸易盈余所带来的国际压力，对贸易政策进行一定的调整。例如，2006年后随着国内通货膨胀率的攀升与贸易盈余的激增，中国迅速加强了对"两高一低"（高耗能、高污染、低技术）工业品及部分农产品的出口限制，主要措施包括：多次调低出口退税率、临时调高出口税率、增补加工贸易禁止类商品目录；根据与欧盟和美国签署的纺织品和服装出口备忘，2007年底和2008年底分别启动纺织品和服装对欧盟和美国的"自愿出口限制"措施。

第三阶段（2008~2012年），为稳定外需的贸易政策纠偏期。这期间为应对全球金融危机的冲击，中国采取了稳定外需、逐步纠正对外失衡的贸易政策。在出口方面，采取了促进贸易融资的扩大以及以海关通关服务为主的贸易便利化、取消或降低包括农产品、化肥、钢铁等商品的出口税、放宽出口许可管制（如丝织品等）、数次调高出口退税率等措施；在进口方面，在反危机的特殊时期与全球的大环境下，采取了一些保护措施，如取消部分商品（如猪肉）的临时优惠关税率、增加自动进口许可的商品清单、增加反倾销和反补贴等贸易救济措施的使用等措施。不过，与其他国家相比，中国总体的贸易限制程度变化是温和适度的。

第四阶段（2012~2016年），构建对外开放新格局的贸易政策改革期。在这一时期，发达经济体的不确定性因素明显增多，外需继续疲软，愈演愈烈的"逆全球化"浪潮和贸易保护主义进入上升周期，再加上国内生产已长期存在的产业链高低端流失的双重压力，使我国对外出口增长面临进入低速新常态的发展预期。这一时期为适应经济全球化新趋势，推进更高水平的对外开放，我国确定了包括"一带一路"建设、自贸试验区建设、创新外贸管理政策等在内的外贸供给侧结构性改革政策体系，深挖我国与沿线国家合作潜力，提升新兴经济体和发展中国家在我国对外开放格局中的地位，促进我国中西部地区和沿边地区对外开放，推动东部沿海地区开放型经济率先转型升级，进而形成海陆统筹、东西互济、面向全球的开放新格局。①

第五阶段（2016 年至今），在"十三五"时期，中国面临的外部环境考验不断加剧。自美国总统特朗普上台后，面对中国经济腾飞，美国奉行单边主义、保护主义，单方面挑起中美经贸争端，并对中国实行"科技封锁"，试图通过与中国"脱钩"以达到遏制中国和平崛起的目的。中国针对美方行动，不得已采取反制措施，但始终寻求平等、诚信的磋商原则。具体而言，中国加征反制关税向美国施压，逼迫美国重回谈判桌达成《中美第一阶段经贸协议》；针对美国拒绝给予中国"市场经济地位"，中国诉诸世贸组织争端解决机制；面对美国对中国高科技企业的打压，中国商务部建立不可靠实体清单制度，强硬回击美方科技封锁，维护中国企业合法利益。与此同时，中国始终坚定不移扩大开放，构建开放型经济新体制，提高风险应对能力。在党的十九大报告中，提出了全面开放的新思想、新理念与新战略，明确提出"贸易强国"战略，依托"一带一路"倡议构建人类命运共同体。此外，中国进一步缩减外商投资负面清单，通过《中华人民共和国外商投资法》，积极促进外商投资；截至 2023 年 11 月，建立完善 22 个自贸试验区，形成陆海统筹、东西南北中协调开放的态势；通过采取加入区域全面经济伙伴关系协定（RCEP）、达成中欧全面投资协议、推动中日韩自贸区的建立等措施，推动区域化合作；截至 2023 年，与 152 个国家和 32 个国际组织签署 200 多份共建"一带一路"合作文件，共同探索国际治理新方案。

通过对中国贸易发展战略的阶段划分和考察，可以比较清晰地发现其演变的轨迹：从强内向型到外向型；从进口替代到贸易的自由化；从宏观政策、资源配置的高度扭曲到市场经济的逐步完善。从计划经济时期的进口替代到 WTO 之后的全面开放，中国经济在几十年的时间里完成了一个极其艰难的调整过程，这不但为中国的发展开辟了崭新的道路，而且为其他的发展中国家提供了宝贵的经验。

本章思考与练习

1. 发达国家一般在什么情况下采取贸易保护政策？试举例说明。

2. 重商主义的哪些政策措施今天还在使用，试举例说明。

3. 进口替代和出口导向战略的特征是什么？结合实际对这两种战略的绩效进行评价。

4. 试对改革开放之前中国资源禀赋与发展战略之间的矛盾进行

---

① 《构建对外开放新格局，推进"一带一路"战略》，http://politics.people.com.cn/n/2014/1208/c70731 - 26164318.html。

分析，说明进口替代战略、生产效率低下、外汇短缺、生活品缺乏等一系列现象之间的关联。

5. 混合型贸易战略有什么特点？它是否能够在保护进口的同时有效地刺激出口？

第八章

区域经济一体化
与多边贸易体系

贸易保护会造成社会福利的损失，消除贸易壁垒无疑会在世界范围内提高福利水平。第二次世界大战之前，各国在经济危机的压力下普遍采取的贸易保护政策给世界经济造成了沉重的打击。吸取此教训，战后世界贸易自由化的程度大大加快。这种自由化的趋势表现为两个方面：一是区域经济一体化的发展势头迅猛；二是在关贸总协定和世界贸易组织的推动下，全球经济一体化的范围和区域不断扩大和深化。本章着重介绍区域经济一体化的形式、发展状况和相关理论以及推动全球经济自由化发展的多边贸易体制——关贸总协定和世界贸易组织的相关内容。

区域经济一体化：两个或两个以上的国家或经济体通过达成某种协议所建立起来的经济合作组织，成员之间采取减少歧视性贸易政策或取消贸易壁垒的方式，推行自由贸易，实现生产要素在成员国之间的自由流动，并协调成员国之间的社会经济政策。

第一节　区域经济一体化的形式及发展

区域经济一体化（Economic Integration）是指两个或两个以上的国家或经济体通过达成某种协议所建立起来的经济合作组织，成员之间采取减少歧视性贸易政策或取消贸易壁垒的方式，推行自由贸易，实现生产要素在成员国之间的自由流动，并协调成员国之间的社会经济政策。最早的区域经济一体化要追溯到1241年成立的普鲁士各城邦之间的"汉撒同盟"。人们现在通常所说的区域经济一体化主要是指第二次世界大战之后兴起的国际合作组织，它们的兴起和发展成为战后国际经济中的重要现象。党的二十大报告指出，推动建设开放型世界经济，更好惠及各国人民。习近平总书记多次强调，要坚持真正的多边主义，坚持拆墙而不筑墙、开放而不隔绝、融合而不脱钩。这要求我们必须坚持经济全球化正确方向，推动贸易和投资自由化便利化，支持多边贸易体制，推进双边、区域和多边合作，共同营造有利于发展的国际环境。

一、区域经济一体化的形式

一般而言，按照组织性质和经济贸易壁垒取消的程度由小到大划分，区域经济一体化有五种形式，即自由贸易区、关税同盟、共同市场、经济联盟和完全的经济一体化。[①]

（一）自由贸易区 （Free Trade Area）

自由贸易区是指两个或两个以上的国家或行政上独立的经济体之间通过达成协议，相互取消进口关税和与关税具有同等效力的其他措施，而对非成员国依然保持壁垒的经济一体化组织。典型的例子是英国、奥地利、丹麦、挪威、瑞典、瑞士于 1960 年成立的欧洲自由贸易联盟（EFTA），1992 年由美国、加拿大、墨西哥之间达成的北美自由贸易协定（NAFTA），以及 1991 年由阿根廷、巴西、巴拉圭和乌拉圭组建的南美洲共同市场。[②]

自由贸易区的一个重要特征是在该一体化组织参加者之间相互取消了商品贸易的障碍，成员经济体内的厂商可以将商品自由地输出和输入，真正实现了商品的自由贸易，但是它严格地将这种贸易待遇限制在参加国或成员国之间。

自由贸易区的另一个重要特点是成员经济体之间没有共同对外关税。各成员经济体之间的自由贸易并不妨碍各成员经济体针对非自由贸易区成员国（或第三国）采取其他的贸易政策。

随之而来的问题是，在执行自由贸易政策时很难分清某种产品是来自成员国，还是来自非成员国。因此容易出现这样一种情况：来自非成员国的产品从对外关税较低的成员国进入自由贸易区市场后，再进入关税水平较高的成员国，从而造成高关税成员国的对外贸易政策失效。为了解决这一问题，通常采取"原产地规则"，其基本内容是只有产自成员经济体内的商品才享有自由贸易或免进口税的待遇。例如，2006 年 11 月 18 日签署的《中国—巴基斯坦自由贸易协定》就对原产地标准作了具体规定，其中有"完全获得标准"（即完全在一成员方获得或生产的产品，如在一成员方出生和饲养的活动物等）、

区域经济一体化形式：自由贸易区、关税同盟、共同市场、经济联盟和完全的经济一体化。

自由贸易区：指两个或两个以上的国家或行政上独立的经济体之间通过达成协议，相互取消进口关税和与关税具有同等效力的其他措施，而对非成员国依然保持壁垒的经济一体化组织。

---

　　① 对此，还有其他说法，如罗布森划分了关税同盟、自由贸易区、共同市场、货币联盟、经济与货币联盟五种形态。参见彼得·罗布森：《国际一体化经济学》，中译版，上海译文出版社 2001 年版，第 2～3 页。
　　② 多米尼克·萨尔瓦多：《国际经济学》（第 9 版），中译版，清华大学出版社 2008 年版，第 278 页。

"区域价值成分标准"（指原产于一成员方的成分在产品中不少于40%，则该产品应视为该方原产）、"充分加工标准"（即在一成员方经过充分加工的产品应视为该成员方的原产货物）等。①

（二）关 税 同 盟 （Customs Union）

关税同盟：在自由贸易区的基础上，所有成员统一对非成员国实行进口关税或其他贸易政策措施。

关税同盟是指在自由贸易区的基础上，所有成员统一对非成员国实行进口关税或其他贸易政策措施。因此，关税同盟与自由贸易区不同之处是成员国在相互取消进口关税的同时，设立共同对外关税，成员经济体之间的产品流动无须再附加原产地证明。

关税同盟规定成员国之间的共同对外关税，实际上是将关税的制定权让渡给经济一体化组织。它不像自由贸易区那样，只是相互之间取消关税，而不作权利让渡。因此，关税同盟对成员经济体的约束力比自由贸易区大。历史上第一个关税同盟是1834年由德意志18个小邦国组成的德意志关税同盟，到19世纪50年代，关税同盟基本上已扩展到全德国，只有汉堡、不来梅等极个别的地方还保留着自己的关税制度。1958年由原联邦德国、法国、意大利、比利时、荷兰和卢森堡组成的欧洲经济共同体，即欧盟的前身，就具有关税同盟的特征。

从经济一体化的角度看，关税同盟也具有某种局限性。随着成员国之间相互取消关税，各成员国的市场将完全暴露在其他成员国厂商的竞争之下。各成员国为保护本国的某些产业需要采取更加隐蔽的措施，如非关税壁垒。尽管关税同盟成立之初已经明确规定了取消非关税壁垒的问题，然而非关税措施没有一个统一的判断标准。因此，关税同盟包含着鼓励成员国增加非关税壁垒的倾向。同时，关税同盟只解决了成员国之间边境上的商品流动自由化问题，当某一成员国商品进入另一个成员国境内后，各种国内限制措施仍然构成了自由贸易的障碍。因此有人提出，解决这一问题的最好办法是向"共同市场"迈进。

（三）共 同 市 场 （Common Market）

共同市场：各成员国之间不仅实现了自由贸易、建立了共同对外关税，而且还实现了服务、资本和劳动力的自由流动。

共同市场是指各成员国之间不仅实现了自由贸易、建立了共同对外关税，而且还实现了服务、资本和劳动力的自由流动。可以说，共同市场是比自由贸易区和关税同盟更高一级的经济一体化形式，欧盟在1992年的一体化程度就达到了共同市场阶段。

共同市场的特点是成员国之间不仅实现了商品的自由流动，还实现了生产要素和服务的自由流动。服务贸易的自由化意味着成员国之

① 《中国—巴基斯坦自由贸易区原产地规则》，http://www.mofcom.gov.cn。

间在相互提供通信、咨询、运输、信息、金融和其他服务方面取消了人为的限制，资本的自由流动意味着成员国的资本可以在共同体内部自由流出和流入，劳动力的自由流动意味着成员国的公民可以在共同体内的任何国家自由寻找工作。为实现这些自由流动，各成员国之间要实施统一的技术标准、统一的间接税制度，并且协调各成员国之间同一产品的课税率、协调金融市场管理的法规，以及实现成员国学历的相互承认，等等。

共同市场的建立需要成员国让渡多方面的权利，主要包括进口关税的制定权、非关税壁垒（特别是技术标准）的制定权、国内间接税率的调整权、干预资本流动权等。这些权利的让渡表明一国政府干预经济的权利在削弱，而经济一体化组织干预经济的权利在增强。然而，由于各成员国经济有差别，统一的干预政策往往难以奏效，所以超国家的一体化组织的干预能力也是有限的。

（四）经济联盟（Economic Union）

经济联盟是指不但成员国之间废除贸易壁垒，统一对外贸易政策，允许生产要素的自由流动，而且协调甚至统一成员国之间的货币政策、财政政策等经济政策。

经济联盟的特点是成员国之间在形成共同市场的基础上，进一步协调它们之间的财政政策、货币政策和汇率政策。当汇率政策的协调达到一定的程度，以致建立了成员国共同使用的货币或统一货币时，这种经济联盟又称为经济货币联盟（Economic and Monetary Union）。

经济联盟意味着各成员国不仅让渡了建立共同市场所需让渡的权利，更重要的是成员国让渡了使用宏观经济政策干预本国经济运行的权利。而且成员国不仅让渡了干预内部经济的财政和货币政策及保持内部平衡的权利，也让渡了干预外部经济的汇率政策以及维持外部平衡的权利。这些政策制定权的让渡对共同体内部形成自由的市场经济，发挥"看不见的手"的作用是非常有意义的。

（五）完全的经济一体化（Perfectly Economic Integration）

完全的经济一体化是指成员国在实现了经济联盟目标的基础上，进一步实现经济制度、政治制度和法律制度等方面的协调，乃至统一的经济一体化形式。如果说其他四种形态是经济一体化过程的中间阶段的话，那么完全的经济一体化就是经济一体化的最终阶段。①

完全的经济一体化，就其过程而言是逐步实现经济及其他方面制

经济联盟：不但成员国之间废除贸易壁垒，统一对外贸易政策，允许生产要素的自由流动，而且协调甚至统一成员国之间的货币政策、财政政策等经济政策。

完全的经济一体化：成员国在实现了经济联盟目标的基础上，进一步实现经济制度、政治制度和法律制度等方面的协调，乃至统一的经济一体化形式。

---

① 李坤望：《国际经济学》（第二版），高等教育出版社 2005 年版，第 149～150 页。

度的一体化；从结果上看，它是类似于一个国家的经济一体化组织。完全经济一体化的形式主要有两种：一是邦联制，其特点是各成员国的权利大于超国家的经济一体化组织的权利；二是联邦制，其特点是超国家的经济一体化组织的权利大于各成员国的权利。联邦制的国际经济一体化组织类似于一个联邦制的国家。

自由贸易区、关税同盟、共同市场、经济联盟和完全的经济一体化是处在不同层次上的国际经济一体化组织，根据它们让渡国家主权程度的不同，一体化组织也从低级向高级排列，但是这里不存在低一级的经济一体化组织向高一级经济一体化组织升级的必然性。各成员国可以根据自身的具体情况决定经过一段时期的发展是停留在原有的形式上，还是向高一级经济一体化组织过渡。关键的问题是各成员国需要权衡自己的利弊得失。

二、区域经济一体化的发展与实践

区域经济一体化在第二次世界大战后兴起，经过 20 世纪 70 年代的短暂停滞后，20 世纪 80 年代以来进入快速发展时期，已成为全球性的浪潮。截至 2005 年 7 月，WTO 成员方中除了蒙古国，都加入了至少一个自由贸易协定；截至 2023 年 6 月，向 WTO 报告生效的自由贸易协定达到 360 个。[①] 就我国而言，截至 2020 年底，我国已经与 26 个国家和地区签署 19 个自由贸易协定。在所有的经济一体化组织中，具有较大影响的有欧盟、北美自由贸易区、亚太经合组织等。

（一）欧 盟

欧 盟：欧洲联盟，是目前存在的层次最高的区域经济一体化组织。

欧盟全称欧洲联盟（European Union，EU），是目前存在的层次最高的区域经济一体化组织，现有 27 个成员国。[②] 欧盟前身是 1958 年 1 月 1 日正式启动的欧洲经济共同体。20 世纪 50 年代初，欧洲各国为防止第三次世界大战的爆发及欧洲再次成为战争的策源地，由法国倡导，德国、意大利，比利时、卢森堡和荷兰一起响应，决定建立欧洲煤钢共同体，以便将各国战略物资的生产紧密地结合在一起，由一个共同的、超国家的经济一体化组织来管理。由于欧洲煤钢共同体在恢复各国经济、发展生产方面收效显著，加上西欧当时处于美苏冷战夹缝，各成员国提出扩大经济一体化的领域。在此推动下，1957 年 5 月 8 日 6 个成员国签订了建立欧洲经济共同体条约和建立欧洲原子能共同体条约。因这两个条约在意大利首都罗马签订，故也称

---

① 有关数据来自 WTO 官方网站，http://www.wto.org。
② 2020 年 1 月 30 日，欧盟正式批准了英国脱欧。

《罗马条约》。

欧洲经济共同体当时建立的目标是经过 10 年的过渡建成关税同盟，长远目标是建立经济和政治联盟。1962 年 7 月，通过"共同农业政策"，六国开始对食品生产进行联合管理，以支持农产品价格，调整农业生产结构，实现绝大多数农产品的自给有余，不过也埋下了农产品生产过剩的隐患。1965 年 4 月 8 日，六国签订了《布鲁塞尔条约》，决定将欧洲煤钢共同体、欧洲原子能共同体和欧洲经济共同体统一起来，统称欧洲共同体；条约于 1967 年 7 月 1 日生效，欧洲共同体正式成立。1968 年，成员国又彼此去除了商品进口关税，首次实现了商品的自由跨境贸易，它们设置了共同对外关税，建立了世界上最大的贸易集团，区域内外贸易均得到了快速增长。

经过多年的渐进发展，欧洲共同体成员国对内部市场的依赖性有了明显的提高。因而，共同体的凝聚力很强，对邻近的第三国也具有较强的吸引力，丹麦、爱尔兰和英国于 1973 年 1 月 1 日加入欧共体，成员六国变成了成员九国；1981 年，希腊成为欧共体第 10 个成员国，5 年后西班牙、葡萄牙也加入欧共体。1995 年，欧共体更名为欧盟后的第二年，奥地利、瑞典和芬兰加入，使欧盟成员国扩大到 15 个。2002 年 11 月 18 日，欧盟 15 国外长会议决定邀请塞浦路斯、匈牙利、捷克、爱沙尼亚、拉脱维亚、立陶宛、马耳他、波兰、斯洛伐克和斯洛文尼亚 10 个中东欧国家入盟。2003 年 4 月 16 日，在希腊首都雅典举行的欧盟首脑会议上，上述 10 国正式签署入盟协议。2004 年 5 月 1 日，这 10 个国家正式成为欧盟的成员国。这是欧盟历史上的第五次扩大，也是规模最大的一次扩大。2007 年 1 月，罗马尼亚和保加利亚两国加入欧盟。2013 年 7 月 1 日，克罗地亚加入欧盟。欧盟经历了 7 次扩大，成为一个涵盖 28 个国家总人口超过 4.8 亿、国民生产总值高达 12 万亿美元的当今世界上经济实力最强、一体化程度最高的国家联合体。

在欧共体/欧盟不断扩张的同时，其经济一体化层次也不断提高，从关税同盟逐步过渡到经济和货币联盟。1979 年，欧洲共同体经过多年酝酿，建立了欧洲货币体系，从而实现了成员国相互保持可调整的钉住汇率制度，建立了共同干预基金和储备基金，对外则采取联合浮动汇率制度，使其经济一体化的程度向前迈进了一步。1986 年欧洲共同体签署单一欧洲法（Single European Act），决定 1992 年底以前，将欧洲共同体建成共同市场，实现货物、服务、资本和人员的自由流动；经过 7 年的过渡，这一目标也顺利实现了。1991 年，共同市场的各个成员国首脑又集会于荷兰的马斯特里赫特，决定修改原来的《罗马条约》，在修改后的条约中明确提出，将欧洲共同体向前推进，经过一段时间的过渡，建立欧洲经济和政治联盟（简称欧盟）。

1992 年 2 月 7 日，成员国签订了一系列的条约，简称为《马斯特里赫特条约》，希望能够逐步完成共同的货币同盟、防御政策、更具权威的外交政策机制、安全政策；该条约由两部分组成，一个是《经济和货币联盟条约》；另一个是《政治联盟条约》。《经济和货币联盟条约》的基本目标是，经过三个阶段的过渡，经济上成员国之间要实行统一的财政和货币政策，建立统一的欧洲货币"欧元"，建立欧洲联盟的中央银行。1999 年 1 月 1 日，欧元（Euro）开始启动；2002 年 1 月 1 日，欧元的纸钞与硬币开始在市场上正式流通，欧元硬币与纸钞成为法定货币；欧元创始国是德国、比利时、奥地利、荷兰、法国、意大利、西班牙、葡萄牙、卢森堡、爱尔兰和芬兰十一国，2001 年 1 月 1 日，希腊正式成为欧元区第 12 个成员国。2015 年 1 月 1 日，立陶宛正式成为欧元区第 19 个成员国。《政治联盟条约》的基本目标是建立"更为紧密的国家联盟"，这一条也在逐步加以贯彻。然而，欧盟经济前景堪忧，2008 年金融危机爆发后，希腊债务危机蔓延到整个欧盟，给欧盟经济复苏带来重重困难，欧盟面临竞争力和吸引力下降的风险。

（二）北美自由贸易区

北美自由贸易区：发达国家和发展中国家之间的经济一体化组织。

北美自由贸易区（North American Free Trade Agreement, NAFTA），是发达国家和发展中国家之间的经济一体化组织。欧盟的成功刺激美国发起多个区域自由贸易协定谈判，20 世纪 80 年代美国与加拿大开展了自由贸易协定的谈判并于 1989 年生效。该协定的主要内容是，经过 10 年的过渡逐步取消相互关税，同时在投资方面实现自由化。对此，墨西哥的反应是加快了与美国实现自由贸易的谈判。在此背景下，三国领导人于 1991 年在多伦多举行第一次会议，决定建立美加墨自由贸易区。经过一系列谈判，1992 年 8 月 12 日正式签订了建立北美自由贸易区的协定，1993 年 7 月又签订了建立北美自由贸易区的补充协定，决定建立北美自由贸易区（NAFTA）。协定明确规定，自 1994 年 1 月 1 日起，经过 15 年的过渡，三国相互取消关税，实现货物和服务的自由流动。为防止来自第三国的转口贸易，三国详细开列了原产地规则的标准。规定在多数产品中，只有全部价值 62.5% 的产品价值在其成员国生产时，才属于原产地产品。

根据协定，2008 年 1 月 1 日前，三国相互取消了关税和数量限制措施，北美自由贸易区成为将 3.6 亿人、17 万亿元产品和服务联系在一起的世界上最大的自由贸易区之一。[①] 对于美国来说，推动

---

① http://www.ustr.gov/trade-agreements/free-trade-agreements/north-american-free-trade-agreement-nafta。

NAFTA 实际上是做了一次大胆的赌博：墨西哥的独裁政体、低迷经济和贫困不断出现问题，墨西哥的不稳定很可能蔓延到美墨边境，因而摆在美国人面前的选择是，要么帮助墨西哥发展为一体化的北美洲的一部分，要么任由双方经济鸿沟及其带给美国的风险扩大。[①] 北美自由贸易区的建立，为成员国接近对方市场、劳动、技术等提供了便利条件，成员国在很多方面存在互补性，例如美国将从墨西哥的廉价且技术水平不断提高的劳动力资源中获益，墨西哥将从美国的投资和企业经营中获益。不过，达成这样一项自由贸易协定也是很困难的，它需要将两个大的发达国家（美国和加拿大）与一个大的发展中国家（墨西哥）融合起来，墨西哥的两极分化、低工资水平在美国和加拿大多是敏感的政治话题。

（三）亚太经合组织

亚太经合组织全称亚洲与太平洋地区经济合作组织（Asia – Pacific Economic Cooperation，APEC）是一种新型的开放的区域经济一体化形式。与传统的区域经济一体化组织的排他性不同，其成员间所有优惠性措施或安排也适用于非成员经济体。

亚太经合组织成立于 1989 年 11 月，其成员已由最初的 12 个扩展到 21 个，其中发达国家成员有 5 个，发展中成员有 16 个。中国是在 1991 年加入亚太经合组织的。从成员间的差距来看，该组织是差异最大的区域经济一体化组织。

开放的地区主义与 GATT/WTO 的基本原则——非歧视原则是一致的，它标志着区域经济一体化实践上的一次创新，同时也是对传统的区域经济一体化理论的一次挑战。开放的地区主义实际上反映了经济全球化对区域经济一体化的一种积极影响。它之所以出现在亚太地区，与东亚国家或地区（包括东南亚）经济全球化倾向的迅速发展有很大关系。

亚太经合组织成立之初，关于亚太经合组织的性质和模式曾有很大争论。这些争论集中在两个问题上，亚太经合组织是否应成为制度性和排他性（或封闭性）的组织。除日本外的发达国家成员希望亚太经合组织成为类似于欧盟性质的排他性、制度性的集团，例如美国曾提出将亚太经合组织建设成亚太地区共同体（The Asia – Pacific Community）。美国之所以提出这样的主张，是因为它想将亚太经合组织作为与欧盟相抗衡的"堡垒"，所以它希望亚太经合组织也成为一个排他性的区域组织；另外，美国希望将亚太经合组织制度化，以便

亚太经合组织： 全称亚洲与太平洋地区经济合作组织是一种新型的开放的区域经济一体化形式。与传统的区域经济一体化组织的排他性不同，其成员间所有优惠性措施或安排也适用于非成员经济体。

[①] Carbaugh, Robert, *International Economics* (13th Edition), South – Western Publishing Co. 2011, pp. 293.

更好地打开亚太其他国家，尤其是东亚国家或地区的市场，并在区域框架下解决它与东亚国家之间的贸易摩擦。但日本和东盟反对亚太经合组织成为制度性、排他性的区域组织，这些国家一方面担心制度化后受美国等发达国家的制约；另一方面更重要的是这些国家长期以来走的是外向型经济道路，出口增长曾经是或现在仍是这些国家的经济增长"发动机"。这些国家不希望亚太经合组织成为排他性的区域贸易集团，担心这样做的结果其一是会损害其对外贸易的发展和在全球市场上的竞争力，其二则是如果形成两大区域集团对垒的局面，有可能会引发全球贸易战，从而使这些出口导向型的东亚国家或地区的经济发展受到严重影响。经过近三年的争论，当时的亚太经合组织 12 个成员最终达成共识。从此以后，开放的地区主义就成为亚太经合组织的一面旗帜。

从 1993 年开始，亚太经合组织每年举办一次经济领袖会议（Economic Leader Meeting）。贸易投资自由化和便利化是 APEC 的长远目标，但由于 APEC 成员经济发展水平存在巨大差异，在实现自由化目标的具体步骤上，APEC 采取了区别对待的方式，即 1994 年在印度尼西亚通过了《茂物宣言》，制定了两个时间表，明确 APEC 发达成员和发展中成员分别于 2010 年和 2020 年实现投资自由化。此后 APEC 先后在 1995 年和 1996 年通过了实施《茂物宣言》的《大阪行动议程》和《马尼拉行动计划》，开始通过单边行动计划和集体行动计划两种途径，落实各成员对贸易投资自由化的承诺。亚太经合组织第 22 次领导人非正式会议于 2014 年 11 月 11 日在北京雁栖湖举行。各成员领导人围绕"共建面向未来的亚太伙伴关系"主题，就"推动区域经济一体化""促进经济创新发展、改革与增长""加强全方位基础设施与互联互通建设"三项重点议题展开讨论，共商区域经济合作大计，达成广泛共识。第 23 次和第 24 次 APEC 领导人非正式会议分别于菲律宾的马尼拉和秘鲁的利马举行，会议主题分别是"打造包容性经济，建设更美好世界"和"高质量增长和人类发展"。

（四）跨太平洋伙伴关系协定

跨太平洋伙伴关系协定（Trans‑Pacific Partnership Agreement，TPP），也被称作"经济北约"，其前身是跨太平洋战略经济伙伴关系协定（Trans‑Pacific Strategic Economic Partnership Agreement），最初是由亚太经济合作会议成员国中的新西兰、新加坡、智利和文莱四国发起，从 2002 年开始酝酿一组多边关系的自由贸易协定，原名亚太自由贸易区，旨在促进亚太地区的贸易自由化。

2008 年 2 月，美国宣布加入 TPP 谈判，并借助 TPP 的已有协议，

跨太平洋伙伴关系协定：也被称作"经济北约"，其前身是跨太平洋战略经济伙伴关系协定，最初是由亚太经济合作会议成员国中的新西兰、新加坡、智利和文莱四国发起，从 2002 年开始酝酿一组多边关系的自由贸易协定，原名亚太自由贸易区，旨在促进亚太地区的贸易自由化。

开始推行自己的贸易议题，全方位主导 TPP 谈判。2015 年 10 月 5 日，TPP 达成框架协议，美国、日本、澳大利亚、加拿大、新加坡、文莱、马来西亚、越南、新西兰、智利、墨西哥、秘鲁十二国同意在自由贸易、投资及知识产权等广泛领域统一规范。TPP 协定国占全球 GDP 总额的 40%、贸易额的 1/3。根据协议的主要内容来看，TPP 协定推进了在传统贸易领域的市场减让及开放贸易准入，要求所有成员国实现零关税，免除纺织和服装业的关税，禁止对电子交易征收关税；TPP 要求金融业务全面开放，不允许强制对方在本国设立分支机构；对于境外投资，TPP 各缔约方采取"负面清单"为基础，缔约国市场应向外国投资者充分开放，而对于投资者国家争端解决机制，主权国家法律必须服从 TPP 协定精神，即打破主权国家壁垒、关税近乎为零、实现资本自由流动，若产生跨国投资纠纷，只能提交纽约仲裁所裁定。

　　TPP 号称"历史上标准最高"的自贸协定，涵盖关税、投资、竞争政策、技术贸易壁垒、食品安全、知识产权、政府采购以及绿色增长和劳工保护等多领域，并且在环保、劳工、原产地和政府采购等方面包含了诸多高标准的条款。TPP 致力于建立一个"面向 21 世纪的高标准、全面的自由贸易"平台，其实质是重塑亚太区域的国际贸易自由体系，实现美国主导未来的贸易规则，保持其在亚洲主导权的目的。2016 年 2 月 4 日 TPP 的 12 个成员方在新西兰奥克兰市正式签署协定，成员方将在文件签署后的两年内来完全接纳协定内容。但特朗普当选美国总统后，于 2017 年 1 月 23 日正式签署行政命令，启动退出 TPP 协议进程，致使 TPP 协议名存实亡。2018 年 3 月，在日本的主导下，11 国签署新的自由贸易协定，称为《全面与进步跨太平洋伙伴关系协定》（CPTPP）。2023 年 3 月英国已获准加入 CPTPP。

（五）跨大西洋贸易与投资伙伴协议

　　美国与欧盟于 2013 年 2 月开始进行跨大西洋贸易与投资伙伴协议（Transatlantic Trade and Investment Partnership，TTIP）谈判。该协议覆盖全球 GDP 的 1/2、世界贸易量的 1/3，最终目标是通过统一市场实现欧美自由贸易区。可以说，TTIP 的达成将改变世界贸易规则、产业行业标准，挑战以金砖五国为首的新兴国家，尤其是金砖国家间的准贸易联盟。美国和欧盟这两大经济体试图通过谈判达成协议，以扩大双边贸易和投资，以促进经济增长、创造就业，最终摆脱金融危机的影响；提高各自的国际竞争力，应对中国等新兴经济体的挑战；同时在 WTO 之外解决贸易壁垒问题，并试图制定新的国际货物、服务贸易和投资规划。该协议拟采取以下主要手段扩大跨大西洋贸易与投资：一是消除或削减传统的货物贸易壁垒，比如关税和关税配额；

跨大西洋贸易与投资伙伴协议： 美国与欧盟于 2013 年 2 月开始进行跨大西洋贸易与投资伙伴协议谈判。该协议覆盖全球 GDP 的 1/2、世界贸易量的 1/3，最终目标是通过统一市场实现欧美自由贸易区。

二是消除、削减或防止针对服务和投资的壁垒；三是提高各类规则与标准的通用性；四是消除、削减或防止各类贸易中不必要的"境内非关税壁垒"；五是进一步强化为共同经济目标而在全球规则与原则发展方面的合作。TTIP 谈判自启动至 2016 年 10 月已进行了 15 轮谈判，但并未取得任何实质性进展，成员国内部反对之声此起彼伏，按计划达成协议并非易事。

（六）区域全面经济伙伴关系协定

《区域全面经济伙伴关系协定》（Regional Comprehensive Economic Partnership，RCEP）于 2012 年由东盟 10 国发起，中国、日本、韩国、印度、澳大利亚和新西兰共同参与，旨在形成一个现代、全面、高质量和互惠的经济伙伴关系的协定。经过 8 年努力，东盟 10 国和中国、日本、韩国、澳大利亚、新西兰共 15 个亚太国家正式签署了《区域全面经济伙伴关系协定》。从地理疆域来看，RCEP 横跨东亚、东南亚、南亚、印度洋和南太平洋；截至 2018 年，《区域全面经济伙伴关系协定》15 个成员国将涵盖全球约 23 亿人口，占全球人口的 30%；GDP 总和超过 25 万亿美元。[①] 2022 年 1 月 1 日，区域全面经济伙伴关系协定（RCEP）正式生效。这标志着全球人口最多、经贸规模最大、最具发展潜力自由贸易区的诞生。

RCEP 涵盖 20 个章节，既包括货物贸易、服务贸易、投资等市场准入，也包括贸易便利化、知识产权、电子商务、竞争政策、政府采购等大量规则内容。同时，由于区域内成员国之间的发展水平、规模体量等存在巨大差异，为此 RCEP 充分考虑不同国家的国情，给予最不发达国家特殊和差别待遇，满足其实际需求。根据目前达成的协议来看，RCEP 的主要成就体现在以下四个方面：一是降低或取消区域内关税和非关税壁垒，90% 的货物贸易将实现零关税；二是实施统一的原产地规则，允许在整个 RCEP 范围内计算产品增加值；三是拓宽了对服务贸易和跨国投资的准入；四是增加了电子商务便利化的新规则。其中，"原产地累积规则"是 RCEP 的一大亮点。根据"原产地累积规则"，RCEP 实现 15 个成员国之间的累积，使得货物更容易获得 RCEP 原产地资格，成员国间出口产品更容易达到享受关税优惠的门槛。据海关总署统计，2022 年，我国对 RCEP 其他 14 个成员国进出口 12.95 万亿元，增长 7.5%，占我国外贸进出口总值的 30.8%，对 RCEP 其他成员国进出口增速超过两位数的达到了 8 个，其中对印度尼西亚、新加坡、缅甸、柬埔寨、老挝进出口增速均超过了 20%。RCEP 将有效推动中国双循环发展格局的建立，促进更高水

---

① 印度在 2019 年 11 月宣布退出 RCEP 谈判。

平的开放型经济新体制的形成。

第二节 区域经济一体化的效应分析

关税同盟是经济一体化的典型形式，除自由贸易区外，其他形式
的经济一体化都是以关税同盟为基础逐步扩大其领域或内涵而形成
的。所以，在理论上，关于经济一体化的经济影响效果的分析，大多
以关税同盟为研究对象。

一、关税同盟的静态效应

如前所述，关税同盟的重要特点是"对内自由、对外保护"。关
税同盟在扩大区域内贸易的同时，也减少了区域内成员国与区域外国
家之间的贸易往来，因此它对国际贸易有很大的影响。这种贸易上的
影响可进一步区分为贸易创造（Trade Creation）效应和贸易转移
（Trade diversion）效应。

（一）贸易创造与贸易转移

贸易创造是指成员国之间相互取消关税和非关税壁垒所带来的贸
易规模的扩大。贸易规模的扩大产生于相互贸易的便利，以及由取消
贸易障碍所带来的相互出口产品价格的下降；相应地，成员国相互贸
易的利益也会增加。贸易转移是指建立关税同盟之后成员国之间的相
互贸易代替了成员国与非成员国之间的贸易，从而造成贸易方向的转
移。下面通过图 8-1 来说明这两种效应。

贸易创造效应：
成员国之间相互
取消关税和非关
税壁垒所带来的
贸易规模的扩
大。

贸易转移效应：
建立关税同盟之
后成员国之间的
相互贸易代替了
成员国与非成员
国之间的贸易，
从而造成贸易方
向的转移。

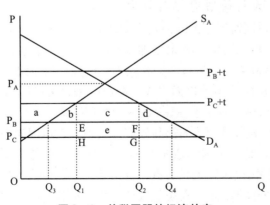

图 8-1 关税同盟的经济效应

假设世界上有 A、B、C 三个国家，都生产某一相同产品，但三国的生产成本各不相同。现以 A 国为讨论对象，在图 8 - 1 中，S_A 表示 A 国的供给曲线，D_A 表示 A 国的需求曲线。假设 B、C 两国的生产成本是固定的，图中 P_B、P_c 两条直线分别表示 B、C 两国的生产成本，其中 C 国成本低于 B 国。

在组成关税同盟之前，A 国对来自 B、C 两国的商品征收相同的关税 t。假设 A 国是一小国，征收关税之后，B、C 两国的相同产品若在 A 国销售，价格分别为 $P_B + t(> P_A)$、$P_c + t(< P_A)$。很显然，B 国的产品价格要高于 C 国，故 A 国只会从 C 国进口，而不会从 B 国进口。此时，A 国国内价格为 $P_c + t$，国内生产为 OQ_1，国内消费为 OQ_2，从 C 国进口为 Q_1Q_2。

假设 A 国与 B 国组成关税同盟，组成关税同盟后共同对外关税假设仍为 t，即组成关税同盟后，A 国对来自 B 国的进口不再征收关税，但对来自 C 国的进口仍征收关税。如图 8 - 1 所示，B 国产品在 A 国的销售价格现为 P_B，低于 $P_c + t$，所以 B 国取代 C 国，成为 A 国的供给者。由于价格的下降，A 国生产缩减至 OQ_3。Q_3Q_1 是 A 国生产被 B 国生产所替代的部分，此为生产效应。另外，价格的下降引起 A 国消费的增加，消费由原来的 OQ_2 升至 OQ_4，消费的净增部分 Q_2Q_4 为关税同盟的消费效应。

组成关税同盟后，A 国的进口由原来的 Q_1Q_2 扩大到 Q_3Q_4，新增加的贸易即为贸易创造效应。如图 8 - 1 所示，贸易创造效应 = 生产效应 + 消费效应 = $Q_3Q_1 + Q_2Q_4$。除去贸易创造部分，剩下的 Q_1Q_2 部分原来是从同盟外（C 国）进口的，但组成关税同盟后，则改从同盟内其他成员（B 国）进口，即贸易方向发生了转移，故贸易转移效应 = Q_1Q_2。

（二）关税同盟的福利效应

组成关税同盟后，A 国消费者福利改善，而生产者福利则降低。如图 8 - 1 所示，消费者剩余增加（a + b + c + d），生产者剩余减少 a。另外，原来从 C 国进口的关税收入（c + e）（e 为矩形 EFGH 的面积）现因改从同盟国进口而丧失。综合起来，关税同盟对 A 国的净福利效应 = (a + b + c + d) - a - (c + e) = (b + d) - e。

（b + d）为贸易创造的福利效应。其中 b 表示因同盟内成本低的生产（B 国）替代了国内成本高的生产而导致的资源配置效率的改善；d 表示同盟内废除关税后进口价格下降、国内消费扩大而导致的消费者福利的净增加；e 则表示贸易转移的福利效应。因贸易转移意味着同盟内成本高的生产替代了原来来自同盟外成本低的生产，故 e 表示这种替代所导致的资源配置扭曲，即贸易转移对 A 国的福利不利。这样，关税同盟对 A 国福利的净影响可表示成贸易创造的福利效应减去贸易转移的福利效应。加入关税同盟对 A 国究竟是否有利，取决于贸易创造的福利效应是否能抵消贸易转移的福利效应。

以上讨论的是关税同盟对 A 国福利的影响。至于对 B、C 两国的影响，具体情况如下：对 B 国而言，组成关税同盟后，出口增加，生产扩张，所以对 B 国有利；对 C 国来说，在 A、B 组成关税同盟前，C 国是 A 国的供给者，但现在因贸易转移，其出口减少，所以 C 国福利必然因其贸易规模缩减而下降。

根据以上的讨论，我们可以判断出关税同盟的福利效应受以下几种因素的影响：

第一，A 国的供需弹性越大，贸易创造的福利效应就越明显。在图 8-1 中，若 A 国的供给曲线和需求曲线越平坦，则 b、d 的面积就越大；

第二，组成关税同盟前，A 国的关税水平越高，则组成同盟后贸易创造的福利效应就越大，而贸易转移的福利效应就越小；

第三，B、C 两国的成本越接近，则贸易转移的福利损失就越小。

综上所述，关税同盟并不一定能够增进福利。既然这样，为什么有些国家希望结成关税同盟呢？事实上，除了上述的静态效应外，关税同盟还有其他的一些利益，如下面所讨论的两种情况。

二、关税同盟的扩大出口效应

在前面分析关税同盟的经济影响时，只是讨论了一国加入关税同盟前后得自进口方面的福利影响。实际上，无论进口增加给该国带来多大的好处，总是有一个现实的问题存在着，就是进口的增加所带来的贸易收支问题。因为在该国商品出口量不变的情况下，进口量的增加将给该国带来大量的进口支付，从而出现贸易收支逆差的情况。在现实中，一国参加关税同盟不仅能够带来一定的商品进口量的增加，还会带来出口的增加，对于一个希望参加关税同盟的国家（特别是小国）而言，它的加入往往并非看重该关税同盟能给它带来多少进口的好处，更多的是看重其产品的出口市场。总体上看，关税同盟将给参加国带来更大的出口机会，从而带来更多的福利。具体情况可通过图 8-2 来解释。

在图 8-2 中，左半部分为 B 国的生产、消费和出口情况，右半部分为 A 国的生产、消费和进口情况。假设 C 国的生产成本固定不变，在组成关税同盟之前，世界价格为 P_w，等于 C 国的生产成本。A 国对来自所有国家的进口商品一律征收关税，征税后的价格为 P_t。此时 B 国的出口量为 FG，A 国的进口量为 AB。A 国的进口量中有一部分来自 B 国，从 B 国进口的数量为 AC，即 AC = FG，而剩下的部分则从 C 国进口，进口量为 CB。

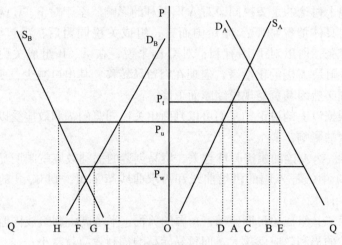

图 8 - 2　关税同盟的扩大出口效应

A、B 两国组成关税同盟后，由于 A 国对 B 国的进口商品免税而对 C 国的进口仍征收关税，故在 A 国国内市场上 B 国商品的价格要低于 C 国同样商品的价格，于是 A 国转而只从 B 国进口。但 A、B 两国间关税刚一撤除时，A 国对进口的需求大于 B 国的出口供给（对应于 P_w），所以 A 国的进口商品价格要上升，进口减少。当价格升至 P_u 时，A、B 两国的贸易达到平衡，B 国的出口等于 A 国的进口，即 HI = DE。

由此可见，加入关税同盟对 B 国来说，可以达到扩大出口、增加出口收入的目的。这一点对于那些国内市场狭小的国家来说无疑有很重要的现实意义，加入关税同盟，利用区域内市场扩大出口，带动经济发展，对这些国家来说不失为一种好的选择。

三、关税同盟的动态效应

关税同盟不仅会给参加国带来静态影响，还会给它们带来某些动态影响。有时，这种动态效应远比其静态效应更为重要，对成员国的经济增长有重要的影响。

第一，关税同盟具有市场扩大效应（或规模经济效应）。关税同盟建立以后，在排斥第三国产品的同时，为成员国之间产品的相互出口创造了良好的条件。所有成员国的国内市场组成一个统一的区域性市场，这种市场范围的扩大促进了企业生产的发展，使生产者可以不断扩大生产规模、降低成本，享受到规模经济的利益；并且可进一步增强同盟内的企业对外部、特别是对非成员国同类企业的竞争能力。因此，关税同盟所创造的市场扩大效应引发了企业规模经济的实现。

第二，关税同盟的建立促进了成员国之间企业的竞争。在各成员国组成关税同盟以前，许多部门已经形成了国内的垄断，几家企业长期占据国内市场，获取超额垄断利润，因而不利于各国的资源配置和技术进步。组成关税同盟以后，由于各国市场的相互开放，各国企业面临着来自其他成员国同类企业的竞争。谁在竞争中取胜，谁就可以享受大市场带来的规模经济的利益，否则就会被淘汰。各企业为在竞争中取得有利地位，必然会纷纷改善生产经营效率，增加研究与开发投入，增强采用新技术的意识，不断降低生产成本，从而在同盟内营造出一种浓烈的竞争气氛，提高经济效率，促进技术进步。

第三，关税同盟的建立有助于吸引外部投资。关税同盟的建立意味着对来自非成员产品的排斥，同盟外的国家为了抵消这种不利影响，可能会将生产点转移到关税同盟内的一些国家，在当地直接生产并销售，以便绕过统一的关税和非关税壁垒。这样客观上便产生了一种伴随生产转移而产生的资本流入，吸引了大量的外国直接投资。

当然，关税同盟的建立还会产生某些负面影响。首先，关税同盟的建立促成了新的垄断的形成。如果关税同盟的对外排他性很大，那么这种保护所形成的新垄断又会成为技术进步的严重阻碍；除非关税同盟不断有新的成员国加入，从而不断有新的刺激，否则由此产生的技术进步缓慢现象就不容忽视。其次，关税同盟的建立可能会拉大成员国不同地区之间经济发展水平的差距。关税同盟建立以后，资本逐步向投资环境比较好的地区流动，如果没有促进地区平衡发展的政策，一些国家中的落后地区与先进地区的差别将逐步拉大。

第三节 关贸总协定

关税与贸易总协定（General Agreement on Tariffs and Trade），简称关贸总协定或 GATT，由 23 个国家于 1947 年 10 月 30 日在日内瓦签署。自 1948 年 1 月 1 日至 1994 年 12 月 31 日，在长达 47 年的时间里，关贸总协定一直"临时适用"，协调着各国和地区的对外贸易政策和对外经贸关系，在战后全球贸易自由化的发展中发挥了重要的作用。

关税与贸易总协定：简称关贸总协定或 GATT，由 23 个国家于 1947 年 10 月 30 日在日内瓦签署。自 1948 年 1 月 1 日至 1994 年 12 月 31 日，在长达 47 年的时间里，关贸总协定一直"临时适用"，协调着各国和地区的对外贸易政策和对外经贸关系，在战后全球贸易自由化的发展中发挥了重要的作用。

一、关贸总协定的产生

关贸总协定的产生应当追溯到 20 世纪 20 年代资本主义世界的经济危机。这场危机发端于美国，随后波及欧洲，最后扩大到整个资本主义世界。在这场危机中，整个资本主义世界的生产下降了 44%，生产力水平至少倒退了 20 年，而全世界的贸易量则下降了 70%，资本输出也从 1905 年的 10 亿美元下降到 1930 年的 10 万美元，货币信用也因黄金大量外流以及储户的挤兑而导致大量银行破产，整个银行信用几乎陷于瘫痪。为保护国内市场，美国国会通过制定颁布《斯穆特—霍利关税法》，把进口关税提高到历史最高水平，提高了约 900 种商品的进口关税，其直接结果就是导致英国等国家的商品出口大大减少；出于自我保护的目的，受影响的国家也相继提高关税，最后演变为一场世界性的关税大战，严重阻碍了商品在国际市场上的顺利流通，使国际贸易进一步萎缩，世界经济在危机中越陷越深，1932 年世界制成品贸易额竟减少了 40%。

为缓和国际贸易的紧张关系，促使世界经济的复苏，1933 年罗斯福任美国总统后，倡导遏制关税保护大战，先后与 29 个国家签订贸易协定和关税互惠协定，在一定程度上刺激了资本主义生产，缓和了当时的美国经济危机，但并未根除危机的根源。

第二次世界大战之后，许多国家的经济重新陷入困境，除美国以外的各资本主义国家均实行外贸与外汇管制政策，通过提高关税壁垒对许多商品进口实行严格的限制措施，国际经济秩序再次出现混乱局面。在这种情况下，人们逐渐认识到贸易保护主义所带来的经济灾难和国际战争，以及国家之间的经济合作对于振兴世界经济的重要性。

1945 年美国提出了"自由贸易"的口号，要求其他国家降低关税、开放市场，并策划建立一个由其控制的国际贸易组织。11 月，美国提出《扩大世界贸易与就业方案》（Proposals for Expansion of World Trade and Employment，也称《国际贸易与就业会议考虑方案》），建议成立国际贸易组织（International Trade Organization），缔结一个制约和减少国际贸易障碍的多边条约，确定国际贸易中包括关税、优惠、数量限制、补贴、国有贸易等各方面的具体规则，特别是削减关税等贸易壁垒，取消外汇管制、数量限制，以及在国民待遇和最惠国待遇基础上建立多边自由贸易体系等。

1946 年 2 月，在美国的建议下联合国经济及社会理事会成立了召开联合国贸易与就业会议的筹备委员会，通过了美国提出的《国际贸易组织宪章》（Charter of International Trade Organization）草案并印发各国。1946 年 10 月和 1947 年 4 月，筹委会先后召开两次会议，讨论修改并最后通过了上述宪章草案。但由于该方案在送各国政府批准时被一些国家认为有干预国内立法之嫌疑而未获批准，因此国际贸易组织最终未能成立。

1947 年 4 ~ 10 月，筹备委员会的主要会议在日内瓦召开，虽然在国际贸易组织宪章及组织问题上的谈判未获得实质性成果，但在关税减让的谈判中却取得了成功，各参加国共达成 123 项有关关税减让的双边协议。为使谈判成果尽快得到履行，各参加国把《国际贸易组织宪章》中有关贸易政策的条款摘出，再加上谈判达成的 123 项双边协议，便形成了《关税与贸易总协定》。

1947 年 10 月 30 日，筹委会会议在日内瓦结束，包括中国、美国、英国、法国、巴西、澳大利亚、荷兰、加拿大、新西兰和南非等 23 个缔约国签订《关税与贸易临时适用议定书》，决定于 1948 年 1 月 1 日开始正式实施《关税与贸易总协定》。

《关税与贸易总协定》最初只是作为《国际贸易组织宪章》正式实施之前的临时性条约，它的存在以国际贸易组织的建立为前提，其目的是作为国际贸易组织宪章的一部分而实施。一旦《国际贸易组织宪章》被各国国会正式批准，这个临时性协议就完成了它的历史使命。但由于《国际贸易组织宪章》涉及经济发展、国际投资和就业等重要经济问题，虽然历经多次谈判，但最终因为没有得到一些国家政府的批准而流产。1950 年，美国宣布不打算寻求国会批准哈瓦那宪章，国际贸易组织的建立至此已实际夭折。由于各国仍然希望有一个比较自由的贸易环境，在经过讨论并修改后，决定继续执行"临时议定书"。《关税与贸易总协定》从此便代替《国际贸易组织宪章》以法律的形式为国际贸易关系提供统一的规则和程序，并对成员方的权利和义务做了具体的规定。此后，在长达 47 年的"临时"执行期间，经过各缔约国的多次谈判和修改，《关税与贸易总协定》愈加充实和完善。

二、关贸总协定的多边贸易谈判

自关税与贸易总协定签字以来，在其组织下进行了八轮多边贸易谈判。就谈判所要解决的主要问题而言，关贸总协定的多边贸易谈判可以分为三个阶段，即以进口关税减让为主阶段、非关税减让为主阶段和一揽子解决多边贸易体制根本性问题阶段。

（一）以关税减让为主的阶段

在关贸总协定的安排下，以关税减让为目的的谈判共进行了六轮。第一轮谈判是从 1947 年 4～10 月的日内瓦谈判，23 个缔约国参加了该轮谈判，达成双边减税协议 123 项，占当时资本主义国家进口总值 54% 的商品平均降低关税 35%。

第二轮谈判于 1949 年 4～10 月在法国的安纳西举行，有 13 个国家参加，达成 147 项关税减让协议，使占进口总值 56% 的商品平均降低关税 35%。

第三轮谈判于 1950 年 9 月至 1951 年 4 月在英国托奎举行，有 38 个国家参加，达成关税减让协议 150 项，占进口总值的 11.7% 的商品平均降低关税 26%。

第四轮谈判于 1956 年 1～5 月在日内瓦举行，共有 26 个国家参加，使工业品的进口关税下降了 15%。

第五轮谈判于 1960 年 9 月至 1961 年 7 月在日内瓦举行，共有 62 个国家参加，使工业品的进口关税下降了 35%。在这次谈判中，第一次涉及非关税壁垒问题，通过了第一个反倾销协议。

第六轮谈判于 1964 年 5 月至 1967 年 6 月在日内瓦举行，有 102 个国家参加了此次的关税和某些反倾销措施的谈判。

（二）以非关税壁垒谈判为主的阶段

以消除非关税壁垒为主的关贸总协定谈判是 1973 年 9 月至 1979 年 4 月的第七轮谈判，有 123 个国家参加此次谈判。这次谈判是在日本东京举行的部长级会议上发动的。在 1979 年谈判结束时达成了一揽子大范围的关税减让和一系列的非关税壁垒约束措施、新协议及对关贸总协定的法律框架的修改意见。

就关税方面而言，总协定的一揽子协议规定，用 8 年的时间使世界 9 个主要工业国家制成品的加权平均进口关税从 7% 降到 4.7%。

在非关税壁垒方面，针对政府采购和其他公共机构提供的采购合同达成了一致原则，规定了作为贸易壁垒的技术标准、证书及其检验制度的实施纪律，规定进口许可程序不能被用作制止贸易的手段，提出了要建立公平、统一、公正的海关估价制度。

在这次谈判中，参加国还签署了补贴和反补贴措施的新协议，并且修改了反倾销守则。总之，在这次谈判中共达成 9 项反对非关税壁垒的协议。当然，并非每个国家都在文件上签了字。

（三）一揽子解决多边贸易体制问题阶段

关贸总协定的第八轮谈判是 1986 年 9 月在乌拉圭埃斯特角城发动的，125 个国家和地区派代表参加了谈判。

参加谈判的各国部长们达成了总体承诺，共有两大部分：（1）货物贸易的谈判。其目标是促成国际贸易的进一步自由化，加强关贸总协定的作用，改善多边贸易体系，增强关贸总协定对不断变化的国际经济环境的适应性，鼓励合作，以促进世界经济增长，加强成员间的经济政策联系。（2）概述了服务贸易规则新框架的目标。

这些承诺的具体谈判事宜包括 15 个议题，即关税问题、非关税壁垒、热带产品问题、自然资源产品、纺织品和服装、农业、关贸总协定条款、保障条款、多边贸易谈判协议和安排、补贴和反补贴措施、争议的解决、与贸易有关的知识产权、与贸易有关的投资措施、关贸总协定体系的作用及服务贸易。

乌拉圭回合谈判原定于 1990 年 12 月在布鲁塞尔贸易委员会的部长会议上结束，到部长会议召开为止，许多领域都有明显的进展，但是未能达成最终一致意见。经过多方努力，乌拉圭回合最后文件于 1993 年 12 月 15 日草签。这些文件经各国和地区议会通过后，于 1994 年 4 月正式签署。

（四）关贸总协定下多边贸易谈判的主要成就

尽管关贸总协定在执行过程中遇到多方面的困难，但是在它的组织之下，从 1947 年到 1994 年的 47 年间所取得的成就也是十分显著的。

首先，通过关贸总协定组织的八轮谈判，各缔约方的进口关税水平都有明显的下降。发达国家的平均关税从 1947 年的 40% 左右下降到 4% 左右，发展中国家和地区的平均关税也下降到 13% 左右。因而，保证了战后的国际贸易能够在一个比较自由的贸易环境下展开。据统计，1913～1938 年，世界贸易的年平均增长率仅为 0.7%，而 1948～1973 年，世界贸易的年平均增长率为 7.8%。1950 年世界贸易总额为 610 亿美元，而 1994 年世界贸易总额已达到 5 万多亿美元，为各国和地区经济增长创造了良好的条件。

其次，关贸总协定创造了良好的国际贸易秩序。尽管关贸总协定还不是真正意义上的世界贸易组织或国际贸易体系，但是它的存在使国际贸易能够有一个比较公认的法律或规章制度，从而能够规范国际贸易朝着自由化方向发展。

最后，作为具有组织性的协定，关贸总协定的吸引力越来越大。由于关贸总协定在很大程度上符合世界上大多数国家和地区自身的经济利益，而且这种利益大于由此带来的损失，所以它的吸引力逐渐增加，以致使关贸总协定的缔约成员从最初的 23 个增加到 128 个（1994 年底）。

第四节　世界贸易组织

世界贸易组织：关贸总协定乌拉圭回合谈判的重要成就之一。建立于 1995 年 1 月 1 日，是约束各成员国之间贸易规范和贸易政策的国际组织。

建立世界贸易组织（World Trade Organization，简称世贸组织或 WTO）是关贸总协定乌拉圭回合谈判的重要成就之一。世界贸易组织建立于 1995 年 1 月 1 日，其机构设在日内瓦，现有成员国 160 个（2014 年 6 月）。世界贸易组织是约束各成员国之间贸易规范和贸易政策的国际组织。世界贸易组织的各种协定是国际贸易制度运行和各成员国贸易政策制定的法律基础。它继承了关贸总协定的主要原则，但比关贸总协定约束的范围更广泛，是一个真正意义上的国际组织。

一、世界贸易组织的基本原则

世界贸易组织的基本原则：非歧视原则、贸易自由化原则、可预见性原则、促进公平竞争原则和鼓励发展与改革的原则。

在世界贸易组织建立的协定中，明确指出了五个基本原则，即非歧视原则、贸易自由化原则、可预见性原则、促进公平竞争原则和鼓励发展与改革的原则。

（一）非歧视原则

国际贸易中的非歧视原则在关贸总协定中已经作了明确的规定，即要贯彻最惠国待遇和国民待遇。在世界贸易体系建立的基本原则中重新明确这一重要原则的意义，不仅在于原则本身，还在于这一原则适用的范围更广。它不仅适用于成员之间的货物贸易，还适用于服务贸易及与贸易有关的知识产权问题。

在此，世界贸易组织也重申，这种非歧视原则也有例外。如它不适用于世界贸易组织的非成员国，也不适用于对那些实行不公平贸易政策的国家和地区采取报复行动的成员。

（二）贸易自由化原则

贸易自由化原则是指通过减少贸易障碍，促进贸易的扩大。这些贸易障碍不仅是指进口关税，还包括各种数量限制、政府的某些限制进口的规定及汇率政策等方面的限制措施。这就要求世界贸易组织的成员国根据要求加以调整。世界贸易组织允许各国采取渐进的方法实现贸易自由化。而且从实际出发，发展中国家和地区需要的时间可能相对要长一些。

（三）可预见性原则

可预见性原则是指各成员国在其贸易政策或规定执行以前，要对成员国公开并通知世界贸易组织。世界贸易组织认为，各成员国不应重新人为地增加贸易障碍，以保证国际贸易环境的稳定。因此，一方面世界贸易组织反对重新提高贸易障碍的行为，另一方面也反对使用除关税以外的其他保护措施。从制度上，世界贸易组织要求各成员国将它们将要执行的贸易政策和措施尽快公布，并上报世界贸易组织；该组织将对此作出评估，以确定其对贸易自由化可能带来的影响。

（四）促进公平竞争原则

促进公平竞争原则是指世界贸易要在公开、公正和不受干扰的情况下开展。因而该贸易体系反对倾销、补贴及政府的歧视性采购等。

（五）鼓励发展和改革原则

鼓励发展和改革原则是指对发展中成员的经济发展和改革采取鼓励原则。由于世界贸易组织的3/4成员国是发展中国家和地区，因此对它们的经济发展和市场经济改革要给予特别的关注。世界贸易组织规定，发展中成员国在执行协定内容的时间方面应该具有某种灵活性，即允许它们经过较长的时间达到世界贸易组织的要求。世界贸易组织给了发展中成员国调整与世界贸易组织规定不相适应方面的过渡期。

由此可见，世界贸易组织在上述原则指导下，对处在经济发展不同阶段的国家和地区具有广泛的吸引力，各国和地区纷纷要求加入到该组织中去。

二、世界贸易组织的职能

世界贸易组织的基本职能是：监督执行世界贸易组织的各个协定；组织国际贸易谈判，并提供成员国进行贸易谈判的场所；解决成员国之间的贸易纠纷；指导各成员国制定对外贸易政策；向发展中成员提供技术帮助和培训；与其他国际组织进行合作。

监督执行世界贸易组织成员所签署的多个国际协定是该组织的首要任务。在建立世界贸易组织的谈判中，成员国签署了一系列旨在推进货物和服务贸易自由化、国际贸易中的知识产权的保护以及与贸易有关的投资问题等方面的协定，这些协定有赖于在世界贸易组织的监督下加以贯彻、执行。

组织成员国进行多边贸易谈判，并为此提供谈判的场所是致力于贸易自由化的世界贸易组织的重要职能。在关贸总协定之下进行的八轮贸易谈判，在推进贸易自由化方面取得了很大的进展；在世界贸易组织之下，这一职能不仅不会削弱，反而会加强。1997 年在世界贸易组织的主持下，在新加坡举行了该组织成立以来的第一次贸易部长会议，并在多边贸易自由化方面取得了一系列的成果（如知识产权保护、通信和信息产品贸易自由化等）。

指导各成员国制定对外贸易政策，是指各国制定的对外贸易政策不应与世界贸易组织的有关条款相抵触。因此，成员国任何与世界贸易组织有关条款不相一致的政策规定都是不允许的。

向发展中成员提供技术帮助和培训是指对那些比较落后的发展中国家和地区，由世界贸易组织向它们传授某些基本的生产技术，并为其培训相关人员。

与其他国际组织的合作主要是指世界贸易组织与联合国、国际货币基金组织和世界银行以及地区性的经济一体化组织进行多方面的合作，以保证组织之间的协调性。

三、世界贸易组织与关贸总协定的区别

从总体看，关贸总协定在国际贸易组织未能建立起来的条件下，起到了一个维持国际贸易秩序的组织应有的作用。但是，它不是一个国际贸易组织，因此与世界贸易组织有本质的区别。

第一，性质不同。

关贸总协定原为一个"临时规则"的协定，准备以各国政府批准的"国际贸易组织宪章"取而代之。但是由于"国际贸易组织宪章"没有被有关国家的国会批准，这个总协定就成为缔约方调整对外贸易政策和措施以及国际经济关系方面的重要法律准则；它与联合国有关，但不是联合国的专门机构。世界贸易组织的成立，改变了关贸总协定临时适用和非正式性的状况。根据其协定，建立起一整套的组织机构，成为具有法人地位的正式国际经济组织；从法律地位上看，它与国际货币基金组织、世界银行具有同等地位，都是国际法主体，其组织机构及有关人员，均享有外交特权和豁免权。

第二，管辖范围不同。

关贸总协定的多边贸易体制及其所制定的一整套国际贸易规则，适用于货物贸易。世界贸易组织的多边贸易体制，不仅包括已有的和经乌拉圭回合修订的货物贸易规则，而且还包括服务贸易的国际规则，与贸易有关的知识产权保护的国际规则和与贸易有关的国际投资措施规则。这一整套国际规则涉及货物贸易、服务贸易、知识产权保护和投资措施等领域，表明世界贸易组织所管辖内容更为广泛。

第三，管理机制不同。

关贸总协定体制基本上是以关贸总协定文本为主的协议，对有关缔约方权利和义务方面作了规定和安排，但在1979年东京回合谈判中达成的9个协议以及多边纺织品协议却是选择性的，成了选择性贸易协议。即这些协议可由关贸总协定缔约方和非缔约方自行选择签署参加，如果不参加便无须履行该协议的义务，因而缔约方在关贸总协定中的权利与义务就不尽平衡。世界贸易组织要求缔约方必须无选择地以"一揽子"方式签署乌拉圭回合达成的所有协议，因为《乌拉圭回合多边贸易谈判成果的最后文件》（The Final Act Embodying the Result of the Uruguay Round of the Multilateral Trade Negotiation）包括了东京回合及其他有关协议的内容，所以，它们是完整的、不可选择的、不可分割的统一体；权利和义务的平衡是在所有协议的基础上达成的，从而加强了缔约方的权利和义务的统一性和约束性，维护了多边贸易体制的完整性。

第四，争端解决机制运转速度不同。

关贸总协定原有的争端解决机制存在着一些缺陷，比如争端解决的时间拖延很长、专家小组的权限很小、监督后续行动不力等，使得关贸总协定没有强大的约束力，且争端解决颇费时日。世界贸易组织所实施的综合争端解决机制是一套较为完善的机制。世界贸易组织在解决贸易纠纷的速度上更快，且内在机制运行比较顺畅，特别是其纠纷解决的最终判决具有权威性，在很大程度上要强制执行。自1995年1月1日开始正式运转以来，争端解决机制已经经历了实践的检验。世界贸易组织的成员纷纷将争端诉诸新的争端解决机制，以致争端解决机制成为世贸组织中最活跃的机构。

然而，世界贸易组织是关贸总协定的继续，它继承了关贸总协定所倡导的许多原则和基本精神。另外，世界贸易组织代替了关贸总协定，发挥着更大的调节世界贸易、特别是成员国之间贸易关系的作用。1995年1月1日，世界贸易组织正式取代关贸总协定发挥其国际贸易组织的作用，使世界真正具有了一个组织形式和运行机制合为一体的国际贸易组织。

本章思考与练习

1. 名词解释

（1）关税同盟。

（2）贸易创造。

（3）贸易转移。

（4）经济联盟。

2. 试说明经济一体化组织的形式及其区别。

3. 什么是关税同盟的贸易创造与转移效应？全球贸易自由化程度的提高对关税同盟的贸易创造与转移效应有什么影响？

4. 发展中国家和地区的经济一体化组织在增加成员国福利方面为什么会劣于发达国家？

5. 新成员不断加入关税同盟，对关税同盟的贸易转移效应有什么影响？

6. 世界贸易组织的基本原则是什么？世界贸易组织与关贸总协定有什么不同？

第九章
国际资本要素流动

随着世界经济的发展，国际上的经济联系不仅表现为货物流动形式，而且发展为资本、劳动、技术等生产要素的流动。国际资本流动与国际贸易一样，也是把世界经济体系中的各个国家联系起来的重要纽带，它是国际经济关系中一个十分重要的方面，对各国经济发展及世界经济格局的变化都有极为重要的影响。19世纪以来到第二次世界大战之前，国外投资主要指在金融资产方面的投资；第二次世界大战后，在科学技术革命的推动下，发达国家的生产和资本国际化趋势日益加强，国际直接投资的规模迅速扩大，并且日益在国际投资中占据主导地位，逐渐成为世界各国经济相互联系、相互渗透的重要纽带和方式。

第一节 国际资本流动概况

一、国际资本流动的产生与发展

国际资本流动的产生和发展，是与资本主义的发展相联系的。早在16世纪，就有一些国家开始对外投资，不过那时的投资规模和范围都很小。19世纪末，国际资本流动得到比较迅速的发展。到第一次世界大战前夕，各种形式的国际投资总额已达到40亿英镑。第一次世界大战和1929～1933年的世界经济危机，使得国际资本流动的增长速度降低，一些年份甚至出现绝对下降。直到第二次世界大战前夕，各主要资本主义国家的对外投资总额才略有增加。这时对外投资主要被少数资本主义国家所垄断，绝大部分资本投向亚洲、非洲、拉丁美洲殖民地和经济不发达的国家，其流向与殖民制度有密切的联系，即宗主国多把资本输往殖民地或其控制的势力范围。

第二次世界大战之后，国际资本流动首先是在发达国家之间进行的，最初十几年的资本流动基本是单向的，从当时的经济强国美国流向欧洲和日本。而资本真正大规模地流向发展中国家始于 20 世纪 70 年代石油危机后，那时拉丁美洲国家放松其进口替代战略并大量借用国际商业贷款弥补其贸易赤字。

20 世纪 90 年代以来，国际资本的流动速度、流动规模不断扩大，并以各种各样的形式从发达国家流向发展中国家。2000 年，国际直接投资规模达到 1.39 万亿美元。进入 21 世纪以来，国际直接投资出现了较大幅度的震荡。2001～2003 年，国际直接投资规模连年下降，至 2003 年仅有 0.56 万亿美元。2004～2007 年，国际直接投资再现上升趋势，于 2007 年达到 1.98 万亿美元的历史最高纪录。由于受到 2008～2009 年全球金融危机的影响，这两年的国际直接投资规模再次大幅回落，至 2009 年降至 1.20 万亿美元的水平。2010 年以来，国际直接投资有所恢复。2011 年国际直接投资比 2010 年增长 16%，达到 1.52 万亿美元的规模。由于全球经济脆弱、投资者对政策不确定、地缘政治风险提高等原因，2012～2014 年，全球国际直接投资总额有所下降。2012 年，全球国际直接投资流入量下降了 18%，降至约 1.35 万亿美元。2013 年有所回升，全球各国对外直接投资总额为 1.42 万亿美元，同比增加 690 亿美元。2014 年，全球国际直接投资下降 16%，至 1.23 万亿美元。2015 年全球国际直接投资结束三年跌势，总规模达 1.76 万亿美元，同比增长 38%，这是 2008 年全球金融危机爆发以来的最高水平。在疲软的经济增长和重大的政策风险影响下，2016 年全球外商直接投资同比下降 2%，降至 1.75 万亿美元。2017 年全球外商直接投资下降了 23%，为 1.43 万亿美元。2018 年继续下滑，较 2017 年下降 13%，降至 1.3 万亿美元。2019 年，全球外商直接投资达 1.54 亿美元，比上年增长 3.0%。2020 年新冠肺炎疫情对全球外商直接投资影响巨大，同比降幅 35%，降至 1 万亿美元，远低于全球金融危机后的最低点，创 2005 年以来的新低。2021 年全球外商直接投资较 2020 年大幅增长 64%，达到 1.58 万亿美元，但也面临巨大的下行压力，发达国家和发展中国家吸引外国直接投资出现明显分化，进一步加剧南北发展不平衡问题。2022 年，受乌克兰危机升级、食品和能源价格高涨及公共债务飙升等因素影响，全球外商直接投资额为 1.3 万亿美元，同比下降 12%。

国际资本结构由传统的银行资金为主转为国际直接投资、银行信贷和债券市场三分天下的基本格局，国际直接投资方式由跨国并购为主转向绿地投资为主，国际直接投资流向由发达国家之间相互投资为主，2009～2014 年的投资流向以发达国家投向发展中国家和转型经济体为主，但在 2015 年，流入发达经济体的国际直接投资规模达到 9620 亿美元，占总投资的 55%，六年来首次超过发展中经济体。从地区来看，亚洲是全球最大的国际直接投资流入地区，亚洲发展中经济体吸引外资继续保持增长，2015 年吸收的外国直接投资超过 5000 亿美元，创历史新高。拉丁美洲和非洲地区的国际直接投资也持续增长，欧洲则成为对外投资规模最大的地区，2015 年欧洲对外投资增至 5760 亿美元。另外，国际资本流动的行业结构也发生了较大变化，发达国家的相互投资 50% 以上投入服务行业和技术、资本密集型的行业，对发展中国家的投资也呈现相似的特点。随着发展中国家对金融业、保险业、房地产和高新技术产业等第三产业的迫切需要，跨国公司开始热衷于投资金融、证券、保险、房地产、通信、高科技产业及咨询等服务行业。2015 年，第一产业 FDI 减少，制造业 FDI 增加，服务业占比继续保持在全球 FDI 存量 60% 以上。2022 年，流入发达经济体的 FDI 下降 37%，至 3780 亿美元，而流入发展中国家的 FDI 增长 4%，至 9160 亿美元。分行业看，电子、半导体、汽车、机械等面临供应链挑战的行业投资项目激增，数字经济投资放缓。资本的国际流动在国际经济关系中的地位与作用日益增强。

二、国际资本流动的概念

国际资本流动是指一个国家或一个地区与另一个国家或另一个地区之间以及与国际金融组织之间的资本转移、输出与输入。它是资本在世界范围内的增值和积累过程，是国际经济交往的一种类型。这种经济交往与国际货物贸易一样，从经济上把世界各国联系起来，但又与国际货物贸易有所区别。它们的区别在于：货物交换实现了货币所有权的转移，而国际资本流动通过货币资本的国际转移，仅仅实现了货币使用权、支配权的让渡，而并未发生货币所有权的转移。资本输出国让渡资本使用权，但仍拥有资本的所有权，因而形成对外的债权，并从中获得利息、股息或利润收益。资本输入国获得资本使用权，但并未获得资本的所有权，因而形成对外债务，并由此对外支付利息、股息或利润。因此，所谓国际资本流动，更确切地说，它是指货币资本的使用权在国际上的有偿让渡和转移，既可以指货币形态资金的转移，也可以指生产要素（资本、技术、劳动力等）的国际转移，统计上一般将实物资本折成货币价值来计量。这种转让是以盈利为目的的。

资本要在各国之间大量地、顺利地流动，必须有一定的前提条件。第一，各国不实行外汇管制或外汇管制较少，那些资本流入和流出规模较大的国家，一般都不实行外汇管制或外汇管制较少。反之，

国际资本流动： 一个国家或一个地区与另一个国家或另一个地区之间以及与国际金融组织之间的资本转移、输出与输入。

那些外汇管制非常严格、外汇管理条例繁杂的国家，其资本流入和流出的范围、方式和规模等必然会受到很大限制。第二，要有健全、完善和发达的国际金融市场，特别是长期资本市场和短期资金市场，因为大部分资本的国际流动都是通过国际金融市场进行的。

三、国际资本流动的类型

国际资本流动按期限可分为长期资本流动和短期资本流动。

（一）长期资本流动

长期资本流动是指期限在一年以上或未规定期限的资本流入和资本流出。长期资本流动从资本的类型来分有国际直接投资、国际证券投资和国际贷款，其中，后两者也合称为国际间接投资。从交易主体来分有私人长期资本流动和政府长期资本流动。

1. 国际直接投资。国际直接投资（Foreign Direct Investment，FDI，又译为外国直接投资或对外直接投资）是指投资者把资金投入另一国的工商企业，或在那里新建生产经营实体的行为。国际收支账户将国际直接投资定义为：向在很大程度上为投资国常住者（通常为公司）所拥有的外国企业的任何放贷，或购买其所有权。这里的"在很大程度上"意味着所有权比例在各国有所不同。国际直接投资包括获取新股权资本、利润再投资、公司内部单位之间的长期借款净额等内容，并且是以获取企业经营管理权为核心。国际直接投资有许多自身的特点：（1）国际直接投资对本国的经济、技术优势要求较高，最终以获取经济效益为目的。（2）国际直接投资风险大，从事这种投资要注重对风险的分析和防范。（3）国际直接投资以国内经济为基础，没有国内经济的发展和资金的积累，也就无法实施直接投资。（4）国际直接投资的环境制约因素很多，并受有关国家法律制度的制约，要遵守国际惯例。

国际直接投资可以分为以下三种：（1）在国外创办新企业，也称绿地投资（Greenfield）。包括创办独资公司、举办合资经营企业或合作经营企业、设立分支机构或附属机构等。投资形式不限于货币资本，机器设备甚至经营管理技术、专利都可以作为投资资本。（2）收购国外企业（Acquisition）。通过购买外国企业股票达到一定比例（10%~25%），从而拥有对外国企业实质性所有权和经营管理权。（3）保留利润额的再投资（Reinvestment of Profits）。这是指投资国在其国外企业获得的利润并不汇回本国，而是作为保留利润额对该企业进行再投资。虽然这种对外投资实际上并无资本流出流入，但也是一种直接投资。

2. 国际证券投资。国际证券投资是指通过在国际债券市场购买中长期债券或者在国际股票市场上购买外国公司股票来实现的投资。国际证券投资者可以是国际金融机构、政府、企业和个人。对于一个国家来说，在国际证券市场上出售债券和股票，意味着资本流入，称为筹资。在证券市场上买进债券和股票，意味着资本流出，称为投资。证券投资对企业并无管理控制权，它只是向投资者提供长期的收益，即使是购买股票的投资也没有达到能够控股的比重，只能收取债券或股票的利息、红利或从有价证券的买卖差价中获得利润。因而，证券投资具有以下特点：（1）在国际证券市场上发行债券，构成发行国的对外债务。（2）国际证券可以随买随卖或转让，具有市场性和流动性。（3）投资者购买债券和股票，是为了获得利息和红利。

国际证券投资： 通过在国际债券市场购买中长期债券或者在国际股票市场上购买外国公司股票来实现的投资。

3. 国际贷款。国际贷款是指一年以上政府贷款、国际金融机构贷款、国际银行贷款和其他贷款。

（1）政府贷款。政府贷款是一个国家政府向另一个国家政府提供给经济建设或指定用途的贷款，属于双边性贷款。政府贷款利率低、期限长，具有利率优惠性质。这类贷款需由贷款国对贷款项目或专门用途进行严格审查，并由借款国政府或中央银行担保，以保证投资的安全，防止资金盲目流动。

国际贷款： 一年以上政府贷款、国际金融机构贷款、国际银行贷款和其他贷款。

（2）国际金融机构贷款。国际金融机构贷款包括区域性国际金融机构和世界性国际金融机构两种贷款，前者如亚洲开发银行、非洲开发银行等区域性银行对本地区会员国的贷款，后者如国际货币基金组织、世界银行及附属机构对会员国所提供的各种贷款。国际金融机构的贷款不以直接盈利为目的，具有援助性质，其贷款手续严格，并属于专项贷款。贷款利率视其资金来源以及贷款接受国的国民收入水平而定，一般利率较低期限较长。

（3）国际银行贷款。国际银行贷款主要是指国际商业银行提供的中长期贷款。这种贷款以盈利为目的，可由一家银行单独提供，也可由若干家银行组成辛迪加银团提供。它的用途自由、金额大、期限长，但利率和费用比较高。

（4）其他贷款。其他贷款包括出口信贷和租赁信贷。国际贷款体现出国际上的借贷关系，从债务人角度看是资本的流入，从债权人角度看是资本的流出。

国际借贷有以下特点：（1）构成借款国的对外债务。（2）不涉及在外国建立生产经营实体或收购股权，也不涉及国际证券的买卖。（3）贷款收益是利息和有关费用，风险主要由借款者承担。

（二）短期资本流动

短期资本流动是指期限为一年或一年以内的资本流动。主要是通

短期资本流动： 期限为一年或一年以内的资本流动。

过各种信用工具来进行的。信用工具主要包括政府短期债券、可转让银行定期存单、银行票据、商业票据以及银行活期存款凭证等。短期资本流动包括以下三种类型：

短期资金流动类型：资金调拨流动、保值性流动和投机性流动。

1. 资金调拨流动。其主要包括银行资金流动和贸易资金流动。银行资金流动是指由各国经营外汇的银行和其他金融机构之间资金调拨而引起的国际资本转移。主要指各国经营外汇业务的银行，由于外汇业务和牟取利润的需要，经常不断地进行套汇、套利和掉期，外汇头寸的抛补和调拨，短期外汇资金的拆借，国际银行同业往来的收付和结算。贸易资金流动是指国际进出口贸易往来的资金融通和资金结算引起短期资本流动，具有单向不可逆转性。

2. 保值性流动。它是指为保证短期资本的安全性和盈利性，采取各种避免或防止损失措施而引起的国际间资本转移。这种资本流动和政治、经济因素关系密切。一国政局不稳，或者经济状况恶化，货币可能贬值容易导致资本外流。另外，一国外汇管制严厉，资本运用受到限制，发挥不了应有的效益，资本就会流往外汇管制比较松的国家。

3. 投机性流动。它是指根据国际金融市场利率、汇率、证券和金融商品价格的变动差异的预期，进行各种投机活动而引起的国际资本转移。投机性资本流动取决于两个因素：汇率和利率。如果预期汇率发生变动，就会在币值较低时买进、币值较高时卖出；或者币值较高时卖出、币值较低时买进，以赚取汇差。如果两国短期利率发生差异时，将资金由利率较低的国家转移到利率较高的国家，以赚取差额利润。投机性资本流动的目的在于获取价差收益。

四、国际资本流动的原因

（一）国际资本的供给方面

国际资本的提供者都是一些富裕的发达国家，这些发达国家经济增长速度放慢，国内投资场所日益萎缩，投资收益下降，出现了大量过剩资本；有些发达国家财政赤字难以消除，于是增加货币发行量，这就加剧了国际资本膨胀；欧洲货币市场的不断发展，吸引了大量的国际游资，并加速了国际资本的流通；浮动汇率制使从事外汇投机的货币数量迅速增长，促进国际资本市场的进一步扩大。这些都使国际资本的供给变得充裕。

（二）国际资本的需求方面

对于发展中国家来说，资金是一种非常稀缺的资源，资金的来源主要靠本国储蓄来实现。但如果储蓄率无法维持本国经济的发展，这个缺口只能由外资弥补。一般来说，长期资本的形成主要靠国内储蓄，短期资本的供给来自国际资本。发展中国家由于国内收入少，储蓄不多，只有利用外资来加速经济增长和技术进步，以促进国内长期资本的形成，这就使对国际资本的需求持续保持旺盛。

一方面国际剩余资金供给充裕；另一方面对国际资金需求旺盛，这是国际资本流动的基本原因。

（三）国际资本流动的其他原因

国际资本流动具体还受以下几个因素的影响：

1. 对高额利润的追求。资本投入的首要目标是赚取利润。除了贸易支付和政府间贷款、国际金融组织贷款外，其他类型的国际资本流动都是为了追求高额的利润。哪里能获得高额的利润，资本就流向哪里，尤其是长期资本的流动，更是如此。不同的国家和地区，由于劳动力价格、原材料价格、运输成本、市场条件和政策环境等都有很大的差异，因此，同样的资本投入额所产生的利润额并不相同，这就造成了资本由利润率低的国家和地区向利润率高的国家和地区流动的趋势。

2. 国际风险因素。国际资本流动的一个重要原则就是安全性，即资本在任何地方投入都应考虑到资本本身的风险。国际风险是指跨越国境从事信贷、投资和金融交易可能蒙受损失的风险。投资者在进行国际投资时，风险因素分析是投资评估的必不可少的环节。一般情况下，投资者在收益率一样时，总是愿意持有风险较小的资产；而在风险相同时，则总是追求收益率更高的资产形式，这就是在风险与收益率关系之间的最一般的选择。不管资本是投入本国还是外国，如果那里的政局动荡，有可能随时造成资本受损甚至被没收，那么即使眼下利润率很高，也应该把资本转移到其他安全的国家和地区。另外，如果资本投入的国家经济形势恶化，通货膨胀严重，货币有明显的贬值趋势，不仅导致利润率下降，而且还可能亏损而危及本金，那么资本也应该向别的安全的国家和地区转移。上述这两种情况都造成了国际资本的流动。

3. 汇率因素和利率因素。利率和汇率是市场经济运行中的两大经济杠杆，对国际资本流动的方向和规模有十分重要的影响。利率的高低在很大程度上决定了金融资产的收益水平，汇率的高低与变化改变了资本的相对价值。利率与汇率之间的关系是：一国提高利率，短期内其货币币值就上升；一国利率下降，其币值就下降。利率和币值在短期内呈正比关系，两者同升，有利于资本内流；两者同降，使资本外流。

4. 经济政策因素。一国政府为了吸引或控制国际资本的流入或流出所制定的经济政策对国际资本流动的影响很大。另外，一国政府的经济发展计划、货币政策、财政政策等也会对国际资本流动产生影响。

5. 由于其他因素造成的资本国际流动，如投机、规避贸易保护、国际分工等因素。

五、国际资本流动的收益分析

我们先建立一个模型（见图9-1），横轴代表 A、B 两国的资本总供给量，OA 为 A 国国内投入的资本总量（存量），O′A 为 B 国国内投入的资本总量（存量），纵轴代表 A、B 两国的资本边际生产率（或收益率），斜线代表着资本边际收益递减规律。

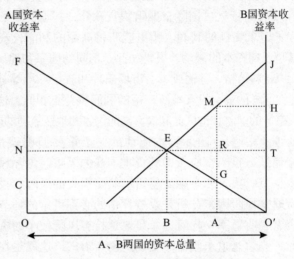

图 9-1　国际资本流动收益分析

通过图 9-1，我们对模型的经济/福利分析如下：

1. 在封闭条件下，发生资本流动前，（1）A 国的资本收益率为 OC，总产量为 OFGA，其中，OCGA 为资本要素收入，CFG 属于其他生产要素。（2）B 国的资本收益率为 O′H，总产量为 O′JMA，其中，O′HMA 是资本要素收入，HJM 为其他要素收入。

2. 在开放条件下，产生资本流动，（1）B 国资本收益率高于 A 国，因此 A 国的资本流入 B 国，直到两国资本收益率相等为止。（2）当 AB 数量的资本流入 B 国后，两国资本收益水平在 E 点达到均衡，ON = O′T（两国资本边际生产率相等，资本收益率相等）。（3）A 国的国内产量为 OFEB，其中，留在国内的资本收入 ONEB，其他要素收入 NFE，国内产量比资本流动前减少了 BEGA；不过，要考虑流动到 B 国的资本收入 BERA，这样，A 国资本总收入为 ON-RA，A 国净利得 ERG。（4）在开放条件下，B 国为资本输入国，资本量增加到 O′B，国内产量为 O′JEB，增加部分为 BEMA，扣除 A 国流动到 B 国的资本收入 BERA，B 国净利得 ERM。

由以上分析我们可以看出，在资源总量不变的情况下，由于资本的国际流动，资源配置更合理，A、B 两国都得到好处。如果只有 A、B 两国，那么世界的总产量也将由资本流动而得到增加。另外，随着资本流动，两国资本的边际收益率趋于相等（ON = O'T）。

国际资本流动的利益分配是国际资本流动理论中的重大问题，因此而产生的跨国公司在今天的世界经济中有着重大的影响。

六、国际资本流动的影响及控制

（一）国际资本流动的影响

一般来讲，资本流动对资金外流国家或资金内流国家都有很大影响。在错综复杂的经济活动中，有时是有利的，有时是不利的。从实际情形来看，国际资本流动能促进全球经济效益的提高，调节各国国际收支的不平衡，可以缓和个别国家内部或外部的冲击。但国际资本流动也会对世界经济产生消极的影响，由于货币运行与商品资本运动相分离的结果，使国际资本大规模膨胀，货币供应量远远超过经济增长的需要，于是多余的资金便脱离商品资本运动的轨道而游离于国际资本市场，成为谋取投机利润的资本，这些资本为追逐利润不断冲击各个市场，破坏汇率平衡，加大通货膨胀压力，导致国际金融危机。

国际资本流动不仅对世界经济产生影响，而且对资本的输出国和输入国也有深远的影响。

1. 对资本输出国的正面影响主要表现为：（1）能提高资本的使用效率；（2）资本输出不仅表明该国经济实力雄厚，而且还能提高其国际经济地位；（3）有利于克服贸易保护主义；（4）可以带动货物和服务的出口。

2. 对资本输出国的负面影响主要包括：（1）资本输出面临着较大的风险；（2）大量的资本输出可能妨碍国内经济的发展，削弱国内资金的供给能力；（3）资本输出同时把先进技术装备和现代管理方法带入输入国，增加了潜在的竞争对手；（4）丧失国内部分经济效益；（5）减少本国就业机会。

3. 对资本输入国的正面影响主要表现为：（1）缓和资金短缺的困难，扩大本国的投资能力，加快经济建设步伐；（2）引进国外先进的生产和管理技术，扩大本国生产能力，提高工业化水平；（3）扩大产品的出口创汇能力，有利于本国开拓国际市场，改善国际收支状况；（4）开辟新的就业领域，增加就业机会。

4. 对资本输入国的负面影响主要包括：（1）大量外国资本渗透到

国民经济的重要部门，有可能损害本国经济发展的自主性；（2）过度地利用外债，可能造成本国沉重的债务负担；（3）外资的进入会挤占当地的销售市场，并对自然资源进行掠夺性的开采。

（二）国际资本流动的控制

国际资本流动对各国经济和世界经济的发展既可能产生积极影响，也可能产生消极影响。因此，各国政府和国际经济组织都希望采取有效的控制手段，促进那些有利的资本流动，限制不利的资本流动。当今世界各国控制资本流动的主要方法有以下四种：

1. 实行外汇管制。外汇管制是指一国政府为平衡国际收支，维持汇率稳定，以及其他政治经济目的而对境内和其管辖范围内的外汇交易实行限制。各国政府可对外汇市场进行干预，或实行外汇管制，以限制资本流动，特别是投机资本流动。对于一国来说，无论是资本的大量外逃还是大量涌入，都会破坏其国内金融市场正常的货币流通和信贷投资活动，妨碍该国金融政策的实行。因此，绝大多数国家都实行外汇管制来控制资本流动，稳定本国的金融市场。

2. 政府颁布一些限制资本流动的法令、条例和政策。各国政府可根据国民经济发展的需要，制定一系列的政策和法规，以引导或控制国际资本流动的方向。需要大量引进外资时，从政策上给外资一定的优惠和倾斜。若要控制外资进入时，从法规上严格外资准入条件。

3. 确定利用外资的适度规模。各国政府可综合考虑国际惯例和基本国情，适度地利用外资。利用外资规模过小，不利于本国经济发展，可以适当放宽对资本流动的限制。利用外资规模过大，会出现偿债困难，需增强对资本流动的限制。

4. 加强国际的政策协调，发挥国际金融机构的作用。由于金融交易相对自由和金融市场国际化，各国货币、财政政策的不协调，使各国金融市场汇率和利率相差悬殊或波动频繁，促使资本为寻求利润最大化而大规模流动。因而，加强国际的政策协调，发挥国际金融组织的控制作用，对于限制资本流动、维护金融市场稳定具有重要的作用。

国际间接投资： 一国借助于国际资本市场，通过资本的贷放行为来谋求资本保值与增值的一种盈利性金融活动。

第二节　国际间接投资

进入20世纪80年代、90年代以后，全球金融市场进一步开放，一体化倾向日益加强，国际性的金融资产越来越成为对人们具有强烈吸引力的投资工具。国际信贷市场稳步成长，国际债券市场也以惊人的速度膨胀，尤其是欧洲货币与资本市场的兴起和繁荣。

一、国际间接投资的概念和类型

国际间接投资是指一国借助于国际资本市场，通过资本的贷放行为来谋求资本保值与增值的一种盈利性金融活动。目前国际间接投资主要包括国际证券投资和国际贷款两种类型（详见本章第一节）。

国际间接投资类型：国际证券投资和国际贷款。

二、国际间接投资发展的新特点

随着经济国际化的发展，特别是跨国公司、跨国银行的发展，国际金融市场全球化，从而突破了国际金融主要依附和服务于国际贸易的旧格局，国际间接投资日益显示出其促进和调节世界经济的独特作用，并具有一些新的特点。

1. 国际间接投资的数量大幅度增长。

2. 发达国家间的投资占主要地位，主要表现为：（1）发达国家间的投资资本双向渗透进一步加强；（2）各国向美国投资迅速增长。

3. 国际间接投资流向逆转，出现发展中国家向发达国家投资的趋势。

4. 国际上的货币资本脱离世界生产和国际贸易活动而形成单独运动。近几年来，每年的国际资本交易额相当于国际贸易额的 30 倍左右，国际资本已脱离世界生产和国际贸易而单独运动。这种脱离商品移动的货币量剧增的趋势，给世界经济带来了很大的影响，尤其是国际金融市场动荡不安，具有破坏性。

5. 资金需求增加。（1）发达国家国内资金需求增加。（2）发展中国家和地区对外部资金的需求增加。一方面，债务国还本付息额增大；另一方面，新兴工业国和地区经济保持发展势头，在国际市场上融资的规模也在不断扩大。（3）苏联、东欧国家发生剧变后，经济迅速转轨，急切要求与西方建立新的经济关系，成为国际资本市场上的需求大户。

6. 国际资本将更多地流向投资环境较好的发达国家和新兴工业国家或地区。

7. 融资工具多元化趋势进一步发展，国际商业银行贷款比重将继续下降。

三、国际借贷与跨时均衡

国际间接投资不直接操纵或影响资金的实际运行，无论是国际借贷还是国际证券投资，投资者只是作为债权人，他关心的是投资的收益，所以国际间接投资是纯金融资产的流动。下面建立一个简单的模型，以国际借贷为例，说明资本流动的发生机制。

在生活中我们通常以银行贷款的方式买房子，但是我们必须随后向银行还贷，但是通过借贷我们就可以现在买房子了（如果没有银行贷款，只能是未来有了足够的收入才能买得起房子）。银行之所以愿意将货币资本贷给我们是为了获得除了本金之外的利息收入。经济学中把投资视为一种推迟消费的行为，即进行投资就是用目前的商品去换取未来的（通常是更多的）商品。国际借贷和国内的借贷本质是一样的，无非是发生在不同的国家之间。

现在假定某个国家只生产一种商品，这种商品只有两个生产时期：现在和未来。如果选择现在生产，我们就定义生产的是"现在商品"，如果选择未来生产，我们就说生产的是"未来商品"。

这样就可以得到一条跨时生产可能性曲线（见图9-2）。它表示了某一消费商品的当前生产和未来生产之间的转换关系，和普通的生产可能性曲线是一样的。在图9-2中，KK′就是跨时生产可能性曲线，E点是封闭条件下的一般均衡点，显然E点处的斜率就表示在无国际借贷下的现在商品和未来商品的相对价格。在现实中通常用实际利率来表示这种相对价格。比如E点处的相对价格（斜率）为1.2，即放弃1单位现在商品可以换得1.2单位未来商品，或者说1单位现在商品将来值1.2单位，那么实际利率是20%。不同的国家的跨时生产可能性曲线的形状是不一样的，有的国家可能偏向生产现在商品，有的国家可能偏向生产未来商品。

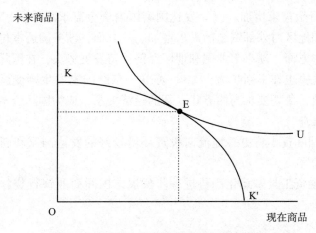

图9-2 跨时生产可能性曲线与封闭均衡

显然，如果两个国家的现在商品与未来商品在封闭条件下的相对价格（即实际利率）不同，那么开放之后显然这种差异就带来了贸易机会，也就是说如果甲国的现在商品相对价格低于乙国，那么甲国在现在商品上具有比较优势，根据比较优势原则，开放之后甲国将"出口"现在商品，"进口"未来商品，乙国则相反。以乙国为例，开放后要"进口"现在商品，但乙国如何实现这种超前消费呢？国际借贷可以实现这种不同国家间的跨时贸易，通俗地讲，甲国可以给乙国贷款，这样乙国从甲国借款就实现了在即期消费更多的商品的权利。

国际借贷，一个国家贷款给另一个国家，实际上是一个国家的居民给另一国家的居民在今天超前消费的权利，当然这种权利的获得是要求同时"出口"未来商品，即将来偿还一个可以购买更多商品的金额（即未来偿还量是本金和利息）。所以国际借贷（比如甲国贷款给乙国）就可以理解成甲国用"现在商品"（放款）去换取 B 国的"未来商品"（本金和利息），如果实际利率是 r，那么未来偿还量就是现在借入量的（1 + r）倍。

在现实中，一个在生产未来商品上具有比较优势的国家，在没有国际借贷时，其现在商品与未来商品的相对价格较高，或者说其实际利率比较高，如果国家间可以借贷，这个国家就会成为资本的借入国，资本的贷出国可以获得较高的利息回报。高利率和高投资回报率是一致的。

四、国际间接投资发展的动态经济效应

国际资金流动的影响往往深入社会经济的各个层面。从时间上看，有些影响或许是短期的，有些影响则可能是长期的。因此，用动态眼光、从多重侧面考察国际借贷的经济效应就显得十分必要。

（一）对经济稳定性的影响

政治、经济环境变动或诸如此类的事件，都可能引起无法预料的国际资金流动，这是各国经济容易遇到且难以控制的一种冲击。这种冲击由于会引起货币供应量骤增或骤减而存在造成国内经济动荡的危险。资金突然流入致使投放于经济的货币供应量增加，导致利率下降并使支出扩大，其可能出现的最终后果是通货膨胀。反之，资金流出具有使货币供应量外流的危险，从而引起经济衰退。当然，冲击程度尚取决于一国实行的汇率制度，但可以预见，在易于发生变幻不定的资金流动的情形下，不论是对于流出国还是流入国，其宏观经济的稳定性都有可能受到考验。

（二）对资本积累的影响

资本积累最终取决于经济增长速度和储蓄水平，因而一国生产能力和生产效率的状况，是其日后进行大规模资本积累的起点。一般来说，当一国拥有过剩劳动和良好投资机会但资金匮乏时，如果它能从国外借得资金，那么就可以利用这些资金扩大国内投资，或者利用这些宝贵的外汇进口新的资本品并取得相应的技术援助，于是便可开拓新的投资项目。一旦投资项目投产运行，国家便获得现实的生产能力，除偿还债务外，这些投资项目所赚取的利润成为未来国内资本积累的重要源泉。此外，资金流入往往与技术输入相伴而行，技术援助通过改善人力资源的形式来确保流入资金的充分有效利用，促进经济增长。因此，这种与资金流动相联系的弥补人力资源缺口的过程也是增强国内资本积累能力的过程。

对于资金流出国，从表面上看，随着资金的外流，降低了国内投资水平。然而，由于这些国家资本存量充足，投资机会有限，因而国内投资的边际收益缺乏吸引力。若以部分资金贷往国外，所获取的利息可能高于国内投资的利润，日后，当这些利息收入转化为资本时，其资本积累非但没有受到损害，反而得到增加。

（三）对经济国际化的影响

传统的自我封闭型经济的瓦解，在很大程度上与资本的国际运动相联系。历史上，资本的输出为资本主义世界经济体系的形成做出了特殊的贡献，今天，作为经济沟通的重要渠道，资金流动仍然是推动经济国际化的主要力量之一。通常，国际资金流动至少在以下两个方面对于一国经济的国际化发挥作用：

1. 国际借贷是一项技术性强的业务，受到各种国际惯例的约束，并需遵循严格的程序和规则来进行。因此，一个国家在进入国际资本市场时，必须在国内金融政策和金融体制上做出相应准备，例如，改革会计制度，以及银行业务的标准化等。所有这些措施都有利于国内金融市场与国际接轨。

2. 在进行跨国借贷时，资金所有者尤其重视投资风险，所以，一国欲在国际市场上筹措资金，必须付出努力让贷款人相信其资金是安全的并能到期得到偿付及按约定取得利息，而且，资金的使用常常还需接受贷款人的监督。因此，一国在使用外来资金时，可能会在管理思想和管理体制上进行一定的变革，吸纳国外先进的管理经验和管理方法，这同样是一国经济走向国际化的重要步骤。

第三节 国际直接投资与跨国公司

国际直接投资是当今国际经济学中最为敏感的一个领域。随着第二次世界大战后经济全球化的发展，国际直接投资的规模日益扩大，使一国经济越来越成为世界生产过程的一部分，同时加深了世界各国在经济上的相互依赖。跨国公司（Multinational Enterprises，MNEs）是指通过对外直接投资在其他国家和地区设立分支机构或公司，从事跨国界的生产与经营活动的大型垄断企业。可见，跨国公司以对外直接投资为向外扩张的主要手段。

跨国公司：通过对外直接投资在其他国家和地区设立分支机构或公司，从事跨国界的生产与经营活动的大型垄断企业。

一、国际直接投资的方式

国际直接投资，是以控制企业经营管理权为核心，以获得利润为主要目的的资本外投。从不同的角度，可以将国际直接投资划分成不同的类型。

（一）按照子公司与母公司的生产经营方向分类

1. 水平型投资。水平型投资，也称横向型投资（Horizontal Investment），是指企业到国外投资，建立与国内生产和经营方向一致的附属机构，同时这些国外附属机构能够独立完成产品的全部生产与销售过程。它一般适用于机器制造业和食品加工业。

2. 垂直型投资。垂直型投资，也称纵向型投资（Vertical Investment），是指企业到国外建立与国内的产品生产有关联的子公司，并在母公司与子公司之间实行专业化协作。垂直型国际直接投资又可细分为两种形式：一种是子公司和母公司从事同一行业产品的生产，但分别承担同一产品生产过程的不同工序；另一种是国内国外企业从事不同的行业，但它们互相衔接、互相关联。前一种形式多见于汽车、电子行业，后一种形式在资源开采和加工行业中较多出现。

3. 混合型投资。混合型投资（Mixed Investment），是指企业到国外投资建立与国内生产和经营方向完全不同、生产不同产品的子公司。目前世界上只有少数的巨型跨国公司采用这种形式。如美国的埃克森石油公司，不仅投资于石油开采、精炼和销售，而且还投资于石油化工工业、机器制造业、商业和旅游业等。

国际直接投资按照子公司与母公司的生产经营方向分为水平型投资、垂直型投资和混合型投资。

（二）按照投资者对外投资的参与方式分类

国际直接投资按照投资者对外投资的参与方式分为独资经营、合作经营、合作经营和合作开发。

1. 独资经营。独资经营，是指完全由外商出资并独立经营的一种国际直接投资方式，它在国际直接投资领域历史悠久且迄今仍被经常采用。独资经营企业，又称独资企业（Wholly-owned Enterprise），由外国投资者自主独立地经营，自己承担风险，东道国不参与生产经营管理活动。从管理的权限来看，独资企业具有充分的自主权，独资企业的组织形式、生产活动、销售活动、工资福利、职工聘用与解雇等，均由外国投资者依据东道国法律自主决定。

从设立条件来看，东道国政府对独资企业掌握尺度较严，各国关于设立独资企业的法律和政策大多规定：独资企业的设立必须有利于本国国民经济的健康发展，如调整国内产业结构，增加就业机会，促进国民经济良性循环等；独资企业必须采用先进技术，即独资企业采用的必须是东道国尚未掌握的先进技术；独资企业的产品要全部或大部分出口；必须有东道国参加的行业（如矿山开发、工业基地开发、生产有配额限制的行业），不允许设立独资企业；有些行业则严禁设立独资企业，如武器制造业和转移污染行业。有的发展中国家如印度尼西亚不允许设立独资企业，鼓励设立合资企业。

独资企业必须依照东道国的法律进行投资活动和生产经营活动，取得东道国的法人资格，并在东道国法律的保护和约束下，享有充分的自主权。所以，一般地说，独资企业不是外国的企业、外国法人，而是东道国的企业和法人。各国政府在保护独资企业的同时，还对独资企业实行必要的管理和监督，其目的在于保护国家主权和国家利益。各国政府除行使必要的、法律规定的管理职能外，一般不越权干涉独资企业的经营活动。

一般地说，生产规模大、技术水平高、在国际市场竞争中处于垄断优势地位的大型跨国公司，倾向于以创立独资企业的形式进行对外直接投资。跨国公司在东道国建立的附属机构一般有以下形式：

（1）国外分公司（Overseas Branch），是指一家母公司为扩大生产规模或经营范围，在东道国依法设立的，并在组织与资产上构成母公司的一个不可分割部分的国外企业。它本身在法律上和经济上没有独立性，即不具有法人资格。所以，设立分公司对总公司在纳税上具有一定的优惠，如许多国家规定，对于来自国外分公司的所得或亏损是并入总公司的盈亏额一起计算应纳所得额的。因此，如果国外分公司发生了亏损，则该亏损额可以从其总公司税前利润中扣除，然后总公司再进行纳税。再如，许多国家税法规定，对外国分公司汇出的利润一般不作为红利而缴利润汇出税，只缴所得税；但子公司汇出的利润不仅要缴所得税，而且必须缴利润汇出税，即两次缴税。

（2）国外子公司（Wholly-owned Subsidiary），是指由母公司投入全部股本，依法在东道国设立的独资公司。它虽然受母公司控制，但在法律上是独立的企业法人。由于子公司是一个完整的公司，具有独立性，设立手续比较复杂，费用也较高。

（3）国际避税地公司（Subsidiary in Tax Haven），是指母公司在外国投资者能够赚取利润或拥有财产而无须缴纳高额税款的国家或地区，即无税或低税的国家或地区，设立一个子公司，并把在海外经营所得的一部分甚至全部汇到这个子公司，而不汇回国内母公司，这样母公司可以在其所属国免缴所得税而在子公司少缴或不缴所得税，从而达到"合法"逃税的目的。目前，属于避税地的国家和地区主要有巴哈马、百慕大、开曼群岛、瑙鲁、巴拿马、哥斯达黎加、牙买加和中国香港等。

2. 合资经营。合资经营，是国际直接投资中常见的一种方式。它是指两个或两个以上不同国家或地区的公司、企业或其他经济组织依据东道国的法律，并经东道国政府批准，在东道国境内设立的、以合资方式组成的经济实体。合资企业（Joint Venture）具有法律上的独立人格，即法人资格，能以自己的名义享受权利、承担义务。

一般来讲，生产规模小、技术水平不很高、在国际市场竞争中无垄断优势的小型跨国公司，偏向以建立合资企业的形式进行对外直接投资，其目的在于占领东道国市场，并获得东道国政府的支持。合资企业既可以通过新建投资项目的方式设立，也可以通过购买东道国企业股权的方式设立。

合资企业与其他国际投资形式相比具有以下特点：资本由合资各方共同投资；生产经营由合资各方共同管理，根据出资比例，合资各方共同组成董事会；合资各方共享收益，共担风险。

3. 合作经营。合作经营，是指两国或两国以上的投资者，在签订契约或合约、协议基础上建立起来的各种国际经济合作形式的简称。其中，合作生产、合作制造、合作技术投资等合作经营联合体因没有组成统一的经济实体，所以不具有法人的地位。只有组成统一经济实体的合作经营企业（Cooperative Enterprise）才具有独立的法人地位，受到东道国的法律保护。

从法律的角度看，合作企业是契约式合营企业，其基础是合作经营企业合同。与合资企业相比，合作经营企业的经营方式更灵活多样，投资条件更易为合作双方接受，收益分配方式更加灵活。对东道国来说，合作企业是利用外资的一种简便而有效的形式；就对外投资者而言，合作企业也是一种灵活有效的对外直接投资形式。

4. 合作开发。合作开发（Cooperative Development），是资源国通过招标方式与中标的一家或几家外国投资开发公司签订合作开发合同，明确各方的权、责、利，联合组成开发公司，对资源国石油等矿产资源进行开发的又一种国际经济合作的经营方式。合作开发期限一般不超过 30 年。

大型自然资源开发项目的投资额度一般很大，技术水平要求也很高，仅靠一国的资金和技术往往很难完成，即使是发达国家也是如此。对投资多、风险大、利润高的合作开发项目，东道国（即资源国）政府的管理一般较严，除以上原因，还因为合作开发涉及东道国自然资源的开发。国家对本国的资源享有永久主权是现代国际公认的准则。外国投资者与东道国进行合作开发，要由资源国政府批准，给予特许权。政府有关主管部门的职权是：确定合作领域和面积；选择合作对象；制定合作开发规则；审批合作开发总体方案。资源国政府通常指定某一政府经济机构或国有企业作为代表，与国外投资者从事合作开发业务。

由于当前发达的工业国能源短缺，而一些资源国对海底石油（气田）的勘探、开发能力又比较薄弱，因此目前国际上进行的合作开发项目，主要是海上石油（天然气）资源的勘探和开发。

（三）按照企业对外直接投资的进入方式分类

国际直接投资按照企业对外直接投资的进入方式分为新设投资和并购投资。

1. 新设投资。新设投资，即所谓的"绿地（Greenfield）投资"，投资者在东道国设立新的企业，新设的企业主要是独资企业，也可以是合资企业。

2. 并购投资。并购是兼并（Merger）与收购（Acquisition）的简称。"兼并"是指两家或更多独立的企业、公司合并组成一家企业，通常由一家占优势的公司吸收另一家或更多的公司。兼并的一般结果是被兼并的企业丧失法人资格，也可能是兼并企业和被兼并企业都解散，双方产权合在一起，重新成立一个企业，获得一个新的法人资格。"收购"是指一家企业通过收买另一家企业部分或全部资产和股份，取得另一家企业控制权的交易行为，一般要买下 10% 以上的股份。

二、国际直接投资发展的新特点

（一）金融危机对国际直接投资影响深远

2008～2009 年的全球金融危机以及欧洲主权债务危机对国际直接投资带来了持续而深远的影响。在国际直接投资流入量于 2007 年达到最高峰之后，2008 年和 2009 年分别环比下降了 9% 和 33%。2010 年和 2011 年国际直接投资有所恢复，2011 年增长 16%，但

2012～2014 年国际直接投资连续三年下降。

（二）跨境并购和绿地投资占主导

2021 年，投资者对工业和全球价值链的信心依然不足。绿地投资项目数量下降 1 个百分点，投资价值增长 7%。相关行业（如电子产品）的新项目数量进一步下降。其他工业部门的绿地投资活动平均仍比疫情前的水平低 30%，只有信息和通信（数字）部门已经完全恢复。跨境并购（M&A）的复苏在服务业中最为明显，其中信息和通信行业的并购交易数量增加了 50% 以上，占总数的 1/4。

（三）行业复苏不均，基础设施行业投资强劲

2021 年，得益于有利的长期融资条件、复苏刺激计划和海外投资计划，投资者对基础设施行业的信心强劲。国际项目融资交易的数量增长了 53%，价值增长了 91%，在大多数高收入地区以及亚洲、拉丁美洲和加勒比地区都出现了相当大的增长。相比之下，投资者对工业和全球价值链的信心依然不足。

（四）主权财富基金显示投资发展的潜力

2022 年，风险投资减少和巨额交易重现是主权财富基金投资的主要特点，全球主权财富基金的投资金额增加了 38%，在 427 笔交易中投入 1525 亿美元，是 2014 年以来第二活跃的一年。其中，只有 20% 的资本流入了发展中经济体。具体投资领域上，2022 年，主权财富基金整体对医疗保健、消费和科技兴趣下降，但对基础设施（主要是交通运输）、能源、工业和金融类股的需求有所增长，房地产则维持了前期水平。从主权财富基金的长期投资和战略投资导向来看，似乎倾向于选择投资发展中国家的生产部门，特别是最不发达国家的生产部门。主权财富基金具有规模，有能力投资基础设施发展和农业生产力升级，这两者对很多最不发达国家的经济发展都十分关键。主权财富基金也有能力投资工业发展，包括建设绿色增长工业。为加大对这些领域的投资，主权财富基金可以同东道国政府、发展融资机构或其他可为项目带来技术和管理能力的私营部门投资者进行合作。

（五）发达经济体外资流入量显著回升

2021 年全球跨境投资较 2020 年大幅增长 64%，达到 1.58 万亿美元，但也面临巨大的下行压力。发达国家和发展中国家吸引外国直接投资出现明显分化，进一步加剧南北发展不平衡问题。发达国家吸引外资增长了 200%，占全球跨境投资增长的近 70%。发达国家 FDI

流入额呈现增长趋势，其中，北美洲增长强劲，2021 年 FDI 流入额达到 4270 亿美元。同时，发达国家 FDI 流出额也呈现增长趋势，欧盟及北美增长速度较快，分别达到 3980 亿美元和 4930 亿美元。其中，美国是最大的外资吸收国，其外国直接投资增长了 114%，达到 3230 亿美元，其中跨境并购的价值几乎增加了两倍，达到 2850 亿美元。欧盟的外国直接投资增长了 8%，但流量仍低于疫情前的水平（见表 9−1）。

表 9−1　　　　2019～2021 年不同经济体 FDI 概览　　　单位：十亿美元

地区及经济体	FDI 流入额			FDI 流出额		
	2019 年	2020 年	2021 年	2019 年	2020 年	2021 年
全球	1481	963	1582	1124	780	1708
发达经济体	764	319	746	737	408	1269
欧盟	402	210	138	368	66	398
北美	275	174	427	108	281	493
发展中经济体	716	644	837	387	372	438
非洲	46	39	83	5	−1	3
亚洲	552	563	690	613	515	611
拉美及加勒比	159	86	134	47	−5	42
新兴市场	710	637	866	449	418	567

资料来源：UNCTAD。

（六）发展中经济体外资流入量整体增加，区域间出现分化

2021 年，发展中国家的吸引外资只增长了 30%，最不发达国家、内陆发展中国家吸引外资较 2020 年减少 3.5%。报告表示，2021 年流入亚洲发展中国家的外国直接投资增长 19%，创 6900 亿美元的历史新高，占当年全球外国投资流入的 40%。其中，中国是主要外资流入目的地，达到创纪录的 1790 亿美元，增长了 20%。其次是中国香港、新加坡、印度、阿联酋和印度尼西亚。巴西的外国直接投资从 2020 年的低水平翻了一番，达到 580 亿美元，但流入量仍略低于疫情前的水平。东盟恢复了其作为亚洲和全球外国直接投资增长引擎的作用，流入量增长了 35%，大多数成员国都有所增加。印度的外国直接投资下降了 26%，主要是因为 2020 年的大型并购交易没有重复。沙特阿拉伯受跨境并购增加的影响，外资流入翻了两番，达到 230 亿美元。南非受跨国公司 Naspers 与其在荷兰上市的投资部门 Prosus 之间进行了 460 亿美元的股票互换业务影响，流入南非的资金

跃升至 410 亿美元（2020 年为 30 亿美元）。

（七）投资自由化与促进投资政策进一步开放

2022 年投资政策制定活动激增，许多国家纷纷采取措施以应对预期的经济衰退，有利于投资的措施达 102 项，较上年翻一番。亚洲的新兴经济体（越南、缅甸、菲律宾等）在投资自由化领域最为活跃，外商投资进入限制放宽或消除的行业范围也越来越广，如航空、金融服务、采矿、房地产等。一些国家扩大了可私有化的范围（法国、印度尼西亚、津巴布韦、日本等），特别是在基础设施部门。还有一些国家改进了业务许可程序（安哥拉、乌克兰、哈萨克斯坦等），建立经济特区或提供其他形式的投资奖励（吉布提、哈萨克斯坦、肯尼亚等）。另一个值得注意的特点是外商投资法律的通过或修订，主要是一些非洲国家（埃及、南非等）。而各国新采用的投资限制或法规也反映出在国家战略性产业或农业用地领域的所有权以及国家安全方面的担忧。在世界经济复苏缓慢的进程中，各国都在进一步放宽投资自由化与促进投资政策，促进外资流入和国民经济发展。党的二十大报告也提出要推进高水平对外开放，依托我国超大规模市场优势，以国内大循环吸引全球资源要素，增强国内国际两个市场两种资源联动效应，提升贸易投资合作质量和水平。稳步扩大规则、规制、管理、标准等制度型开放。要做到合理缩减外资准入负面清单，依法保护外商投资权益，营造市场化、法治化、国际化一流营商环境。

国际投资协定（International Investment Agreements，IIAs）继续发挥投资促进的重要作用。构成国际投资法律体系的各类国际投资协定总计已达 6100 多个，过去几年里平均每周至少有 3 个这样的协定签署，这类协定已经成为各种国际规制制定中数量增长最快的规制。

三、国际直接投资理论

主流的国际直接投资理论大都以市场不完全竞争为假设前提，一是因为现实经济运行中不完全竞争市场更具普遍性；二是因为只有在不完全竞争市场上，企业才有可能拥有超出其他企业的市场支配力，以此解释企业对外直接投资优势才更具有说服力。以市场不完全竞争为前提的国际直接投资理论主要有海默和金德尔伯格的垄断优势论、尼克尔博克的寡占反应论、巴克莱和卡森的内部化理论及邓宁的国际折衷理论。日本学者小岛清则通过比较日本式对外直接投资与美国式对外直接投资的差异，提出了边际产业扩张理论。

国际直接投资理论：垄断优势论、寡占反应论、内部化理论、国际折衷理论、边际产业扩张理论。

（一）垄断优势论 （Monopoly Advantage Theory）

垄断优势论是最早研究对外直接投资的理论，是由美国经济学家海默（S. H. Hymer）1960年在其博士论文《民族厂商的国际经营活动——关于对外直接投资的研究》中第一次提出，并经其导师金德尔伯格（Charles P. Kingdleberger）完善。他摒弃了长期以来流行的国际资本流动理论惯用的完全竞争假设，从不完全竞争市场出发，根据厂商垄断优势和寡占市场组织结构来解释国际直接投资，研究发达国家企业海外直接投资的动机和决定因素，被誉为国际直接投资理论的先驱。

海默认为，一个企业之所以要对外直接投资，是因为它有比东道国同类企业有利的垄断优势，所以在国外进行生产可以赚取更多的利润。这种垄断优势可以分为两类：一类是包括生产技术、管理与组织技能及销售技能等一切无形资产在内的知识资产优势；另一类是由于企业规模大而产生的规模经济优势。

对外投资企业一旦拥有高水平的知识资产，它就能生产出差别产品。由于差别产品在竞争力上超过了同类产品，生产和经营这种产品的投资企业在投资和销售量方面就有一定程度的垄断权，由此可以确定比较高的价格，获得一定的高额利润，使其不论在何地设厂经营都具有垄断优势。因此，知识垄断优势是其向国外投资的主要动力。另外，拥有规模经济优势的企业，其承受风险的能力和开发新产品的能力都很大，仅靠国内生产无法解决大量产品的销售工作。除了出口，解决产品销路的最佳途径之一就是用对外直接投资进行市场开拓，即把它的产品系列分配到生产成本最低的国家去进行生产，并以此通过生产要素在全球范围内的合理配置而取得经济竞争优势。

1969年，金德尔伯格提出了与海默相似的观点。金德尔伯格进一步提出了现代市场的非完美性，他指出，"直接投资的兴旺必定是因为存在着产品或要素市场的不完全性（包括技术不完全性），或者存在着直接造成市场分割的政府或企业对竞争的某种干预"。市场不完全性给企业带来垄断优势，垄断优势又促成了企业对外直接投资。市场尤其是技术和知识市场极易出现的垄断是导致企业对外直接投资的根本原因。

垄断优势论集中以厂商特有的优势和寡占市场结构分析直接投资，可以较好地解释知识密集型产业对外直接投资和发达国家之间"相互投资"的现象，将企业竞争力的来源归因于不完全竞争市场中企业的垄断势力，而企业对外直接投资的动机则是更充分发挥其垄断优势。它不仅可以解释企业为了在更大范围发挥垄断优势而进行的水平投资，即在各国设厂生产同样的产品，还可以解释企业为维护其垄断地位将部分工序分离到国外的纵向投资或垂直投资，即把一种产品生产的不同工序分布在不同的国家进行。但垄断优势论只解释了企业进行海外直接投资的原因，但对企业为何不采取商品直接出口或技术转让的方式到海外扩展，没有作出进一步解释。这个理论也无法解释始于 20 世纪 60 年代的发展中经济体跨国公司的对外直接投资和发达经济体非寡头企业的对外直接投资。

（二）寡占反应论 （Theory of Oligopolistic Reaction）

美国学者尼克尔博克（F. T. Knickerbocker）在 1973 年发表的《寡占反应与跨国公司》一文中，通过对 187 家美国公司海外投资活动进行实证分析，发现其中有两个比较突出的特点：一是美国对外直接投资大多由具有一定垄断地位的跨国公司来完成；二是美国对外直接投资往往会出现"跟随效应"，即几家同行业的寡头企业纷纷同时或先后向同一地区投资。根据这一现象，尼克尔博克将对外直接投资分为两种，一种是具有垄断优势的跨国公司为扩大海外市场而从事的进攻性投资；另一种则是同行业中的其他企业为保住自己的海外市场而进行的防御性投资。

针对防御性投资，他提出了寡占反应论，将直接投资与企业的战略优势与市场行为联系起来。在寡占市场中，寡头企业的行为对其他企业具有一定的影响力。如果寡头企业率先在某一地区进行直接投资，就地生产销售产品，同行业其他企业对该地区的出口量就会减少，致使公司收益下降。如果寡头企业通过对外直接投资，扩大生产规模，而获得了新的竞争优势，就会使同行业其他企业的国内、国际经营均处于不利地位。为克服上述风险，其他企业不得不群起而攻之，在国外开设子公司，力求恢复原有市场份额和竞争地位。寡占反应论认为企业对外直接投资有助于提高或维护其竞争地位，扩大或保持其市场份额，另外企业在寡占市场结构中获得的竞争力还具有防御性的战略意义。

博弈论的研究进一步表明，在寡占市场中，当某一企业对外直接投资时，其他企业可选择的对策不仅仅局限于简单的跟随。根据自己的市场优势，企业还可运用交换威胁、动态竞争、串谋等多种策略维护自身的竞争地位。

（三）内部化理论 （Internalization Theory）

20 世纪 70 年代中期，英国、美国、瑞典和加拿大的经济学家提出了内部化理论。这些经济学家有英国的巴克莱（Buckley）和卡森（Casson）、美国的汉那特（Hennart）、瑞典的伦德格（Lundgren）和斯维登伯利（Swedenbory）、加拿大的麦克玛纳斯（Macmanus）。

1976年，英国学者巴克莱和卡森在《跨国公司的未来》一书中运用交易成本理论和垄断优势理论，正式提出了内部化理论，后来加拿大学者拉格曼（Alan M. Rugman）在1981年出版的《跨国公司的内幕》和1982年的《跨国公司新理论》中对其做了进一步的发展。

内部化理论的基本假设体系是：跨国公司体系代表一种协调相关经济活动和跨国公司间交易的可供选择的机制。并且，每当交易的一个内部组织的利益被认为超过了外部市场提供的利益时，国际生产、国际直接投资就有可能发生。因此，内部化理论预示：给定要素禀赋状态下，跨国公司的业务活动将与中间产品市场的失效程度有密切关系。内部化理论的目的就是根据中间产品跨国界交易的组织形式解释跨国公司的出现和迅速发展。

内部化理论认为，由于市场的不完全性，若将厂商所拥有的半成品、研究开发能力、营销技巧、管理才能、人员培训等"中间产品"通过外部市场来组织交易，则难以保证厂商获得最大限度的利润，于是将这种"中间产品"置于共同的所有权的控制之下，由企业内部转让，以内部市场来代替原来的外部市场组织交易。企业通过对外直接投资创造其"内部市场"的过程就是企业的内部化过程，而这一过程跨越国界便产生一种新型企业组织——跨国公司。跨国公司为了避免外部市场的不完全性而引起的不利因素，独占或寡占新技术、半成品等中间产品，积极开展对外直接投资，将这些中间产品通过投资者的内部渠道进行转让，以实现跨国公司总体利益最大化。

内部化理论的内核来源于美国经济学家科斯（Coase）于1937年发表的《企业的性质》一文中提出的科斯定理（Coase Theorem），这一定理旨在解释企业组织的形成原因和规模扩张的界限。其主要观点是：市场上的生产者们既可以通过契约的途径，以完全市场的方式从事生产活动，也可以以企业的方式组织原先通过市场交易方式所进行的生产活动，其抉择标准在于组织企业生产的内部管理成本与通过市场达成契约的交易成本的比较。理论上讲，只要内部化成本小于交易成本，内部化即可实现。

市场内部化过程取决于四组因素之间的相互关系，即产业特定因素、区域因素、国别因素及企业因素。内部化理论把分析的重点放在产业特定因素和企业因素上。巴克莱认为，当一个产业的产品需要多阶段生产过程时，若中间产品的供需通过外部市场来进行时，供需双方关系既不稳定，也难以协调，因此通过内部市场来稳定和调节中间产品的供需就显得尤其重要。而企业组织管理能力也是一个极为重要的因素，因为市场交易内部化，不可避免地要产生成本，比如，由于组织规模扩大而增加管理费用，降低工作效率等，所以只有具备先进的管理技术和组织能力的企业，才能使交易内部化的成本低于外部市场交易的成本，内部化才有利可图。

内部化理论实际上是发展了科斯的交易成本学说，将对外直接投资的前提条件归于市场失效，而企业通过对外直接投资则可以实现内部化，并以此降低交易成本，在更大范围内改善企业的运营绩效，从而提高企业的竞争力。内部化理论将对外直接投资研究上升到了企业制度变革与创新的高度，其理论框架更具综合性，因而这一理论引起了不少学者的研究兴趣。

（四）国际折衷理论 （International Eclectic Theory）

国际折衷理论，又称国际生产折衷理论，是英国经济学家、里丁大学教授约翰·邓宁（John H. Dunning）在 1977 年撰写的《经济活动的贸易区位与多国企业：一种折衷理论的探索》一文中率先提出的。邓宁认为海默的垄断优势论，巴克莱、罗格曼的内部化理论以及韦伯的工业区位论等都只对国际直接投资现象作了片面的解释，缺乏说服力。他主张把对外投资的目的、条件以及对外投资能力的分析结合起来，并由此形成了国际折衷理论。这一理论是以优势理论、内部化理论和区位理论为基础而形成的综合理论，用以解释跨国公司对外直接投资行为。

邓宁认为，如果要对外直接投资，企业必须同时满足三个条件：所有权优势（Ownership Advantage）、内部化优势（Internalization Advantage）和区位优势（Location Advantage），即所谓 OIL 模式；否则，就只能选择出口贸易以及许可证协议和特许经营等技术转移方式参与国际经济活动（见表9－2）。

表 9－2　　　　　　　　　企业跨国经营方式选择

经营方式	优势		
	所有权优势（O）	内部化优势（I）	区位优势（L）（国外）
对外直接投资	具有	具有	具有
出口贸易	具有	具有	不具有
技术转移	具有	不具有	不具有

其中，所有权优势是指一国企业拥有或能够得到别国企业没有或难以得到的生产要素禀赋（自然资源、资金、技术和劳动力）、产品的生产工艺、发明创造能力、专利、商标、管理技能等。它是企业所拥有的各种垄断竞争优势，是企业进行对外直接投资的基本前提条件。

内部化优势是指企业为避免不完全市场带来的影响而把企业的优势保持在企业内部，企业到国外进行直接投资，以内部市场取代外部市场，这样可以节约交易成本，使企业的垄断优势发挥最大的效用。内部化优势是企业对外直接投资的关键。

区位优势是指投资输入国即东道国比其他国家能为外国厂商在该国投资设厂提供更有利的条件。这些有利条件是东道国特有的，对所有的跨国企业一视同仁。它们不仅包括各种自然资源、劳动力，而且包括制度因素或其他因素，如产业结构、市场规模、税收和补贴、进口限制、交通运输成本等。区位优势是对外投资的充分条件，它决定了对外直接投资的流向。

可以看出，邓宁的 OIL 模型提供的是一种折衷主义的范式，其基本思想可以用一个简单的公式来表示：

所有权优势 + 内部化优势 + 区位优势 = 国际直接投资

公式中的三组因素集中体现了企业的综合竞争力，不仅决定了企业是否具有对外直接投资的能力，而且还决定了企业对外直接投资的流向以及从事国际生产的类型。这三种优势的不同组合为企业提供了直接投资、对外出口、技术转移等多种国际化经营方式的选择。

国际生产折衷理论综合了各种直接投资学说的优点，具有高度的概括性，形成了一个综合的理论框架。它对各种跨国经营活动进行了分析和解释，从而具有广泛的涵盖性和较强的适用性，因此成为近20 年来最有影响力的理论，并且获得了国际直接投资理论"通论"的美誉。

（五）边际产业扩张理论 (Theory of Marginal Industry Expansion)

20 世纪 60 年代，随着日本经济高速发展，其与美国、西欧共同构成国际直接投资的"大三角"格局。然而，日本对外直接投资不同于欧美国家，日本早期的对外直接投资既没有垄断优势，也没有来自产品生命周期的推力。对此，日本学者小岛清（K. Kojima）根据日本国情，在 1978 年《对外直接投资论》一书中系统地阐述了边际产业扩张理论，用以解释日本的对外直接投资，故该理论也被称作"日本式对外直接投资理论"。

小岛清认为，海默等强调的是微观经济学的分析方法和在微观层面上对公司管理的考察研究，而忽略了宏观经济因素对跨国公司及其对外直接投资的影响，尤其忽视了在国际分工基础上的比较成本原理的作用。小岛清利用国际分工的比较成本原理从宏观层面详细比较分析了日本式对外直接投资与美国式对外直接投资的差异，并提出了比较优势投资论。

198

日本与美国两国对外直接投资存在明显差异：从投资主体来看，

美国多是具有雄厚资本的垄断型企业，而日本则集中于中小型企业；从投资动机来看，美国在于跨国公司能够通过内部市场顺利向国外转移创新型技术，以长期垄断这些技术，而日本则是向国外转移在本国已经处于比较劣势的产业，即边际产业，以期能够提升本国产业结构；从投资类型来看，美国集中于技术密集型行业的投资，而日本则是集中于劳动密集型行业的投资；从与国际贸易关系来看，美国型投资与国际贸易是一种替代关系，是一种逆贸易导向型对外直接投资，而日本型投资则与国际贸易是一种互补关系，是一种顺贸易导向型对外直接投资。

基于上述对比分析，小岛清认为，对外直接投资应该从本国已经处于或即将处于比较劣势的产业（即边际产业）开始按顺序依次进行。边际产业不仅包括渐趋比较劣势的劳动密集型部门，还包括一些行业中的装配或生产特定部件的劳动密集型的生产部门。这些部门、行业或企业的生产可以统称为"边际型生产"。与国际贸易按照既定的比较成本开展贸易相比，对外直接投资是按照从趋于比较劣势行业开始投资的原则，因此可以扩大两国的比较成本差距，创造出新的比较成本格局。

边际产业扩张理论拓展了直接投资领域的研究范围，是对跨国公司理论的进一步完善。在小岛清理论提出之前，对外直接投资理论都局限于研究欧美等发达经济体跨国公司的对外直接投资，而无人关注欧美之外国家的对外直接投资。另外该理论强调了国际贸易与对外直接投资之间的互补关系，突破了以往欧美学者局限于一种商品、一个企业、一个产业的研究基础，而是拓展至多种商品、多个企业、多个产业。但是小岛清理论仅解释了日本 20 世纪 60~70 年代的对外直接投资，而事实上 70 年代中期之后，日本的对外直接投资也转为美国式的对外直接投资，可以说该理论是特定历史条件下寻求具有日本特色国际分工的理论，并不具有普遍的解释能力。

四、国际直接投资对跨国公司竞争力的强化作用

跨国公司之所以选择对外直接投资，主要是因为通过这一方式可以建立起相对完善的内部市场，进行公司内部贸易（Intra-firm Trade），以降低交易成本，改善组织结构及其效率，减少由外部市场不完全性带来的交易成本，进而提高整个公司的国际竞争力。

（一）跨国公司内部贸易的特点

跨国公司的贸易活动可以分为公司间贸易活动（Inter-firm Trade）和公司内贸易活动，其中后一种就是所谓的跨国公司内部贸易，即跨

国公司母公司与子公司之间以及子公司与子公司之间在产品、技术和服务方面的交易关系。与跨国公司之间的国际贸易相比，跨国公司内部贸易有以下几个特点：

1. 一般来说，在研究与开发密集度高的产业部门中，其公司内部贸易比研发密集度低的部门高。公司内部呈现这种特点的原因，主要是跨国公司在技术上和管理上拥有某些优势，而这些优势的获得往往是以付出高昂的研究与开发费用为代价的。因此为了保持企业在技术和管理上的垄断优势，为了不使已付出的代价付之东流，跨国公司将大部分交易在公司内进行。

2. 公司内部贸易的产品构成主要是最终产品，其次是有待加工或组装的中间产品。经系统的研究证明，公司贸易的内部化率与产品的加工程度成正比，即产品的加工程度越高，其内部化率越高；反之，则内部化率越低。

3. 公司内部贸易的价格不依国际市场供求关系而变化，而是采取转移定价的方式进行。这不仅是公司内部贸易区别于公司间贸易的一大特点，而且是研究跨国公司问题的一个重要课题。

（二）转移定价的作用

1. 转移定价的概念。转移定价（Transfer Pricing）是不同于公司外部贸易所采用的国际市场价格，是指跨国公司内部（母公司与海外子公司之间、海外子公司与子公司之间）相互约定的出口和采购货物、服务与技术时使用的一种价格。

跨国公司的转移定价可大致分为以下三种形式：

（1）资金融通转移定价，指跨国公司内部贸易中，大大提高从母公司或其他子公司进口货物的价格，使利润以支付货款的形式汇出，并通过借贷资金利率的高低，影响关联企业的成本及利润水平。

（2）有形资产转移定价，指跨国公司内部机器、设备等有形资产的出租和转让的调拨价格。

（3）无形资产转移定价，指跨国公司内部提供管理、技术与咨询服务、商标等无形资产时的价格。

跨国公司运用转移定价策略制定的转移价格，就是跨国公司内部进行购买和销售的价格。正如两位美国教授阿潘和瑞德堡所说，公司内部定价就是对被同一个所有者拥有的企业单位之间所转移的货物和劳务的价值确定。它包括贷款利息率、租金费用、劳务费、货物价格以及支付方法的确定等。公司价格不必等于内部成本，它可能远远低于或高于成本，在有些情况下它与实际成本甚至没有直接联系。

2. 转移定价的作用。由于转移定价在一定程度上不受市场供求的影响，而是根据子公司所在国的具体情况和母公司在全球的战略目

转移定价：跨国公司内部（母公司与海外子公司之间、海外子公司与子公司之间）相互约定的出口和采购货物、服务与技术时使用的一种价格。

标和经营管理需要而人为制定的，跨国公司的决策者可以在很大程度上随意给企业系统内部的商品定价。由此可见，跨国公司通过对外直接投资，在世界范围内建立起一个由其子公司、分公司等附属机构构成的内部交易体系，将公开市场上的交易转化为公司内部交易，跨国公司运用转移定价策略，不仅有助于实现其全球经营战略目标中的公司全球利益的最大化这一最基本经营目标，而且还具有以下作用：

（1）逃避税收。主要指逃避所得税和关税，使跨国公司整体税赋最小化。跨国公司通常利用"避税地"，通过对转移价格的运用达到减轻税负的目的。跨国公司可通过设在其避税地的子公司低价收购、高价卖出，尽管货物和款项均不通过避税地，但账面上的这次周转就使卖者子公司"低价"出售而无利，买者子公司因高价购买亦无盈利，而设在避税地的子公司则取得了双方利益，最终减轻总公司税赋。另一种逃避所得税的方法是利用不同国家或地区税率上的差异，如由高税率国家向低税率国家出售技术或服务时，采用调低转移价格，以降低低税率国家的进货成本提高其利润；反之亦然。这样，盈利从高税率国家转移到低税率国家，使整个公司的税赋减轻。不仅如此，由于关税主要是从价税，跨国公司进行跨国内部贸易时，可让不同国家或地区的子公司以较低的价格发货，减少纳税基数和纳税额，降低进口子公司的从价进口税。

（2）获得竞争优势。转移定价是跨国公司获得竞争优势的制胜法宝。跨国公司在海外新建公司时，可以凭借整个公司体系的资金等实力，运用转移"低价"，为新建子公司供应低廉的原料、产品和服务，高价买进子公司产品，帮助子公司迅速打开局面，树立良好信誉，站稳脚跟。当跨国公司的某个海外市场竞争异常激烈时，总公司以转移低价，不惜血本，维持低价倾销，集中财力、物力支持在那里开拓市场的子公司，直至把对手挤垮，最终占领市场。

（3）规避风险。跨国公司常常使用转移定价对子公司实行更高的销售价格，索取高额服务费，压低子公司出口商品价格，使子公司陷入财政赤字状态，成为空架子，从而将投资利润从东道国转移出去，将政治风险降到最低。通过操纵转移价格，跨国公司还可以避免汇率变动风险带来的损失，实现跨国公司的自我保护。

（4）减少利润过高带来的麻烦。跨国公司运用转移定价，降低在东道国的利润，可以引开潜在竞争者对新市场的视线，并且避免东道国政府旨在提高所得税率或分红比率的重新谈判。

（5）调拨资金。跨国公司以高价向子公司出售货物，或以低价从子公司购买货物，这一高一低和一买一卖，就使跨国公司从其子公司抽出资本，进而规避东道国不同程度的外汇管制。类似的做法还可以用来把资本从低利率国家转移到高利率国家，以降低资本使用成本，解决母公司由于生产、技术研究和产品开发支出过大而亏损等问题。

综上所述，跨国公司利用其在世界范围内的附属机构构成内部交易体系，将公开市场上的交易转化为公司内部交易，这样就可以避免因为各国环境差异造成的不完全竞争或有缺陷公开市场而难以通过公开市场实现其全球利益最大化的情况。内部贸易和转移定价为跨国公司克服贸易障碍、减轻税收负担、降低交易风险、提高经济效益提供了合法的有效手段，使跨国公司在市场中获得竞争优势。

除此之外，国际直接投资对跨国公司竞争力的强化作用，还表现在以下几个方面：（1）通过对外直接投资建立内部市场可以防止技术优势扩散；（2）由直接投资引起的市场分割拓展了跨国公司规模优势的作用空间；（3）对外直接投资增加了跨国公司之间形成串谋的可能性，导致跨国公司市场力量的稳定性提高，进一步巩固或提升了跨国公司固有的市场地位；（4）东道国为跨国公司提供的各种优惠政策进一步增强了跨国公司的竞争力。

本章思考与练习

1. 试述国际资本流动的原因。

2. 结合图形，分析国际资本流动的收益状况。

3. 当前国际直接投资呈现哪些特点？

4. 简述垄断优势理论，并作出简要评价。

5. 简述内部化理论的主要内容。

6. 简述国际生产折衷理论的形成基础、主要内容，并简要评价。

7. "绝大多数外国直接投资都是为了利用低工资水平的劳动力。"你是否同意？为什么？

8. 判断一下各项哪些属于外国直接投资？

（1）一位美国投资者购买了戴姆勒·奔驰公司的股票100股，这是一家生产奔驰牌轿车的德国公司。

（2）宝洁公司借给一家位于日本的公司200万美元，这家公司一半为宝洁公司所有，另一半为一家日本化学公司所有。

（3）Mattel是一家美国玩具公司，该公司购买了一家它尚未拥有的位于墨西哥的附属公司的51%的股权。

（4）英特尔公司在巴西建立了一家附属公司，资金来源包括英特尔的10万美元的产权资本，以及从一家巴西银行得到的100万美元的贷款。

9. 结合《2016年世界投资报告》中的以下材料，发展中经济体在利用外资时应注意的问题。

据《2016年世界投资报告》显示，亚洲依然是FDI流入额最高的地区，达 5410 亿美元。东亚和东南亚国家 FDI 流入额达到 4480 亿美元，流入额同比增长 17%。在东亚和东南亚的国家或地区中，中国香港、中国内地、新加坡成为三个外资流入最多的地区。此外，印度尼西亚、越南表现也较为突出。南亚地区，外资流入额达 500 亿美元，其中印度 FDI 流入 440 亿美元，孟加拉国和尼泊尔也出现较大增幅，但巴基斯坦、斯里兰卡和伊朗外资流入有所下降。西亚地区，土耳其相对突出，来自卡塔尔的并购交易将土耳其的 FDI 流入量推高至 170 亿美元，同比增长 36%。

第十章

外汇与外汇市场

外汇与汇率是国际经济学的核心问题之一，汇率是开放经济运行中的核心变量，现实经济生活中的各种宏观变量及微观因素都会通过各种途径引起它的变动，而它的变动又会对其他经济变量带来重要的影响。研究汇率的确定和变动对于我们全面、深刻地认识开放经济的运行特点有着重要意义。本章全面系统地介绍了外汇和汇率的基本定义、种类，汇率的标价方法和世界外汇市场的分布情况以及外汇交易种类。

第一节 外 汇

一、外汇的概念

外汇有动态和静态两种含义。

外汇（Foreign Exchange）是国际汇兑的简称。它有动态（Dynamic）和静态（Static）两种含义。动态意义上的外汇是指人们将一种货币兑换成另一种货币，清偿国际债权债务关系的行为，此时外汇概念等同于国际结算。静态含义的外汇是指可以以外币表示的在国际结算中使用的各种支付手段或工具和各种对外债权，即等同于外汇资产。前者强调的是两种货币兑换的交易过程，后者强调的是国际上进行结算的支付手段和工具。我们通常所说的外汇是指它的静态含义。

国际货币组织对外汇的解释为："货币行政当局（中央银行、货币管理机构、外汇平准基金及财政部）以银行存款、财政部债券、长短期政府债券等形式所保有的在国际收支失衡时可以使用的债权。"这是从国家信用和银行信用的角度来给外汇下定义的，只适用于一国官方所持有的外汇储备，与我们平时所说的外汇具有不同的含义。

按照我国 2008 年 8 月修订颁布的《中华人民共和国外汇管理条例》规定，外汇是指下列以外币表示的可以用作国际清偿的支付手段和资产：（1）外币现钞，包括纸币、铸币；（2）外币支付凭证或者支付工具，包括票据、银行存款凭证、银行卡等；（3）外币有价证券，包括债券、股票等；（4）特别提款权；（5）其他外汇资产。截至 2015 年，中国居世界各国政府外汇储备排名第一。但美国、日本、德国等国有大量民间外汇储备，国家整体外汇储备远高于中国。

不是所有的外国货币都可称为外汇。一般来说，判断一种外币资产是否为外汇有三个标准。

（1）普遍接受性。一种货币以及这种货币表示的各种票据或有价证券，是否成为国际支付手段，并不取决于该货币价值的大小，而是以其国际承认并被普遍接受为前提。

（2）可偿性。外汇必须是在国外可以得到偿付的债权，即可以在另一国直接作为支付手段无条件使用，被拒付的信用工具或有价证券不能视为外汇。

（3）可兑换性。外汇必须是可以自由兑换为其他支付手段的外币资产。一种货币只有当它能够自由兑换成另一种货币时，它才能将一国的购买力转换成另一国的购买力，从而才能清偿国际债务。

> 不是所有的外国货币都可称为外汇。判断一种外币资产是否为外汇的三个标准：普遍接受性、可偿性和可兑换性。

二、外汇的种类

根据不同的分类标准，外汇可以区分为不同的种类。

（一）按其自由兑换程度的差异，可分为自由兑换外汇、有限自由兑换外汇和记账外汇

1. 自由兑换外汇。自由外汇是指不需要经过货币发行国批准，就能在国际金融市场上自由买卖、自由兑换，或在国际上自由用于清偿债权债务的外汇。自由兑换外汇是在国际结算中用得最多的外汇。主要的可自由兑换货币包括美元、英镑、日元、瑞士法郎、欧元、加拿大元、港元等。一般来说，货币的自由兑换应当具备以下几个条件：稳定的宏观经济、健全的微观基础、完善的金融体系、有效的金融监管、良好的国际环境。

2. 有限自由兑换外汇。有限自由兑换外汇是指不经货币发行国批准，不能自由兑换成其他货币，或对第三国支付的外汇。国际货币基金组织规定凡对国际性经常往来的付款和资金转移有一定限制的货

> 外汇按其自由兑换程度的差异，分为自由兑换外汇、有限自由兑换外汇和记账外汇。

币均属于有限自由兑换货币。世界上有一大半的国家货币属于有限自由兑换货币，包括人民币。

3. 记账外汇。记账外汇又称清算外汇或双边外汇，是指记录在双方指定银行账户上的外汇，不能兑换成其他货币，也不能对第三国进行支付。该种外汇只能在一定条件下可以作为两国交往中的清算工具。例如，我国曾与苏联、东欧及部分第三世界国家签订有关支付协定，规定双方进出口货款仅在双方指定银行的账户上记载，使用本币、对方货币或者第三国货币，在规定时期集中冲销双方债权债务，有关差额双方协商处理。这种在双方银行账户中记载的外汇，既不能兑换成自由外汇，也不能转给第三国使用，故称之为记账外汇。记账外汇的使用现在已越来越少。

（二）按其来源和用途，可分为贸易外汇、非贸易外汇和金融外汇

外汇按其来源和用途，分为贸易外汇、非贸易外汇和金融外汇。

1. 贸易外汇，也称实物贸易外汇，是指来源于或用于进出口贸易及其从属活动收支的外汇。各国间的主要经济交往是国际贸易，所以贸易外汇是一国外汇的主要来源与用途。

2. 非贸易外汇是指进出口贸易以外国际收支的外汇。如侨汇、旅游、海运、保险、航空、邮电、海关、承包工程、文化交流等取得的外汇。一般来说，非贸易外汇是一国外汇的次要来源与用途；也有个别国家例外，如瑞士，非贸易外汇是其外汇的主要来源与主要用途。

3. 金融外汇与贸易外汇、非贸易外汇不同，是属于一种金融资产外汇，例如银行同业间买卖的外汇，既非来源于有形贸易或无形贸易，也非用于有形贸易，而是为了各种货币头寸的管理和分布。

（三）按其交割期限，可分为即期外汇和远期外汇

外汇按其交割期限，分为即期外汇和远期外汇。

1. 即期外汇是在外汇买卖成交后于当日或两个交易日内办理交割的外汇。所谓交割是指本币的所有者与外币所有者互相交换其本币的所有权和外币的所有权的行为，即外汇买卖中的实际支付。

2. 远期外汇是按商定的汇价订立买入或卖出合约，到约定日期进行交割的外汇。远期外汇，通常是由国际贸易结算中的远期付款条件引起的，交割期限从 1 个月到 1 年不等，通常是 3 ~ 6 个月。买卖远期外汇的目的，主要是为了避免或减少由于汇率变动所造成的风险损失。

（四）按外币的形态，可以分为外汇现钞和现汇

1. 外汇现钞是具体的、实在的外国纸币、硬币，现钞主要由境

外携入。当客户要把现钞转移出境时，可以通过携带方式或汇出。但是当客户采取"汇出"时，由于现钞有实物的形式，银行必须将其运至国外，运输费用将由客户承担，表现为"钞卖汇买"（客户卖出现钞、买入现汇）。可见现钞不能变成等额的现汇，如果要把现钞变成现汇，客户将在外汇金额上遭受一定的损失。

外汇按外币的形态，分为外汇现钞和现汇。

2. 外汇现汇是指其实体在货币发行国本土银行的存款账户中的自由外汇，现汇主要由国外汇入，或由境外携入、寄入的外币票据和凭证，经银行托收，收妥后存入。日常生活中能够经常接触到的主要有境外汇款和旅行支票等。现汇的转移出境不存在实物形式的转移，可以直接汇出，只是账面上的划转。各种外汇的标的物，一般只有转化为货币发行国本土银行存款账户中的存款货币，即现汇后，才能进行实际上的对外结算。

在外汇指定银行公布的外汇牌价中，现钞买入价小于现汇买入价，而现钞现汇的卖出价则相等。这说明国家的外汇管理政策是：鼓励持有现汇、限制持有现钞，因为现汇作为账面上的资金比现钞更便于外汇管理。

现钞买入价小于现汇买入价。

第二节　汇率与汇率种类

一、汇率的定义及其标价方法

外汇汇率（Exchange Rate），也称"外汇牌价""外汇行市"或"汇价"等，是不同货币之间兑换的比率或比价，也可理解为用一国货币表示的另一国货币的价格。由于世界各国（各地区）货币的名称不同，币值不一，所以一种货币对其他国家（或地区）的货币要规定一个兑换率，即汇率。如果把外汇看作一种商品，汇率就是这种特殊商品的"特殊价格"。在国际汇兑中，不同的货币之间可以互相表示对方的价格，因此，汇率具有双向表示的特点。

确定两种不同货币之间的比价，先要确定以哪个国家的货币作为标准。由于确定的标准不同，外汇汇率标价方法有直接标价法和间接标价法之分。

外汇汇率：不同货币之间兑换的比率或比价。

外汇汇率标价方法：直接标价法和间接标价法。

直接标价法：以一定单位的外国货币作为标准，折算为本国货币来表示其汇率，它表明银行购买一单位的外币应支付的本国货币数额。

（一）直接标价法

直接标价法（Direct Quotation），又称为应付标价法，是以一定单位的外国货币作为标准，折算为本国货币来表示其汇率，它表明银行购买一单位的外币应支付的本国货币数额。我国和大多数国家（除英国、美国等少数国家外）都采用直接标价法。例如，中国人民银行公布的 2023 年 1 月 3 日人民币汇率中间价，1 美元兑人民币 6.9475 元（ $ 1 = ￥6.9475），这一标价法就是直接标价法。

在直接标价法下，外国货币数额固定不变，汇率涨跌都以相对的本国货币数额的变化来表示。当一定单位外币折算的本国货币减少，即汇率下跌时，表示外币贬值（Foreign Currency Depreciation）或本币升值（Home Currency Appreciation），反之则反是。例如，由 1 美元兑人民币 6.9475 元变为 1 美元兑人民币 6.9415 元，说明美元（外币）币值下跌 0.0060 人民币元或人民币（本币）升值。

（二）间接标价法

间接标价法（Indirect Quotation），又称为应收标价法，是以一定单位的本国货币作为标准，折算为外国货币来表示其汇率，它表示银行支付一单位本国货币应收入的外币数额。在间接标价法下，本国货币的数额固定不变，汇率涨跌都以相对的外国货币数额的变化来表示。当一定单位的本国货币折算的外币数量减少，即汇率下跌时，表示外币升值（Foreign Currency Appreciation）或本币贬值（Home Currency Depreciation），反之则反是。在国际外汇市场上，欧元、英镑、澳元等均为间接标价法。如根据英国《金融时报》报道的外汇行情，2023 年 1 月 3 日，1 英镑 = 1.1932 美元，可表示为 £1 = $1.1932 或 $1.1932/£ ；而到了 1 月 5 日，1 英镑 = 1.2015 美元，则英镑（本币）币值上升 0.0083 美元或美元（外币）贬值。

还有一种美元标价法又称纽约标价法，是指在纽约国际金融市场上，除对英镑和欧元等用直接标价法外，对其他外国货币用间接标价法的标价方法。美元标价法由美国在 1978 年 9 月 1 日开始实行，除英镑、欧元、澳元和纽币外，美元标价法基本已在国际外汇市场上通行。

直接标价法和间接标价法所表示的汇率涨跌的含义正好相反，所以在引用某种货币的汇率和说明其汇率高低涨跌时，必须明确采用的是哪种标价方法，以免混淆。为简明起见，当未单独指明时，本教材均使用直接标价法表示汇率。

二、汇率的种类

汇率的种类繁多，我们选择与理论、政策和货币制度有关的种类进行介绍。

（一）开盘汇率和收盘汇率

开盘汇率和收盘汇率是按照外汇市场营业时间来划分的。

1. 开盘汇率（Opening Exchange Rate）又称开盘价，指一个外汇市场在一个交易日刚开始营业、进行外汇买卖时用的汇率报价。

2. 收盘汇率（Closing Exchange Rate）又称收盘价，指一个外汇市场在一个交易日的外汇交易终了时的汇率报价。

例如，新人民币汇率制度实施首日市场交易的 2005 年 7 月 22 日，银行间外汇市场美元兑人民币以 8.1100 开盘，收盘于 8.1111。

随着现代科技的发展、外汇交易设备的现代化，世界各地的外汇市场连为一体。由于各国大城市存在时差，而各大外汇市场汇率相互影响，所以一个外汇市场的开盘汇率往往受到上一时区外汇市场收盘汇率的影响。开盘与收盘汇率只相隔几个小时，但在汇率动荡严重的时候，也往往会有较大的出入。

汇率按照外汇市场营业时间可划分为开盘汇率和收盘汇率。

（二）买入汇率、卖出汇率和中间汇率

这是从银行买卖外汇的角度进行划分的。

1. 买入汇率（Bid Exchange Rate）又称买入价，指外汇银行从同业或客户手中买入外汇时所采用的汇率。

2. 卖出汇率（Offer Exchange Rate）又称卖出价，指外汇银行卖给同业或客户外汇时所采用的汇率。

3. 中间汇率（Middle Exchange Rate）指买入汇率和卖出汇率的平均数，其计算公式为：中间汇率 =（买入汇率 + 卖出汇率）÷2。中间汇率常用于对汇率的分析，各国政府规定和公布的官方汇率以及经济理论著作中或报道中出现的汇率一般也是中间汇率。

例如，2023 年 1 月 3 日中国银行美元现汇买入汇率为 6.8825 人民币元，卖出汇率为 6.9117 人民币元，中间汇率为 6.9475 人民币元。

汇率从银行买卖的角度可划分为买入汇率、卖出汇率和中间汇率。

（三）即期汇率和远期汇率

即期汇率和远期汇率是按交割时间来划分的。

1. 即期汇率（Spot Exchange Rate），也称现汇汇率，是指买卖外汇的双方在成交的当天或成交后两个工作日以内进行交割所使用的汇率。对于市场中标准的大宗交易，绝大多数货币的即期交易实际上意味着在成交两个工作日后进行的交易或交割。而对于美元、加元和墨西哥比索之间的交易，则意味着在成交一个工作日后的交易或交割。即期汇率一般就是现时外汇市场的汇率水平。即期汇率是由当场交货时货币的供求关系情况决定的。一般在外汇市场上挂牌的汇率，除特

汇率按交割时间可分为即期汇率和远期汇率。

即期汇率： 买卖外汇的双方在成交的当天或成交后两个工作日以内进行交割所使用的汇率。

别标明远期汇率以外，一般指即期汇率。

我国的即期汇率是在央行当日公布的人民币汇率中间价基础上产生的。目前，我国银行间即期外汇市场人民币兑美元交易价浮动幅度为千分之五，即每日银行间即期外汇市场人民币兑美元的交易价可在中国外汇交易中心对外公布的当日人民币兑美元中间价上下千分之五的幅度内浮动，银行间外汇市场欧元、日元、港币、英镑等非美元货币对人民币交易价在中国外汇交易中心公布的非美元货币交易中间价上下 3% 的幅度内浮动。

2. 远期汇率（Forward Exchange Rate），也称期汇汇率，是指买卖外汇成交后签订外汇交易合同，按约定的时间进行交割所使用的汇率。买卖远期外汇的期限一般为 1、3、6、9、12 个月等，其中以 3 个月最为普通。期限更长的远期合约就不常见了，因为不确定性太大，但远期合约到期后可以续签一期或多期。例如，一顾客与银行签订一张 90 天的远期外汇合约，约定该客户以每英镑 1.7646 美元的价格（远期汇率）购买 10 万英镑。该合约意味着无论 90 天后实际的即期汇率（未来即期汇率 Future Spot Rate）如何，货币交换都将按合约规定的数量和价格进行。90 天后实际的英镑即期汇率可能高于、低于或等于远期汇率。注意区分远期汇率和未来即期汇率的区别。

远期汇率的报价通常有两种形式：一是直接报出远期外汇的买价和卖价，这种直接报价法用于银行与一般客户之间；二是以远期差价表示的报价法，用于银行同业之间，是在即期汇率的基础上加减一定差额形成的，这个差额就称为远期差价（Forward Margin）。即：

远期汇率 = 即期汇率 ± 远期差价

远期差价用升水（At Premium）、贴水（At Discount）和平价（At Par）来表示。无论是直接标价法还是间接标价法，外汇升水均表示远期外汇币值比即期外汇币值贵；外汇贴水表示远期外汇币值比即期外汇币值便宜；平价表示远期外汇与即期外汇等值。

由于汇率的标价法不同，按远期差价计算远期汇率的方法也不同。在直接标价法下，远期外汇升水时，即期汇率加升水就是远期汇率；远期外汇贴水时，即期汇率减贴水就是远期汇率。可用下面的公式表示：

远期汇率 = 即期汇率 + 升水
远期汇率 = 即期汇率 − 贴水

在间接标价法下，远期外汇升水时，要用即期汇率减升水；远期外汇贴水时，要用即期汇率加贴水。可用下面的公式表示：

远期汇率 = 即期汇率 − 升水
远期汇率 = 即期汇率 + 贴水

在实际计算远期汇率时，可以不必考虑汇率的标价方式及升水还

远期汇率：买卖外汇成交后签订外汇交易合同，按约定的时间进行交割所使用的汇率。

远期汇率的报价方法：直接报价法和间接报价法。

210

是贴水，仅根据升（贴）水的排列即可进行计算。若远期差价以小/大排列，则远期汇率等于即期汇率加上远期差价；若远期差价以大/小排列，则远期汇率等于即期汇率减去远期差价。

伦敦外汇市场，以英镑与美元的即期汇率和 3 个月的远期汇率为例：即期汇率为 1 英镑 = 1.8870/1.8890 美元，3 个月远期差价为 103/98，则远期汇率为 1 英镑 = 1.8767/1.8792 美元（即期汇率减远期差价）；如果 3 个月的远期差价为 98/103，则远期汇率为 1 英镑 = 1.8968/1.8993 美元（即期汇率加远期差价）。

（四）基本汇率和套算汇率

按照汇率的制定方法可以分为基本汇率和套算汇率。

1. 基本汇率（Basic Exchange Rate）也称基础汇率，指一国选择一种国际上普遍使用的、本国国际经济交易中最常使用的、在外汇储备中所占比重最大的可自由兑换的基准货币或关键货币作为主要对象，与本国货币对比，制定出汇率，这种汇率就是基本汇率。目前，各国基本上都把美元作为基础货币，常把对美元的汇率作为基本汇率。

> 汇率按其制定方法可分为基本汇率和套算汇率。

人民币基本汇率是由中国人民银行根据前一日银行间外汇市场上形成的美元对人民币的加权平均价，公布当日主要交易货币（美元、日元和港币）对人民币交易的基本汇率，即市场交易中间价。

2. 套算汇率（Cross Exchange Rate）指制定出基本汇率后，本币对其他外国货币的汇率就可以通过基本汇率套算出来，这样得出的汇率就是套算汇率，也称交叉汇率。例如：如果美元与英镑的汇率（R）为 2，美元与欧元的汇率为 1.25，则英镑与欧元的汇率为 1.6。

$$R = \frac{€}{£} = \frac{英镑的美元价}{欧元的美元价} = \frac{2}{1.25} = 1.60$$

我国在计算人民币汇率时，曾长时间以美元为媒介来折算人民币与其他外币（如英镑、日元等）之间的比价。所以，人民币与美元的汇率为基本汇率，而人民币与英镑、日元之间的汇率为套算汇率。为了避免汇率风险、反映外汇市场汇率波动的实际状况，我们在确定了人民币与美元之间的基本汇率后，按天折算人民币与其他货币的套算汇率。

（五）官方汇率和市场汇率

按汇率的管制程度可分为官方汇率和市场汇率。

1. 官方汇率（Official Exchange Rate）也称法定汇率，是由一个国家的外汇管理机构制定并公布的汇率。在实行严格外汇管制的国家，一切外汇交易由外汇管理机构统一管理，外汇不能自由买卖，没有外汇市场汇率，一切交易都必须按照官方汇率进行。

> 汇率按其管制程度可分为官方汇率和市场汇率。

2. 市场汇率（Market Exchange Rate）是在外汇市场上由外汇供求自行决定的汇率。市场汇率是外汇市场实际买卖外汇的汇率，它随着市场外汇供求的波动而波动，受市场机制调节。在外汇管理较松的国家，官方宣布的汇率往往只起中心汇率作用，实际外汇交易则按市场汇率进行。

（六）单一汇率和复汇率

汇率按其是否适用于不同来源与用途可划分为单一汇率和复汇率。

单一汇率和复汇率是按汇率是否适用于不同来源与用途划分的。

1. 单一汇率（Uniform Exchange Rate）是指一国货币对一种外币只有一种汇率，这种汇率通用于该国所有的国际经济交往中。

2. 复汇率（Multiple Exchange Rate）是指一国货币对一种外币同时存在两种以上的汇率，有双重汇率和多重汇率两种形式。双重汇率是指对一种外币同时存在两种汇率（贸易汇率和金融汇率）。多重汇率是指对一种外币同时存在多种汇率，针对不同商品、不同交易性质乃至不同国家和地区加以区别对待。复汇率是外汇管制的产物，具有不公平性和歧视性，目前只有一些发展中国家实施。按照国际货币基金组织的要求，根据需要只能使用简单的复汇率，严格限制实行复杂的复汇率。

（七）名义汇率、实际汇率和有效汇率

汇率按其在经贸金融往来中的重要性可分为名义汇率、实际汇率和有效汇率。

1. 名义汇率（Normal Exchange Rate）就是现实中的货币兑换比率。我们通常所说的用一国货币表示的另一国货币的价格实际上都是名义汇率。名义汇率是包括通货膨胀率影响在内的汇率。

2. 实际汇率（Real Exchange Rate），也称真实汇率，是对名义汇率进行物价因素调整之后得到的汇率。二者的关系可表示为：

$$e_r = e\frac{P'}{P}$$

其中，e_r 为实际汇率，e 为名义汇率，P' 为外国物价指数，P 为国内物价指数。由上式可以看到，实际汇率等于按外国与本国物价指数之比调整后的名义汇率，旨在解释通货膨胀对名义汇率的影响。

如果只简单地关注即期汇率的变动而不考虑两个国家的价格水平，那将无法了解外国商品相对价格的变动情况。例如，如果美元对比日元升值了 10%，可以预计在其他条件不变的情况下，相对之前，美国商品在世界市场上的竞争力将比日本商品弱了 10%。但若假定在美元升值的同时，美国商品的价格比日本商品的价格上涨得更为迅速。在这种情况下，相对于日本商品而言，美国商品竞争力的下降幅度就超过了 10%。

举例说明：1995 年，日元/美元的平均汇率为 94.06 日元/美元，

到 1998 年，该名义汇率已升至 130.91 日元/美元。从名义汇率角度看，美元对比日元升值了 39.2%［(130.91 − 94.06)/94.06 = 0.392］，但若要计算实际汇率变动则需将价格水平考虑在内。假设 1995 年为基期，美国和日本的物价指数均为 100，则当年的实际汇率与名义汇率相等，也是 94.06 日元/美元；1998 年，如果美国的物价水平上升为 107，日本的物价水平上升为 102.5，则 1998 年日元/美元的实际汇率为：

$$e_r = e\frac{P'}{P} = 130.91 \times \left(\frac{107.0}{102.5}\right) = 136.66$$

从实际汇率角度看，美元升值了 45.3%［(136.66 − 94.06)/94.06 = 0.453］。本例计算的实际汇率表明，从国际市场的竞争力来看，美国商品的劣势比名义汇率所显示的更糟。之所以出现这样的结果，是因为美元名义升值且美国价格水平比日本价格水平上升得更快。

除此之外，各国政府为达到增加出口和限制进口的目的，经常对各类出口商品进行财政补贴或税收减免，对进口则征收各种类型的附加税。将政府实行的这些贸易政策对有关主体的影响考虑进去之后的汇率，是另一种概念的实际汇率。例如，政府对出口进行补贴，对本国的出口企业而言，其实际汇率（即事实上面对的汇率）为：名义汇率 + 以本币表示的补贴额/以外币表示的出口额。

3. 有效汇率（Effective Exchange Rate）是各种双边汇率的加权平均。所以它也被称为有效汇率指数或汇率指数（Exchange Rate Index），权数以一国的主要贸易伙伴在其对外贸易总额中所占的比重而定。具体算法为：

$$A\,币的有效汇率 = \sum_{i=1}^{n} A\,国货币对\,i\,国货币的汇率$$
$$\times \frac{A\,国与\,i\,国的贸易值}{A\,国的全部对外贸易值}$$

有效汇率是一个非常重要的经济指标，以贸易比重为权数计算的有效汇率所反映的是一国货币汇率在国际贸易中的总体竞争力和总体波动幅度，也可用于研究货币危机的预警指标，还可用于研究一个国家相对于另一个国家居民生活水平的高低。有效汇率又可分为实际有效汇率（Real Effective Exchange Rate）和名义有效汇率（Nominal Effective Exchange Rate）。比较有影响的名义有效汇率指数有 IMF 编发的多边汇率模型指数（Multilateral Exchange Rate Model Index）和美国联邦储备委员会编发的多边贸易加权的有效汇率指数（Multilateral Trade-weighted Effective Exchange Rate）。而实际有效汇率不仅考虑了一国对各样本国双边名义汇率的相对变动情况，而且还剔除了通货膨胀对货币本身价值变动的影响，能够综合地反映本国货币的对外价值和相对购买力。

（八）固定汇率和浮动汇率

汇率按其稳定性可分为固定汇率和浮动汇率。

按汇率的稳定性可将汇率分为固定汇率和浮动汇率。

1. 固定汇率（Fixed Exchange Rate）指一国货币同另一国货币的汇率基本固定，其波动被限制在极小的范围内，波动幅度很小，该范围最高点叫"上限"，最低点叫"下限"。当汇价涨或跌到上限或下限时，政府的中央银行要采取措施，使汇率维持不变。

2. 浮动汇率（Floating Exchange Rate）指一国货币当局不规定本币对其他货币的官方汇率，外汇汇率完全由市场供求关系来决定。事实上，完全由市场来决定汇率的情况并不存在，各国货币当局都审时度势地干预外汇市场，实行有管理的浮动。

第三节　外汇市场

一、外汇市场的概念

外汇市场：处理外币兑换业务的遍及世界的市场和机构网络。

处理外币兑换业务的遍及世界的市场和机构网络被称为外汇市场（Foreign Exchange Market）。在主要的国际金融中心都设有外汇市场。从营业额看，外汇市场是世界各类市场中规模最为巨大的。在1973年，全球每天外汇交易量约150亿美元，到2007年4月已超过3万亿美元。根据国际清算银行（BIS）2022年10月发布的一项综合性调查报告，全球外汇市场日交易量在2022年4月已高达7.5万亿美元。

有形外汇市场和无形外汇市场。

由于国际贸易和金融的日益发展，外汇交易的数量和范围不断扩大，国际交易越来越重要，近年来欧洲大陆各国的大部分当地外汇交易及全部国际外汇交易，也都通过电讯进行，有形市场仅做部分当地现货交易，无形市场已成为外汇市场的主导形式。连接世界金融市场的现代电讯网络，以及电子计算机在金融业务中的广泛应用，使得全球外汇市场日益紧密地结合在一起。通过现代化的外汇信息提供与处理服务系统，如著名的路透终端（Reuters），世界各外汇市场的交易人员不仅可以随时了解全球主要市场的汇率、利率及其他经济指标的最新动态，而且可以借助电脑进行全面分析，做出决策，并通过这一系统迅速买卖成交。

在外汇市场上，外汇的买卖有两种类型：一是本币与外币之间的外汇买卖，即需要外汇者按汇率用本币购买外汇，持有外汇者按汇率卖出外汇换回本币；二是不同币种的外汇之间的相互买卖，如英国居民以日元购买美元，或售出欧元换回瑞士法郎等。

二、外汇市场的构成

外汇市场的参与者可分为四个等级，分别是：

（一）顾客（Customer）

顾客是外汇市场参与者的第一级或最下层。凡是在外汇银行进行外汇交易的公司或个人，都是外汇银行的顾客，例如旅游者、进口商、出口商、投资者等传统的外汇使用者。外汇银行的顾客包括：交易性的外汇买卖者，如套期保值者；投机性的外汇买卖者，即外汇投机商。

外汇市场的构成：顾客、外汇银行、外汇经纪人和中央银行。

（二）外汇银行（Foreign Exchange Bank）

第二级是外汇银行，这是外汇市场的主体，主要包括专营或兼营外汇业务的本国商业银行和开设在本国的外国商业银行分支机构。银行外汇部门的主要业务就是将商业交易与财务交易的客户资产与负债从一种货币转换为另一种货币，这种转换可以即期交易或远期交易方式办理。外汇银行是外汇使用者和获得者的清算所。

（三）外汇经纪人（Foreign Exchange Broker）

第三级是外汇经纪人，即中介于外汇银行之间或外汇银行与顾客之间，为买卖双方接洽外汇交易而收取佣金的汇兑商。他们并不以自己的资金在外汇市场上买卖外汇，而是利用各种通信工具和交通工具，与各外汇银行、进出口商保持紧密联系，掌握外汇市场的供求信息，帮助外汇的买卖双方成交。外汇经纪人，本身并不承担外汇交易的盈亏风险，其从事中介工作的代价为佣金收入（Broker Fee or Commission）。外汇经纪人熟悉外汇市场供需情形、消息及图表的分析，以及汇率变化涨跌及买卖程序，因此投资人乐于采用。

（四）中央银行（Central Bank）

中央银行是外汇参与者的第四级也是最高级，是一国行使金融管理和监督职能的专门机构，负责发行该国货币，控制货币供给额，持有及调度外汇储备，维持该国货币之对内及对外的价值。基于管理外汇市场的重任，中央银行经常通过直接参与外汇市场买卖，调整外市场资金的供求关系，使汇率维系在一定水平上或限制在一定水平上。中央银行通常设立外汇平准基金，当市场外汇求过于供，外币上涨时，抛售外币，收回本币；当市场上供过于求，外币下跌，就买进外币，投放本币。因此中央银行是该国外汇收支失衡时的最后买卖人。

三、外汇市场的特点

1. 外汇交易的商品不是一般的实物商品，而是交易作为一般等价物的货币。

2. 有市无场。全球金融业一般有两种系统，例如股票，投资者通过经纪公司制定的统一的制度在固定的场所进行交易；而外汇市场多为无形市场，不需要统一固定的地点，交易者不用具有会员资格，但必须获得同行业的信任与认可。

3. 循环作业。由于全球各金融中心的地理位置不同，形成了时间差，连成了一个全天 24 小时连续作业的全球外汇市场。为投资者提供了没有时间和空间限制的投资场所，投资者可以寻找最佳时机进行交易。如，投资者若在上午纽约市场上买进日元，晚间香港市场开市后日元上扬，他便可以在香港市场上卖出，而不论投资者身在何处。

4. 外汇市场汇率行情波动性大。实行浮动汇率制后，外汇市场的动荡不稳就成为一种经常现象。由于汇率极其敏感，受多种因素制约，在频繁的大规模货币投机活动的冲击下，外汇市场汇率行情更是变化莫测。

5. 外汇市场交易的币种相对集中。大多数交易所用币种是美元、欧元、英镑、瑞士法郎、日元、加拿大元、澳大利亚元等，因为美元在外汇市场上发挥着媒介通货的作用，所以大多数交易都涉及美元。

四、外汇市场的功能

外汇市场的基本功能是把资金与购买力从一个国家和一种货币转移到另一个国家和另一种货币。以前通常采取电汇的方式，现今越来越多通过网络实现。通过它，一家国内银行可以指令它在某个外币中心的外汇代理行支付一定数额的当地货币给某个人、某个公司或某账户。

外汇市场的另一个功能是信贷功能。例如，货物运输时，常需要信贷，并且应允许进口商花一定时间卖出货物，以付清贷款。一般情况下，出口商允许进口商在 90 日内付款。然而，进口商如果通过外汇银行的国外分行付款，出口商常给予他折扣优惠。这样，出口商可以立即得到货款，而在付款日，则由银行完成收款工作。

外汇市场还有一个功能就是提供套期保值和投机的机会（详见本章第四节）。目前大约90%的外汇交易是纯金融交易，只有约10%是贸易融资。

五、世界主要外汇市场

世界各国的外汇市场大致可分为两类：一类是地区性的，主要由当地居民参与交易，交易数量与币种也较有限。另一类是国际性的，除本国居民外，境外居民也大量参与该市场的外汇交易，其交易规模较大，范围较广，是国际资金流动的枢纽。国际性外汇市场都位于世界著名的贸易及金融中心，目前世界上主要的国际性外汇市场是：

（一）伦敦外汇市场

伦敦外汇市场是世界上最早出现的外汇市场。19世纪英镑是国际结算中使用最广泛的货币，伦敦的票据兑换业务也很发达，促成了伦敦外汇市场的形成，使其成为世界上最大的外汇市场。战后英镑作为国际通货的作用已告衰落，其地位为美元所取代，但伦敦外汇市场仍是世界最重要的外汇市场。

伦敦外汇市场由经过批准的经营外汇业务的200多家银行和金融机构组成，包括本国清算银行、商业银行和外国银行在伦敦设立的分支行及外汇经纪商、承兑商、贴现商等。其数目超过世界任何其他外汇市场。

伦敦外汇市场不存在具体的外汇交易场所，交易都是通过电子交易网络、电话、电传或电报进行。伦敦外汇市场经营一切可兑换货币的现汇和期汇交易。伦敦市场的特点是：交易灵活、效率高、技术设备世界一流、专业人员训练有素。

（二）纽约外汇市场

纽约外汇市场是第二次世界大战后才发展起来的，由于美国几乎没有实行过外汇管制，所以这一市场形成后即是一个自由的、完全开放的外汇市场。目前和伦敦市场并列为世界最大的外汇市场。

由于美国对经营外汇业务没有限制，政府也没有指定专门的外汇银行，所以几乎所有的美国银行和金融机构都可以经营外汇业务，比较重要的有商业银行、储蓄银行、投资银行、人寿保险公司、外汇经纪人，其中以商业银行为主。目前，在美国1万多家银行中只有130多家活动在纽约外汇市场中，因为大多数中小银行的外汇业务不多。

在这130多家银行中有50多家是外汇市场的制造者或领导者。此外，还有200多家外国银行在纽约的分支机构、代理行及代表处。

纽约外汇市场交易虽然活跃，但和进出口贸易相关的外汇交易量较小。因为在美国的进出口中大多以美元计价结算，美元与外汇的兑换发生在贸易伙伴国，美国的进出口商只需用本币支付，收到的也是美元，不用再进行货币兑换。因此在纽约外汇市场上，相当部分的外汇交易和金融衍生工具市场密切相关。

（三）东京外汇市场

东京外汇市场是在第二次世界大战后，特别是20世纪50年代后期及60年代才发展起来的。其发展历程虽短，但发展速度却很快。从50年代起，日本逐步放松外汇管制，日元国际化进程不断加快。尤其在1980年，日本政府颁布了《新外汇法》。《新外汇法》放宽了银行经营外汇业务的限制，使所有银行都可以在国内经营一般外汇交易，因而外汇业务迅速发展起来。80年代以后日本政府更积极地推动日元国际化的进程，日本的国际收支不断顺差，国际储备逐年扩大更加速了东京外汇市场的发展。

东京外汇市场和伦敦、纽约外汇市场一样，也采用开放的市场方式，利用外汇交易系统网络、电话、电传、电报等电讯工具进行交易。但它又具备一些不同的特点：

（1）地理位置较为特殊。东京外汇市场每天的交易时间分两段进行，9：00～12：00，13：30～15：30。因为时区差异很大，东京外汇市场的交易时间同其他主要的外汇市场基本是错开的。同纽约市场根本不交叉，同欧洲市场也只在每个交易日的最后一两个小时有交叉。由于不能同时在纽约、伦敦外汇市场上进行交易，东京外汇市场上外汇交易的广度和深度都受到一定的影响。

（2）交易的币种较少。因为日本的进出口贸易多以美元结算，所以绝大部分是对美元的交易，日本对其他货币的交易较少，且在交易时还要受到一定的限制。据统计，东京外汇市场外汇交易量的90%以上是美元和日元之间的交易。

（四）香港外汇市场

香港位于我国的南端，面向东南亚，航运发达，交通便利，它历来是东南亚华侨资金的避风港，后来又成为石油美元的落脚点。优越的地理、时区条件使得香港外汇市场成为在和伦敦、纽约连续24小时接力营业中承上启下的重要环节。

香港外汇市场和伦敦、纽约外汇市场一样是无形市场，没有固定交易场所或正式的组织，是一个由从事外汇交易的银行、其他金融机构以及外汇经纪人组成，由电子交易系统、电话、电传等通信工具联结起来的网络。1973 年起虽然所有的金融机构都可以经营外汇业务，实际上在外汇市场上比较活跃的只有 100 多家大的银行或集团。该市场的外汇经纪人有三类：当地经纪人，其业务仅限于香港本地；国际经纪人，即那些 70 年代将其业务扩展到香港的其他外汇市场的经纪人；还有本地成长起来的国际经纪人，即业务已扩展到其他外汇市场的香港经纪人。

20 世纪 70 年代前，香港外汇市场的业务以港币和英镑的兑换为主。70 年代后，随着该市场的国际化以及港币同英镑脱钩，取消固定汇率，同美元挂钩，美元逐步取代英镑成了市场上交易的主要外币。香港外汇市场上的交易可以划分为两类：一类是港币和外币的兑换，其中以和美元兑换为主，因为香港的进出口多以美元计价结算，对美元的供求大大高于其他外币；另一类是美元兑换其他外币的交易。

除以上介绍的四个市场外，世界上主要的外汇市场还有瑞士的苏黎世、德国的法兰克福、法国的巴黎、意大利的米兰、加拿大的蒙特利尔、荷兰的阿姆斯特丹、新加坡等。

第四节　外汇交易

外汇交易（Foreign Exchange Dealing），又称外汇买卖，是不同货币的相互买卖，每笔交易的买卖双方各自在买入一种货币的同时卖出另一种货币。目前，外汇市场交易的货币主要是美元、欧元、英镑、日元、加拿大元、瑞士法郎等。

> 外汇交易：不同货币的相互买卖，每笔交易的买卖双方各自在买入一种货币的同时卖出另一种货币。

一、外汇交易的报价

（一）外汇交易的报价方式

在外汇市场上，银行报价采取双报价方式，即同时报出买价（Bid Rate）和卖价（Offer Rate），由客户自行决定买卖方向。报价是银行外汇交易的重要一环，其主要特点有：

> 在外汇市场上，银行报价采取双报价方式。

1. 报价采用省略方式，即只报出汇价小数点末两位数。

例如：1 美元兑人民币元 6. 2427/37（27/37）。

上述例子中，斜线左边为报价银行的美元外汇买入价，右边为卖出价。在实际交易中，银行一般只报出末尾两个数字。买卖价差用点数表示，1 点为 1/10000。故上面的报价的价差是 10 点。

2. 报价限于一定数量的外汇交易。银行的报价在习惯上有一个双方都接受的交易限额（Limit）。在正常交易条件下，不同货币具有不同的限额。最近几年，即期交易的限额为 100 万 ~ 500 万美元。这就是说，银行报价只适用于 100 万 ~ 500 万美元的交易，小额或超大额交易的汇率另议。

3. 银行报价的买卖价差一般反映银行的交易成本。买卖价差越小，表明银行承受的风险越低，货币的交易性越高。买卖差价是银行买卖外汇的收益，一般为 1‰ ~ 5‰。买卖差价取决于一种货币的市场成熟程度、货币的易变性、交易风险的高低以及银行的交易成本。一般而言，主要货币的价差较小，而小币种的价差较大，风险越高的货币价差也越大，反之则越小。

4. 银行给出报价都是从自身经营的角度出发的，反映了银行外汇需求状况和经营状况。

作为询价方的客户或银行，有必要对特定银行的报价和交易方式进行评估。一般而言，一个高质量的报价要具有三个特点：一是银行能够按要求迅速给出报价；二是报价的买卖差价尽量要小；三是报价行愿意随时按报价进行合理数量的外汇交易。

（二）外汇行情

广义而言，外汇行情应包括外汇交易的币种、交易方式、交割期限、交易规模和交易价格。

外汇行情就是外汇行市，也就是外汇市场上外汇交易的情况。广义地看，它应该包括外汇交易的币种、交易方式、交割期限、交易规模和交易价格。

狭义而言，外汇牌价（Quotation）就是外汇行情。掌握外汇行情的最主要途径就是阅读各种经济和金融报刊。通过这些报刊，既可了解汇率的最新水平和变动情况，又可领悟汇率变化的内在原因。

要了解世界外汇市场的行情，可以借助一些举世闻名的金融报刊，如英国伦敦的《金融时报》（*Financial Times*）和美国纽约的《华尔街日报》（*Wall Street Journal*）金融或商业版面上刊登的汇率情况表。除了了解两种货币之间的汇率水平外，还要懂得它们与其他货币之间的关系，这就是套算汇率或交叉汇率。

二、外汇交易的主要方式

外汇交易和方式主要有即期和远期两种。

外汇交易的方式主要有即期和远期两种。

（一）即期外汇交易

即期外汇交易（Spot Transaction）又称为现汇交易或现期交易，是指外汇买卖成交后，交易双方于当天或两个交易日内办理交割手续的一种交易行为。即期外汇交易是外汇市场上最常用的一种交易方式，即期外汇交易占外汇交易总额的大部分。主要是因为即期外汇买卖不但可以满足买方临时性的付款需要，也可以帮助买卖双方调整外汇头寸的货币比例，以避免外汇汇率风险。

1. 交割时间的决定。在国际外汇市场上，外汇交易双方一旦达成买卖协议，交易价格就已确定。由于外汇交易与其他商品交易不同，并不能当时就进行资金的收付；外汇交易涉及的金额较大，而汇率又在不停的波动，所以，在所有的外汇交易市场上，都有其固定的标准交割日，以免出现分歧和经济纠纷。

大多数即期外汇交易是在成交后的第二个交易日进行交割。这里注意，"第二个交易日"的确定并不简单。比如即期外汇交易涉及两个国家时，这个"交易日"一般是在这两个国家都营业的日子，如果遇上周末或双方任何一方的节假日，交割日应顺延。

2. 即期外汇交易市场的报价及其分类。在即期外汇市场上，一般把提供交易价格（汇价）的机构称为报价者，通常由外汇银行充当这一角色；与此相对，外汇市场把向报价者索价并按报价者所提供的即期汇价与报价者成交的其他外汇银行、外汇经纪、个人和中央银行等称为询价者。

在外汇市场上，报价银行在报出外汇交易价格时一般采用双向报价法，即由报价方同时报出自己的买入价和卖出价，由客户自行决定买卖方向。在直接标价法和间接标价法下，报价是不相同的。

（1）直接标价法下，银行报出的外汇交易价格是外汇买价在前，卖价在后。

例如：某日，日本东京银行报出美元对日元的开盘价为：USD = JPY115.70/115.80，其中前面这个数（115.70）表示报价银行买入美元（外汇）付出日元的价格，后面的数（115.80）表示报价银行卖出美元收回日元的价格。

（2）间接标价法下，银行报出的外汇交易价格是外汇卖价在前、买价在后。

例如：某日，伦敦外汇市场英镑对美元的收盘价是：GBP = USD1.7453/1.7493，前面一个数是英国银行卖出美元的价格（即客户用1英镑只能买到1.7453美元），后面一个数是英国银行买入美元的价格（即客户要用1.7493美元才能买到1英镑）。

即期外汇交易中，报价的最小单位（市场称基本点）是标价货币最小价格单位的1%，如人民币，其最小单位是1%元（即分），则美元兑人民币的交易价格应标至0.0001元。

> 直接标价法下，银行报出的外汇交易价格是外汇买价在前，卖价在后；间接标价法下，银行报出的外汇交易价格是外汇卖价在前，买价在后。

（二）远期外汇交易

远期外汇交易：市场交易主体在成交后，按照远期合同规定，在未来按规定的日期交割的外汇交易。

远期外汇交易（Forward Transaction）又称期汇交易，是市场交易主体在成交后，按照远期合同规定，在未来（一般在成交日后的 3 个交易日之后）按规定的日期交割的外汇交易。远期外汇交易是有效的外汇市场中必不可少的组成部分。20 世纪 70 年代初期，国际范围内的汇率体制从固定汇率为主导向转以浮动汇率为主，汇率波动加剧，金融市场蓬勃发展，从而推动了远期外汇市场的发展。

1. 远期外汇交易的方式。在远期外汇交易中，一般有几种交易方式，分别是：

（1）直接的远期外汇交易。这是指直接在远期外汇市场做交易，而不在其他市场进行相应的交易。银行对于远期汇率的报价，通常并不采用全值报价，而是采用远期汇价和即期汇价之间的差额，即基点报价。远期汇率可能高于或低于即期汇率。

（2）期权性质的远期外汇交易。公司或企业通常不会提前知道其收入外汇的确切日期。因此，可以与银行进行期权外汇交易，即赋予企业在交易日后的一定时期内，如 5~6 个月内执行远期合同的权利。

（3）即期和远期结合型的远期外汇交易。这是指既在即期外汇市场上又在远期外汇市场上进行相应的交易。

2. 远期交易的报价。在远期外汇交易中，外汇报价较为复杂。因为远期汇率不是已经交割，或正在交割的实现的汇率，它是人们在即期汇率的基础上对未来汇率变化的预测。

远期汇率的表示方法即报价方法有两种：直接报价和间接报价。直接报价即直接标出远期外汇的买入价和卖出价，它适用于银行与客户之间的远期外汇买卖。间接标价是在即期汇率基础上用升水、贴水表示，它适用于银行间的远期外汇买卖（详见本章第二节）。

远期合约一经签订就对买卖双方产生法律效力，到交割日必须履行合约。汇率的变动可能带给当事人收益或损失。如果客户在合约到期时仍打算进行远期抛补，就需要签订新的远期合约或对原合约展期。

三、外汇交易的其他方式

外汇交易的方式根据操作方法不同，还可以分为套期保值、投机、套汇、套利、掉期、期权、期货等。

（一）套期保值（Hedging）

套期保值指取得某种外币资产以抵补已持有的该货币的净负债头

寸，或用某种外币的净负债抵消已持有的该种外币的净资产头寸。国际交易中，套期保值者的基本原则是要使自己持有的外汇头寸为零。金融界业内将持有的外币资产称为多头头寸（Long Positions），将持有的净外币负债称为空头头寸（Short Positions）。套期保值就是减少同一外币的"敞口"（Open Positions），即多头头寸和空头头寸。套期保值者买进外币远期称为外汇多头，卖出外汇远期称为外汇空头。

多头头寸：持有的外币资产。

对于外汇头寸所面临的汇率风险，有很多方式可以进行套期保值，远期外汇合约就是一种直接的方法。假设美国的某家公司购买了一批设备，并应于 3 个月后支付卖方 10 万英镑。这时该公司因持有英镑的净负债头寸（假设该公司没有其他英镑资产或负债）而面临外汇风险，因为该公司不知道 3 个月后的即期汇率是多少，从而不能确定其债务的美元价值。此时该美国公司可以签订一张 10 万英镑 90天的远期合约（买入英镑）。若当前的远期汇率为 1.7646 美元/英镑，那么无论 90 天后的即期汇率发生何种变化，公司在 90 天后都只需支付 176460 美元。该公司以远期合约的方式拥有英镑资产头寸，与购买设备而产生的英镑负债恰好相匹配。

空头头寸：持有的净外币负债。

远期外汇合约的套期保值功能还可以应用于其他场合。假设一家中国公司在 60 天后将得到 100 万美元的应收账款。这时该中国公司面临外汇风险，因为该公司无法确定 60 天后的即期汇率。该中国公司可以签订 60 天的远期外汇合约卖出 100 万美元进行套期保值，利用远期汇率锁定应收账款的人民币价值。

（二）投机（Speculation）

投机正好与套期保值相反。套期保值是为了规避或转移现货价格涨跌带来风险的一种方式，目的是锁定利润和控制风险；而投机者则愿意接受甚至要寻找汇率风险或者暴露头寸以期望盈利。如果投机者准确预测了汇率走势，他便能盈利；否则，便会亏损。

与套期保值一样，投机也有多种操作方式，其中一种直接方式就是利用远期外汇合约。例如，如果投机者确信某种货币 3 个月后的即期汇率高于现行的 3 个月远期汇率，他将买入一定数额的 3 个月远期的该种货币，到时交割。3 个月后，如果他判断正确，他会以较低的合约价格获得这种货币，然后马上以较高的即期汇率卖出，赚取利润。如果他判断错误，即期汇率低于合约时的远期汇率，便会亏损。

另一个例子是，如果投机者预测某种货币 3 个月后的即期汇率低于现行的 3 个月远期汇率，他会签订一张卖出一定数额的该种货币的3 个月的远期合约。3 个月后，如果他判断正确，他会先在即期市场上以即期汇率买入这种货币，然后再马上在远期市场上按照当时签订远期合约时的远期汇率进行交割。如果他判断错误，即期汇率高于合约时的远期汇率，便会亏损。

（三）套汇（Arbitrage）

套汇：直接套汇和间接套汇。

套汇是指人们利用不同外汇市场的汇率差异，通过买进和卖出，赚取外汇利润的行为。它又可以分为直接套汇和间接套汇两种。

1. 直接套汇，又称两角套汇，是最简单的套汇方式，指利用两个外汇市场上某种货币的汇率差异，同时在两个外汇市场上一边买进，一边卖出。

例如：某时在纽约外汇市场上英镑的美元价格为 1 英镑 = 2 美元，而在伦敦外汇市场上则是 1 英镑 = 2.03 美元，这时套汇者就会发现在纽约市场上以 2 美元购买 1 英镑，然后在伦敦市场上立即以 2.03 美元将 1 英镑卖出，这样就可以从中赚取 0.03 美元。

2. 间接套汇，又称三角套汇（或多角套汇），至少在三个外汇市场上买进卖出，贱买贵卖，赚取汇差。有一个基本的判断就是在同一标价方法情况下，汇率的连乘积若等于 1，说明没有套汇机会，市场汇价是平的，反之，汇率的连乘积不等于 1，说明存在套汇机会。其公式为：

$e_{ab} \cdot e_{bc} \cdot \cdots \cdot e_{mn} \cdot e_{na} \neq 1$，其中 e_{ab} 表示 1 单位 A 国货币可以折算为多少 B 国的货币，其他汇率的表示与此相同。

例如：在纽约外汇市场上 1 英镑 = 1.3353 美元，在伦敦外汇市场上 1 英镑 = 10.6724 港元，在香港外汇市场上 1 美元 = 7.8318 港元，将三个市场上的汇率都表示为直接标价法然后相乘：

$1.3353 \times 0.0937 \times 7.8318 = 0.98 \neq 1$

说明存在套汇机会，套汇者可在纽约外汇市场上卖出 1 美元，可得 0.7489 英镑，将英镑在伦敦市场卖出，可得 7.9891 港元，将港元在香港市场卖出，可得 1.02 美元，这样，以 1 美元套汇，最后可获得 0.02 美元的收益。

套汇操作起来很简单，就是打几个电话的事情。当代金融杀手索罗斯就是靠套汇发财的，现在已是世界巨富，成为影响世界金融的第三号人物。在浮动汇率制度条件下，只要认真捕捉套汇机会，总是能成功的，值得强调的是这种套汇机会转瞬即逝，交易人要果断、毫不犹豫才行。

（四）套利（Interest Arbitrage）

套利是指在两种货币资金短期利率出现差异的情况下，将资金从低利率货币兑换成高利率货币，赚取利差的外汇交易行为。由于各国经济发展的周期不一致，宏观调控政策操作时间上也不一样，不同国家的利率在短期内存在差异是在所难免的，这就为套利者提供了机会。

例如：假如在某一时期，美国金融市场上三个月定期存款利率为年率12%，而英国金融市场上三个月定期存款利率为年率8%，1 英镑兑2 美元。在此情况下，资本就会从英国流向美国，牟取高利。英国投资者用10 万英镑购买20 万美元现汇，存入美国银行，作3 个月的套利，该投资者就可以获得0.6 万美元收益（20 万美元×12% ÷4），假定汇率不变的话，可兑换0.3 万英镑；如果他不作套利安排，将10 万英镑存于英国银行，则到期可收益0.2 万英镑（10 万英镑×8% ÷4），比套利安排损失0.1 万英镑（10 万英镑×4% ÷4）。

上例是假定汇率不变，事实上由于存在利差，汇率是肯定要变化的，如果汇率变动的幅度较大，不仅赚不了钱，可能还会赔钱。那么聪明的投资者就会采取抛补套利的做法，在做第一笔买进卖出时，做一个方向相反的三个月的远期对冲，把汇率变动的风险化解掉，即使不能完全化解，只要有钱赚就可以了。

（五）外汇掉期 （Foreign Exchange Swap）

外汇掉期是交易双方约定以货币 A 交换一定数量的货币 B，并以约定价格在未来的约定日期用货币 B 反向交换同样数量的货币 A。外汇掉期是国际外汇市场上常用的一种规避汇率风险的手段。作为一项高效的风险管理手段，掉期的交易对象可以是资产，也可以是负债；可以是本金，也可以是利息。掉期交易买进和卖出的是同一数量的同一种货币，因而掉期交易不会改变交易者的外汇持有额，只有持币时间发生了变化，故名为掉期交易。例如，微软公司与其银行商定进行掉期交易。微软公司同意：（1）当前交付大量欧元以换取相应数量的美元；（2）每3 个月支付一次美元利息，并收取欧元利息；（3）在掉期合约结束时，偿还大量的美元并收回相应数量的欧元。

按交割日期的不同，外汇掉期可划分为三种基本形式：

1. 即期对远期（Spot Against Forward）。它是指在买进或卖出一种货币即期，同时卖出或买进同一种货币的远期的做法。例如：英镑与美元的即期汇率是 1 英镑 = 2.10 美元，若此时卖出 100 万英镑可得210 万美元，同时在远期市场上按 1 英镑 = 2.07 的汇价，买进三个月的远期 100 万英镑。这就是即期对远期的外汇交易。此时掉期率（Swap Rate）等于两笔交易所使用的汇率的差价。上例中掉期率为0.03 即300 点。在掉期交易中，交易员关心的就是掉期率。

2. 远期对远期（Forward Against Forward）。它是指在买进或卖出一种货币较短的远期，同时卖出或买进该货币较长的远期，例如交易者买进 3 个月的美元，同时卖出 6 个月的美元远期，就属于远期对远

外汇掉期形式：即期对远期、远期对远期、即期对即期。

期的掉期交易。这种掉期交易是交易员对某种货币汇率变化的趋势判断较准确时采用的做法。

3. 即期对即期（Spot Against Spot）。即期对即期掉期也称"一日掉期"（One-day Swap），即同时做两笔金额相同，交割日相差一天，交易方向相反的即期外汇交易。这一般用于银行同业之间的隔夜资金拆借。

虽然外汇掉期有三种基本形式，但外汇掉期交易多指即期与远期之间的掉期交易。其实，掉期交易基本上就是将一系列的即期交易合约与远期外汇交易合约并到一张合约中。与一组相互独立的外汇交易合约相比，掉期交易有两个优点：采取同一张合约降低了交易成本和风险；在掉期交易中，对方当事人的任何违约行为都可解除我方将来所承担的所有的义务，而在一组相互独立的交易中，对方在某些合约上违约时仍可强迫我方履行其他合约。

（六）外汇期货（Foreign Exchange Futures）

20 世纪 70 年代以来，布雷顿森林体系崩溃，主要西方国家普遍实行了浮动汇率制度，外汇市场上汇率波动频繁，汇率风险与利率风险加剧，伴随着"金融创新"的扩展与深化，具有远见的金融贸易家为缓和或逃避外汇风险与利率的风险，在原有的商品期货市场的基础上，于 1972 年在美国芝加哥建立起国际货币市场，开始专门经营货币期货，后来陆续经营其他金融工具（如政府债券、证券指数、欧洲美元存款）期货。当前，世界主要金融中心相继建立金融期货市场，外汇期货是其经营的主要业务之一。

外汇期货是在有形的交易市场，通过结算所（Clearing House）下属的成员结算公司（Clearing Firm）或经纪人，根据成交单位、交割时间标准化的原则，按固定价格买进与卖出远期外汇的一种业务。一般来说，两种货币中的一种货币为美元，这种情况下，期货价格将以"x 美元每另一货币"的形式表现。签订期货合约，可以锁定在未来特定日期买入或卖出某种外币的价格。

外汇期货与远期外汇合约非常相似，但稍有差别：

第一，期货合约只交易几种货币，交易是按照标准化合约进行的，只在有形的交易所进行交易；而远期外汇交易一般由银行和其他金融机构相互通过电话、传真等方式达成，交易数量、期限、价格自由商定，比外汇期货更加灵活。

第二，外汇期货的买卖是在专门的期货市场进行的，远期外汇合约的买卖是通过银行或外汇交易公司来进行的。世界上主要的外汇期货交易所有：芝加哥期货交易所、悉尼期货交易所、新加坡国际金融交易所、伦敦国际金融期货交易所等，每个交易所基本都有本国货币与其他主要货币交易的期货合约。期货市场至少要包括两个部分：一是交易市场，另一个是清算中心。

第三，远期外汇交易没有交易所，清算所为中介，流动性远低于期货交易，而且面临着对手的违约风险。

第四，期货合同仅有四个固定的到期日（3月、6月、9月、12月的第三个星期三）；而远期外汇交易是私人性质的交易，对任何一类合同，双方都可经过商议将交割日定在从成交日算起的任意一段时间（通常为1个月、3个月或6个月）之后。

第五，期货合约可以在到期之前在期货市场上卖掉，而远期则不行。

第六，签订期货合约后，顾客需要向交易所交纳一定数量的保证金来表达对履约的诚意。而远期外汇合约可能要求签约者支付一定数量的保证金，但通常并不需要。

第七，在逐日结算制（Market to Market）下，结算所每天会根据当日的结算价格，计算已成交的期货合约的收益和亏损。如果投资者受到太大的亏损，他便会被要求追加保证金。而远期合约给签约人带来的盈利与亏损通常只有在合约到期时才得以显现和兑现。

第八，几乎所有支付得起保证金的人都可以购买期货合约；而各银行通常只愿意与信誉度很高的客户签订大额远期合同。期货合约比远期外汇市场更好地迎合了小额顾客和投机者的需要。

在某些情况下，远期合约和期货合约的一个共同的主要缺点是，签约人的敞口头寸可能给其带来巨大损失。无论在何种情况下，签约人都必须履约，即使即期汇率的变动朝着不利于签约人头寸的方向发展，他将不得不高买低卖，从而蒙受巨大的亏损，于是产生了另外一种交易方式——外汇期权合约。

（七）外汇期权（Foreign Exchange Options）

外汇期权是指交易双方按协定价格就将来是否购买某种货币或是否出售某种货币的选择权达成的一个合约。规定期权的卖方给期权的买方一种可以在合约规定的条件下买入（买权期权，Call Option）或卖出（卖权期权，Put Option）某种货币的权利。期权的买方在合约的有效期内，或在规定的合约到期日，可按合约规定的汇价［执行价格（Exercise Price）或敲定价格（Strike price）］行使自己的权利——买或卖某种货币。买方可与期权卖方进行交割，也可以根据市场汇率的实际情况放弃这种权利，让期权合约过期自动作废，期权买方的损失是预支的期权保费。

期权交易主要有三种用途：一是用以对贸易和投资进行保值，根据某一特定环境的要求消除和转移风险；二是可以在外汇市场上投机，捕捉瞬间盈利的机会，而且通过期权合约将其锁定在自己手里；三是扩大了外汇市场的交易范围，期权交易的卖方可以获取期权保费。

例如：中国某公司从美国进口机械设备，需要 3 个月后向美国出口商支付 100 万美元；按照即期汇率 1 美元 = 8.29 元人民币，进口成本折算为 829 万元人民币。为了避免外汇汇率风险、保值和固定成本，该公司向中国银行支付一万美元的期权保费，费率为合同金额的 1%，购买 3 个月后的买权，即该公司有权在 3 个月后按照 1 美元 = 8.29 人民币元的汇率，向银行买进所要支付给进口商的 100 万美元。实际使用人民币为 829 万 + 8.29 万 = 837.29（万元）。3 个月后可能出现以下三种情况。

（1）美元与人民币的汇率上升为 1 美元 = 8.45 人民币元，若该公司没有采取保值措施购买期权，需要 845 万元人民币，才能换得 100 万美元。在此情况下该公司行使买权，用 829 万元人民币换得 100 万美元，加上期权保费，还节约了约 8 万元人民币，使进口成本降低。

（2）美元兑换人民币的汇率下跌为 1 美元 = 8.00 人民币元，人民币升值强劲，美元疲软。这时该公司则可以放弃行使期权，在外汇市场上用 800 万元人民币换得 100 万美元完成支付。

（3）汇率没有发生变化，保持在 1 美元 = 8.29 人民币元的水平上，该公司只是支付了 1 万美元的期权保费，却把所有的风险都化解了，固定了进口成本，还是很值得的。

期权的缺点是必须支付获取该项权力的权利金（在远期合约中没有类似的费用支出）。期权的优点在于，合约可能导致的亏损仅限于权利金。

本章思考与练习

1. 汇率是如何进行标价的？根据不同的标价方法应如何理解一国货币升值或贬值（举例说明）？

2. 某日某外汇市场上英镑的即期汇率为 1.5075 美元，6 个月远期汇率为 1.5235 美元，试计算英镑的远期升贴水年率。

3. 在下列情况中，美元币值发生了何种变化？

（1）即期汇率由 0.50 美元/瑞士法郎变为 0.51 美元/瑞士法郎。

（2）即期汇率由 2 瑞士法郎/美元变为 1.96 瑞士法郎/美元。

4. 简述外汇交易业务的种类及其特点和作用。

5. 2023 年 1 月 3 日中国银行外汇市场报价如下：1 美元分别等于 6.9475 人民币元、7.8071 港元、130.8873 日元，试计算人民币对港元和日元的汇率。

第十一章
汇率决定理论

汇率作为国际金融关系乃至国际经济关系正常发展的重要纽带，已渗透到经济生活的几乎一切领域，汇率的变动具有广泛的效应，它会影响价格、工资、利率、产出以及就业率，进而会直接或间接地影响到几乎所有经济个体的福利。汇率的变动还会对一国国际收支（包括进出口收支、非贸易收支、国际资本流动）产生影响，从而影响到世界经济和国际金融体系的运作。因此，对汇率决定的探讨无疑始终是国际金融领域内最基础、最核心的内容之一，而汇率决定理论在不同的经济时期经历了不同的发展阶段。

第一节　汇率决定的基础

各国货币之间的比价即汇率，从根本上讲是各种货币价值的体现。也就是说，货币具有的或代表的价值是决定汇率水平的基础，汇率在这一基础上受其他各种因素的影响而变动，形成现实的汇率水平。在不同的货币制度下，各国货币所具有的或者所代表的价值是不同的，即汇率具有不同的决定因素，并且影响汇率水平变动的因素也不相同。

一、不同货币制度下的汇率决定与变动

国际货币制度的演变经历了金本位、金块本位、金汇兑本位和纸币本位制度。由于统一的世界市场出现在金本位制时代，所以对汇率问题的探讨也就从金本位制开始。

金本位制的最初形式是金币本位制，即以黄金为货币制度的基础、黄金直接参与流通的货币制度。20 世纪 20 年代，英、法等国因

国际货币制度的演变： 金本位、金块本位、金汇兑本位和纸币本位。

为黄金量不足，开始实行金块本位。即只有当大规模支付时，黄金才以金块的形式参与流通和支付。金块本位制依然是一种金本位制，因为在这种制度下，纸币的价值以黄金为基础，代表黄金流通并与黄金保持固定比价，黄金在一定程度上仍参与清算和支付。

随着经济的发展，黄金的流通和支付手段职能逐渐被纸币取代，货币制度演变为金汇兑本位制，它也是一种金本位制。在金汇兑本位制度下，纸币成为法定的偿付货币；政府宣布单位纸币代表的黄金量并维护纸币黄金比价；纸币充当价值尺度、流通手段和支付手段，并可以按照政府宣布的比价与黄金自由兑换；黄金只发挥贮藏手段和稳定纸币价值的作用。第一次世界大战期间以及1929~1933年资本主义经济大危机期间，各主要资本主义国家为筹集资金应付战争和刺激经济，大量发行纸币，导致纸币与黄金间的固定比价无法维持，金汇兑本位制几经反复后最终瓦解，各国普遍实行纸币本位制度。

（一）金币本位制度下的汇率决定

在金币本位制度下，各国都规定了货币的法定含金量。两种不同货币之间的比价由它们各自的含金量对比来决定。如1925~1931年，1英镑的含金量为7.3224克，1美元的含金量为1.504656克，两者相比等于4.8665（7.3224/1.504656），即1英镑等于4.8665美元。这种以两种金属铸币含金量之比得到的汇率被称为铸币平价（Mint Parity）。铸币平价是金平价（Gold Parity）的一种表现形式。

金本位制度下，汇率围绕铸币平价上下波动，波动的幅度受制于黄金输送点。

在金本位制度下，汇率决定的基础是铸币平价。实际经济中的汇率则因供求关系而围绕铸币平价上下波动，但其波动的幅度受制于黄金输送点（Gold Points）。在金本位制下，黄金可以自由输入输出。因此，各国间债权债务可通过两种方式进行清算：一是非现金结算，即采用汇票等手段；二是现金结算，即直接运送黄金。如果外汇价格太高，人们就不愿购买外汇，只要运送黄金进行清算就可以了。例如，在第一次世界大战前，按1英镑计算，英国和美国之间运送黄金的费用为0.03美元。假设美国对英国有国际收支逆差，于是，对英镑的需求增加，英镑币值上升。如果1英镑上涨到4.8965美元（即铸币平价4.8665加运送黄金的费用0.03美元）以上，则美国债务人就不会购买英镑外汇，而宁愿在美国购买黄金运送英国偿还其债务，因为这样只需4.8965美元。所以，引起美国黄金流出的汇率就是黄金输出点，汇率的波动不可能走出这个点；反之，汇率的波动也不可能低于黄金输入点。如果英国对美元有国际收支逆差，英国债务人则会最低以1英镑兑4.8365美元（即铸币平价4.8665美元减0.03美元）的价格购买美元用于偿付债务。由此可见，在金本位制下，汇率决定的基础是铸币平价，汇率波动的界限是黄金输送点。在这种汇率制度下，只要各国不改变本国货币的法定含金量，各国货币之间的汇率就会长期稳定。

（二）金块本位和金汇兑本位制度下汇率的决定

在金块本位制度下，黄金已经很少直接充当流通手段，金块的绝大部分由政府所掌握，其自由输入输出受到了影响。同样，在金汇兑本位制度下，黄金储备集中在政府手中，日常生活中黄金不再具有流通手段的职能，输出、输入受到了极大限制。在这两种货币制度下，货币汇率由纸币所代表的金量之比决定，称为法定平价。现实中的汇率随供求关系而围绕法定平价上下波动。这时，汇率波动的幅度不再受制于黄金输送点。政府通过设立外汇平准基金来维护汇率的稳定，当外汇汇率上升时出售外汇，汇率下降时买进外汇，以此使汇率的波动局限在允许的幅度内。但与金币本位制度时相比，此时汇率的稳定程度已降低了。

金块本位和金汇兑本位制度下汇率围绕法定平价上下波动。

（三）纸币本位制度下汇率的决定

纸币本位制度是在金本位制度崩溃之后产生的一种货币制度，包括法定含金量时期和 1978 年 4 月 1 日以后的无法定含金量时期两个阶段。纸币作为价值符号，是金属货币的取代物，在金属货币退出流通之后，执行流通手段和支付手段的职能。这种职能是各国政府以法令形式赋予它并保证其实施的。从纸币制度产生之日起，各国政府就规定了本国货币所代表的（而不是具有的）含金量，即代表的一定价值。因此，在国际汇兑中，各国货币之间的汇率也就成了它们所代表的价值之比。

但是，纸币所代表的含金量之比决定汇率，与金本位制下铸币所具有的含金量之比决定汇率，有着本质的差别。后者是一种实实在在的价值之比，而前者只是一种虚设的价值之比。作为汇率，应该是货币实际价值的对比。而在纸币制度下，货币的实际价值并不一定等于其法定的含金量，因为通货膨胀这种几乎不可避免的现象会使货币的实际价值与其代表的名义价值相偏离。一国通货膨胀程度越高，其货币的实际价值就越低；一国通货膨胀程度越低，其货币的实际价值就越高。

纸币本位制度下汇率由纸币所代表的含金量之比决定。

用通货膨胀程度所衡量的货币实际价值是货币的对内价值，对内价值是决定对外价值（即汇率）的基础。对内价值具体体现于货币在国内的购买力高低，货币购买力是用能表明通货膨胀程度的物价指数来计算的。一国物价指数上涨，通货膨胀水平提高，该国货币购买力就相应下降，它在国际市场的币值也会相应下跌；反之，当一国物价指数上涨程度较其他国家慢，通货膨胀水平较低，意味着该国货币购买力提高，它在国际市场的币值也会相应上升。

进一步说，货币的对内价值即购买力的变化取决于流通中的货币量。如果流通中的货币数量与对货币的实际需要量相一致，则本国物价和货币购买力稳定，货币对内不发生贬值；如果流通中的货币量超过货币需要量，则会发生通货膨胀，物价上涨，货币购买力下降，本币对内贬值。

在纸币制度下，两国货币之间的汇率取决于它们各自在国内所代表的实际价值，也就是说货币对内价值决定货币对外价值；而货币的对内价值又是用其购买力来衡量的。因此，货币的购买力对比就成为纸币制度下汇率决定的基础。这一论点在第二次世界大战后的纸币制度下被广泛地接受和运用，它也是西方汇率理论中一个重要流派的思想。

纸币本位制度下，国际汇率体系经历了布雷顿森林体系下的固定汇率和牙买加体系下的浮动汇率两个时期。与金本位制度下的汇率截然不同，一方面，纸币制度下的汇率无论是固定的还是浮动的，都已失去了保持稳定的基础，这是由纸币的特点造成的。另一方面，外汇市场上的汇率波动也不再具有黄金输送点的制约，波动是无止境的，任何能够引起外汇供求关系变化的因素都会造成外汇行市的波动。

二、纸币本位制度下影响汇率变动的主要因素

汇率变动的主要影响因素包括国际收支、利率、通货膨胀、财政和货币政策、投机资本、政府的市场干预、一国经济实力及其他因素。

一国汇率的变动要受到许多因素的影响，既包括经济因素，又包括政治因素与心理因素等。而各个因素之间又有互相依存、互相制约的关系。更何况，同一个因素在不同的国家，不同的时间所起的作用也不相同，所以汇率变动是一个极其错综复杂的问题。下面选择几个比较重要的因素来集中分析它们对汇率变动的影响。

（一）国际收支

一国国际收支差额既受汇率变化的影响，又会影响到外汇供求关系和汇率变化，其中，贸易收支差额又是影响汇率变化最重要的因素。当一国有较大的国际收支逆差或贸易逆差时，说明本国外汇收入比外汇支出少，对外汇的需求大于外汇的供给，外汇汇率上涨，本币对外贬值；反之，当一国处于国际收支顺差或贸易顺差时，说明本国外汇收入比外汇支出多，外汇供给大于需求，同时外国对本国货币需求增加，会造成本币对外升值，外汇汇率下跌。

国际收支或贸易收支逆差导致本币贬值，国际收支或贸易收支顺差导致本币升值可以在大多数现实的例子中得以证实。第二次世界大战后初期，美国巨额的贸易顺差促使美元供不应求，出现"美元

荒"，为美元成为中心货币奠定了基础；而 20 世纪 60 年代以后美国巨额的国际收支逆差又迫使美元在 1971 年和 1973 年两次大幅度贬值。80 年代中期以后美国对日本持续大量的贸易逆差也是导致美元对日元不断贬值的主要原因。

（二）利率

利率也是货币资产的一种"特殊价格"，它是借贷资本的成本和利润。在开放经济和市场经济条件下，利率水平变化与汇率变化息息相关，主要表现在当一国提高利率水平或本国利率高于外国利率时，会引起资本流入该国，由此对本国货币需求增大，使本币升值，外汇贬值；反之，当一国降低利率水平或本国利率低于外国利率时，会引起资本从本国流出，由此对外汇需求增大，使外汇升值、本币贬值。

一国提高利率水平多数情况下是为了紧缩国内银根，控制投资的扩大和经济过热，它对外汇市场的作用就是使本币在短期内升值；而一国降低利率水平则主要是为了放松银根，刺激投资的增加和经济增长，它对外汇市场的作用就是使本币在短期内贬值，这是货币政策手段之一的贴现率政策实施的结果，各国货币当局往往通过调整中央银行的贴现率来促使利率水平的变化。正是因为利率对汇率的这种作用，一国政府可以将调整贴现率作为干预资本流动和汇率变化的措施。当然，这种做法必然影响到国内经济状况，效果也是短期的。

利率对于汇率的另一个重要作用是导致远期汇率的变化，外汇市场远期汇率升水、贴水的主要原因在于货币之间的利率差异。高利率货币会引起市场上对该货币的需求，以期获得一定期限的高利息收入，但为了防止将来到期时该种货币币值下跌带来的风险和损失，人们在购进这种货币现汇时往往会采取掉期交易，即卖出这种货币的远期，从而使其远期贴水；同样的道理，低利率的货币则有远期升水。利率与远期汇率之间的这种关系可以在西方利率平价理论中得到进一步证明。

（三）通货膨胀

正如前面所讲的，纸币制度下，货币所代表的实际价值（可以用货币购买力来体现）是汇率决定的基础。纸币制度的特点决定了货币的实际价值是不稳定的，通货膨胀以及由此造成的纸币实际价值与其名义价值的偏离几乎在任何国家都是不可避免的。而这就必然引起汇率水平的变化。具体地说，一国通货膨胀率提高，货币购买力下降，纸币对内贬值，也会对外贬值。进一步说，汇率是两国货币之比价，其变化受制于两国通货膨胀程度之比较。如果两国都发生通货膨胀，则高通货膨胀国家的货币会对低通货膨胀国家的货币贬值，而后者则对前者相对升值。

233

（四）财政、货币政策

一国政府的财政、货币政策对汇率变化的影响虽然是较为间接的，但也是非常重要的。一般来说，扩张性的财政政策通过刺激产出增加，会提高实际货币持有量的交易性需求，在价格水平不变的情况下，推动利率上升，结果使本国货币对外升值；而扩张性的货币政策会降低国内利率，从而使本国货币对外贬值。但这种影响是相对短期的，财政、货币政策对汇率的长期影响则要视这些政策对经济实力和长期国际收支状况的影响如何，如果扩张政策能最终增强本国经济实力，促使国际收支顺差，那么本币对外价值的长期走势必然会提高，即本币升值；如果紧缩政策导致本国经济停滞不前，国际收支逆差扩大，那么本币对外价值必然逐渐削弱，即本币贬值。

（五）投机资本

随着浮动汇率制度的产生以及西方各国对外汇管制和国际资本流动管制的放松，外汇市场各种投机活动已十分普遍，因此，投机资本对市场供求关系和外汇行市的影响也就不容忽略了，但是，投机资本对汇率的作用是复杂多样的和捉摸不定的。有时，投机风潮会使外汇汇率跌宕起伏，失去稳定；有时投机交易则会抑制外汇行市的剧烈波动。例如，当国际金融市场上出现利率、汇率等价格的地区差或时间差，或者利率预期、汇率预期等发生变化时，必然会吸引大批国际游资（Hot Money）涌入外汇市场，这时会增大外汇交易规模，加剧汇率波动。而当外汇市场汇率高涨或暴跌时，投机性的卖空、买空交易会抑制涨跌势头，起到平抑行市的作用。

（六）政府的市场干预

尽管第二次世界大战后西方各国政府纷纷放松了对本国的外汇管制，但政府的市场干预仍是影响市场供求关系和汇率水平的重要因素。当外汇市场汇率波动对一国经济、贸易产生不良影响或政府需要通过汇率调节来达到一定政策目标时，货币当局便可以参与外汇买卖，在市场上大量买进或抛出本币或外汇，以改变外汇供求关系，促使汇率发生变化，这就是作为货币政策之一的"公开市场业务"。

为进行外汇市场干预，一国需要有充足的外汇储备，或者建立专门的基金，如外汇平准基金、外汇稳定基金等，保持一定数量，随时用于外汇市场的干预。政府干预汇率往往是在特殊情况下（如市场汇率剧烈波动、本币大幅度升值或贬值等），或者为了特定的目标（如促进出口、改善贸易状况等）而进行的，它对汇率变化的作用一般是短期的。

（七）一国经济实力

一国经济实力的强弱是奠定其货币汇率高低的基础，而经济实力强弱通过许多指标表现出来。稳定的经济增长率、低通货膨胀水平、平衡的国际收支状况、充足的外汇储备以及合理的经济结构、贸易结构等都标志着一国较强的经济实力，这不仅是形成本币币值稳定和坚挺的物质基础，也会使外汇市场上人们对该货币的信心增强。反之，经济增长缓慢甚至衰退、高通货膨胀率、国际收支巨额逆差、外汇储备短缺以及经济结构、贸易结构失衡，则标志着一国经济实力差，从而本币失去稳定的物质基础，人们对其信心下降，对外不断贬值。

与其他因素相比较，一国经济实力强弱对汇率变化的影响是较长期的，即它影响汇率变化的长期趋势。党的二十大报告提出："有序推进人民币国际化。"经过十几年的发展，随着中国经济的成长，开放水平的提升，人民币的跨境支付、投融资、储备和计价等国际货币的功能全面增强，人民币国际地位稳步提升，反映出国际社会对中国经济发展的信心。

（八）其他因素

在现代外汇市场上，汇率变化常常是十分敏感的，一些非经济因素、非市场因素的变化往往也会波及外汇市场。一国政局不稳定、有关国家领导人的更替、战争爆发等，都会导致汇率的暂时性或长期性变动。其原因在于，无论是政治因素、战争因素或其他因素，一旦发生变化，都会不同程度地影响有关国家的经济政策、经济秩序和经济前景，从而造成外汇市场上人们的心理恐慌，人们或者寻求资金安全、保值，或者趁机进行投机、获利，都会进行迅速的外汇交易，引起市场行情的波动。

另外，诸如黄金市场、股票市场、石油市场等其他投资品市场价格发生变化也会引致外汇市场汇率联动。这是由于国际金融市场的一体化，资金在国际上的自由流动，使得各个市场间的联系十分密切，价格的相互传递成为可能和必然。

第二节　购买力平价理论

一、主要内容

瑞典经济学家卡塞尔（Gustav Cassel）在其 1922 年出版的

> 购买力平价说认为两国货币的汇率主要是由两国货币的购买力决定的。分为两种形式：绝对购买力平价和相对购买力平价。

《1914年以后的货币与外汇》一书中系统地提出：两国货币的汇率主要是由两国货币的购买力决定的。这一理论被称为购买力平价说（Theory of Purchasing Power Parity，简称PPP理论）。购买力平价说分为两种形式：绝对购买力平价（Absolute PPP）和相对购买力平价（Relative PPP）。

绝对购买力平价认为两国货币之间的汇率可以表示为两国货币的购买力之比。

绝对购买力平价认为：一国货币的价值及对它的需求是由单位货币在国内所能买到的货物和服务的量决定的，即由它的购买力决定的，因此两国货币之间的汇率可以表示为两国货币的购买力之比。而购买力的大小是通过物价水平体现出来的。

相对购买力平价弥补了绝对购买力平价一些不足的方面，它的主要观点可以简单地表述为：两国货币的汇率水平将根据两国通胀率的差异而进行相应的调整。它表明两国间的相对通货膨胀率决定两种货币的均衡汇率。从总体上看，购买力平价理论较为合理地解释了汇率的决定基础。虽然它忽略了国际资本流动等其他因素对汇率的影响，但该学说至今仍受到西方经济学者的重视，在基础分析中被广泛地应用于预测汇率走势的数学模型。

相对购买力平价认为两国间的相对通货膨胀率决定两种货币的均衡汇率。

二、理论分析

假设麦当劳的巨无霸在中国的市场价格是17.2人民币元，一模一样的巨无霸在美元市场的价格为4.79美元，就巨无霸而言，折算出的美元对人民币汇率为（17.2/4.79 = 3.59）（见表11-1）。

表11-1 一些国家的巨无霸汇率

国家	当地价格	隐含的汇率	当时市场汇率	高估和低估（%）
美国 USD	4.79			
英国 GBP	2.89	0.6	0.66	-10
日本 JPY	370	77.24	117.77	-52.5
韩国 KRW	4100	855.95	1083.30	-26.6
中国 CNY	17.2	3.59	6.21	-73.0

资料来源：《汉堡经济报告2015》。

如果用P_d表示本国综合价格水平，P_f表示外国综合价格水平，则购买力平价可表示为：

$$e = P_d/P_f \qquad (11-1)$$

但在实际中要得到一个国家的绝对价格水平是困难的，我们可以引入价格水平的变化率或通货膨胀率。令π_d、π_f分别表示本国和外国的通货膨胀率，下标0、1分别表示基期和报告期，那么

$$\frac{e_1}{e_0} = \frac{P_{d1}/P_{d0}}{P_{f1}/P_{f0}} = \frac{1 + \pi_d}{1 + \pi_f}$$

变化后得：

$$\frac{e_1 - e_0}{e_0} = \frac{\pi_d - \pi_f}{1 + \pi_f}$$

当 π_f 很小时，$1 + \pi_f \approx 1$，这时有：

$$\frac{e_1 - e_0}{e_0} = \pi_d - \pi_f \qquad\qquad (11 - 2)$$

式（11 - 1）为绝对购买力平价，式（11 - 2）为相对购买力平价。

绝对购买力平价揭示了汇率与相对价格水平之间的关系。当本国价格水平相对上升时，本币贬值；当本国价格水平相对下跌时，本币升值。相对购买力平价指出了汇率在一段时间内的变化率等于同一时间内两国通货膨胀率之差。通货膨胀率相对较低国家的货币在外汇市场上趋于升值；通货膨胀率相对较高国家的货币在外汇市场上趋于贬值。

购买力平价的适应性：

（1）两国价格水平可比。价格统计方法相近，经济结构相近。

（2）时期的选择。

（3）由于价格具有黏性，不可能完全弹性，因此，适合作汇率的长期分析。

（4）受交易成本的影响（运保费，关税等）。

从图 11 - 1 中可以看出，在 20 年里，虽然英镑对美元的市场汇率一直偏离英国与美元相对价格水平即购买力平价汇率，但两者的长期变化趋势是基本一致的。这完全符合购买力平价理论的设想。从英镑与美元在 1973 ~ 1993 年的表现来看，购买力平价是适用的。

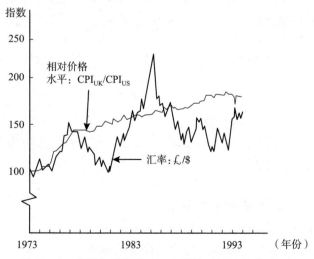

图 11 - 1　美国与英国的购买力平价（1973 年为 100）

三、理论应用

（一）汇率的高估与低估

汇率高估（或低估）是指一国货币的名义币值高于（或低于）基准币值。

汇率高估和汇率低估是国际金融中的一个重要概念。在直接标价法下，当市场汇率高于基准汇率时，称为汇率低估；当市场汇率低于基准汇率时，称为汇率高估（见图 11-2）。也就是说，汇率高估或低估分别是指一国货币的名义币值高于或低于基准币值。

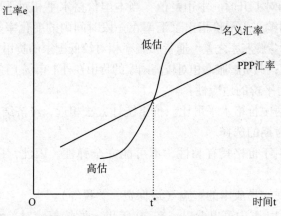

图 11-2 市场汇率对基准汇率的偏离

【例 11-1】 假设今年美国的通货膨胀率为 3%，同期泰国的通货膨胀率为 15%，1 月初泰铢对美元汇率为 38.40。问：

（1）如果购买力平价能成立，则到今年底泰铢的汇率为多少？

（2）如果将购买力平价汇率作为基准汇率，那么年底 38.40 的汇率是高估还是低估？

解：（1）已知 $e_0 = 38.40$，$\pi_d = 15\%$，$\pi_f = 3\%$，求 e_1

$$\frac{e_1 - e_0}{e_0} = \frac{e_1 - 38.40}{38.40} = \pi_d - \pi_f = 15\% - 3\%$$

$$e_1 = 43.008$$

（2）将年底购买力平价汇率 43.008 作为评判汇率的依据，则泰铢的市场汇率高估。

（二）经济发展指标的调整

目前对一国经济发展的衡量指标有国内生产总值（GDP）、国民生产总值（GNP）的传统计算方法以及购买力平价（PPP）方法。传统计算方法是根据本国货币与美元的汇率，把按本国货币统计的国内生产总值或国民生产总值折算成美元来计算国民经济的规模。传统计算方法的缺点是在计算一个国家国内生产总值时，把国内生产总值以美元汇率计算，而没有把该国货币和购买力因素计算在内。购买力平价方法与传统的汇率计算方法完全不同，购买力平价的方法，利用购买力平价作为转换因素，将本国货币在国内市场上的购买力按国际市场价格折算成美元，来估算一国的国内生产总值。例如，把中国每年生产的产品都按国际市场的价格计算，中国的国内生产总值就比按国内价格计算大了许多（见表 11 – 2）。

表 11 – 2   2022 年世界银行根据购买力平价测算的 GDP

单位：万亿美元

国家	名义 GDP	位次	根据 PPP 调整后 GDP	位次
美国	25.464	1	25.463	2
中国	17.993	2	30.327	1
日本	4.229	3	5.702	4
德国	4.072	4	5.310	6
印度	3.377	5	11.815	3
英国	3.069	6	3.657	10
法国	2.783	7	3.770	9
俄罗斯	2.216	8	5.327	5
加拿大	2.140	9	2.273	15
意大利	2.010	10	3.053	12

资料来源：世界银行数据库。

四、简要评述

购买力平价理论比较令人满意地解释了长期汇率变动的原因，在物价剧烈波动、通货膨胀严重时期具有相当的意义，它是西方国家最重要的汇率决定理论之一，为金本位制崩溃后各种货币定值和比较提供了共同的基础。该理论一直在汇率决定理论中保持着重要的地位，对当今西方国家的外汇理论和政策仍产生重大影响。今天，许多西方经济学家仍然把其作为预测长期汇率趋势的重要理论之一。

多米尼克认为，虽然在短期中汇率常常与购买力平价预测存在较大差别，但是购买力平价理论在长期或纯粹货币扰动引起的情况下，能够给出相当不错的均衡汇率的近似估计。林德特也认为，从长期看，在价格水平同国际汇率之间存在一种可以预期的联系，一种由货物和服务能够在一国或另一国购买这种事实所造成的联系，这便导致把国家通货价格同汇率联系起来的购买力平价假设。

购买力平价理论的主要不足在于其假设货物能被自由交易，并且不计关税、配额和赋税等交易成本。另一个不足是它只适用于货物，却忽视了服务，而服务恰恰可以有非常显著的价值差距的空间。另外，除了通货膨胀率和利息率差异之外，还有其他若干个因素影响着汇率，比如：经济数字发布/报告、资产市场以及政局发展。

第三节　利率平价理论

一、主要内容

利率平价理论解释了货币市场上的利率差异与即期汇率、远期汇率/预期汇率之间的关系。可分为抵补利率平价和无抵补利率平价。

利率平价理论（Theory of Interest Rate Parity）由英国经济学家凯恩斯（John Keynes）于 1923 年率先提出，解释了利率水平的差异直接影响短期资本在国际上的流动，从而引起汇率的变化。投资者为获得较高的收益，会把资金从利率较低的国家转向利率较高的国家，进行套利，直至两国货币资产的收益率相等为止。利率平价理论强调在国际金融投资者调整投资组合的作用下，以不同货币计值的金融资产供求变化会对各国货币间的汇率产生压力；解释了货币市场上的利率差异与即期汇率、远期汇率/预期汇率之间的关系。实际上，远期汇率的推导过程就是应用了利率平价理论。虽然该理论的前提假设存在一定的缺陷，但是利率平价说突破了传统的国际收支、物价水平的范畴，从资本流动的角度研究汇率的变化，奠定了现代汇率理论的基础。利率平价理论可分为抵补利率平价（Covered Interest Parity）和无抵补利率平价（Uncovered Interest Parity），二者的不同之处在于对投资者的风险偏好假定不同。

二、理论分析

利率平价成立的前提条件：
（1）国际资本能够自由流动；
（2）外汇市场完全有效；
（3）本国与外国的货币完全替代；
（4）不考虑交易成本。

（一）抵补利率平价

抵补利率平价解释了两国利率差异与即期汇率、远期汇率之间的关系，因为远期外汇市场的出现使套利者可以免于承担由于汇率波动而产生的汇率风险，套利者在套利的时候，可以利用远期外汇合约，对自己面临的汇率风险进行套期保值。

假设某投资者将 1 元本币在本国投资生息，本国利率（或者收益率）为 i_d，其远期价值为 $(1+i_d)$。在外国投资生息，外国利率（或者收益率）为 i_f，其远期价值为 $(1+i_f)e_f/e_s$，e_s 为即期汇率，e_f 为远期汇率，直接标价法（见图 11-3）。

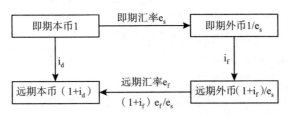

图 11-3 本币与外汇的即期与远期资产

如果两个远期价值不同，说明某种选择更好，投资者会纷纷效仿，直到两者完全相等，这时套利活动立刻停止。则：

$$1+i_d = (1+i_f)e_f/e_s$$

$$\frac{e_f - e_s}{e_s} = \frac{i_d - i_f}{1+i_f}$$

当 i_f 较小时，$1+i_f \approx 1$，则：

$$\frac{e_f - e_s}{e_s} = i_d - i_f$$

此式即为著名的抵补利率平价的一般表达式。公式反映了远期升水（或贴水）与两国利差（或者收益率之差）之间的关系，本国利率高于外国利率，外汇远期升水；本国利率低于外国利率，外汇远期贴水。该关系式

（1）揭示了汇率（即期汇率、远期汇率）与利率之间的关系；

（2）揭示了短期国际资本流动的原因；

（3）为套汇套利提供了理论依据与实际操作方法。

抵补利率平价反映了远期升水（或贴水）与两国利差（或者利益率之差）之间的关系。

（二）无抵补利率平价

无抵补利率平价解释了两国利率差异与即期汇率、预期汇率之间的关系。与抵补利率平价不同，套利者在套利过程中不进行套期保值，而是以未来的即期汇率将以外币计值的投资收益兑换为本币。在投资的最初阶段，将来的即期汇率是不确定的，因此这种投资将面临汇率风险。

初始投资时，投资者可能对将来的即期汇率有所预期（e_{ex}），则无抵补利率平价表达式为：

$$\frac{e_{ex} - e_s}{e_s} = i_d - i_f$$

无抵补利率平价公式反映了预期汇率变化率与两国利差（或者收益率之差）之间的关系，本国利率高于外国利率，市场预期将来外币会升值；本国利率低于外国利率，预期将来外币会贬值。

【例 11 – 2】 美元对日元的即期汇率为 126.40，美元利率为 4.75%，同期日元利率为 0.75%，如果市场预期未来美元汇率将要下跌，一年后市场汇率将变为 124.20。

问：（1）投资者该如何进行投资？

（2）国际资本流向？

（3）资本投资收益率？

解：（1）根据无抵补利率平价条件，可得根据利率平价理论，先推出一年美元远期汇率：

$$(e_{ex} - e_s)/e_s = i_d - i_f$$

$$(e_{ex} - 126.40)/126.40 = 0.75\% - 4.75\%$$

$$e_{ex} = 121.344$$

比较平价汇率和预期汇率可知，预期日元的升值幅度要低于平价汇率，因此，投资者投资美元会有更大的收益。

（2）当投资者卖出日元买进美元时，国际资本将从日元流向美元，或从日本流入美国。

（3）假设一个投资者投资 1 日元，一年后投资在美国市场的预期收益为：

$$[1/126.40 \times (1 + 4.75\%) \times 124.20] - 1 = 2.9268\%$$

而在日本市场的收益为 0.75%，投资在美国的资本预期收益率较高，也说明套利的方向正确。

三、简要评述

利率平价在远期汇率/预期汇率、即期汇率与利率之间建立密切联系，不仅有其理论意义，而且在 20 世纪 70 年代以来国际货币市场迅速发展的背景下还具有现实意义。与购买力平价所不同的是，它考察的是资本流动（而不是商品流动）与汇率决定之间的关系；在短期里，利率平价理论的解释力大大超过购买力平价理论。

但利率平价的不足也很明显：利率是影响汇率的因素之一，不是全部；假设条件苛刻，在实际中大打折扣。

无抵补利率平价反映了预期汇率变化率与两国利差（或者收益率之差）之间的关系。

第四节 货币主义汇率决定理论

一、主要内容

货币主义的汇率理论形成于 20 世纪 70 年代中期，其理论基础是购买力平价理论和货币数量理论。

根据货币数量方程式：

$$MV = PY（费雪方程式）$$

$$M = KPY（剑桥方程式）$$

其中，M 为货币供应量，V 为货币流通速度，P 为价格水平，Y 为实际产出，K 为货币行为常数。

货币主义者认为，调节货币供应量可以同时决定价格和实际产出（见表 11 – 3）。在此基础上，结合购买力平价和利率平价理论，他们得出：汇率决定于两国的相对货币供应量增长速度、相对实际经济增长速度和相对利率水平。

> 货币主义的汇率决定理论认为汇率决定于两国的相对货币供应量增长速度、相对实际经济增长速度和相对利率水平。

表 11 – 3　　　　　货币供应量对价格和实际产出的决定

M	V	P	Y	
10000	2	100	200	
20000	2	100	400	V、P 不变
20000	2	125	320	V 不变
10000	4	125	320	M 不变

二、理论分析

本国和外国的货币数量方程式分别为：

$$M_d = K_d P_d Y_d（本国）$$

$$M_f = K_f P_f Y_f（外国）$$

将上述两式代入绝对购买力平价公式可得：

$$e = \frac{P_d}{P_f} = \frac{M_d / (K_d Y_d)}{M_f / (K_f Y_f)} = k\left(\frac{M_d}{M_f}\right)\left(\frac{Y_f}{Y_d}\right),\ (k = K_f / K_d)$$

通常假设 k 一定，公式表示：

1. 在实际产出保持相对不变的情况下，当本国货币供应量相对增长时，外汇汇率趋于上升，外币升值，本币贬值。

2. 在货币供应量保持相对不变的情况下，当本国实际产出相对增长时，外汇汇率趋于下跌，外币贬值，本币升值。

货币供应量是一种政策变量，政府可以通过直接调节货币供给，或者通过调整利率、准备金比率、公开市场操作等手段间接调节货币供应量，从而达到调节产出、价格及汇率的目的。

如果考虑货币的多种需求（交易性需求、预防性需求和投机性需求），则货币数量方程式改写为：

$$M = KPY - hi(广义货币数量方程式)$$

式中 h 为货币投机性需求的利率系数，i 为利率。这样货币主义者不仅将利率因素引进其汇率决定方程，分析利率的变动对汇率的影响，而且通过与利率平价的结合，可以将其汇率决定方程用于短期汇率分析。因此，货币主义的汇率决定方法既能从长期又能从短期两个方面来全面分析汇率的决定，成为国际金融中影响较大的汇率决定理论。

三、简要评述

货币主义汇率理论指出一国货币政策和通货膨胀水平同该国的汇率走势有着直接的联系，这一点是符合实际情况的。不过，货币主义汇率决定理论也存在着不足之处，比如它假设购买力平价总能成立，并认为资本具有高度流动性，本国资产和外国资产之间具有完全的替代性等，这些假设在现实中很难成立。

本章思考与练习

1. 简述购买力平价理论的主要贡献。

2. 简述利率平价理论是如何分析即期汇率、远期汇率/预期汇率与利率之间关系的。

3. 结合经济现实，分析一国货币供给量变化对其汇率的影响。

4. 试分析人民币汇率变动的主要影响因素。

5. 1975 年，英国的价格水平是 100，美国的价格水平也是 100。在外汇市场上 1 英镑等于 1 美元。2015 年英国的价格水平上升到 260，美国的价格水平上升到 390。

（1）按照购买力平价理论，2015 年美元和英镑的汇率是多少？

（2）如果 2015 年的实际汇率是 1 英镑 = 1 美元，相对于购买力平价，美元是被高估还是低估了？

6. 2013 年 2 月 6 日伦敦外汇市场即期汇率和 1 个月、3 个月、1 年的远期汇率报价如下：英镑兑美元 1.5653、1.5650、1.5645、1.5630；英镑兑日元 146.421、146.371、146.258、145.580；英镑兑

澳大利亚元 1.5169、1.5200、1.5264、1.5545；英镑兑欧元 1.1562、1.1558、1.1550、1.1524。同期英国、美国、日本、澳大利亚、欧元区的利率分别为 0.50%、0.25%、0~0.1%、3.00%、0.75%，试检验上述市场表现是否与抵补利率平价理论相吻合，为什么？（提示：注意汇率标价方法。）

第十二章
国 际 收 支

国际收支综合反映一个国家在一定时期内各项国际经济活动的货币收支状况，是各国经济领域内的重要统计指标，同时还是各国间结算债权、债务关系的主要依据。国际收支的状况决定着一国在国际金融方面的实力与地位，对该国国内的经济综合平衡有重要的影响。通过本章学习，学生应重点理解和掌握国际收支的基本概念，国际收支平衡表的基本内容及编制原则，国际收支的平衡与失衡及失衡的原因；了解国际收支的相关概念；理解国际收支失衡对一国经济带来的影响；运用所学理论知识分析实际生活中国际收支失衡现象。

第 一 节　国 际 收 支

一、国际收支的概念

国际收支是指一定时期内一经济体（通常指一国或者地区）与世界其他经济体之间的各项经济交易。其中的经济交易是在居民与非居民之间进行的。经济交易作为流量，反映经济价值的创造、转移、交换、转让或削减，包括经常项目交易、资本与金融项目交易和国际储备资产变动等。

根据国际货币基金组织在其编制的《国际收支手册》中关于国际收支概念的表述，国际收支是一个国家或地区在一定时期内各种对外经济交易所产生的外汇的收入与支出。所谓对外交易是指在居民与非居民之间发生的，货物、服务和资产的所有权从一方转移到另一方的行为。这个概念是建立在经济交易（Economic Transaction）基础上的，既包括已实现外汇收支的交易，也包括尚未实现外汇收支的交

国际收支：一个国家或地区在一定时期内各种对外经济交易所产生的外汇的收入与支出。

246

易，因而被称为广义的国际收支概念。狭义的国际收支概念是建立在现金基础（Cash Basic）上的，即一个国家在一定时期内，由于经济、文化等各种对外交往而发生的，必须立即结清的外汇的收入与支出。由于这一概念仅包含已实现外汇收支的交易，因此被称为狭义的国际收支概念。目前国际货币基金组织以及我国的国际收支统计中，都使用广义的国际收支概念。

根据中国人民银行发布的《国际收支统计申报办法》，居民（Household）是指：

（1）在中国境内居留 1 年以上的自然人，外国及香港、澳门、台湾地区在境内的留学生、就医人员、外国驻华使馆领馆外籍工作人员及其家属除外；

（2）中国短期出国人员（在境外居留时间不满 1 年）、在境外留学人员、就医人员及中国驻外使馆领馆工作人员及其家属；

（3）在中国境内依法成立的企业事业法人（含外商投资企业及外资金融机构）及境外法人的驻华机构（不含国际组织驻华机构、外国驻华使馆领馆）；

（4）中国国家机关（含中国驻外使馆领馆）、团体、部队。

需要说明的是，联合国、国际货币基金组织、世界银行以及其他国际性组织一律属于任何国家的非居民。

二、国际收支概念的演变

国际收支这个概念，最初出现于 17 世纪初资本主义原始积累时期。当时英国的重商主义代表人物托马斯·孟（Thomas Mun）认为货币是财富的基本形式，发展国际贸易以输入金银货币是一国富强的首要途径，出口超过进口是贸易的永恒原则。因此，他把国际收支简单地解释为一个国家的贸易收支差额，提倡贸易差额论。18 世纪后期，资产阶级古典经济学派在欧洲盛行起来，他们反对封建制度和重商主义的国家干预政策，主张经济自由。19 世纪是资本主义自由贸易的黄金时代，国际贸易迅速发展。由于"物价—铸币流动机制"的作用，在当时多数国家实行金本位制的条件下，一国国际收支的平衡可以通过黄金自由输出输入而自动调节，故国际收支未被重视。

第一次世界大战后，各国经济受到战争的破坏，金本位制相继崩溃，出现了规模较大的国际短期资本流动和大量的战争赔款转移，使国际收支增加了新内容，特别是资产阶级经济学家凯恩斯提出了一个国家的对外经济活动与其国内经济活动有着有机联系的理论。各国政府以及经济学家无论在政策上还是在实践上都开始重视国际收支的研究。

在两次世界大战之间，各国通行的国际收支概念是当年结清的外汇收支。这反映了当时黄金已退出流通领域，被纸币流通所代替，外汇已是国际贸易、国际投资和国际结算的主要手段。

第二次世界大战以后，由于世界经济趋向国际化，国际交往更加经常和广泛，贸易方式更加灵活，国际结算方式也更加多样，狭义的国际收支概念已不适用，随着国际交易的发展，逐步形成目前通用的广义的国际收支概念。

三、与国际收支有关的概念

（一）国际收支顺差与逆差

在国际收支中，当对外交往产生的外汇收入大于支出时，便是国际收支顺差（Favorable or Active Balance of Payments），反之，则是国际收支逆差（Unfavorable or Passive or Adverse Balance of Payments）。一般在逆差之前冠以"－"号，或以红字书写，因而国际收支逆差也被称为国际收支赤字（Deficit），国际收支顺差则被称为国际收支黑字或盈余（Surplus）。

（二）国际收支与国际投资头寸

国际收支反映经济价值的产生、转化、交换、转移或消失，并涉及货物或金融资产所有权的变更、服务及资本的提供。所以，国际收支属于流量范畴。与国际收支流量相关联的是国际投资头寸，作为一个存量概念，国际投资头寸表示特定时点一国的对外资产和负债状况，包括：一国的金融资产或一国对其他国家的债权存量的价值和构成；一国对其他国家的负债存量的价值和构成。显而易见，流量决定存量，国际投资头寸存量在两个特定时点的任何变动均依赖于此时期内国际收支流量的大小；反之，流量本身的大小同样可以部分地由存量的变化来决定。

（三）国际收支与国际收支平衡表

国际收支从动态的角度讲，描述了一种经济现象，它反映了一国在一定时期内全部对外往来的货币收支活动；就静态而言，它表明一国与他国之间货币收支的对比结果。用统计表的形式将一国对外货币收支现象及结果加以系统记录，就构成了国际收支平衡表。所以，国际收支与国际收支平衡表两者既有联系又有区别。国际收支侧重于从动态的角度强调一国的对外货币收付活动，国际收支平衡表则侧重于从静态的角度强调这种货币收付活动的结果。

一国国际收支的状况决定着该国在国际金融方面的实力与地位。国际收支顺差国，其货币常常表现为坚挺；国际收支逆差国，其货币常常表现为疲软。不仅如此，一国的国际收支状况对该国国内的经济综合平衡、市场物资供应、币值稳定、外汇储备等方面，都有重要的影响。目前，我国国际收支基本平衡，外汇储备稳居世界第一，使得我国在国际市场话语权不断增加，综合国力不断增强。因此，国际收支是赤字还是盈余，该赤字或盈余数量是多少，应如何弥补或处置，历来是各国货币当局以及宏观经济分析所重视的问题。

第二节 国际收支平衡表

一、国际收支平衡表的概念

一国根据国际经济交易的内容、范围，遵循复式记账原理设置项目和账务，运用货币计量单位对于一定时期的国际经济交易进行分类汇总，而编制出的分析性会计报表。

二、国际收支平衡表的记账原则

（一）复式簿记原理

国际收支平衡表是采用复式簿记原理进行登录的。根据复式记账的会计惯例，国际收支平衡表所记载的所有交易都被归类于借方项目和贷方项目，对于任何一笔交易，同时进行借方记录和贷方记录，以体现价值的双向流动。"借方"表示本国对外国付款或负有付款义务的国际交易，用（-）表示，借方项目主要包括货物和服务输入、资本输出、单方面转移支出；"贷方"表示外国对本国付款或有付款义务的国际交易，用（+）表示，贷方项目主要包括货物和服务的输出、资本输入、单方面转移收入。总之，凡是引起本国外汇需求的交易记入借方，凡是引起本国外汇供给的交易记入贷方。原则上国际收支平衡表的借方总额与贷方总额恒等，净差额为零。

复式记账之所以可行，其基本依据是一国居民购买货物、服务和资产必须支付价款，而外国居民取得价款后又必定购买货物、服务或者购买金融资产。下面以美国为例说明国际收支平衡表的复式记账方法。

【例12-1】一日本公司用200万美元向一家美国公司购买精密

国际收支平衡表： 一国根据国际经济交易的内容、范围，遵循复式记账原理设置项目和账务，运用货币计量单位对于一定时期的国际经济交易进行分类汇总，而编制出的分析性会计报表。

电子仪器设备，以日本公司在日本银行的美元存款支付。

以美国的国际收支为例：美国公司出口了设备，应列为贷方中货物出口；若日本银行将货款委托往来的美国银行付给美国公司，并借记其在美国银行开立的美元账户上，相当于美国银行对日本银行的负债减少/资产增加，应列为借方中其他投资。

项目	贷方（＋）	借方（－）
其他投资		200 万美元
货物出口	200 万美元	

【例 12 – 2】美国政府向 C 国政府提供价值 1000 万美元的无偿援助。

经济援助导致美国政府对外支付这笔单方面转移支出应当借记美国国际收支账户；同时，获得援助款项的 C 国政府又会增加它在美国银行的存款，C 国这项资产的增加代表短期资本流入美国，应当贷记美国的国际收支账户。

项目	贷方（＋）	借方（－）
二次收入		1000 万美元
其他投资	1000 万美元	

【例 12 – 3】法国居民购买价值 15 万美元的美国公司债券。

美国公司向法国居民销售债券会增加外国在美国的长期投资，长期资本流入美国，应当记入美国国际收支账户的贷方；另外，法国居民购买债券又需减少他在美国银行的存款余额以支付债券价款，这相当于美国短期资本流出，应当记入美国国际收支账户的借方。

项目	贷方（＋）	借方（－）
其他投资		15 万美元
证券投资	15 万美元	

（二）关于交易的计价

采用以市场价格或等值为依据来确定价值的原则。市场价格定义为"买主愿付、卖者愿卖"的价格，买卖双方是独立的交易者，交易完全是商业性的。计价遵循统一的原则，注意保持交易从属费用开支几个相互联系的账目计价的一致性。关于贸易收支的价格记录问题，按国际惯例，一笔交易，出口国以离岸价（FOB）来计算，进口国以到岸价格（CIF）来计算。为了统一口径，国际货币基金组织建议，无论进口还是出口均采用离岸价格来计算，到岸价格中的运费和保险费列入服务贸易收支。

（三）关于计价货币及折算率的选择

主张采用单一制。由于国际收支交易使用多种货币，需要将多种货币转换成单一货币表示的账户。原则上，应当按照签约时的汇率对交易货币进行转换。如果一国实行多种汇率制，若要以本国货币表示国际收支，须用单一的汇率进行折算。从理论上讲，这种转换应按照一种象征性的名义汇率，即在非管制市场进行的交易所使用的汇率来进行，以避免把在多种汇率制下隐含的补贴与税收计算为国际收支。国家给予汇率上的补贴不应构成国际收支的一部分。

（四）关于交易的记载时间

采用所有权变更原则。一笔交易在什么时间被记录为国际收支涉及国际收支平衡表的覆盖范围，国际货币基金组织建议采用与所有权变更时间相一致的原则。只要两国之间发生债权债务关系，即参与交易的实际资源或金融资产的所有权在法律上发生了转移，即使并没有实现现金收付，也要按照转移时间即交易发生日期进行记录，记入国际收支。

三、国际收支平衡表的基本内容

（一）账户与项目

（1）账户：从大的类别反映国际收支的内容，分为经常账户、资本和金融账户、净误差与遗漏账户；

（2）项目：从小的类别反映国际收支各账户的基本内容，即国际收支平衡表的账户中包含的具体内容。

（二）国际收支平衡表的一般形式

根据国际货币基金组织第六版《国际收支手册》，各国设置了自己的国际收支项目，表12-1是我国2022年的国际收支平衡表。

表 12-1　　　　　我国 2022 年国际收支平衡表　　　　单位：亿美元

项　　目	金额
1. 经常账户	4019
贷方	39508
借方	-35489
1. A　货物和服务	5763

续表

项　　目	金额
贷方	37158
借方	−31395
1. A. a　货物	6686
贷方	33469
借方	−26782
1. A. b　服务	−923
贷方	3690
借方	−4613
1. A. b. 1　加工服务	135
贷方	143
借方	−8
1. A. b. 2　维护和维修服务	39
贷方	83
借方	−43
1. A. b. 3　运输	−224
贷方	1465
借方	−1689
1. A. b. 4　旅行	−1052
贷方	96
借方	−1148
1. A. b. 5　建设	67
贷方	143
借方	−76
1. A. b. 6　保险和养老金服务	−153
贷方	45
借方	−198
1. A. b. 7　金融服务	11
贷方	50
借方	−39
1. A. b. 8　知识产权使用费	−312
贷方	133
借方	−445
1. A. b. 9　电信、计算机和信息服务	178
贷方	557
借方	−379
1. A. b. 10　其他商业服务	419
贷方	944
借方	−525
1. A. b. 11　个人、文化和娱乐服务	−12

续表

项　　目	金额
贷方	14
借方	-26
1.A.b.12　别处未提及的政府服务	-19
贷方	17
借方	-36
1.B　初次收入	-1936
贷方	1902
借方	-3839
1.B.1　雇员报酬	63
贷方	204
借方	-141
1.B.2　投资收益	-2031
贷方	1658
借方	-3689
1.B.3　其他初次收入	32
贷方	41
借方	-9
1.C　二次收入	191
贷方	447
借方	-256
2.资本和金融账户	-3113
2.1　资本账户	-3
贷方	2
借方	-5
2.2　金融账户	-3110
资产	-2815
负债	-294
2.2.1　非储备性质的金融账户	-2110
资产	-1816
负债	-294
2.2.1.1　直接投资	305
2.2.1.1.1　资产	-1497
2.2.1.1.1.1　股权	-820
2.2.1.1.1.2　关联企业债务	-677
2.2.1.1.2　负债	1802
2.2.1.1.2.1　股权	1597
2.2.1.1.2.2　关联企业债务	205
2.2.1.2　证券投资	-2811
2.2.1.2.1　资产	-1732

续表

项　　目	金额
2.2.1.2.1.1　股权	−477
2.2.1.2.1.2　债券	−1255
2.2.1.2.2　负债	−1079
2.2.1.2.2.1　股权	344
2.2.1.2.2.2　债券	−1423
2.2.1.3　金融衍生工具	−58
2.2.1.3.1　资产	27
2.2.1.3.2　负债	−85
2.2.1.4　其他投资	454
2.2.1.4.1　资产	1386
2.2.1.4.1.1　其他股权	−2
2.2.1.4.1.2　货币和存款	125
2.2.1.4.1.3　贷款	1011
2.2.1.4.1.4　保险和养老金	−56
2.2.1.4.1.5　贸易信贷	103
2.2.1.4.1.6　其他	204
2.2.1.4.2　负债	−932
2.2.1.4.2.1　其他股权	0
2.2.1.4.2.2　货币和存款	−528
2.2.1.4.2.3　贷款	−178
2.2.1.4.2.4　保险和养老金	25
2.2.1.4.2.5　贸易信贷	−314
2.2.1.4.2.6　其他	64
2.2.1.4.2.7　特别提款权	0
2.2.2　储备资产	−1000
2.2.2.1　货币黄金	−35
2.2.2.2　特别提款权	19
2.2.2.3　在国际货币基金组织的储备头寸	−2
2.2.2.4　外汇储备	−982
2.2.2.5　其他储备资产	0
3. 净误差与遗漏	−906

注：表中数据为四舍五入取整数的结果。
资料来源：国家外汇管理局。

（三）国际收支平衡表的基本内容

下面以我国国际收支平衡表为例，对国际收支平衡表的指标和内容作出解释。

1. 经常账户。包括货物和服务、初次收入和二次收入。

（1）货物和服务：包括货物和服务两部分。

①货物：指通过我国海关的进出口货物，以海关进出口统计资料为基础，根据国际收支统计口径要求，出口、进口都以商品所有权变化为原则进行调整，均采用离岸价格计价，即海关统计的到岸价进口额减去运输和保险费用统计为国际收支口径的进口；出口沿用海关的统计。此项目中还包括一些未经我国海关的转口贸易等，对商品退货也在此项目中进行了调整。出口记在贷方，进口记在借方。

②服务：包括加工服务、维护和维修服务、运输、旅行、建设、保险和养老金服务、金融服务、知识产权使用费、电信、计算机和信息服务、其他商业服务、个人、文化和娱乐服务以及别处未提及的政府服务。贷方表示收入，借方表示支出。

（2）初次收入：包括雇员报酬和投资收益两部分。

①雇员报酬：指我国个人在国外工作（一年以下）而得到并汇回的收入以及我国支付在华外籍员工（一年以下）的工资福利。

②投资收益：包括直接投资项下的利润利息收支和再投资收益、证券投资收益（股息、利息等）和其他投资收益（利息）。

（3）二次收入：包括侨汇、无偿捐赠和赔偿等项目，包括货物和资金形式。贷方表示外国对我国提供的无偿转移，借方反映我国对外国的无偿转移。

2. 资本和金融账户。包括资本账户和金融账户。

（1）资本账户：包括资本转移和非生产、非金融资产的购买或出售，前者包括债务减免、移民转移、投资捐赠等内容，后者指与自然资源有关的资产的购买或放弃，如捕鱼权、森林开采权等。

（2）金融账户：包括非储备性质的金融账户和储备资产。

①非储备性质的金融账户。我国对外资产和负债的所有权变动的所有交易。按投资方式分为直接投资、证券投资、金融衍生工具和其他投资；按资金流向构成的债权债务分为资产、负债。

②储备资产。指我国中央银行拥有的对外资产，包括货币黄金、特别提款权、在基金组织的储备头寸和外汇储备。其中，货币黄金是指我国中央银行作为储备持有的黄金；特别提款权是国际货币基金组织对会员国根据其份额分配的，可用以归还国际货币基金组织和会员国政府之间偿付国际收支赤字的一种账面资产；在基金组织的储备头寸是指在国际货币基金组织普通项目中会员国可自由提取使用的资产；外汇储备是指我国中央银行持有的可用作国际清偿的流动性资产和债权。

3. 净误差与遗漏。国际收支平衡表采用复式记账法，由于统计资料来源和时点不同等原因，造成借贷不相等。如果借方总额大于贷方总额，其差额记入此项目的贷方，反之，记入借方。

第三节　国际收支的平衡与失衡

一、国际收支平衡与失衡的含义

（一）国际收支平衡的含义

国际收支平衡：
一个国家在国际经济交往中，其自主性交易自动相等或基本相等，不依靠调节性交易而实现的平衡。

国际收支平衡表是按复式记账原理编制的，因此，借贷双方在形式上是平衡的。但这并不是真正的平衡，只有当一个国家在国际经济交往中，其自主性交易（Autonomous Transaction）（也称线上交易）自动相等或基本相等，不依靠调节性交易（Compensatory Transaction）（或者说线下交易）而实现的平衡，才算真正的平衡。

在大多数情况下，国际收支的每一具体项目和国际收支的总体都是不平衡的。通常把每个具体项目的收支相抵后出现的差额称为局部差额，如果收入大于支出，出现盈余时，称为顺差；如支出大于收入，出现亏损时，称为逆差。如贸易顺差或逆差，经常账户顺差或逆差等。各项局部差额之和称为国际收支总差额，具体称为国际收支顺差或国际收支逆差，也可称为国际收支盈余或国际收支赤字。所谓国际收支失衡，也就是国际收支不平衡，简言之，就是一个国家在一定时期内国际收支不相等，形成国际收支差额，出现国际收支顺差或逆差。

（二）自主性交易和调节性交易

自主性交易：个人或企业为了某种自主性目的而从事的交易。

国际收支总差额通常是指国际收支的自主性项目或线上项目差额，即经常项目与资本项目差额之和。国际上有一种较为流行的方法，就是根据国际经济交易性质，将国际收支平衡表上的项目分为两大类：自主性交易项目和调节性交易项目。

调节性交易：为了抵补自主性交易差额而进行的交易。

所谓自主性交易，是指个人或企业为了某种自主性目的（比如追逐利润、追求市场、旅游、汇款赡养亲友等）而从事的交易。国际收支的差额或不平衡即指自主性交易的不平衡。自主性交易具体包括经常项目、资本和金融项目中的资本收支。由于这类经济交易是为了一定的经济目的而自主进行，各个投资者和交易者事先并不考虑国际收支平衡问题，所以这类交易称为自主性交易或事前交易。这类交易往往产生顺差或逆差，需要加以调节，使其达到平衡。

调节性交易是为了抵补自主性交易差额而进行的交易，如增减官方储备、增减外债等。由于这类交易是在自主性交易后发生，且是为了调整自主性交易差额，以保证自主性交易得以顺利完成，故也称事后交易。

由上可见，国际收支平衡与失衡是指自主性交易而言的。如果一国国际收支不必依靠调节性交易而通过自主性交易就能实现基本平衡，就是真正的国际收支平衡；反之，如果自主性交易项目出现差额，必须通过调节性交易来维持平衡，则为国际收支失衡。

二、国际收支局部差额分析

国际收支包括许多项目，各个项目都列有借贷两方，因此，根据需要可以从多种角度去观察国际收支状况，既可纵向分析也可横向比较。就各个项目看，借贷常常不会恰好相等，而会存在某种差额。各种差额有其不同意义，各自反映和说明一定的问题。结合我国情况，比较常见而且在经济上具有重要意义的有以下四个。

（一）贸易差额

贸易差额即货物进出口差额。如果该差额为零，说明贸易收支处于均衡状态；反之，如果该差额为正值或负值，表明贸易收支处于顺差或逆差状态。贸易差额反映了一国商品的国际竞争力水平，历史上曾长期代表国际收支差额，今日国际收支分析仍经常针对贸易差额。

（二）经常账户差额

经常项目差额是国际收支平衡表中最重要的收支差额，由贸易收支差额、服务收支差额、收入差额和单方面转移收支差额相加而成。该差额反映了实际资源的跨国转移状况。如果经常账户差额为正值，即经常账户顺差，说明实际资源从国内向国外净转移；反之，表明实际资源从国外向国内净转移。

经常项目的差额也反映了一国的净债务人或债权人地位。如果出现经常项目顺差，则意味着由于有货物、服务、收入和经常转移的贷方净额，该国的国外财产净额增加，也即经常项目顺差表示该国对外净投资。因此，经常项目差额又被国际银行家视为评估向外国贷款的重要变量之一。

（三）基本差额

基本差额是经常账户加上长期资本的差额。它是经常账户交易、长期资本流动的结果，它将短期资本流动和官方储备变动作为线下交易。长期资本是一种相对稳定的商业性资本，它的流动净额反映了一

257

个经济体国际投资额的变化，对该经济体的经济增长有较大影响。因此，基本差额体现了一个经济体在国际经济往来中的中长期地位和实力，反映了一个经济体通过长期资本流动达到的收支平衡情况，是衡量一国国际收支长期变化趋势的尺度。特别是那些资金进出量大的经济体，已将其作为观察和判断国际收支状况的重要指标。通过该差额是否为零，还是为正值或负值，可以把握国际收支中的基本收支是否处于均衡状态以及不均衡的性质。

（四）官方结算差额

官方结算差额，也称综合差额，是基本差额与私人短期资本流动差额之和。该差额所包含的线上项目最为全面，仅仅将官方储备作为线下项目。它衡量了一国通过动用或获取储备来弥补收支的不平衡。当官方结算差额为盈余时，可以通过增加官方储备，或者本国货币当局向外国贷款进行平衡；当官方结算差额为赤字时，可以通过减少官方储备，或者本国货币当局向外国借款进行平衡。官方的短期对外借款或贷款可以缓冲收支不平衡对官方储备变动的压力。官方结算差额衡量了一国货币当局所愿意弥补的国际收支差额。

由于只有在进行外汇干预的情况下一国当局才需要变动储备，故官方结算差额对需要维持固定汇率的国家是极其重要的。官方结算差额如果是赤字，不可取；但官方结算差额盈余持续过高，从而使储备资产持续增加，对一国经济发展也是不利。

从上述介绍可以看到，国际收支不平衡的概念有许多种。不同国家往往根据自己的不同情况，选用其中一种或若干种来判断自己在国际交往中的地位和状况，并采取相应的对策。

三、国际收支失衡的类型和原因

（一）季节性和偶然性失衡

由于生产、消费有季节性变化，一个国家的进出口也会随之而变化。季节性变化对进出口的影响并不一样，因而造成季节性的国际收支失衡。例如，在那些以农产品为主要出口商品的发展中国家，国际收支失衡就常常表现为季节性失衡。因为这些国家的农业部门要根据季节的需要来进口化肥、机械设备和燃料等，或在收获之前，这些国家必须进口食物以满足消费的需要，其贸易的季节性变化十分明显。由非确定或偶然因素如自然灾害、政局变动等意料之外的因素引起的国际收支失衡，被称为偶然性失衡。例如洪水、地震这样的自然灾害造成谷物歉收而减少了谷物出口。这种偶然性失衡往往是暂时性的，一般程度较轻，持续时间不长。

（二）收入性失衡

收入性失衡是指各国经济增长速度不同所引起的国际收支失衡。一国国民收入相对快速增长，会导致进口需求的增长超过出口需求的增长，从而使该国国际收支出现逆差。特别是发展中国家，在经济高速增长时期，往往需要大量进口生产设备和原材料，容易引起国际收支逆差。

（三）周期性失衡

周期性失衡是指一国经济周期波动所引起的国际收支失衡。市场经济国家，由于受商业周期的影响，周而复始地出现繁荣、衰退、萧条、复苏四个阶段，在周期的不同阶段，无论是价格水平的变化，还是生产和就业的变化，或两者的共同变化，对国际收支状况都会产生不同的影响。这种因景气循环使经济条件变动而发生的盈余和赤字交互出现的国际收支失衡，称为周期性失衡。一国经济处于衰退时期，社会总需求下降，进口需求也随之下降，在短期内该国国际收支会出现顺差，而其贸易伙伴国则可能出现国际收支逆差。反之则相反。

（四）货币性失衡

一国货币价值变动（通货膨胀或通货紧缩）引起国内物价水平变化，从而该国一般物价水平与其他国家比较相对地发生变动，由此引起的国际收支失衡，称为货币性失衡。一国的货币供应量增长较快，会使该国出现较高的通货膨胀，生产成本与一般物价水平普遍上升，使其相对高于其他国家，在汇率变动滞后的情况下，国内货币成本上升，出口商品价格相对上升，而进口价格相对下降，则该国出口会受到抑制，而进口则受到鼓励，其经常项目收支便会恶化，造成国际收支赤字。反之则会发生与上述情况相反的结果，即国际收支盈余。

（五）结构性失衡

当国际分工格局或国际需求结构等国际经济结构发生变化时，一国的产业结构及相应的生产要素配置不能完全适应这种变化，从而发生的国际收支失衡，称为结构性失衡。世界各国由于自然资源和其他生产要素禀赋的差异而形成了一定的国际分工格局。这种国际分工格局随要素禀赋和其他条件的变化将会发生变化，任何国家都不能永远保持既定的比较利益。如果一个国家的产业结构不能随国际分工格局的变化而得到及时调整，便会出现结构性失衡。结构性失衡分为产品供求结构失衡和要素价格结构失衡。例如，一国出口产品的需求因世界市场变化而减少时，如果不能及时调整产业结构，就会出现产品供求结构失衡。一国工资上涨程度显著超过生产率的增长，如果不能及时调整以劳动密集型产品为主的出口结构，就会出现要素价格结构失衡。由于产业结构的调整是一个长期的过程，结构性失衡具有长期性。

（六）不稳定的投机和资本外逃造成的失衡

在短期资本流动中，不稳定投机与资本外逃是造成国际收支失衡的另一个原因，它们还会激化业已存在的失衡。投机性资本流动是指利用利率差别和预期的汇率变动来牟利的资本流动。投机可能是稳定的，也可能是不稳定的。稳定性投机与市场力量相反，当某种货币的需求下降，投机者就买进该货币，从而有助于稳定汇率。而不稳定的投机则会加剧汇率波动，当投机造成货币贬值时，贬值又进一步刺激投机，从而使外汇市场变得更加混乱。资本外逃与投机不同，它不是追求获利，而是害怕损失。当一个国家面临货币贬值、外汇管制、政治动荡或战争威胁时，在这个国家拥有资产的居民与非居民就要把其资金转移到他们认为稳定的国家，造成该国资本的大量外流。不稳定投资和资本外逃具有突发性、规模大的特点，在国际资本流动迅速的今天，往往成为一国国际收支失衡的重要原因。

四、国际收支失衡对一国经济的影响

国际收支是一国对外经济关系的综合反映，随着各国经济日趋国际化，对外经济与对内经济关系日益密切，相应的，国际收支失衡对一国经济的影响范围越来越广，程度也越来越深。

（一）国际收支持续逆差对国内经济的影响

持续的、大规模的国际收支逆差对一国经济的影响表现为以下几个方面：

1. 不利于对外经济交往。国际收支持续逆差的国家会导致该国外汇短缺，对外汇的需求增加，而外汇的供给不足，从而促使外汇汇率上升，本币贬值，一旦本币币值过度下跌，会削弱本币在国际上的地位，导致该国货币信用的下降，国际资本大量外逃，引发货币危机，从而对本国的对外经济交往带来不利影响。

2. 影响本国的经济和金融实力。如果一国长期处于逆差状态，不仅会严重消耗一国的储备资产，影响其金融实力，而且还会使该国的偿债能力降低，使该国陷入债务危机，如果陷入债务困境不能自拔，这又会进一步影响本国的经济和金融实力，并失去在国际间的信誉。如 20 世纪 80 年代初期爆发的拉美债务危机在很大程度上就是因为债务国出现长期国际收支逆差，不具备足够的偿债能力所致。

3. 持续逆差使一国获取外汇的能力减弱，影响该国发展生产所需的生产资料的进口，使国民经济增长受到抑制，进而影响一国的国内财政以及就业。

（二）国际收支持续顺差对国内经济的影响

持续的、大规模的国际收支顺差也会对一国经济带来不利的影响，具体表现在：

1. 对一国货物和服务的出口会产生不利影响。持续性顺差会使一国所持有的外国货币资金增加，或者在国际金融市场上发生抢购本国货币的情况，这就必然产生对本国货币需求量的增加，由于市场法则的作用，本国货币对外国货币的汇价就会上涨，不利于本国商品的出口，同时降低了以本币表示的进口产品的价格，导致在竞争激烈的国际市场上，其国内货物和服务市场将会一定程度上被占领，进而对本国经济的增长产生不良影响。

2. 会导致一国通货膨胀压力加大。如果经常项目出现顺差，就意味着国内大量商品被用于出口，可能导致国内市场商品供应短缺，带来通货膨胀的压力；另外，出口企业将会出售大量外汇兑换本币收购出口产品从而增加了国内市场货币投放量，带来通货膨胀压力。如果资本项目出现顺差，大量的资本流入，该国政府就必须投放本国货币来购买这些外汇，从而也会增加该国的货币流通量，带来通货膨胀压力。

3. 易引起国际贸易摩擦。一国国际收支持续顺差容易引起国际摩擦，甚至报复，而不利于国际经济关系的发展，因为一国国际收支出现顺差也就意味着世界其他一些国家因其顺差而国际收支出现逆差，从而影响这些国家的经济发展，他们要求顺差国调整国内政策，以调节过大的顺差，这就必然导致国际摩擦，例如 20 世纪 80 年代以来的欧、美、日贸易摩擦就是因为欧洲国家、美国、日本之间国际收支状况不对称之故；近年我国国际收支顺差也使得我国面临的贸易摩擦大大增加。

此外，持续顺差会使该国丧失获取国际金融组织优惠贷款的权力。而且对于一些资源型国家来说，如果发生过度顺差，意味着国内资源的持续性开发，会给这些国家今后的经济发展带来隐患。因此，为推动我国未来高质量发展，促进世界经济共同发展，平衡国际收支至关重要。

本章思考与练习

1. 国际收支平衡表的基本内容有哪些?
2. 哪些因素会导致国际收支不平衡?
3. 为什么说国际收支平衡表总是平衡的?
4. 国际收支失衡的含义是什么? 可以从哪些角度对国际收支失衡状况进行分析?
5. 怎样区别与理解自主性交易与调节性交易?
6. 国际收支失衡对一国经济的影响是什么?

第十三章
国际收支调节理论

经济学对于国际收支调节的分析由来已久，1752年大卫·休谟提出的"物价—铸币流动机制"被认为是国际收支调节理论的开山鼻祖。之后的经济学家在不同的历史背景下先后提出了弹性分析、吸收分析以及货币分析这一系列的理论方法。这些理论从不同的角度，运用经济、数学相结合的方法对国际收支失衡的调节进行了深入分析，为货币当局调节国际收支失衡提供了重要的理论依据。通过本章学习，学生应重点掌握国际收支的弹性分析法、吸收分析法和货币分析法的基本内容及其特点；掌握马歇尔—勒纳条件，货币贬值的"J型曲线效应"的原理等；知识应用方面，要求学生能运用本章所介绍的国际收支调节理论分析实际问题。

第一节　早期的国际收支自动调节机制

国际收支失衡的表现形式为对外支付大于收入，或对外支付小于收入。前者为国际收支逆差，后者为国际收支顺差。所谓国际收支的自动调节，是指在完全或接近完全的市场经济中，国际收支可以通过市场经济变量的调节自动恢复平衡。需要说明的是：国际收支自动调节只有在纯粹的自由经济中才能产生理论上所描述的那些作用，政府的某些宏观经济政策会干扰自动调节过程，使其作用下降、扭曲或根本不起作用。而且，在不同的货币制度下，自动调节机制也会有所差异。

一、金本位制度下的国际收支自动调节机制

在国际上普遍实行金本位制的条件下，一个国家的国际收支可通

过物价的涨落和现金（即黄金）的输出与输入自动恢复平衡，这一自动调节规律被称为"物价—铸币流动机制"（Price Specie Flow Mechanism）。它是在 1752 年由英国经济学家大卫·休谟（David Hume）提出来的，所以又称"休谟机制"。这是一种国际收支的自动调节机制，只要国际收支不均衡一出现，它就会自发地调整以消除不均衡。这种调整取决于赤字或盈余国家的国内价格变化，在金本位制下，它还取决于赤字或盈余国家高的出口和进口价格弹性，以及相对价格变化引起的进出口商品总量的显著变化。

物价—铸币流动机制：也称"休谟机制"，指在国际金本位制下，国际收支可通过物价的涨落和黄金的输出/输入自动恢复平衡。

由于在金本位制下，每一个国家的货币供给是由黄金和能自由兑换黄金的纸币组成，所以出现国际收支赤字的国家由于黄金流出引起货币供给量下降。这样会引起赤字国家国内价格的下降，而盈余国家国内价格会上升。由于这一结果，赤字国家出口受到鼓舞，进口受到抑制，直到国际收支赤字消除。根据这一事实，休谟认为，在金本位制下，只要世界各国相互保持了贸易关系，则一国对外贸易收支差额的盈余或不足就可以通过黄金的自动输出输入和物价的涨跌而自动得到调节并达到平衡，使各国的贵金属均衡分配。

休谟的国际贵金属流动的价格调节机制可以简单地用图 13 - 1 来加以描述：

国际收支逆差 ⟶ 黄金流出 ⟶ 货币供给下降 ⟶ 价格水平下降

逆差逐渐消除 ⟵ 出口增加、进口减少

图 13 - 1 物价—铸币流动机制

"物价—铸币流动机制"自动调节国际收支的具体过程如下：在金本位制度下，一国国际收支出现逆差，就意味着本国黄金的净输出，由于黄金外流，国内黄金存量下降，货币供给就会减少，从而引起国内物价水平下跌。物价水平下跌后，本国商品在国外市场上的竞争能力就会提高，外国商品在本国市场上的竞争能力就会下降，于是出口增加，进口减少，使国际收支赤字减少或消除。同样，国际收支盈余也是不能持久的，因为造成的黄金内流扩大了国内的货币供给，造成物价水平上涨。物价上涨不利于出口，有利于进口，从而使盈余趋于消失。

二、纸币流通条件下的国际收支自动调节机制

在纸币流通条件下，黄金流动虽已不复存在，大卫·休谟的"物价—铸币流动机制"理论发展为"价格—现金流动机制理论"，

这两种机制论述的国际收支自动调节原理是一样的，只是货币形态发生了变化。

（一）价格的自动调节机制

当一国的国际收支出现逆差时，本国需要对外净支付外币。由于外汇储备流失，导致国内货币供给量下降，价格水平下降，从而增强了出口商品的国际竞争力，导致出口增加、进口减少，使原来的国际收支逆差逐渐消除（见图 13 - 2）。

国际收支逆差 ⟶ 外汇储备流失 ⟶ 货币供给下降 ⟶ 价格水平下降

逆差逐渐消除 ◀— 出口增加、进口减少

图 13 - 2　价格—现金流动机制

（二）汇率的自动调节机制

汇率调节国际收支是通过货币的升值、贬值来消除顺差或逆差，从而恢复国际收支平衡的。

当一国国际收支出现逆差时，外汇需求大于外汇供给，从而本币贬值，出口商品以外币计算的价格下跌，而以本币计算的进口商品价格上升，于是刺激了出口，抑制了进口，贸易收支逆差逐渐减少，国际收支不平衡得到缓和（见图 13 - 3）。

国际收支逆差 ⟶ 外汇需求大于外汇供给 ⟶ 本币贬值

逆差逐渐消除 ◀— 出口增加、进口减少 ◀— 出口相对便宜、进口相对昂贵

图 13 - 3　汇率的自动调节机制

相应地，当一国国际收支出现顺差时，外汇供给大于外汇需求，本币升值，进口商品以本币计算的价格下跌，而出口商品以外币计算的价格上涨，因此，出口减少，进口增加，贸易顺差减少，国际收支不平衡得到缓和。

（三）国民收入的自动调节机制

国民收入的自动调节机制是指在一国国际收支不平衡时，该国的国民收入、社会总需求会发生变动，而这些变动反过来又会减弱国际收支的不平衡。

当一国国际收支出现逆差时，其外汇支出增加，从而引起国内信用紧缩、利率上升、总需求下降，国民收入也随之减少，国民收入的

> **纸币流通条件下的国际收支自动调节机制：** 价格自动调节机制，汇率自动调节机制，国民收入自动调节机制，利率自动调节机制。

减少必然使进口需求下降，贸易逆差逐渐缩小，国际收支不平衡也会得到缓和。

相应地，当一国国际收支出现顺差时，会使其外汇收入增加，从而产生信用膨胀、利率下降、总需求上升，国民收入也随之增加，因而导致进口需求上升，贸易顺差减少，国际收支恢复平衡。

（四）利率的自动调节机制

利率的自动调节机制是指一国国际收支不平衡会影响利率的水平，而利率水平的变动反过来又会对国际收支不平衡起到一定的调节作用。

当一国国际收支出现逆差时，表明该国银行所持有的外国货币或其他外国资产减少，于是就会发生信用紧缩，银根相应地趋紧，利率随市场供求关系的变化而上升，利率上升必然导致本国资本不再外流，同时外国资本也纷纷流入本国以谋求高利。因此，国际收支中的资本项目逆差就可以减少而向顺差方面转化；另外，利率提高会减少社会的总需求，进口减少，出口增加，贸易逆差也逐渐改善，国际收支逆差减少。

反之，一国国际收支出现顺差时，表明该国银行所持有的外国货币存款或其他外国资产增多，因此产生了银行信用膨胀，使国内金融市场的银根趋于松动，利率水平逐渐下降。而利率水平的下降表明本国金融资产的收益率下降，从而对本国金融资产的需求相对减少，对外国金融资产的需求随之上升，资本外流增加，内流减少，资本账户顺差逐渐减少，甚至出现逆差。另外，利率下降使国内投资成本降低，消费机会成本下降，因而国内总需求上升，国外商品的进口需求也随之增加，出口减少，这样，贸易顺差也会减少，整个国际收支趋于平衡。

第二节　国际收支调节的弹性分析法

一、弹性分析法的产生

20 世纪 30 年代，金本位制崩溃后，各国纷纷实行竞争性的贬值，以期扩大出口，从而导致汇率变动异常频繁。这种汇率的剧烈波动究竟对国际收支会带来什么样的影响，引起了经济学家们的注意，于是弹性分析法（The Elasticity Approach）产生并流行起来。这一理论是马歇尔的供给弹性和需求弹性理论在外汇市场的延伸，是由英国经济学家琼·罗宾逊（J. Robinson）于1937年在其《就业理论论文集》中首先提出来的。

概括地说，弹性分析法主要是基于进出口商品的供求弹性来分析汇率变动对国际收支的作用的一种理论。

弹性分析法：是基于进出口商品的供求弹性来分析汇率变动对国际收支的作用的一种理论。

二、弹性分析法的主要内容

（一）弹性分析法的前提假设

1. 假定一个经济体的收入、其他商品价格、消费偏好等其他条件保持不变，单纯考虑汇率变化引起的进出口商品相对价格的变化及由此对贸易收支的影响；

2. 进出口商品供给具有无限弹性，即进出口的变化并不影响进出口商品的供给价格；

3. 没有资本的国际流动，国际收支主要表现为由商品进出口引起的贸易收支；

4. 初始国际收支处于均衡状态。

（二）汇率变动对国际收支的影响

根据商品价格弹性的定义，进出口商品供求的价格弹性可以表示为：

$$\eta_x = \frac{dX}{X} \Big/ \frac{dP_X}{P_X}, \quad \varepsilon_x = \frac{dX}{X} \Big/ \frac{dP_X^*}{P_X^*}$$

$$\eta_m = \frac{dM}{M} \Big/ \frac{dP_M^*}{P_M^*}, \quad \varepsilon_m = \frac{dM}{M} \Big/ \frac{dP_M}{P_M}$$

上式中，η_x为出口商品供给的价格弹性，η_m为进口商品供给的价格弹性，ε_x为出口商品需求的价格弹性，ε_m为进口商品需求的价格弹性，X为本国出口量，M为本国进口量，P_X为以本币表示的出口品价格，P_X^*为以外币表示的出口品价格，P_M为以本币表示的进口品价格，P_M^*为以外币表示的出口品价格。需要注意的是，作为需求的价格弹性，ε_x和ε_m均为负值。

弹性分析法的初始结论是在以上严格的假设下推导出来的。弹性分析法认为，在本国进出口商品的供给弹性无限时，若本国货币贬值，出口商品的本币价格不变，而以外币表示的本国出口品的价格则下降，且下降的幅度恰好等于货币贬值的幅度，而以外币表示的出口品价格下降必然使本国的出口量增加，但只有当出口量增加的幅度大于以外币表示的价格的下降幅度时，出口额才会增加，显然这取决于外国对本国出口品的需求价格弹性（ε_x）；对进口而言，当本币贬值而进口品的外币价格不变时，以本币表示的进口品价格上升，进口量下降。类似的，只有当进口量的下降幅度大于以本币表示的进口品价格上升的幅度时，进口额才会减少，这又取决于国内对进口品的需求价格弹性（ε_m）。这说明，在进出口商品供给价格弹性无限的条件下，货币贬值对贸易收支的作用取决于进出口商品的需求价格弹性。

基于以上分析，我们可以建立一个国际收支的简单数学模型。

假定 B 为以本币表示的国际收支差额，e 为直接标价法下的汇率。那么，

$$B = P_X X - e P_M^* M$$

显然如果 dB/de > 0，货币贬值将会改善国际收支。证明如下：

由 $P_X^* = \dfrac{P_X}{e}$、$P_M = e P_M^*$，对名义汇率 e 分别求导并变形可得 $\dfrac{dP_X^*}{P_X^*} = -\dfrac{de}{e}$、$\dfrac{dP_M}{P_M} = \dfrac{de}{e}$，那么，

$$\frac{dB}{de} = P_X \frac{dX}{de} - P_M^* M - e P_M^* \frac{dM}{de} = -\frac{X P_X}{X} \frac{dX}{\dfrac{dP_X^*}{P_X^*}e} - P_M^* M - e M P_M^* \frac{\dfrac{dM/M}{dP_M}{P_M}}{e}$$

$$= -\frac{dX/X}{dP_X^*/P_X^*} X \frac{P_X}{e} - P_M^* M - P_M^* M \frac{dM/M}{dP_M/P_M}$$

$$= -P_M^* M \left(\frac{dX/X}{dP_X^*/P_X^*} + \frac{dM/M}{dP_M/P_M} + 1 \right)$$

上式推导过程中假定初始国际收支处于均衡状态，即 $X \dfrac{P_X}{e} = P_M^* M$。

若 $\dfrac{dB}{de} > 0$，则 $\dfrac{dX/X}{dP_X^*/P_X^*} + \dfrac{dM/M}{dP_M/P_M} + 1 < 0$，即 $\left| \dfrac{dX/X}{dP_X^*/P_X^*} + \dfrac{dM/M}{dP_M/P_M} \right| = |\varepsilon_x + \varepsilon_m| > 1$。

马歇尔—勒纳条件：当外国对本国出口品及本国对进口品的需求价格弹性之和的绝对值大于1时，本币贬值将能够改善贸易收支。

经过公式推导，马歇尔和勒纳证明了：

当 $|\varepsilon_x + \varepsilon_m| > 1$ 时，货币贬值将改善贸易收支；

当 $|\varepsilon_x + \varepsilon_m| = 1$ 时，货币贬值不影响贸易收支；

当 $|\varepsilon_x + \varepsilon_m| < 1$ 时，货币贬值会使贸易收支恶化。

因此，货币贬值改善贸易收支的必要条件就是 $|\varepsilon_x + \varepsilon_m| > 1$，这就是著名的马歇尔—勒纳条件（Marshall – Lerner Condition）。

（三）汇率变动对贸易条件的影响

弹性分析法研究的另一主题是汇率变动对贸易条件的影响。这里

的贸易条件就是指一国出口商品物价指数与其进口商品物价指数之比（即价格贸易条件），比值下降表示贸易条件恶化，同样数量的出口所能买到的进口商品减少；比值上升表示贸易条件改善。该学说认为：货币贬值造成的贸易条件波动与进出口品的供给需求弹性有着密切的关系，它可以分为四种情况来考察：

1. 在供给弹性趋于无限大时，贬值将造成以本币表示的进口价格上涨，出口价格不变（企业愿意在既定价格水平供应任意数量出口品）；或以外币表示的进口价格不变，出口价格下降，因此贸易条件将会恶化。

2. 在供给弹性无限小时（等于零时），企业在任何价格水平的产品供给将保持不变，贬值使出口价格上升，而以本币表示的进口价格不变；或以外币表示的进口价格下降，出口价格不变，贸易条件可以改善。

3. 当需求弹性趋于无限大时，以本币表示的进口价格不变，出口价格上升以抵偿本币币值的下降、从而保持外国购买的本国出口品价格不变；或以外币表示的进口价格下降，出口价格不变，贸易条件可以改善。

4. 当需求弹性无限小时，消费者愿意接受任何价格水平而保持消费量不变、即贬值造成的价格波动将完全转嫁给消费者，这将使以本币表示的进口价格上升，出口价格不变；或以外币表示的进口价格不变，出口价格下降，贸易条件将会恶化。

显然贬值对贸易条件的影响是不确定的，其效果要看供给需求弹性的大小。一般而言，贬值究竟使贸易条件改善还是恶化取决于进出口商品供给弹性的乘积（$\eta_x \times \eta_m$）与进出口商品需求弹性的乘积（$\varepsilon_x \times \varepsilon_m$）的大小关系：

当 $\eta_x \eta_m < \varepsilon_x \varepsilon_m$ 时，贬值能改善一国贸易条件。

当 $\eta_x \eta_m > \varepsilon_x \varepsilon_m$ 时，贬值会恶化一国贸易条件。

当 $\eta_x \eta_m = \varepsilon_x \varepsilon_m$ 时，贬值后贸易条件不变。

（四）货币贬值的时滞效应分析

在货币贬值对贸易收支的调节过程中，存在着一定的时滞效应，即在货币对外贬值之后的一段时期中，贸易收支没有获得改善，反而进一步恶化。经过一段时间之后，贸易收入才会逐步增加，贸易收支逐步得到改善。这一效应过程被称为"J曲线效应"（J – curve Effect）（见图13 – 4）。

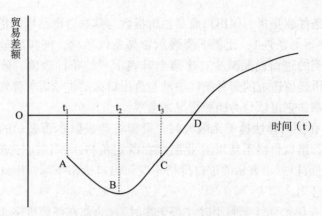

图 13-4　货币贬值的 J 曲线效应

由图 13-4 可以看出，在 t_1 时间进行货币贬值，并不会使贸易逆差立即缩小，而首先表现为一个逐步扩大的过程，当经过 t_2 以后，贸易逆差才逐步地缩小，在 t_3 时间恢复到贬值时的水平，其后，贸易逆差进一步缩小，直至最后消失，出现贸易顺差。

"J 曲线效应" 及其原因："J 曲线效应" 指货币贬值对贸易收支的影响存在一定时滞，即在本币贬值后，贸易收支先恶化后改善。原因：认识时滞、决策时滞、生产时滞、取代时滞、交货时滞。

"J 曲线效应"之所以存在，主要是在货币贬值调节贸易收支的过程中，存在着以下几个时滞因素，使得进出口产品的供给和需求在短期内缺乏弹性：（1）认识时滞，即本币贬值后，本国出口商品价格降低的信息，并不能立即被进口商所了解，而需要一个过程；（2）决策时滞，即进出口商在掌握了进出口商品价格变动的信息之后，需要对价格变动的重要性作出分析，以便作出正确的决策；（3）生产时滞，即面对增加的出口需求，国内出口部门从组织资源到生产出产品需要一个过程；（4）取代时滞，即以前的合同不能取消，进出口商都需要一定的时间来处理以前的存货；（5）交货时滞，即出口商将商品生产出来后，要交到买方手中，需要经过货物的运输过程。只有经过这些环节和过程之后，出口方的外汇收入才可以增加。

三、简要评述

国际收支弹性分析法反映了世界市场的一些实际情况，尤其是纠正了货币贬值一定能改善贸易收支的片面看法，指出只有在一定的进出口供求弹性条件下，货币贬值才能改善贸易收支。这些结论一直到现在仍具有现实意义，为许多国家采用汇率政策调节国际收支提供了一定的参考。但在分析过程中，也存在着一些缺点和不足，表现在以下几个方面。

1. 属于局部均衡分析法。即只考虑汇率变动对贸易收支的影响，而假设收入等其他条件均保持不变。事实上，对贸易收支产生影响的因素是极其复杂的，单纯只考虑汇率因素不够全面。

2. 只考虑了汇率变动的替代效应而忽略了收入效应，且假定进出口商品的供给弹性无限，这在国内外都存在着闲置资源的条件下可能是成立的，但在更多的情况下，则是不成立的；而且供给弹性为无穷大与充分就业假定有逻辑上的矛盾。

3. 弹性分析法单纯从进出口商品市场出发来考察国际收支问题，忽视了资本的国际流动对国际收支的影响。这在资本流动规模越来越大的当代国际经济中，其对国际收支分析的局限性是显而易见的。

4. 弹性系数是弹性分析理论中最关键的参数，但是如何确定其取值则极为困难和复杂，这也限制了弹性分析法在现实经济问题分析中的应用。

除此之外，弹性分析法只是一种比较静态分析，实际上，贬值与贸易数量的变动存在时滞；且该方法分析了货币贬值后初始阶段的价格，而没有考察继发的通货膨胀。

弹性分析法的属性： 一种比较静态分析。

第三节 国际收支调节的吸收分析法

吸收分析法（Absorption Approach）原名支出分析法，它是詹姆·米德（J. Meade）和西德尼·亚历山大（S. Alexander）在 20 世纪 50 年代初提出来的。其产生的时代背景是当时的欧洲国家正进行战后重建，普遍遇到了国际收支严重失衡问题。因此，吸收分析法以凯恩斯的宏观经济理论为基础，从一国的国民收入和支出的关系出发，研究国际收支的调整问题，是符合当时的政策需要的。

一、吸收分析法的基本分析原理

根据凯恩斯的分析，四部门国民收入的均衡公式是：

$$Y = C + I + G + (X - M)$$

这里，Y 表示国民收入，C 表示消费，I 表示投资，G 表示政府支出，X 表示出口，M 表示进口。

令 $A = C + I + G$

那么，$X - M = Y - (C + I + G) = Y - A$

其中，A 表示国内吸收。因此，国际收支 = 贸易收支 = 总收入 - 国内吸收。一国的国际收支差额（B）就是国民收入与国内吸收的差额，即 $B = Y - A$。

如果 Y > A，说明国际收支顺差；如果 Y = A，说明国际收支平

271

衡；如果 Y < A，说明国际收支逆差。

国际收支平衡意味着总收入等于国内吸收，顺差意味着总收入大于国内吸收，逆差意味着总收入小于国内吸收。所以，一国国际收支最终是要通过改变收入或吸收来调节的。当一国出现国际收支逆差时，调节的方法无非是增加收入，减少支出。如果一国已经处于充分就业状态，那么该国需要付出紧缩国内支出的代价才能消除国际收支逆差。

二、货币贬值的效应分析

（一）货币贬值的收入效应

贬值的收入效应： 闲置资源效应、贸易条件效应、资源配置效应。

货币贬值的收入效应主要通过三条途径实现。

1. 闲置资源效应。在一国存在闲置资源时，货币贬值可以刺激国外居民对本国产品的需求，并通过乘数效应使国民收入增加。但随着国民收入的增加，国内的吸收（包括国内的消费、投资与政府支出）也会增加。边际吸收倾向度量了每增加的单位收入中用于吸收的百分比，贬值的效应是正还是负，取决于边际吸收倾向的大小。即：

当边际吸收倾向 <1 时，说明国内吸收的增加小于国民收入的增加，剩余部分的国内产出只能用于出口，从而国际收支改善；

当边际吸收倾向 >1 时，说明国内吸收的增加大于国民收入的增加，差额部分的需求只能通过进口来满足，使国际收支恶化；

当边际吸收倾向 =1 时，说明国内吸收的增加等于国民收入的增加，即增加的国民收入完全被国内吸收，国际收支不变。

2. 贸易条件效应。货币贬值对贸易条件的影响是相对复杂的。根据弹性分析法的结论，只有在 $\eta_x \eta_m < \varepsilon_x \varepsilon_m$ 的条件下，货币贬值才可以改善贸易条件，而在通常情况下，贬值会导致贸易条件恶化，净出口量的下降幅度不及出口相对价格水平的下降，其结果是一方面使国民收入下降，另一方面也使国内的吸收下降，最终的结果如何，也取决于边际吸收倾向的大小。即：

当边际吸收倾向 <1 时，说明国内吸收的下降小于国民收入的下降，国际收支恶化；

当边际吸收倾向 >1 时，说明国内吸收的下降大于国民收入的下降，国际收支改善；

当边际吸收倾向 =1 时，说明国内吸收的下降等于国民收入的下降，国际收支不变。

3. 资源配置效应。在亚历山大的最初分析中，并没有对此作出分析，而后来的马克卢普对此进行了补充。他证明了货币贬值一般会导致政府管制的放松。因为当一个国家的政府试图通过贬值政策来改善本国的国际收支状况时，如果不放弃那些保护性或限制性的贸易政策，贬值政策就难以发挥其调节进出口数量来改善国际收支的作用。而管制的放松，将使资源的配置更为合理，利用效率得到提高，这既可使本国的实际收入提高，也会使国际收支得到改善。

（二）货币贬值的直接效应

亚历山大把贬值直接的吸收效应分为以下四种：

1. 现金余额效应。假定货币供给不变，货币持有者总想将自己的实际资产的一部分以货币形式持有，这样，随着物价的上升，他们会通过减少支出、出售其他资产来增加名义货币金额的积累，以维持原有的实际货币余额，这会引起资产价格的下跌和利率的上涨，并反过来影响人们的消费和投资。这样，现金余额效应或者直接影响收入和支出，或者通过利率间接影响收入和支出。

2. 收入再分配效应。这一效应表现为：（1）物价上涨先于工资的提高，从而使物价转变为企业家的利润；（2）物价上涨使收入从固定货币收入集团转移到社会的其他集团手中；（3）物价上涨使实际收入的一个更大部分转变为政府的税收；（4）在收入从高边际吸收倾向低边际吸收倾向的移动情况下，对外贸易差额将得到改善。但也要看到，第一个转变并不会减少吸收，因为，利润的增加使吸收中的投资增加。政府总希望边际吸收低，因此，税收的增加可以极大地影响吸收与收入的关系，从而影响对外贸易的差额。

3. 货币错觉。在货币贬值的情况下，人们总是更多地注意物价而不是注意货币收入。尽管人们的货币收入按比例上升，但在物价上涨的情况下，人们总是减少购买和消费。这显然有利于对外贸易差额的改善。

4. 其他的各种直接吸收效应。它们中有的对改善外贸差额有利，有的不利。例如，物价上升的预期导致吸收的增加，至少在短期内不利于外贸差额的改善。如果投资品大量来自国外，那么，本国货币贬值后会比贬值前减少进口，其他进口品也是如此。

根据上面的分析，货币贬值只有在它能增加产量（收入）或减少吸收（支出）时，才是有效的。一般地说，贬值一定要通过货币政策和财政政策的配合来压缩国内需求，把资源从国内吸收中解放出来转向出口部门，这样才能成功地改善国际收支，保持内部和外部的平衡，所以吸收分析法具有强烈的政策配合含义。伴随贬值所采取的经济政策，在非充分就业时，应以膨胀为主，尽量扩充生产；在充分就业时，则应压低国内吸收，减少逆差。

贬值的直接效应：现金余额效应、收入再分配效应、货币错觉、其他直接吸收效应。

三、吸收分析法的政策主张

根据上述理论公式，吸收分析法所主张的国际收支调节政策，无非就是改变总收入与国内吸收（支出）的政策。国际收支逆差表明一国的国内需求超过总供给，即国内吸收超过总收入。这时，就应当运用紧缩性的财政货币政策来减少对贸易商品（进口）的过度需求，以纠正国际收支逆差。但紧缩性的财政货币政策在减少进口需求的同时，也会减少对非贸易商品的需求和降低总收入，因此，还必须运用相关政策消除紧缩性财政货币政策的不利影响，使进口需求减少的同时收入能增加。这样，使贸易商品的供求相等，非贸易商品的供求也相等；需求减少的同时收入增加，就整个经济而言，国内吸收等于总收入，从而达到内部均衡和外部平衡。

吸收分析法特别重视从宏观经济的整体角度来考察贬值对国际收支的影响。它认为，首先，贬值要起到改善国际收支的作用，必须有闲置资源的存在。只有当存在闲置资源时，贬值后闲置资源流入出口品生产部门，出口才能扩大。其次，出口扩大会引起国民收入和国内吸收同时增加，只有当边际吸收倾向小于1，即吸收的增长小于收入的增长，贬值才能最终改善国际收支。

四、简要评述

（一）吸收分析法与弹性分析法的区别

1. 吸收分析法是从总收入与国内吸收的相对关系中来考察国际收支失衡的原因，并提出国际收支的调节政策，而不是从相对价格关系出发来研究问题，这是它与弹性分析法的重大差别所在。就理论基础和分析方法而言，吸收分析法是建立在凯恩斯的宏观经济学的基础上的，采用的是一般均衡分析方法；而弹性分析法则是建立在马歇尔等建立的微观经济学基础之上的，采用的是局部均衡的分析方法。

2. 就货币贬值效应来讲，吸收分析法是从贬值对国民收入和国内吸收的相对影响中来考察贬值对国际收支的影响的，而弹性分析法则是从价格与需求的相对关系中来考察贬值对国际收支的影响的。两者各具特色，因此在为现实经济中的国际收支逆差问题制定解决方案时，往往将弹性分析法与吸收分析法相结合，既包括将本币进行适度贬值，同时也采取削减政府支出等紧缩性财政政策。

（二）吸收分析法的意义和缺陷

吸收分析法在国际收支调节理论的发展过程中，起着承前启后的作用。一方面，它指出弹性分析法的缺点，但吸纳了弹性分析法的某些合理内容；另一方面，它指出了国际收支失衡的宏观原因并注意到了国际收支失衡的货币方面因素。因此，吸收分析法成为 20 世纪 70 年代出现的国际收支调节的货币分析法的先驱。吸收分析法将一国的国际收支决定和变动同整个宏观经济状况结合起来分析，有助于人们对国际收支失衡和均衡性质的认识，同时有着极强的政策意义。

但吸收分析法依然存在着以下几个方面的缺陷：

1. 吸收分析法是建立于国民收入核算会计恒等式的基础上的，并没有对国内支出为因，国际收支为果的观点提供任何令人信服的逻辑分析。

2. 在贬值分析中，没有考虑相对价格变动在调整过程中的作用，即没有区分贬值引起的贸易品和非贸易价格的变动带来的资源重新分配以及对国际收支的影响。

3. 没有考虑到在充分就业状态下，贬值引起的资源利用效率提高对收入及国际收支的影响。

4. 考虑的是单一国家模型，没有考虑到国家之间的回应效应。对此，劳森和梅茨勒所提出的动态综合模型，是对吸收分析法的一个显著改进。

5. 在分析中只考虑经常项目的变动，没有涉及国际资本流动这一重要因素，因而对国际收支的分析不够全面。

6. 另外，吸收分析法在政府预算和财政赤字对国际收支的影响方面的分析也比较缺乏。

第四节　国际收支调节的货币分析法

20 世纪 60 年代末和 70 年代初，随着货币主义的兴起，蒙代尔（R. A. Mundell，1968，1971）、约翰逊（H. G. Johnson，1972）和弗兰克尔（J. A. Franker，1976）等将封闭经济条件下的货币主义原理引申到开放经济中，从货币的角度对国际收支问题进行分析，提出了国际收支的货币分析法（The Monetary Approach）。这一时期，西方国家普遍受到高通货膨胀的困扰，同时国际短期资本流动日益活跃、增长迅速，巨额资本流动对各国国际收支状况产生了显著冲击，因此货币主义政策主张重新受到重视。

一、货币分析法的前提假设

货币分析法有四个基本假定。

货币分析法的四个假定：（1）在充分就业状态下，一国的实际货币需求是收入和利率等变量的稳定函数；（2）从长期来看，货币需求是稳定的，货币供给的变动不影响实物产量，即货币中性；（3）贸易商品的价格是由世界市场决定的，从长期来看，一国的价格水平和利率水平接近世界市场水平；（4）汇率是固定的，国际收支的失衡主要依靠储备的变化来调节。

1. 在充分就业状态下，一国的实际货币需求是收入和利率等变量的稳定函数；

2. 从长期来看，货币需求是稳定的，货币供给的变动不影响实物产量，即货币中性；

3. 贸易商品的价格是由世界市场决定的，从长期来看，一国的价格水平和利率水平接近世界市场水平；

4. 汇率是固定的，国际收支的失衡主要依靠储备的变化来调节。

这四个假定意味着，在一个开放的经济社会中，产量和其他决定因素不变，如果货币数量低于所希望的存量（货币余额），那么，各个经济单位就要寻求额外的货币余额。就个人讲，人们只有相对其收入来减少他们的支出。就一国来讲，它可以通过国际收支的盈余吸收外国货币来恢复均衡。金融当局不能控制国内居民所持有的货币量，但它能限制国内信用的膨胀来控制国际收支，因为紧缩信用可以迫使人们削减支出，重建他们的货币余额。所以这种分析法并不强调贬值的作用，而是强调货币政策的运用。在金融当局调节货币供给达到适当水平时，国际收支也就趋于平衡。他们认为，国际收支主要是一种货币现象，影响国际收支的根本因素是货币供应量，只要保持货币供给的增加与真实国民收入的增长相一致，就可保持国际收支的平衡与稳定。

二、货币分析法的基本模型

下面用数学模型来说明货币分析法的观点。

首先，货币需求（M_d）是收入（Y）和利率（i）的稳定函数，即：

$$M_d = f(Y, i)$$

在开放经济条件下，一国的货币供给（M_s）包括两个部分：（1）国内创造部分（D），这是通过银行体系所创造的信用；（2）来自国外的部分（R），这是经由国际收支所获得的盈余（国际储备）。即：

$$M_s = D + R$$

例如，如果某国一位出口商人收到外币货款，他会将该笔款项送到一家商业银行以兑换成本国货币，并存入其银行账户。如果这家商业银行用不着外币，则会将外币送到中央银行去兑换成本币，于是中央银行积累了国际储备，并对国内增加相应的基础货币投放，而国际储备的积累会引起基础货币的扩张。这表明，外国货币会转化为本国国际储备，并导致本国货币发行量增大。正是基于这点，货币分析法将本国货币和外国货币都包括在一国货币供给量中了。

假定在长期中货币需求等于货币供给，即：$M_d = M_s$。

由此可以导出最基本的方程式：

$$R = M_d - D$$

由于 R 可视同为一国国际储备，因此，货币分析法强调国际收支对储备的影响。国际收支差额意味着官方储备的增减，它等于本国货币需求减本国所创造的货币。国际收支逆差（国际储备的流失）是由国内货币供给过多引起的，顺差（国际储备的增加）是由货币需求过多造成的，所以国际收支是与货币供求相联系的一种货币现象，它是一国货币供求的自动调节机制，因为货币供给与需求之间的差额反映在国际收支平衡表中"储备项目"的变化，国际储备的变动会影响国内外的货币供给，所以它只分析"线下的"交易，而把国际收支的货币调节放在首位。

在固定汇率制下，国际收支平衡就是自主性项目达到平衡，储备项目没有变化。储备货币国只要遵守货币主义者所提出的"单一规则"，将货币供给的增加率稳定在国民收入的平均增长率的同一水平上（使 $M_d = M_s$），就能经常保持各国国际收支的稳定，不会发生储备的移动。

弗里德曼长期主张浮动汇率制度。这是因为根据货币分析法，在自由浮动制下，没有储备转移情形，货币供给完全是在各国金融当局的控制之下。汇率是否变动，取决于两国各自的货币增长与真实国民收入增长的差距是否相等。如果相等，汇率不变；如果不相等，差距大的一国货币下浮，差距小的一国货币上浮，于是国际收支自动达到平衡。这样，各国就可以根据国内需要执行稳定的货币政策，而不必考虑国际收支问题。

三、货币分析法对贬值效应的分析

货币分析法认为，货币贬值的效应主要体现在以下三个方面。

1. 在充分就业情形下，贬值意味着商品价格的变动，贬值国的基础货币供给扩张，国内价格上涨，升值国的基础货币相应地则收缩，其国内价格下跌；

2. 物价变动意味着实际现金余额的变化，贬值国的余额减少，因而压缩支出，升值国的余额增加，因而扩大投资和消费；

3. 实际现金余额的变化将通过贸易差额而逐渐消失，即由贬值国的贸易盈余补充短缺的现金余额，由升值国的赤字压缩过多的现金余额，从而恢复均衡。所以货币分析法的国际收支理论与汇率理论是统一的。

四、货币分析法的政策主张

在国际收支政策方面，货币分析法认为，国际收支政策不会产生国际储备的流入，除非它们增加货币需求量，或者国内信贷政策迫使居民通过国际收支盈余而增加所想要持有的额外货币。一旦有了国际收支顺差，顺差就会持续，直到它在增加国内货币持有的累计效应中满足国内货币需求为止。

其政策主张以及含义有以下几点。

第一，国际收支失衡本质上是货币现象，即由货币方面的原因引起的。所以，不存在所谓"结构性"的国际收支盈余或赤字。由此，不能认为"不发达经济"不可避免地会出现国际收支逆差。

第二，国际收支失衡必然是暂时的。货币分析法认为国际收支取决于一国的货币供求状况，并且它的失衡，可以通过货币的国际流动而自动得到纠正，因此从长期来说，国际收支必然自动达成均衡，失衡只是短期内存在的现象。由此，长期来说，国际收支政策是不必要的。某些调节政策，至多不过是加速了国际收支的调节速度而已。

第三，所有的国际收支不平衡都可以由国内货币政策来解决，而不需要改变汇率。在货币分析法看来，既然国际收支是一种货币现象，那就只能用货币工具来纠正它。而由于国际收支取决于一国的货币供求，并且货币需求又是少数几个经济变量的稳定的函数，因此，降低国内的信贷创造率，即控制国内的信贷扩张，是纠正国际收支逆差的唯一可行的方法。

第四，货币贬值只是国内信贷紧缩的替代，其目的在于降低一国货币供给的世界价值，人们之所以选择汇率变化而不是选择货币政策变化，与价格和工资刚性以及某种形式的货币幻觉有关。根据该理论，要恢复实际货币余额，就应当提高所有商品的国内价格，其提高的比例，应近似于贬值的比例。这就需要名义货币余额也有等比例增加，以维持货币均衡。如果名义货币的增加由国内信贷膨胀所提供，其结果将是通货膨胀与货币贬值成比例，而没有国际储备收益。

第五，为了平衡国际收支而采取的进口限额、关税、外汇管制等其他干预贸易和金融的措施，只有当它们的作用是提高货币需求，尤其是提高国内价格水平时，才能改善国际收支。而如果施加的限制伴随着国内信贷膨胀，国际收支状况不一定改善，甚至还可能恶化。

第六，较快的经济增长率往往通过增加对货币的需求而改善一国国际收支。因为随着其经济增长加速，对名义货币余额的需求会增加，所以该国虽会出现贸易赤字，但仍能使总的国际收支出现盈余。在实际收入不变的情况下，价格水平的外源变动，例如，因能源价格上涨而引起的国内价格的普遍上涨，会增加对货币的需求，所以也会导致国际收支盈余。

五、简要评述

（一）贡献

1. 自从凯恩斯主义统治西方经济学界以后，货币因素就为人们所淡忘。凯恩斯主义在其国际收支分析中只强调实际因素，而几乎没有涉及货币因素。国际收支货币分析理论的兴起，使被遗忘的货币因素在国际收支调整中得到应有的重视。

2. 该理论把国际收支的分析从单个项目扩大到整个国际收支，克服了国际收支弹性理论和吸收理论只研究分析经常项目的片面性。在国际资本流动规模远远超过货物和服务规模的今天，货币分析理论对一国实现国际收支均衡具有越来越高的指导价值。

3. 该理论认为国际收支的失衡是货币存量失衡，强调国际收支顺差或逆差的变化将引起货币存量发生变化，进而至少在短期内影响一国的经济行为并促使国际收支自动趋于平衡。

4. 从实践上看，这些理论的某些观点已被 IMF 所接受。如 IMF 往往要求会员国严格控制信贷，就是基于货币供应决定国际收支这一基本认识。

（二）局限性

1. 在理论的前提假设方面，货币分析理论的一个最基本假设是货币需求是收入和利率的稳定函数，由此得出货币供给是决定国际收支的唯一力量。但是，如果货币需求不具有稳定性，国际收支就不能仅从货币供给的变化中预测出来。另外，货币分析理论假定货币供给对实物产量和收入没有影响，这也不尽切合实际。

2. 货币分析理论只重视国际收支的最终结果——国际储备项目，忽略了国际收支平衡表经常项目、资本项目自身的平衡及二者之间的相互影响。例如，如果经常项目的逆差是以外债的形式通过资本项目顺差得以平衡，而货币分析理论只以国际储备项目衡量国际收支，则会认为货币市场均衡，不需要采取任何政策或措施。但是，依靠借债来平衡经常项目逆差，将增加该国未来年份的外债还本付息负担，而且一旦资本中断持续流入，国际收支失衡问题立即就会暴露出来，政

货币分析法的局限：（1）仅将货币需求设为利率和收入的稳定函数，影响因素考虑得不够全面，假定货币供给对实际产出与收入没有影响，也不符合实际；（2）忽视了经常项目、资本项目的平衡及其相互影响；（3）忽略了货币之外的其他因素对国际收支的影响；（4）对短期国际收支均衡的关注不够。

府不得不采取措施平衡经常项目，因此在国际收支调节中完全忽略经常项目或资本项目，将使政府处于一种十分被动的局面。

3. 货币分析理论在强调货币作用的同时，又走上极端，以至于实际上否认了其他因素（如国民收入、进出口商品结构、贸易条件等）对国际收支的作用。但是，货币并非决定国际收支失衡和调节的唯一因素，货币市场处于均衡状态时，也可能出现国际收支逆差。例如，在货币市场和资本市场共存的体系中，国际收支失衡完全可能起源于资本市场失衡，并通过资本的流入或流出使国际收支重新恢复均衡，一国的外汇储备可以保持不变，这样，国际收支的调节将不涉及货币余额，因此货币并非国际收支调节的唯一手段。

4. 它研究的是长期的货币供求关系对国际收支的平衡效果，即长期的国际收支调节，忽视了对短期国际收支失衡的关注，这在当前世界经济高度融合、资本快速流动的现实背景下显然是一个明显不足。

第五节　国际收支调节的结构分析法

结构分析法（Structural Approach）的有关观点，散见于 20 世纪 50 年代和 60 年代的西方经济学文献中。作为比较成熟和系统的独立学派，结构分析法是作为国际货币基金组织国际收支调节规划的对立面于 20 世纪 70 年代形成的。赞成结构分析法的经济学家，大多数是发展中国家或发达国家中从事发展问题研究的学者。因此，结构分析法的理论渊源同发展经济学密切相关。结构分析法在英国十分活跃。英国萨塞克斯大学发展研究院院长保尔·史蒂芬爵士（Paul Stephen）、英国海外发展署（Overseas Development Association）的托尼·克列克（Tony Klick）、英国肯特大学的瑟沃尔（A. Thirwall），以及英国曼彻斯特大学的一批经济学家，都是结构分析法的积极倡导者和支持者。

一、结构分析法的基本理论

在国际收支调节的货币分析法流行的 20 世纪 60 年代中期，国际货币基金组织的理论权威、研究部主任波拉克（J. Polak）将货币分析法的主要精神结合到了国际货币基金组织的国际收支调节规划中，使货币分析法成为基金组织制定国际收支调节政策的理论基础。例如，当成员国国际收支发生困难而向基金组织借用款项时，成员国必须按基金组织国际收支调节规划的要求制定相应的调节政策，基金组织则帮助制定并监督调节政策的实施。由于货币分析法的政策核心是紧缩需求，以牺牲国内经济增长来换取国际收支平衡，因此，在国际收支普遍发生困难的 20 世纪 70 年代，众多成员国在执行了基金组织的国际收支调节规划后，经济活动受到压制，有的甚至因过度削减预算和货币供应而导致国内经济、社会甚至政治动荡。

在这种情况下，结构分析法有针对性地提出：国际收支失衡并不一定完全是由国内货币市场失衡引起的。货币分析法乃至以前的吸收分析法都从需求角度提出国际收支调节政策，而忽视了经济增长的供给方面对国际收支的影响。就货币分析法来讲，它实际上是通过压缩国内名义货币供应量来减少实际需求。就吸收分析法而言，它实际上主张的是通过紧缩性财政货币政策来减少国内投资和消费需求。结构分析法认为，国际收支逆差尤其是长期性的国际收支逆差既可以是长期性的过度需求引起的，也可以是长期性的供给不足引起的。而长期性的供给不足往往是由经济结构问题引起的。引起国际收支长期逆差或长期逆差趋势的结构问题有以下几种表现形式。

第一，经济结构老化。这是指由于科技和生产条件的变化及世界市场的变化，使一国原来在国际市场上具有竞争力的商品失去了竞争力，而国内因资源没有足够的流动性等因素，经济结构不能适应世界市场的变化，由此造成出口供给长期不足，进口替代的余地持续减少，结果导致国际收支的持续逆差（或逆差倾向）。

第二，经济结构单一。经济结构单一从两个方面导致国际收支的经常逆差：其一是单一的出口商品，其价格受国际市场价格波动的影响，使国际收支呈现不稳定现象。因为，在出口多元化的情况下，一种出口商品的价格下降，会被另一种出口商品价格的上升所抵消，整个国际收支呈稳定状态；而在出口单一的情况下，价格在任何程度上的下降，都会直接导致国际收支的恶化。其二是由于经济结构单一，经济发展长期依赖进口，进口替代的选择余地几乎为零。比如一个只生产锡矿的国家，其经济发展所需要的采矿机械、电力设备、交通工具等只能依靠进口。经济发展的速度和愿望越高，国际收支逆差或逆差倾向就越严重。

第三，经济结构落后。这是指一国产业生产的出口商品需求对收入的弹性低而对价格的弹性高，进口商品的需求对收入的弹性高而对价格的弹性低。当出口商品的需求对收入的弹性低时，别国经济和收入的相对快速增长不能导致该国出口的相应增加；当进口商品的需求对收入的弹性高时，本国经济和收入的相对快速增长却会导致进口的相应增加。在这种情况下，只会发生国际收支的收入性逆差，不会发生国际收支的收入性顺差，即国际收支的收入性不平衡具有不对称性。当出口商品需求对价格的弹性高时，本国出口商品价格的相对上升会导致出口数量的相应减少；当进口商品需求对价格的弹性低时，外国商品价格的相对上升却不能导致本国进口数量的相应减少。在这种情况下，货币贬值不仅不能改善国际收支，反而会恶化国际收支。同时，由货币和价格因素引起的国际收支不平衡也具有不对称性。

国际收支的结构性不平衡既是长期以来经济增长速度缓慢和经济发展阶段落后所引起的，又成为制约经济发展和经济结构转变的瓶颈。如此形成一种恶性循环：发展经济、改变经济结构需要有一定数量的投资和资本货物的进口，而国际收支的结构性困难和外汇短缺却制约着这种进口，从而使经济发展和结构转变变得十分困难。由于国际收支结构性失衡的根本原因在于经济结构的老化、单一和落后，在于经济发展速度的长期缓慢甚至停滞和经济发展阶段的落后，支出管理政策就不能从根本上解决问题，有时甚至是十分有害的。

二、结构分析法的政策主张

既然国际收支失衡的原因是经济结构导致的，那么调节政策的重点就应放在改善经济结构和加速经济发展方面，以此来增加出口商品和进口替代品的数量和品种供应。改善经济结构和加速经济发展的主要手段是增加投资，改善资源的流动性，使劳动力和资金等生产要素能顺利地从传统行业流向新兴行业。经济结构落后的国家要积极增加国内储蓄，而经济结构先进的国家和国际经济组织应增加对经济落后国家的投资，经济结构落后的国家通过改善经济结构和发展经济，不仅有助于克服自身的国际收支困难，同时也能增加从经济结构先进国家的进口，从而也有助于经济结构先进国家的出口和就业增长。

三、简要评述

结构分析法既然是作为传统的国际收支调节理论、特别是货币分析法的对立面出现的，它自然会受到许多批评。批评者认为：结构性失衡的原因同进出口商品的特点及现实与愿望之间的差距有关。如果一国的出口商品没有能满足国际市场需求的特点，那么，出口商品需求对收入的弹性就会较低。这种问题与其说是缺乏价格竞争力，不如说是缺乏非价格因素的竞争力。比如，产品质量低劣、售后服务质量太差、产品包装和款式不能满足消费心理等。对于经济结构单一和经济结构落后引起的国际收支困难，结构分析法的批评者认为：所谓国际收支结构性失衡，实际上是愿望与现实之间的失衡。国际收支困难有两种不同的概念，一种是事先的概念，另一种是事后的概念。事先的概念是指国际收支失衡的压力，而不是指失衡本身。只要财政与货币政策适当，就能避免失衡本身的发生。批评者认为：国际收支制约力是到处存在的，它的存在对于维持一国经济长期均衡的发展和世界货币金融秩序是十分必要的。结构分析法讲的实际上是经济发展问题，而不是国际收支问题。经济发展政策对国际收支失衡的调节，常常是行之无效或收效甚微的。另外，要求以提供暂时性资金融通为主的国际货币基金组织向经济结构落后的国家提供长期性国际收支贷款，同时又不施予必要的调节纪律和恰当的财政货币政策，犹如把资金填入一个无底洞，既不利于有关国家经济的均衡发展，又违背了基金组织本身的性质和宪章，同时也是基金组织在客观上无力做到的。

四、理论小结

以上介绍了国际收支调节的四种分析方法，前三种方法相互之间不是排斥的，而是互为补充的，只不过它们各自的出发点不同，因而政策结论也不同。至于结构分析法，实际上同前三种理论也有互补的地方。有人把结构分析法比喻为处在调节理论的极左端，把货币分析法比喻为处在调节理论的极右端，把弹性论和吸收分析法放在两者的中间。这种比喻实际上并不恰当。吸收分析法、货币分析法和结构分析法都十分强调政府的作用，都主张以政府干预来解决国际收支失衡问题，因此，它们都是"干预派"，而不是"自由派"。总之，我们在运用上述各种方法分析具体问题时，要注意它们的异同，吸收正确的部分，摒弃不合理的成分，灵活地加以综合运用，才能使我们的分析和决策切合现实。

本章思考与练习

1. 弹性分析法的缺陷是什么？

2. 什么是收入分析法中的需求管理政策？他们又如何影响本国的国民收入和国际收支？

3. 从吸收分析法的角度来看，要改善本国的贸易收支可采取哪些办法？

4. 马歇尔－勒纳条件说明了什么？如果进出口供给弹性不再是无穷大，本币贬值能否使国际收支得到改善？

5. 结合本章所学理论思考人民币升值的利弊。

6. 造成货币贬值与国际收支之间"J曲线效应"的因素有哪些？

7. 吸收分析法认为，通过贬值以改善国际收支逆差必须具备哪两个条件？

第十四章
开放经济的宏观经济政策

开放经济下一国政府经济政策的目标主要是经济增长、充分就业、物价稳定和国际收支均衡。为了实现这些目标，一国可以选择不同的财政政策、货币政策、汇率政策和管制政策，但有些情况下，这些目标之间会相互冲突，而有效的政策组合则是解决这一问题的关键。本章在介绍政策工具和政策搭配原理的基础上，运用蒙代尔—弗莱明模型分析开放经济条件下一国采取固定汇率制和浮动汇率制的宏观经济政策效应。

第一节　开放经济的政策目标与手段

一、开放经济的政策目标

在封闭经济下，政府的宏观调控目标可概括为：经济增长、充分就业和物价稳定。其中经济增长是一个长期动态的过程，短期内政府更多考虑的是如何实现充分就业和保持物价稳定这两个目标。但是对于一个开放经济而言，这仅仅是实现了内部经济的均衡，外部经济是否均衡还要考察国际收支是否平衡。简言之，宏观开放经济的政策目标可分为两大类：即内部均衡（Internal Balance）和外部均衡（External Balance）。

宏观开放经济的政策目标： 内部均衡和外部均衡。

（一）内部均衡

经济增长是一个国家在一定时期实际人均产出水平的提高，是一国提高人民生活水平，提高经济实力的重要途径。

所谓充分就业是指一国的劳动资源被充分利用的状态，通常用失

284

业率来衡量，一般认为，3%的失业率就是充分就业，也有学者认为，失业率长期维持在4%~5%就算充分就业了。这是因为在一个动态经济中，由于经济结构调整，市场信息不完全和劳动力转移的成本，不可避免地会存在着一定比例的结构性、摩擦性失业和自愿失业，这就是弗里德曼所称的自然失业率。

生产资源的利用不足或过度使用都会造成资源的浪费和经济的不稳定。经济不稳定主要表现为社会总体价格水平的频繁波动。当对劳动和产出的需求超过了充分就业水平时，工资和物价的上升会推动总体价格水平上涨，反之则反是。物价水平的波动会导致货币单位实际价值的不确定，从而使经济决策缺少有力的依据，降低整体经济运行的效率。因此，政府总是力图防止总需求相对于充分就业水平发生较大的波动，以保持物价水平的稳定和可预见性。

（二）外部均衡

外部均衡的内涵随着汇率体制的演变而有所变化。在布雷顿森林体系下，由于资金流动受到管制且汇率不可变动，国际收支平衡被视为经常账户的平衡，并以此作为外部均衡的标准。20世纪70年代以来，随着浮动汇率体制的实施和国际资金流动数量的大量增加，人们逐渐认识到简单要求经常账户平衡常常是不必要的。由开放经济下 $S = CA + I$ 的恒等式可知，当一国的国内储蓄不足以支持投资增长时，可通过保持一定的经常账户赤字，以现期产品净进口的方法来满足国内投资的需要，对于一个追求就业和产出增长的失业经济来说，这是有益的。等到投资获利后，再以远期产品净出口来归还外债，从而获得跨时贸易的收益。

相反，当储蓄大于投资需求时，可通过现期产品的净出口带来资本流动而增加国外净资产，这就会形成经常账户的一定盈余。

此外，还可利用经常账户的暂时赤字来避免一国由于临时性的产出水平下降（如农业歉收）而造成的国内市场商品价格的大幅度波动，这将有利于经济的长期稳定。由此可见，内部经济和外部经济是紧密联系的。据此，我们可将外部均衡定义为与一国国内经济运行相适应的适当水平的经常账户余额。

二、开放经济的政策手段

为了实现内外经济的同时均衡，一国政府可采用财政、货币、汇率和管制等多种调控手段。根据这些政策手段所产生的功能不同，可分为：（1）支出调整政策（Expenditure – Changing Policy）；（2）支出转换政策（Expenditure – Switching Policy）；（3）直接管制（Direct Control）。

开和经济的宏观调控手段：（1）支出调整政策；（2）支出转换政策；（3）直接管制。

285

（一）支出调整政策

所谓支出调整政策是指改变社会总需求水平的政策，它等同于在封闭经济条件下，凯恩斯主义的需求管理政策，即财政政策和货币政策组合。通过实施支出调整政策可达到改变支出水平从而改变收入水平的目的，其实质是对总需求的水平进行管理。

财政政策是指通过调整政府支出或税收，或者两者同时改变来影响经济运行的政策手段。政府通过增加支出或减少税收，采用扩张性的财政政策可以增加国内的产出和收入（通过乘数效应），调节内部经济，同时，收入的增长又会通过边际进口倾向导致进口增加，减少国际收支顺差。但这种效应会由于扩张财政造成的利率上升引起资本流入而被抵消一部分。相反地，紧缩性的财政政策可通过压低总需求的方式，减少产出和收入并导致进口减少，同样其对外部经济的影响会由于利率下降引起资本外流而被抵消一部分。

货币政策是货币当局通过变动货币供给量与利率水平来调节内外经济运行的政策手段。扩张性的货币政策通过增加货币供给，降低利率，带来投资和收入水平的上升并导致进口增加。同时，利率下降引起的资本外流会进一步加强货币政策对外部经济的作用效果。反之，紧缩的货币政策会阻碍投资、收入以及进口的增长，并且引起资本流入。

由此可见，财政和货币政策都可以通过直接影响社会总需求或总支出来调节内部均衡，同时，总需求或总支出水平的变动又会通过边际进口倾向和利率机制来影响外部经济运行。

（二）支出转换政策

所谓支出转换政策指能够通过影响本国贸易商品的国际竞争力，改变总支出构成的政策，如汇率调整、关税、出口补贴、进口配额限制等都属于支出转换政策范畴。狭义的支出转换政策则专指汇率政策。支出转换政策的实质是在总需求的内部进行结构性的调整，使得总需求的构成在国内吸收与净出口之间保持恰当的比例。

在固定汇率制（如布雷顿森林体系）下，当国际收支发生"根本性失衡"时，政府可通过调整平价变动汇率，货币贬值可以把消费从国外转向国内，由此带来的净出口增加一方面可以用于调节国际收支逆差；另一方面可通过作用于社会总需求，带来国内产出的增长。而在浮动汇率制下，由于汇率是根据外汇市场的供求而自发变动的，所以政府汇率政策的实施主要是通过干预外汇市场来主动调节汇率水平，从而达到转换支出方向，调节内外经济运行的目的。

支出调整政策： 等同于在封闭经济条件下，凯恩斯主义的需求管理政策，即财政政策和货币政策组合。

支出转换政策： 指能够通过影响本国贸易商品的国际竞争力，改变支出构成的政策。

286

（三）直接管制

直接管制是指政府采取直接的行政控制来影响经济运行的政策手段。具体可细分为贸易管制（如关税、配额和其他国际贸易流动数量方面的限制）、金融或汇率管制（如国际资本流动方面的限制和多重汇率制度）以及国内价格和工资的管制。从性质上来讲，直接管制也应属支出转换政策。如对进口商品征收关税或实施配额就相当于本国货币某种程度的贬值，这是通过改变进口品和进口替代品的相对可获得性来达到支出转换目的的。虽然直接管制政策具有方便易行、收效快的特点，但是它会干扰市场机制的运行，导致资源配置的低效率，同时还会引发黑市交易和导致其他国家的报复，所以经济学家和国际经济组织大多不赞成政府采用直接管制手段来调控经济。

直接管制：指政府采取直接的行政控制来影响经济运行的政策手段。包括贸易管制、金融或汇率管制，以及价格和工资管制。

三、丁伯根法则与米德冲突

在开放经济下，政府面对多重政策目标和多种政策手段，必须选择合适的政策工具来实现每一个目标。有时一个政策工具应用于一个特定的目标时可能会帮助政府接近另一个目标，但是它也可能会更远地偏离第二个目标。根据首届诺贝尔经济学奖得主丁伯根（J. Tinbergen）所提出的"经济政策理论"，实现一个经济目标，至少需要一种有效的政策工具，由此推论，要实现 n 个独立的政策目标，至少需要 n 种相互独立的有效政策工具，这一理论又被称为"丁伯根法则"。根据这一法则，绝大多数西方学者认为，在一国可以灵活调整汇率水平的情况下，可以采用支出调整政策来实现内部均衡的目标，而利用支出转换政策（主要是汇率政策）来实现外部均衡的目标，这样，实现内外均衡是不成问题的。

丁伯根法则：要实现 n 个独立的政策目标，至少需要 n 种相互独立的有效政策工具。

然而，在固定汇率制下，一国难以动用支出转换政策，作为政策工具，在只有支出调整政策可供政府使用的情况下，内外均衡目标的实现可能会发生冲突，这种情况就被称为"米德冲突"（Meade's Conflict）。表 14 - 1 显示了两种内外均衡冲突的情况。当一国处于内部经济存在失业、外部经济面临逆差的情况时，如果政府实施扩张性的支出调整政策，则总需求的增加有利于实现充分就业，但同时却又会加剧逆差。反之，当政府用紧缩性的支出调整政策来平衡国际收支时，又会使失业增加。显然，当外部均衡要求实行紧缩政策，而内部均衡却要求实行扩张政策时，一种政策手段是难以兼顾两个政策目标的，无论是达到内部均衡还是达到外部均衡，都势必以加剧另一种失衡为代价。同样的，当一国面临通货膨胀和顺差并存的情况时，支出调整政策的实施也处于两难境地。所以，根据丁伯根法则，在支出转

米德冲突：固定汇率制下，在只有支出调整政策可供政府使用的情况下，内外均衡目标的实现可能会发生冲突。

换政策难以实施的固定汇率制下，要解决米德冲突，必须找到两种独立的政策工具来实现内外均衡，这就是我们下一节要讨论的蒙代尔的有效市场分类原则。

表 14 - 1　　　　　　　　　　　　内外均衡的冲突

内部失衡 ＼ 外部失衡	逆差	顺差
失业	扩张支出政策 ＼ 紧缩支出政策	扩张支出政策
通货膨胀	紧缩支出政策	紧缩支出政策 ＼ 扩张支出政策

第二节　内外均衡的政策组合

一、有效市场分类原则：财政与货币政策组合

在米德冲突的分析中，一个显著特点是把财政政策和货币政策看成是一种政策工具，所以仅仅通过调节支出总量是难以同时实现内外均衡的，这一理论在 20 世纪 50 年代被广为接受，但是 60 年代，罗伯特·蒙代尔（Robert Mundell）提出的有效市场分类原则（Principle of Effective Market Classification）打破了这一看法。

在蒙代尔看来，财政政策和货币政策对内外经济的影响效果是不同的，所以即使在固定汇率制下，一国也可以利用财政政策和货币政策这两种独立的政策工具来实现内外经济的均衡。

进一步分析，财政政策对于一国内部均衡的影响效果比较明显，作用方向比较明确，例如：扩张性的财政政策会导致社会总需求增加，进而引起国民收入增加，就业增加；紧缩性的财政政策会导致社会总需求减少，进而引起国民收入水平下降，物价水平也随之降低。但财政政策对外部均衡的影响方向并不明确，例如：扩张性的财政政策，一方面会由于需求增加引起国民收入增加，进而引起进口增加，恶化经常账户；而另一方面也会提高利率，引起资本流入，改善资本与金融账户。与财政政策不同，货币政策对外部均衡的影响效果比较明显，作用方向明确。例如：扩张性的货币政策会降低利率，利率下降一方面会通过国民收入增加而引起进口增加，恶化经常账户；另一方面利率下降也会导致资本流出，恶化资本与金融账户，因此，扩张

性的货币政策会导致国际收支恶化；反之，紧缩性的货币政策导致国际收支改善。这样看来，这两种政策对外部经济的影响效果是不同的。按照有效市场分类原则，应将每种政策工具实施在其最具影响力的目标上。

那么具体如何在内外目标之间分派这两种政策工具呢？让我们通过图 14 - 1 来进行说明。图 14 - 1 中横轴为以政府支出为代表的财政政策，从原点沿横轴向右移动意味着扩张的财政政策；纵轴为以利率为代表的货币政策，从原点沿纵轴向上移动意味着紧缩的货币政策。在蒙代尔的分析中，由于考虑了资本的国际流动，所以外部均衡为综合差额的平衡。

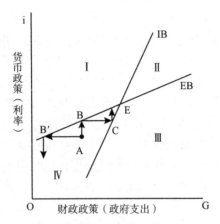

图 14 - 1　有效市场分类法的政策组合

图中 IB 线代表内部均衡，线上每一点都代表了使国内均衡得以实现的财政和货币政策的组合。IB 线向上倾斜是因为扩张的财政政策会导致国内需求的增加，为了保持国内总供求的平衡，必须同时采取一个足够力度的紧缩性货币政策，通过利率提高来消除过度的总需求。在 IB 线左上方的点意味着国内存在失业，右下方的点则表示出现了通货膨胀。

EB 线显示了使外部均衡得以实现的财政和货币政策的各种组合。EB 线的斜率为正，是因为扩张性的财政政策促进国民收入增长的同时会带来经常账户恶化并假定引致国际收支恶化（当然并非一定如此，参见本章第三节财政政策的效应分析），这必须相应地实行紧缩性的货币政策，通过提高利率吸引足够多的资本流入来弥补经常账户的赤字，从而保持外部均衡。EB 线左上方代表国际收支顺差，右下方代表国际收支逆差。值得注意的是，EB 线比 IB 线更平坦，这是因为我们假定货币供给（继而是利率）的变化对外部均衡的影响要相对大于对内部均衡的影响。因为利率的变化既通过资本和金融项目又通过经常项目影响国际收支。利率上升时不仅会增加短期资本的净流入，而且还会减少国内的实际投资需求和收入水平，后者将导致进口需求的下降。这样，利率的变化既直接又间接地影响着国际收支水平，但它仅通过直接影响实际投资需求来影响内部均衡目标。这就是为什么在图形中我们看到 EB 线比 IB 线平坦的原因。

图 14-1 中只有在 IB 线和 EB 线的交点 E 处，一国才可能同时实现内外部均衡。另外，根据这两条线所划分的四个区域，我们可以定义以下四种内外失衡的情况。

区域 I　　　　失业与顺差

区域 II　　　　通货膨胀与顺差

区域 III　　　　通货膨胀与逆差

区域 IV　　　　失业与逆差

现在假定一国处于 A 点，即面临失业与逆差并存的失衡状态，如果我们采用货币政策来解决外部逆差，财政政策来对付内部失业的政策组合，则这一调整过程为：紧缩的货币政策使 A 点移至 B 点，这时实现了外部均衡，同时，用扩张的财政政策解决失业问题，使 B 点移至 C 点，内部均衡了但又出现了外部逆差。如此交替使用紧缩的货币政策和扩张的财政政策，A 点会逐步逼近内外均衡的 E 点。

由此可见，这是一个收敛的调整过程，同时也说明货币政策在实现外部均衡上具有相对优势，而财政政策则对内部目标具有相对较大的影响力。所以，根据有效市场分类原则，可以将货币政策用于实现外部均衡目标，财政政策用于实现内部均衡目标。蒙代尔由此进一步得出结论：如果政策指派和组合是有效、合理的，那么即使不同的政策工具掌握在不同的决策者手中，经济处于分散决策的情况下，仍可通过有规则的调控来接近均衡目标。

但是如果指派错误，即以财政政策来对付外部失衡，以货币政策对付内部失衡。我们看到的结果将是：A 点在紧缩性财政政策的作用下移至 EB 线上的 B′点，外部达到均衡但内部失业却加剧了，这就必须再采用扩张性货币政策来对付内部失衡，使 B′点向 IB 线移动，如此交替使用这种政策组合，最终会使经济离内外均衡点越来越远，这是一个发散的调整过程。所以，在这里，政策的指派和组合正确与否至关重要。

二、斯旺图形：支出调整与支出转换政策组合

蒙代尔的有效市场分类原则通过财政政策与货币政策的有效组合解决了固定汇率制下存在的米德冲突问题。而斯旺图形描述的则是在汇率政策可实施的前提下，如何通过支出调整与支出转换政策的组合

来实现内外均衡的目标。在斯旺的理论中没有考虑资本的国际流动，所以外部均衡等同于经常账户的平衡。我们可以用图 14 - 2 来描述这一新的政策组合。

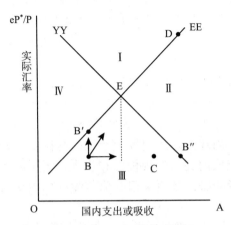

图 14 - 2　斯旺图形的政策组合

图 14 - 2 中，横轴表示国内支出或吸收（A），扩张性的支出调整政策会拉动国内支出沿横轴右移；纵轴表示本币的实际汇率（eP^*/P），代表支出转换政策，实际汇率上升意味着本币贬值，反之则表示本币升值。

EE 线显示了实际汇率和国内支出的各种组合下所实现的外部均衡。EE 线斜率为正，因为实际汇率上升（即本币贬值）会导致出口增加，进口减少，为了使外部均衡，即经常账户平衡，必须相应地增加国内支出，同时进口增加，这就需要配合以扩张性政策。

YY 线显示的是内部均衡状态下实际汇率与国内支出的各种组合。YY 线向右下方倾斜，因为实际汇率下降（即本币升值）会导致出口减少，进口增加，为了维持内部均衡必须增加国内支出。

在图 14 - 2 中，我们看到只有在 E 点，即 EE 与 YY 曲线的交点，政府可以同时实现内外均衡。EE 线以上各点代表外部顺差，以下各点代表了外部逆差；相应地，YY 线以上各点表示内部出现通货膨胀，以下各点表示内部存在失业。这样，我们同样可以定义类似于图 14 - 1 的四个内外不均衡区域。

区域Ⅰ　　　顺差与通货膨胀

区域Ⅱ　　　逆差与通货膨胀

区域Ⅲ　　　逆差与失业

区域Ⅳ　　　顺差与失业

下面，我们来看两种政策搭配的调整过程。假如现在一国处于区域Ⅲ（逆差与失业）中的 B 点，要想使 B 点接近内外均衡的 E 点，

291

必须同时采用支出调整和支出转换政策。一方面，通过扩大国内支出解决失业问题，使 B 点向右方 YY 线移动；另一方面，利用货币贬值对付外部逆差，产生一个拉动 B 点向上方 EE 线移动的力量，这样在两个合力的作用下，B 点会沿着向右上方倾斜的路径逐步逼近 E 点。如果单纯依赖一种政策工具（贬值或扩大支出），B 点将移至 B′点或 B″点，这样只能解决一种失衡情况，政府仍将被内部失业或外部逆差所困扰。

此外，政策搭配的使用还要视具体情况而定。以图中的 C 点为例，C 点虽然与 B 点同处于外部逆差和内部失业的失衡区域，但是由于二者所面临的内外部失衡的严重程度不同，所以采用的政策组合也不同。在 B 点，内部失衡问题较为严重，而在 C 点，外部失衡则较严重，而且 C 点国内支出的规模已相当大，为了防止货币贬值可能引发的国内通货膨胀，必须采用贬值与缩减国内支出相结合的政策搭配。

即使一国已处于内部均衡状态，仅面临着外部逆差，如图中 YY 线上的 B″点，为了在实现外部均衡的同时，保持内部均衡，政府仍需采用适当的政策搭配。因为如果只实行贬值政策，可以使 B″点移至 EE 线上的 D 点，这时虽然外部经济均衡了，但内部又出现了通货膨胀，所以为了防止贬值的实施可能对内部均衡造成的干扰，同时还要采取一个紧缩国内支出的政策来确保内部均衡。由此可见，合理地搭配支出调整政策和支出转换政策是实现内外均衡的关键。

有效市场分类原则所提出的财政政策与货币政策的搭配，以及斯旺图形所阐释的支出调整政策和支出转换政策的组合，大大丰富了经济政策理论，并成为开放经济下政府制定宏观经济政策的主要理论依据。但是现实经济中出现的情况远比理论所论述的复杂得多，政府制定经济政策时，不但要考虑本国的经济现状，还要顾及外国可能做出的反应，所以开放经济下的政策调节要比封闭经济更复杂，难度更大。

第三节　固定汇率制下货币、财政政策的效应分析

一、蒙代尔-弗莱明模型分析的前提假设

上一节我们讨论了采用财政政策和货币政策相搭配实现内外均衡的一般原理。这一节我们要对这两种重要的宏观政策工具在开放经济

下的作用机制和政策效果进行专门讨论。为此我们要引入蒙代尔－弗莱明模型（Mundell－Fleming Model）作为分析工具。

这一模型的基本构架仍是 IS－LM－BP 模型，它以一个小型开放经济为研究对象。模型依赖的主要前提假定有：

（1）短期内总供给可以随总需求的变化进行迅速调整，所以经济中的总产出完全由需求方面决定；

（2）国内外价格水平 P、P* 均不变，故实际汇率与名义汇率将同比例变动；

（3）对于小型开放经济而言，国内市场利率 i 由世界市场利率 i* 决定；

（4）不存在汇率预期变动，浮动汇率制下汇率调整没有时滞。

本节我们先讨论固定汇率制下的财政政策和货币政策效应，并且根据资本的流动性，分无资本流动、资本有限流动和资本完全流动几种情况作具体分析。

蒙代尔－弗莱明模型的主要前提假设：（1）总产出完全由需求端决定；（2）国内外价格水平均不变，实际汇率与名义汇率同比例变动；（3）对小国开放经济而言，国内市场利率由世界市场利率决定；（4）不存在汇率预期变动，浮动汇率制下的汇率调整没有时滞。

二、货币政策的效应分析

（一）无资本流动的情况

在没有资本流动的情况下，国际收支平衡仅表现为经常账户的平衡，由于利率变动对经常账户没有直接影响，所以此时 BP 线是一条垂直于横轴的直线（见图 14－3）。

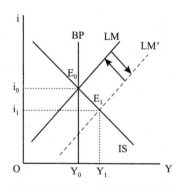

图 14－3　固定汇率制下，无资本流动的货币政策效应

我们利用图 14－3 来分析无资本流动时，扩张性的货币政策所产生的政策效应。

初始的均衡点 E_0 点所决定的收入水平为 Y_0。现在中央银行决定采取扩张性的货币政策来增加收入，比如央行可以通过公开市场操作购买债券，增加国内的货币供给。反映在图中即为 LM 线右移至 LM′，货币供给增加导致利率下降，这会刺激投资需求上升，进而通过乘数效应带来国民收入的增长，即 E_1 点所对应的收入水平 Y_1。短期内虽然达到了提高收入的目的，但是央行的这一举措却破坏了外部均衡，造成了国际收支逆差（E_1 点位于 BP 线右侧），这是因为国民收入增加会通过边际进口倾向使进口增加，在其他条件不变的情况下，经常账户会恶化。

我们知道，在固定汇率制下，国际收支逆差会导致逆差国外汇储备减少，进而带来其国内货币供给的减少，这一调整过程直至国际收支恢复均衡为止，这意味着 LM′ 将移回至初始位置，货币政策效果因要维持固定汇率而被抵消。

由此我们可以得出结论：在固定汇率制下，当无资本流动时，扩张性的货币政策仅能在短期内提高一国的收入水平，长期内并不能对国民收入产生影响，货币政策是失效的。

（二）资本有限流动的情况

在上一章我们曾经讨论过资本有限流动下的自动调整机制。现在我们来分析这种情况下的货币政策效应，如图 14-4 所示。扩张性的货币政策导致 LM 曲线右移至 LM′，并与 IS 曲线交于 E_1 点，该点对应着较低的利率水平和较高的收入水平。但此时国际收支却处于逆差状态，这是因为一方面收入提高引起进口增加，另一方面利率降低导致资本流出，从而使国际收支趋于恶化。

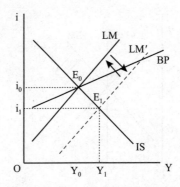

图 14-4 固定汇率制下，资本有限流动的货币政策效应

长期内，国际收支逆差必然会导致储备外流，货币供给减少，LM 左移。当 LM′ 移回至初始位置时，逆差消除，调整随之结束。此时，除了由于储备外流导致基础货币内部构成发生变化外，其他变量均恢复至初始状态。由此，我们得出了与前面相同的结论：固定汇率

制下，在资本有限流动的情况下，扩张性的货币政策能在短期内提高一国的收入水平，长期内并不能对国民收入产生影响，所以货币政策在长期内无效。

（三）资本完全流动的情况

资本完全流动意味着一国可以随时以世界利率借入或贷出任何数量的资金。这时本国利率必须与世界利率相等，否则任何微小的差异都会导致大量的资金流动进而影响国际收支。由于资本流动对利率变动具有完全弹性，所以此时 BP 线为一条水平线。

存在资本完全流动性时，实行扩张性的货币政策，如图 14 - 5 所示，会引起利率下降，但此时利率任何微小的下降都会导致资本的迅速外流，从而抵消扩张性货币政策的影响。所以在这种情况下，货币扩张性政策对于收入增加是不产生任何作用的。

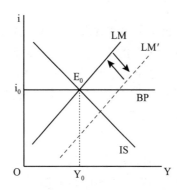

图 14 - 5　固定汇率制下，资本完全流动的货币政策效应

由此我们的结论是：固定汇率制下，资本完全流动时，货币政策完全失效。

总之，在固定汇率制下，一国货币当局运用货币政策的能力会因为维持汇率固定的义务而受到限制，使得货币政策丧失了独立性。特别是在资本完全自由流动的情况下，货币政策在短期和长期都无效，不能发挥对国民收入的影响作用。

三、财政政策的效应分析

（一）无资本流动的情况

如图 14 - 6 所示，一个经济初始的均衡点为 E_0 点，此时政府实行扩张性的财政政策，增加政府支出或减少税收，导致总需求上升，

固定汇率制下的货币政策效应： 货币当局运用货币政策的能力会因为维持汇率固定的义务而受到限制，使得货币政策丧失了独立性。

图中 IS 曲线右移至 IS′，并与 LM 曲线交于 E_1 点，该点对应的收入和利率水平均有所提高。但是由于收入增长导致进口增长，在 E_1 点国际收支出现逆差。

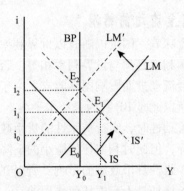

图 14 - 6　固定汇率制下，无资本流动的财政政策效应

固定汇率制下，逆差会导致货币供给减少，使 LM 曲线左移，直至 LM′ 与 IS′ 相交于 BP 线上的 E_2 点，国际收支逆差完全消除为止，此时国民收入水平也恢复至初始状态，而利率水平却进一步提高了。在政府支出增加的情况，社会总产出（即国民收入）却没有变化，这意味着政府支出增加所导致的利率上升对私人投资产生了完全的挤出效应。

由此，我们得出的结论是：固定汇率制下，当没有资本流动时，扩张性的财政政策在短期内会带来收入的增长、利率的提高以及国际收支的逆差，但是长期内，财政政策对国民收入的影响也是无效的，只会进一步提高利率，改变总支出和基础货币的内部结构。

（二）资本有限流动的情况

在资本有限流动的情况下，BP 线向右上方倾斜，其倾斜程度与资本的流动性有关。资本可流动程度越高，短期资本对利率变动越敏感，在图形上，BP 线斜率越小。当资本在国际上的流动性较高时，如图 14 - 7 所示，BP 线的斜率小于 LM 线的斜率，政府扩张财政支出，会使 IS 曲线右移，与 LM 曲线交于 E_1，在该点，国民收入增加的同时利率上升。收入和利率的变动对外部经济造成的影响是双重的，一方面国民收入增加会导致进口增加，恶化经常账户；另一方面利率上升，吸引外部资本流入，会改善资本与金融账户。国际收支状况的最终变化则取决于这两种效应相抵后的净效应。图 14 - 7 显示的 E_1 位于 BP 线的上方，表明此时国际收支为顺差，这意味着利率升高吸引的资本流入对资本与金融账户的改善效应大于收入提高导致进口增长而对经常账户的恶化效应。

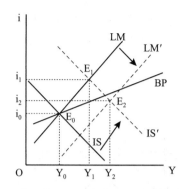

图 14 – 7　固定汇率制下，资本有限流动的财政政策效应

然而 E_1 点只是一个短期均衡点，因为此时国际收支失衡。在长期内，国际收支顺差会导致外汇储备增加，进而带来国内货币供给增加，LM 曲线会向右移动，这一调整直至三条曲线交于图中的 E_2 点为止。我们从图中看到的长期均衡结果是：随着国际收支恢复均衡，国民收入进一步提高，而利率水平却有所下降，但仍高于初始状态。

当然，我们也不能忽略由于 BP 线斜率的变化而可能产生的其他调整结果。当 BP 线的斜率等于 LM 线的斜率时，即两条曲线重合，收入和利率上升对国际收支造成的正反两方面的影响效应恰好抵消，国际收支仍处于平衡状态，经济不会继续调整，所以财政扩张政策的长、短期影响结果一样。而当 BP 线的斜率大于 LM 线的斜率时，这意味着资本的流动性较低，则利率上升对国际收支的改善效应要小于收入上升对国际收支造成的恶化效应，这样，财政扩张政策在短期内将导致国际收支出现逆差。这会引起 LM 线左移，长期调整的结果将是：利率进一步提高，而收入水平有所下降但仍高于初始状态。读者不妨参照前面的分析对这两种情况自己作图分析。

综合上述几种情况，我们得出的结论是：固定汇率制下，当资本有限流动时，扩张性的财政政策在短期、长期都是有效的，资本流动性越强，政策效果越明显。

（三）资本完全流动的情况

如图 14 – 8 所示，扩张性的财政政策推动 IS 曲线右移，这会引起收入和利率的同时上升。但是在资本完全流动的情况下，利率的微小上升都会立即吸引大量的资本流入，导致国内的货币供给增加，即 LM 曲线也将同时右移，以维持本国利率水平与世界市场利率水平相一致。值得注意的是，货币供给伴随着财政扩张而扩张，不但保持了利率水平不变，而且推动收入水平进一步提高，即图中 E_1 点对应的 Y_1。

由此，我们得出的结论是：在固定汇率制下，当资本完全流动时，财政扩张政策会带来收入的大幅度提高，故此时财政政策非常有效。

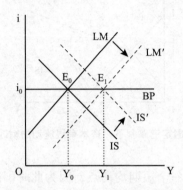

图14-8　固定汇率制下，资本完全流动的财政政策效应

固定汇率制下财政政策的有效性：除了无资本流动的情况，财政政策一般都较为有效。

以上我们根据资本流动性的差异，对固定汇率制下的货币、财政政策的政策效应进行了深入分析，得出的一般性结论是：固定汇率制下，货币政策在长期内都是失效的，货币当局无法有效地控制国内的货币供应，这主要是汇率不可变动的情况下，外汇储备完全受国际收支影响所造成的，而财政政策除无资本流动的情况外一般都较为有效。

四、固定汇率制下内外均衡的实现

在对开放经济的财政和货币政策效应进行分析的基础上，我们进一步讨论对这两种政策进行有效组合实现内外均衡的调节机制，即蒙代尔的有效市场分类原则的具体应用。我们以外部逆差和内部失业的失衡经济为出发点展开讨论，并且假定实现充分就业前，国内价格不变。

图14-9中的 E_0 点显示了这一初始状态。E_0 点位于充分就业线 Y_F 的左侧，表明该经济内部存在失业，同时它又于 BP 线的下方，这意味着存在国际收支逆差，BP 线向右上方倾斜，表明此时资本是有限流动的。

为了实现充分就业，达到内部均衡，政府可采取扩张性的财政政策，使 IS 曲线右移至 LM 曲线与充分就业线 Y_F 相交的 A 点，此时内部失业消除了，但由于 A 点位于 BP 线下方，表明外部仍存在逆差。如果政府动用货币政策来实现内部均衡，即使 LM 曲线右移至 IS 曲

线与 Y_F 线相交的 B 点，我们看到的结果是：失业虽然消除了，但外部逆差却扩大了。可见，采用一种政策工具难以同时实现两个政策目标。因此，政策指派的正确与否至关重要。

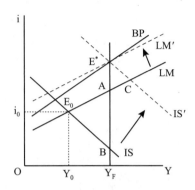

图 14 – 9　固定汇率制下内外均衡的实现

正确的搭配方式是实行一种更有力的扩张性财政政策，使 IS 曲线移至 IS′，同时为了避免 IS′ 与 LM 相交的 C 点处可能出现的通货膨胀，搭配采用紧缩性的货币政策，使 LM 曲线左移至 LM′。货币供给减少一方面有效地抑制了国内通胀，另一方面利率上升带来的资本流入有助于消除外部逆差。当 IS′ 和 LM′ 曲线与 BP 线相交于 E^* 时，内外经济同时实现均衡。合理、有效的政策组合可以加快经济恢复均衡的速度，并且相对于自动调节机制而言，这种调整的目的性更明确，调整成本更低。对于其他几种经济失衡所采取的政策组合的调整过程，读者不妨尝试着自己进行分析。

第四节　浮动汇率制下货币、财政政策的效应分析

一、货币政策的效应分析

（一）无资本流动的情况

此时，国际收支平衡即为经常账户的平衡。如图 14 – 10 所示，经济的初始均衡点为 E_0，现在中央银行放松银根，实施扩张性的货币政策，使 LM 曲线右移至 LM′，国内经济的变化表现为利率下降拉

动投资增长，进而带来国民收入水平的提高。同时，收入的提高又引致了进口增长，从而导致国际收支出现逆差。浮动汇率制下，这必将造成本国货币贬值（即名义汇率上升）来恢复外部均衡。贬值会引起 BP 线右移，同时在出口拉动下 IS 曲线也会右移。当 LM′、IS′相交于 E* 点时，经济再次实现均衡，该点处，收入水平较初始状态有所提高，利率则有所下降。由此可得出的政策结论是：在浮动汇率制下，无资本流动时，扩张性的货币政策引起的货币贬值对于提高一国的收入水平是较有效的。

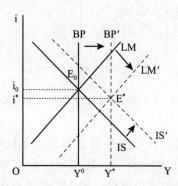

图 14-10　浮动汇率制下，无资本流动的货币政策效应

（二）资本有限流动的情况

资本有限流动情况下的分析与无资本流动的分析基本相似。如图 14-11 所示，扩张性的货币政策使 LM 曲线右移，这时因收入增加（引起经常账户赤字）和利率下降（引起资本与金融账户的赤字）而出现较大幅度的国际收支逆差。接下来的调整是本币贬值和出口增加，这将引起 IS 曲线和 BP 曲线右移，这一调整直至 LM′与 IS′和 BP′重新交于一点，即图中 E* 点时为止。调整的结果也与无资本流动的情况相似：此时，扩张性的货币政策引起的货币贬值对于提高一国的收入水平也是较有效的。

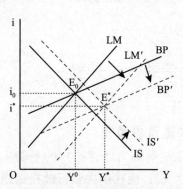

　图 14-11　浮动汇率制下，资本有限流动的货币政策效应

（三）资本完全流动的情况

在这种情况下，资本流动对于利率的变动具有完全弹性。如图14－12 所示，在扩张性的货币政策的作用下，LM 曲线右移，造成利率下降，这会立即引致资本外流，资本与金融账户的恶化随之引发本币贬值和出口增加，这会推动 IS 曲线右移。出口增长一方面拉动了收入水平的上升，另一方面实行经济的扩张导致货币需求增加和利率回升以致吸引资本回流。当 IS′ 与 LM′ 相交所确定的利率水平与世界市场利率相一致时，资本不再流动，经济恢复均衡，调整随之结束，经济达到图中 E* 点。E* 点显示的扩张性货币政策的调整结果是：收入有较大幅度提高，而利率水平并不变化，这表明此时货币政策是非常有效的。

浮动汇率制下的货币政策效应： 在资本无流动与有限流动情况下，货币政策较为有效；在资本完全流动情况下，货币政策非常有效。

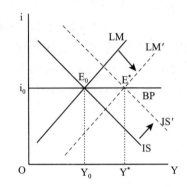

图 14 -12　浮动汇率制下，资本完全流动的货币政策效应

二、财政政策的效应分析

（一）无资本流动的情况

如图 14 -13 所示，扩张性的财政政策会推动 IS 曲线右移至 IS′，收入的上升引起经常账户的恶化，故 E_1 点处国际收支出现逆差。这会引起本币贬值，并带动出口增长，反映在图形中即为 BP 曲线和 IS′ 曲线的右移。由于没有货币供给的变动，故 LM 曲线不发生变化。当 BP 线和 IS′线的移动最终与 LM 线交于 E* 点时，经济恢复均衡，此时的收入和利率水平均高于初始状态。与上一节我们分析的固定汇率制下，无资本流动的情况相比，浮动汇率制下的财政政策不再是无所作为，它的扩张效应可以带来收入水平的提高。

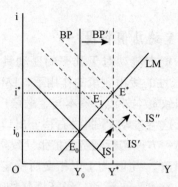

图 14 - 13　浮动汇率制下，无资本流动的财政政策效应

（二）资本有限流动的情况

在资本有限流动的情况下，扩张性的财政政策对国际收支的影响与固定汇率制下的影响相似。这种影响效应一方面来自收入提高所引致的经常账户恶化，另一方面则来自利率上升导致的资本与金融账户改善。这两种作用相抵后的净效应将决定国际收支的变动状况，我们知道，这一结果与代表国际收支的 BP 线的斜率有关。现以 BP 线的斜率小于 LM 的斜率，即资本流动性较高的情况为例进行详细分析。如图 14 - 14。

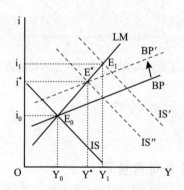

图 14 - 14　浮动汇率制下，资本有限流动的财政政策效应

扩张性的财政政策推动 IS 曲线右移至 IS′，并与 LM 曲线交于 E₁ 点。E₁ 点位于 BP 线的上方，这表明扩张性的财政政策对国际收支产生了改善的净效应，导致顺差出现。国际收支的这一失衡，随之引起本币升值的调整，进而造成出口减少，这会使 IS′线和 BP 线分别左移和上移。当 IS″、BP′和 LM 曲线相交于 E* 点时，调整结束，经济恢复均衡。从调整结果来看，此时收入水平要低于无资本流动下的收入水平，但仍高于初始状态。

而对于 BP 线斜率等于 LM 线斜率的情况来说，扩张性的财政政策引起的利率上升对国际收支的改善效应与收入增长对国际收支的恶化效应恰好相抵消，国际收支没有出现失衡的状况，汇率也不会进行调整，则实际收入将在实施扩张性财政政策之后的水平上保持不变。

还有一种情况就是 BP 线斜率大于 LM 线斜率，这时，国际资本流动的利率弹性相对较低，扩张性财政政策对国际收支产生的净效应将导致逆差出现，随之引起本币贬值，出口增长，这使 IS′线与 BP 线的移动方向恰与第一种情况相反。最终的均衡结果也将与第一种情况有所不同，收入水平不但高于初始状态，而且高于第一种情况。对于后两种情况，读者可以参照前例自己进行图示分析。

综合上述分析，我们的结论是：浮动汇率制下，资本有限流动时，扩张性财政政策对国际收支的影响因资本流动性的不同而有所不同，但都能使收入水平较初始状态有所提高，故财政政策较为有效。

（三）资本完全流动的情况

如图 14 – 15 所示，扩张性的财政政策使 IS 曲线移至 IS′，造成利率上升。但是在资本完全流动的情况下，本国的利率水平必须与世界市场利率保持一致，否则微小的利差都会引起套利资本的大规模流动，因而财政扩张引起的利率上升会立即引起资本流入，导致国际收支出现顺差，这一系列变动会迅速反映在汇率的调整上，即本币升值，出口随之减少，这又会推动 IS′曲线左移，直至移回其初始位置，使本国利率与世界利率水平相一致为止，同时收入水平也与初始状态一样。但是值得注意的是，收入结构发生了变化，财政扩张通过本币升值对出口产生了完全的挤出效应，即财政支出的增加是以等量的出口下降为代价的。由此可见，在浮动汇率制下，资本完全流动时，扩张性的财政政策除了会造成本币升值外，在提高一国收入水平方面，其政策效应为零。

浮动汇率制下财政政策效应：在无资本流动与有限资本流动情况下，财政政策比较有效；在资本完全流动时，财政政策完全失效。

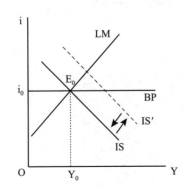

图 14 – 15　浮动汇率制下，资本完全流动的财政政策效应

根据以上的分析，我们可以对浮动汇率制下的财政、货币政策效应做一个总结，由于货币供给量不再受国际收支变动的影响，故货币政策在增加一国收入方面总是有效的，财政政策对一国收入的影响在无资本流动和资本有限流动两种情况下较有效，当资本完全流动时，财政政策对国民收入不产生作用，政策完全失效。

三、浮动汇率制下内外均衡的实现

浮动汇率制下，由于汇率可以调整，政府可以动用支出转换政策来调节经济失衡，所以其内外均衡的实现机制与固定汇率制下有所不同。我们仍以外部逆差和内部失业的失衡经济为出发点来讨论浮动汇率制下内外均衡的实现。并同样假定，在实现充分就业前，国内价格保持不变。

如图 14-16 所示，初始状态 E_0 点低于充分就业 Y_F 水平，国内经济处于一种失业的状态。同时 E_0 在 BP 线下方，表明国际收支存在逆差。浮动汇率制下，这会引起本币贬值，从而带动出口增长，图中显示为 BP 线和 IS 线分别向下和向右移动，外部失衡得到改善。另外，为了消除内部失业。政府还必须同时采取扩张支出的政策，如扩张性的货币政策（因为浮动汇率制下货币政策较有效），使 LM 曲线右移，来实现充分就业。最终在贬值和扩张性的货币政策的反复作用下，IS'、LM' 和 BP' 三条曲线会在充分就业线 Y_F 上相交于 E^* 点，使内外经济同时实现均衡。浮动汇率制下，汇率的可变动性使政府又增加了一种调控经济的手段，可以通过支出调整政策和支出转换政策的有效组合来实现内外均衡，显然这与固定汇率制下通过货币政策与财政政策的搭配实现内外均衡的机制有所不同。对于浮动汇率制下其他几种失衡情况下的政策组合调整机制，读者可以自己试作一下分析，并与固定汇率制下的调整做一对比。

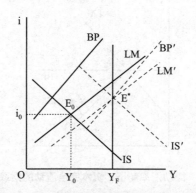

图 14-16　浮动汇率制下内外均衡的实现

本章思考与练习

1. 开放经济下宏观调控政策的目标是什么？有哪些可供选择的政策手段？

2. 丁伯根法则的基本思想是什么？何谓"米德冲突"？

3. 为什么在固定汇率制下货币政策总是无效的？

4. 利用蒙代尔 – 弗莱明模型说明为什么在浮动汇率制度下，货币政策效果显著而财政政策效果较差？

5. 试分析宏观经济政策对一国内外均衡的影响。

第十五章

国际货币制度

　　由于参与国际经济活动的世界各国在政治上独立，而在经济和信贷方面却是相互依赖的，这就需要一种共同遵守的货币制度来协调各个独立国家的经济活动，促进贸易和支付过程的顺利进行，加速国际贸易和信贷的发展。因此，了解不同历史时期国际货币制度的形成、变化特点，尤其是研究当前国际货币制度的发展情况及将来可能出现的几种格局，对我们制定经济金融发展战略有着重大的意义。另外，本章还介绍了全球性国际金融机构及部分区域性国际金融机构的组织形式、业务特点、服务范围、贷款条件和做法，以及它们在国际经济发展中的作用。通过对本章的学习，有助于我们了解世界各国在国际金融领域的合作。

第一节　国际货币制度概述

国际货币制度:
国际货币制度，也称作国际货币体系（IMS），是指各国政府共同遵守的为有效地进行国际各种交易支付所做的一系列规定、做法和制度等安排，包括为此所确定的国际支付原则、采取的措施和建立的组织机构。

一、国际货币制度的含义和内容

　　货币制度（也称货币体系），通过法律制度，将货币的铸造、发行、流通固定下来，包括货币名称（如美元、英镑）、币材（金属、纸等）以及单位（主币如元，辅币如角、分等）。

　　国际货币制度，也称作国际货币体系（International Monetary System，IMS），是指各国政府共同遵守的为有效地进行国际各种交易支付所做的一系列规定、做法和制度等安排，包括为此所确定的国际支付原则、采取的措施和建立的组织机构。

　　国际货币制度包括三个方面的内容。

　　（1）国际储备资产的确定和供应。使用什么货币作为支付货币，国际储备的物质基础是什么，一国政府应持有何种世界各国所普遍接受的资产作为储备资产，用以维护国际支付原则和满足调节国际收支的需要。

（2）汇率制度的确定。一国货币与其他货币之间的汇率应如何决定和维持，能否自由兑换成支付货币，应采取固定还是浮动汇率制度。

（3）国际收支调节的方式。当出现国际收支不平衡时，各国政府应采取什么方式弥补这一缺口，各国之间的政策又如何协调。理想的国际货币制度应能够促进国际贸易和国际资本流动的发展，它主要体现在能够提供足够的国际清偿力并保持国际储备资产的信心，保证国际收支的失衡得到有效而稳定的调节。

国际货币制度的内容：（1）国际储备资产的确定和供应。（2）汇率制度的确定。（3）国际收支调节的方式。

二、国际货币制度的分类

国际货币体系的类型可根据两个重要的标准来划分：汇率安排及货币本位。汇率在一切国际货币体系中都占据中心地位，因而可根据汇率的弹性大小来划分不同的国际货币体系；货币本位是国际货币体系的另一个重要方面，这涉及储备资产的性质。

1. 以汇率为标准可划分为：（1）固定汇率制度；（2）管理浮动汇率制度；（3）自由浮动汇率制度。

2. 以国际储备形式为标准，有：（1）金本位制度，以黄金充当国际储备（19世纪至第一次世界大战前）；（2）金汇兑本位制度，以黄金和某一国通货及国际信用工具共同为国际储备（1944～1973年）；（3）信用本位制度，某一国或几国通货创造出信用，其他各国认可的信用工具来充当国际储备（1976年至今）。

理想的国际货币制度应能够促进国际贸易和国际资本流动的发展，并共同平等分享贸易好处。它主要体现在调节机制好；纠正收支逆差时所付代价小；能够提供足够的国际清偿力；国际结算时，需要最少的国际储备量；并保持国际储备资产的信心，使企业、政府、居民对国际货币制度信赖；保证国际收支的失衡得到有效而稳定的调节。

国际货币体系的分类标准：以汇率为标准和以国际储备形式为标准。

第二节　国际货币制度的变迁和发展

一、国际金本位制

世界上首次出现的国际货币制度是金本位制度（Gold Specie

Standard），大约形成于 19 世纪 80 年代末，结束于 1914 年。实际上，金本位制是各国自然选择的结果，历史上最早出现于英国，其经历了两个世纪（从混合货币制度逐渐过渡到金本位制）。在英国的影响下，世界上许多国家到 19 世纪末或 20 世纪初都采用了金本位制。19世纪后半期和 20 世纪初期被认为是金本位制的鼎盛时期（"黄金时代"）。

> 国际金本位制是世界上首次出现的国际货币制度，最早出现于英国。

金本位是以一定重量和成色的黄金作为本位币，并使流通中各种货币与黄金间建立起固定兑换关系的货币制度。在金本位制度下，黄金具有货币的所有职能，如价值尺度、流通手段、储藏手段、支付手段和世界货币。1816 年，英国率先颁布了金本位制，大约半个世纪以后，欧美主要资本主义国家才相继在国内实行了《金本位制法案》，国际金本位制度大致形成。

所谓本位货币，是指作为一国货币制度基础的货币，如金币或银币。

（一）国际金本位制的形式

> 国际金本位制的形式有金铸币本位制、金块本位制和金汇兑本位制。

1. 金铸币本位制（Gold Specie Standard），这是金本位制的最初形态。金铸币本位制的特点是：（1）以法律规定货币的含金量；（2）金币可以自由铸造、自由熔化；（3）流通中其他货币和金币之间可以按法定比率自由兑换，也可以兑换与金币等量的黄金；（4）黄金可以自由地输出或输入本国。

2. 金块本位制（Gold Bullion Standard），金块本位也称"生金本位制"。其特点是：（1）国家规定以一定重量和成色黄金铸币作为本位币；（2）国家不铸造，也不允许公民自由铸造金币，流通中不存在金币；（3）只发行代表一定重量和成色黄金的银行券，银行券具有无限法偿能力，银行券只能有限地兑换金块。如英国 1925 年制定，银行券每次兑换金块的最低数量为 1700 镑（含纯金 400 盎司）。

第一次世界大战后，英国、法国、比利时、荷兰等国曾相继采用这种制度。这是一种残缺不全的金本位，很不稳定，实行不过几年，1929 年的世界经济危机后都先后崩溃了。

3. 金汇兑本位制（Gold Exchange Standard），也称"虚金本位制"，是指银行券在国内不能兑换黄金和金币，只能兑换外汇的金本位。其特点是：（1）国家规定以一定重量和成色黄金铸币作为本位币；（2）国家不铸造，也不允许公民自由铸造金币，流通中不存在金币；（3）只发行银行券，银行券具有无限法偿能力，银行券不能兑换金币和金块，但能兑换成在发行国兑换黄金的外汇；（4）本币与某一实行金本位或金块本位制国家的货币保持固定比价。

采用这种货币制度，必然使本国货币依附于与之挂钩的那个国家货币，并在该国存放大量黄金或外汇基金，以备随时出售外汇。本质上是一种附庸货币制度。

第一次世界大战的战败国德、意、奥等曾以国外借款作为外汇基金实行金汇兑本位制。除这些经济实力薄弱的资本主义国家外，实行金汇兑本位制的主要是国外殖民地。爪哇、印度、暹罗、菲律宾分别于 1877 年、1893 年、1902 年和 1903 年实行这种制度。清朝末年荷兰中央银行总裁卫士林曾主张中国实行这种制度。

采用金汇兑本位制的国家在对外贸易和财政金融上受到与其相联系的金本位或金块本位制的国家的控制。实行金块本位制或金本位制的发达国家可以视其需要将货币贬值，也就是降低其流通的银行券的含金量，降低价格标准，这样，实行金汇兑本位制的落后国家由于要在发达国家存放大量外汇准备金，就会白白丧失部分价值。那些发达国家在 20 世纪 30 年代经济危机中，经常贬值货币以增加其输出。此外，因为实行金汇兑本位制的国家，其银行券只能购买外汇，再用外汇到国外才能兑换黄金，外汇行市下跌又会使金汇兑本位制国家受到损失。

从金币本位制到金块本位制，再到金汇兑本位制，可以看出：

第一，货币和黄金的联系越来越薄弱。

第二，实行金块本位制，金币不再流通，货币的可兑换性受到限制，可以节约国内经济交易中所需的黄金。实行金汇兑本位制则因大量持有外汇而不仅可以节约国内经济交易所需的黄金，还可以节约国际经济交易中所需的黄金。

第三，各国实行的货币制度和国际货币制度之间具有密不可分的联系。

（二）国际金本位制的运行规则

国际金本位制有三项基本的运行规则：首先，所有参加国的货币均以一定数量的黄金定值，本国货币当局随时准备以本国货币固定的价格买卖黄金；其次，黄金能够自由输出和输入；最后，本国的货币供应量受本国黄金储备的制约，黄金流入则货币供应增加，黄金流出则货币供应下降。

这三项规则中的前两项保证了在国际金本位制度下，各参加国货币之间的汇率是固定的，或只在极小的范围内波动。由于国家之间的货币以黄金表示的价格是固定的，而且黄金能够自由兑换和输出入，那么国家间的黄金套汇交易将使汇率的波动保持在由铸币平价和黄金输送费用决定的黄金输出点以内。第三项规则是要求参加国的国内货币供应量与国际收支状况相联系，即逆差国的货币供应下降，顺差国的货币供应增加。这使得国际金本位制度有了一种自动平衡国际收支

国际金本位制的运行规则保证了各参加国货币之间的汇率是固定的。

的机制，可以保证国际收支的失衡能够自动得到纠正。

（三）国际金本位制的特点

国际金本位制度具有以下三个特点。

1. 黄金充当国际货币制度的基础。国际金本位制度是建立在各主要资本主义国家国内实行的金铸币本位制基础之上的，其主要特征是：金币可以自由铸造、自由兑换，黄金可以自由进出口，储备货币使用黄金，并以黄金作为国际结算工具，各国的国际收支可以用黄金的输出入自动平衡。因此，金本位制是一种相对稳定的货币制度。

在当时的条件下，虽然黄金是国际货币，但由于英国的经济地位，使英镑成为国际贸易中广泛使用的货币，持有英镑的人可随时向英格兰银行兑换黄金。

2. 各国货币间的汇率由各自货币的含金量决定。金铸币本位条件下金币的自由铸造、自由兑换和黄金的自由输出入，使得外汇市场上汇率的波动始终维持在金平价和黄金运输费用规定的黄金输送点之内。因此，国际金本位制是一种极其严格的固定汇率制。

3. 国际金本位制具有自动调节国际收支的机制。英国经济学家休谟（Hume，1752）最早提出的"物价—铸币—流动机制"，解释了金本位制度下国际收支平衡能够实现自动调节（见第十三章第一节）。

英国经济学家休谟提出的物价—铸币—流动机制解释了金本位制度下国际收支平衡的自动调节。

（四）国际金本位制的缺陷

国际金本位制对于保持长期的汇率相对稳定，推动国际贸易发展提供了有利条件。但是这个制度本身也有不可避免的缺陷。

1. 货币供应量取决于货币黄金的供应量，黄金供求波动将导致价格总水平的波动。

对金本位历史的研究表明，尽管长期价格水平相对稳定，但短期价格却高度不稳定。由于黄金生产取决于技术改进，随着生产和国际贸易增长速度的加快，黄金作为本位币将难以与其适应。因而金本位制下的长期通胀与通缩经济周期，取决于黄金的供求变化。有关研究表明，国际金本位时期的价格波动的确与世界黄金产量直接相关。金本位制时代，通胀一直没有成为主要问题，倒是通缩经常困扰各国。

假如黄金供应量急增，英镑相对黄金的价格下降，人们就会将黄金拿去兑换英镑，英镑数量自然上升，后果就是通货膨胀。相反，若黄金供应量下降，其价格相对其他商品上升，英镑购买力则相应上升，因为人们会将黄金兑换成英镑或减少黄金与纸钞的兑换，英镑钞票数量下降，后果即是通货紧缩。

在金本位制度下，经济贸易遭受来自产出市场或货币市场冲击。

短期价格波动程度可以用年价格变化率标准差与年均价格变化率之比（变异系数）来表示，该比率越大表明短期价格越不稳定。根据迈克尔·D. 波尔多（Michael D. Bordo）的研究结果，美国1879~1913年该比率为17，而1946~1990年为0.88，在金本位最不稳定的1894~1904年，该比率为5.8。英国的情况更是如此，1870~1913年、1946~1979年分别为-14.9和1.2。短期价格如此波动的原因在于，生产力水平以及经济增长不断变化，而黄金生产或供应短期内缺乏弹性，当时的政策当局也并没有像今天一样来管理货币。

2. 政府无法实施扩张性的货币政策以应对经济衰退。当经济衰退发生时，受制于黄金储备，当局无法采用扩张性的货币政策，这往往加剧经济的衰退。出于维持铸币平价的需要，各国需要积累黄金储备，在经济增长的时候，各国央行往往出售国内资产从而缩减国内货币供给来增加其储备，由此可能带来世界性的失业。

二、布雷顿森林体系

（一）布雷顿森林体系的建立

鉴于两次世界大战之间货币金融领域各国混乱的局面对各国经济贸易带来的严重损害，英美两国在战时就分别准备了凯恩斯计划和怀特计划，积极筹划战后的国际货币体系。1944年7月，美、英、苏、法等44国代表在美国新罕布什尔州的布雷顿森林举行联合国和联盟国家国际货币金融会议，又称"布雷顿森林会议"，基本上以怀特计划为蓝本，通过了"布雷顿森林协议"，决定美元直接与黄金挂钩，其他货币与美元做出既定的比价，确立了第二次世界大战后以美元为中心的固定汇率体系的原则和运行机制，这样就形成了战后运转了25年之久的布雷顿森林体系（Bretton Woods System）。

> 布雷顿森林体系决定美元与黄金挂钩，其他货币与美元挂钩，确立了第二次世界大战后以美元为中心的固定汇率体系。

（二）布雷顿森林体系的特点

布雷顿森林体系下的国际金汇兑本位制与第二次世界大战前的金汇兑本位制不完全相同。

1. 战前的金汇兑本位制度下，英国、法国、美国几种货币均处于主导地位，其主导作用取决于各国的势力范围。而布雷顿森林体系下的主导货币仅美元一家。

2. 战前的金汇兑本位制缺乏一个协调机构，而布雷顿森林体系下的金汇兑本位制有国际货币基金组织加以维持。

3. 与战前相比，布雷顿森林体系下的金汇兑本位制中，储备货币（即美元）的作用得到了突出和加强。

（三）布雷顿森林体系的主要内容

1. 建立国际金融组织。建立国际货币基金组织和世界银行（世界复兴与开发银行），以此协调国际金融关系。世界银行初始资本 50 亿美元，IMF 各成员国认交一定的份额（其中 25% 黄金，75% 本币）。

布雷顿森林体系下，美元成为名副其实的世界货币及纸黄金。

2. 美元与黄金作为唯一的国际储备和国际清算货币。实行黄金—美元本位制，即以黄金为基础并以美元为最主要的国际储备。这是一种以美元为中心的国际金汇兑本位制，实行双挂钩原则：黄金与美元自由兑换，按 1 美元价值 0.888671 克纯金比率确定美元含金量，即美元和黄金保持 1 金衡盎司黄金 = 35 美元的官价。其他国家的货币与美元挂钩，即其他货币与美元保持固定的汇率，间接与黄金建立联系，进而决定各成员国货币与美元的汇率（见图 15–1）。IMF 成员国政府必须确认美国政府这一官价，并把这一官价作为国际货币制度基础。由此，美元成为名副其实的世界货币及纸黄金。

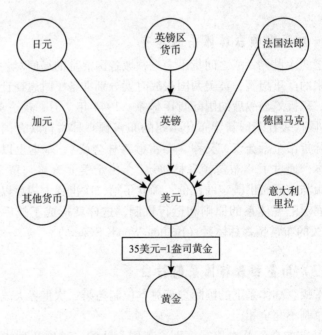

图 15–1　布雷顿森林体系和美元的中心地位

3. 实行可调整的钉住汇率。IMF 会员国的各国货币通过各自法定含金量即黄金平价与美元含金量对比，套算出对美元的汇率，也可不规定含金量直接确定与美元的比率。这一汇率不经 IMF 批准不得轻易变动。会员国须将汇率维持在黄金平价的上下 1% 限度内。

4. 资金融通。成员国国际收支出现不平衡时，可以通过 IMF 贷款来调节，但主要依靠各国自身改变国内支出。除非 IMF 批准，认为该国国际收支处于"根本性失衡"，才可变动含金量，调整汇率，对外法定贬值或法定升值，来改善国际收支状况。

5. 取消外汇管制。规定会员国不得限制经常项目的支付，不得采取歧视性的货币措施，减少非市场手段对汇市的影响，用透明的市场手段影响汇市和国际收支。但也允许有例外。

6. 设立稀缺性货币条款，这是减少货币升值压力的一种办法。当一国国际收支持续盈余，凭借该国货币在 IMF 的库存下降到其份额的 75% 以下时，该国货币为"稀缺货币"。其他国家有权对稀缺货币实行限额分配，或限制进口该国的货物和服务。其用意是希望盈余国主动承担调整国际收支的责任。

（四）布雷顿森林体系的作用

1. 由于黄金生产慢，美元作为主要国际支付手段和储备货币，弥补了过去清偿能力的不足，克服了黄金储备的不足，消除了影响国际商品货币流通的各种障碍，刺激了需求和经济增长。

2. 由于增加了资金融通和国际协调，使得国际收支的调节能力增强；使国际收支基本平衡，从而促进了世界经济的快速发展。

3. 由于汇率可调，使得汇率偏离的情况大大减少，减少了外汇风险，为国际金融领域创造了相对平稳的外部环境，促进国际贸易、国际信贷和国际投资的发展；同时各种国际经济组织对各成员国提供各种类型贷款，以解决收支困境，从而减轻了这些国家货币的内在不稳定性。

4. 取消外汇管制等规则有利于对外开放程度的提高，更好发挥市场资源配置的功能。

5. 国际货币基金组织的工作，有助于缓和国际收支危机、债务危机和金融动荡，推进世界经济的稳定增长。

（五）布雷顿森林体系的缺陷

布雷顿森林体系存在着清偿能力、信心、调整性以及稀缺货币条款执行四个方面的缺陷。

1. 清偿能力与信心的内在矛盾。这种以美元为中心的国际货币体系存在自身不可克服的清偿能力与信心的内在矛盾，正如特里芬难题（Triffin Dilemma）所说明的，布雷顿森林体系是一种非常虚弱的国际货币体系，即基准货币国家美国的国际收支无论出现盈余或赤字，都会给这一国际货币体系的运行带来困难，因而最终摆脱不了垮台的命运。

在该体系下，随着世界经济的发展，需要增加国际清偿能力，即

布雷顿森林体系的缺陷：布雷顿森林体系存在着清偿能力、信心、调整性以及稀缺货币条款执行四方面的缺陷。

增加国际储备（美元），而增加美元国际储备，美国国际收支必须长期持续逆差，美国国际收支长期逆差最终将使人们对维持美元与黄金间的可兑换性产生怀疑，即对美元这种国际清偿能力丧失信心；要维持各国对美元的信心，美国必须纠正其逆差，而这又必使国际清偿能力不足。

这个矛盾终将使布雷顿森林体系无法维持。20世纪60年代，美国国际收支存在逆差，各国信心下降，大规模抛售美元，抢购黄金。但美国的短期债务已经超过黄金储备额，美元信用基础发生动摇。

2. 调节机制失灵。由于美元的特殊地位，美国可以利用美元负债来弥补其国际收支赤字，从而形成持有美元储备的国家的实际资产资源向美国转移。这种现象称为"铸币税"或货币发行利益，即货币面值和造币费用之间的差额。因此，面对持续性的国际收支赤字，美国绝对不会像其他国家那样必须为此付出调整国内经济的代价。然而，由于IMF的贷款能力有限，调整汇率的次数很少，各国调整国际收支失衡，主要是以牺牲国内宏观经济政策自主权为代价的。

3. 无法执行稀缺性货币条款。前边我们提到过稀缺货币条款，但实际上，一方面，由于美元作为基准货币的特殊地位，美国就具有对其国际收支不平衡作自行调节的特权；另一方面，IMF通过贷款能促使赤字国纠正其国际收支不平衡，但对盈余国的调节责任却没有监督措施，战后初期美元严重短缺时，却无法引用该条款限制美国的出口。

在20世纪60年代、70年代动用此条款对付西德和日本，政治上行不通。事实上该条款没有实施，国际收支的调整无法顺利进行，失衡持续下去。

（六）布雷顿森林体系的解体

由于20世纪60年代的越战，美国的国际收支状况进一步恶化，使美元危机越来越频繁。到60年代末，美国的经济形势进一步恶化，国内的通货膨胀和经济衰退并发，使美国产品的国际竞争力更加低落。

20世纪70年代初的石油能源危机使整个西方出现经济萧条，石油输出国组织、以德国为代表的欧洲许多国家以及以日本为代表的亚洲新兴国家都创造了巨额顺差，手中握有大量的美元。当它们看到美元贬值时，大量抛出美元，买进黄金，这就是历史上影响最大最深刻的"美元危机"，使美国的"黄金总库"逐步变为"黄金空库"。

1970年底，美国的官方黄金储备减少到102亿美元，而对外短期债务上升到520亿美元。1971年5月欧洲市场又掀起了一次抛售美元、抢购黄金的浪潮。在这种情况下，尼克松总统于1971年8月

20世纪70年代的两次美元危机，导致各国放弃盯住美元的可调整固定汇率制度，布雷顿森林体系解体。

15 日被迫宣布中止了美元与黄金的自由兑换。

1973 年 2 月，由于美国国际收支逆差日益严重，美元信用进一步下降，在国际金融市场上又一次掀起了抛售美元，抢购联邦德国马克和日元，并进而抢购黄金的浪潮。美元的再度贬值仍未能制止美元危机，1973 年 3 月西欧又出现了抛售美元，抢购黄金和联邦德国马克的风潮。西方国家经过磋商，最后达成协议：西方国家的货币实行浮动汇率制度。至此，各国钉住美元的可调整固定汇率制度彻底解体，布雷顿森林体系完全解体。

三、牙买加体系

（一）牙买加体系的建立

布雷顿森林体系解体后，国际货币金融关系动荡混乱，美元国际地位不断下降，出现国际储备多元化状况，许多国家实行浮动汇率制，汇率波动剧烈，全球性国际收支失衡现象日益严重，国际货币体系改革已刻不容缓。1976 年 1 月 8 日，IMF 国际货币制度临时委员会在牙买加首都金斯敦召开会议，并达成"牙买加协定"，同年 4 月，IMF 理事会通过《国际货币基金协定第二次修正案》，从而形成了国际货币制度的新格局——牙买加体系。

牙买加体系： 1976 年在牙买加首都金斯敦召开会议，并达成"牙买加协定"，形成了国际货币制度的新格局——牙买加体系。

（二）牙买加体系的主要内容

1. 汇率安排多样化，浮动汇率合法化。
（1）全面废止以美元为中心的国际货币基金平价制度；
（2）IMF 承认浮动与固定汇率制度并存，会员国自由选取；
（3）会员国汇率政策应该由 IMF 监督，经批准后方可实行；
（4）浮动汇率国家应根据经济条件逐步恢复固定汇率制，防止采取损人利己的贬值政策；
（5）条件成熟时，逐步全面恢复固定汇率制度。
2. 国际储备多样化，自由兑换的货币均可以作为国际储备。
3. 黄金非货币化，黄金商品化（简称为"三化"）。
（1）以特别提款权为主要储备资产，缩小黄金在国际货币体系中的作用；
（2）会员国中央银行可按市价从事黄金交易；
（3）各国货币的价值由黄金表示改为 SDR 表示；
（4）IMF 持有的黄金逐渐处理，1/6 以市场价格拍卖 2500 万盎司，拍卖产生的利润用于发展中国家的发展；另外 1/6 以官价（35 美元）按比例退还给现在的成员国，剩余 1 亿盎司向市场出售或由各会员国购回。

4. 创造特别提款权，作为国际储备与清算货币。主要是提高特别提款权的国际储备地位，扩大其在 IMF 一般业务中的使用范围，并适时修订特别提款权的有关条款。规定参加特别提款权账户的国家可用以来偿还国际货币基金组织的贷款，使用特别提款权作为偿还债务的担保，各参加国也可用特别提款权进行借贷。

5. 增加对发展中国家的资金融通。以出售黄金所得收益设立"信托基金"，以优惠条件向最贫穷的发展中国家提供贷款或援助，以解决它们的国际收支的困难；扩大 IMF 信贷部分贷款的额度，由占会员国份额的 100% 增加到 145%；并放宽"出口波动补偿贷款"的额度，由占份额的 50% 提高到 75%。

6. 增加成员国基金份额。成员国的基金份额从原来的 292 亿特别提款权增加至 390 亿特别提款权，增幅达 33.6%。

（三）牙买加体系的主要特征

牙买加体系的主要特征：（1）黄金非货币化。（2）多样化的汇率制度安排。（3）以美元为主导的多元化国际储备体系。（4）国际收支调节机制多样化。

1. 黄金非货币化。即黄金与货币彻底脱钩，取消国家之间必须用黄金清偿债权债务的义务，降低黄金的货币作用，使黄金在国际储备中的地位下降，促成多元化国际储备体系的建立。

2. 多样化的汇率制度安排。国际经济合作的基本目标是维持经济稳定而不是汇率稳定。牙买加体系允许汇率制度安排多样化，并试图在世界范围内逐步用更具弹性的浮动汇率制度取代固定汇率制度。IMF 把多样化的汇率制度安排分为以下三种："硬钉住汇率（Hard Pegs）"，如货币局制度、货币联盟制等；"软钉住汇率（Soft Pegs）"，包括传统的固定钉住制、爬行钉住制、带内浮动制和爬行带内浮动制；"浮动汇率群（The Floating Group）"包括完全浮动汇率制以及各种实施不同程度管制的浮动汇率制。

3. 以美元为主导的多元化国际储备体系。牙买加体系中，可供一国选择的国际储备不单只是美元，还包括黄金储备、欧元、日元和英镑等国际性货币、国际货币基金组织（IMF）的储备头寸、特别提款权（SDRs），尽管如此，美元仍是各国外汇储备的主要组成部分，由此可见，原有货币体系的根本矛盾仍然没有得到根本解决。

4. 国际收支调节机制多样化。IMF 允许国际收支不平衡国家可以通过汇率机制、利率机制、资金融通机制等多种国际收支调节手段对国际收支不平衡进行相机抉择。

（四）牙买加体系的运行

1. 储备货币多元化。与布雷顿森林体系下国际储备结构单一、美元地位十分突出的情形相比，在牙买加体系下，国际储备呈现多元化局面，美元虽然仍是主导的国际货币，但美元地位明显削弱了，由美元垄断外汇储备的情形不复存在。德国马克、日元先后随两国经济的恢复发展脱颖而出，成为重要的国际储备货币。国际储备货币已日趋多元化，20世纪90年代末，ECU也被欧元所取代，欧元成为与美元相抗衡的新的国际储备货币。

2. 汇率安排多样化。在牙买加体系下，浮动汇率制与固定汇率制并存。一般而言，发达工业国家多数采取单独浮动或联合浮动，但有的也采取钉住自选的货币篮子。对发展中国家而言，多数是钉住某种国际货币或货币篮子，单独浮动的很少。不同汇率制度各有优劣，浮动汇率制度可以为国内经济政策提供更大的活动空间与独立性，而固定汇率制则减少了本国企业可能面临的汇率风险，方便生产与核算。各国可根据自身的经济实力、开放程度、经济结构等一系列相关因素去权衡得失利弊。

3. 调节国际收支。

（1）运用国内经济政策。国际收支作为一国宏观经济的有机组成部分，必然受到其他因素的影响。一国往往运用国内经济政策，改变国内的需求与供给，从而消除国际收支不平衡。比如在资本项目逆差的情况下，可提高利率，减少货币发行，以此吸引外资流入，弥补缺口。需要注意的是：运用财政或货币政策调节外部均衡时，往往会受到"米德冲突"的限制，在实现国际收支平衡的同时，牺牲了其他的政策目标，如经济增长、财政平衡等，因而内部政策应与汇率政策相协调，才不至于顾此失彼。

> 牙买加体系下国际收支调节的手段有国内经济政策、汇率政策、国际融资和国际协调。

（2）运用汇率政策。在浮动汇率制或可调整的钉住汇率制下，汇率是调节国际收支的一个重要工具，其原理是：经常项目赤字，本币趋于下跌；本币下跌，外贸竞争力增加；出口增加、进口减少，经济项目赤字减少或消失。相反，在经常项目顺差时，本币币值上升会削弱出口商品的竞争力，从而减少经常项目的顺差。实际经济运行中，汇率的调节作用受到"马歇尔—勒纳条件"以及"J曲线效应"的制约，其功能往往令人失望。

（3）国际融资。在布雷顿森林体系下，这一功能主要由IMF完成。在牙买加体系下，IMF的贷款能力有所提高，更重要的是，伴随石油危机的爆发和欧洲货币市场的迅猛发展，各国逐渐转向欧洲货币市场，利用该市场比较优惠的贷款条件融通资金，调节国际收支中的顺逆差。

（4）加强国际协调。这主要体现在：①以IMF为桥梁，各国政府通过磋商，就国际金融问题达成共识与谅解，共同维护国际金融形势的稳定与繁荣。②新兴的七国首脑会议的作用。西方七国通过多次会议，达成共识，多次合力干预国际金融市场，主观上是为了各自的利益，但客观上也促进了国际金融与经济的稳定与发展。

（五）对牙买加体系的评述

1. 牙买加体系的历史作用。牙买加体系对维持世界经济的运转、推动世界经济继续发展起了一定积极作用。

（1）牙买加体系基本摆脱了布雷顿森林体系时期基准货币国家与依附国家相互牵连的弊端，并在一定程度上解决了"特里芬难题"，例如国际储备多元化有利于缓解国际清偿力的不足。

（2）以浮动汇率为主的混合汇率体制可以灵活地适应不断变化的国际经济状况，各国汇率可根据市场供求状况自发调整，可比较灵活地反映瞬息万变的客观经济状况，使各国货币的币值得到充分体现和保证；灵活的复合汇率制可使一国宏观经济政策更具独立性和有效性；灵活的复合汇率制可使各国减少为了维持汇率稳定所必须保留的应急性外汇储备。

（3）采取多种国际收支调节机制相互补充，在一定程度上缓和了布雷顿森林体系调节机制失灵的困难。

2. 牙买加体系的弊端。随着国际经济关系的变化发展，这种被人们称作"无体系的体系"的牙买加体系日益暴露其弊端。

（1）随着美元地位不断下降，美元已经不能很好地执行国际货币的各种职能，而国际储备货币多元化缺乏统一的货币标准，国际货币格局错综复杂，导致国际金融市场的动荡混乱，对国际贸易和信用、对世界经济的健康发展都带来不利影响。

（2）汇率体系不稳定，货币危机不断。在牙买加体系下，国际货币基金组织的181个成员中，有1/3实行的是独立浮动或管理浮动汇率，其余是钉住汇率。汇率波动频繁而又剧烈。美元汇率从1980年至1985年第一季度上升60%以上，从1985年2月至1987年底下降50%以上，波动幅度之大，实属惊人，给国际贸易、国际借贷、国际信用和各国经济带来不利影响；另外，汇率剧烈波动让外汇投机商有机可乘，助长了外汇投机活动，加剧了国际金融市场动荡和混乱。

（3）国际收支调节与汇率体系不适应，国际货币基金组织协调能力有限。牙买加体系的调节机制中，汇率运转机制不灵，利率机制有副作用，基金组织又无力指导并监督顺差国与逆差国双方对称地调节国际收支失衡，全球性国际收支失衡现象日益严重。

（4）国际资本流动缺乏有效的监督。国际游资的流动性很强，在现代通信与电子技术高度发达的今天，资本的跨国转移数秒钟就可以完成，对其监管的难度很大。这方面，如果没有相应的国际组织与相应的国际规则、立法，汇率体系就不可能稳定，货币金融危机就不可能避免。

四、欧洲货币体系

（一）欧洲货币体系的建立

1950 年欧洲支付同盟成立，这是欧洲货币一体化的开始。1958 年欧洲经济共同体（EEC）各国签署了欧洲货币协定以代替欧洲支付同盟，这促进了西欧国家货币自由兑换的发展。

20 世纪 60 年代初期，共同体的决策机构建议成员国货币之间实行固定汇率制。"巴尔报告"（Barre Report）强调在地区协商和政策协调方面需采取更有效的措施，还设想建立一种体系，使成员国出现逆差时，能从其他成员国自动获得信贷方面的资助。

由于美元危机，欧洲在 1969 年提出建立"欧洲货币联盟"（European Monetary Union，EMU）设想。

1970 年 10 月"魏尔纳报告"公布，它为实现欧洲货币联盟规定了一个 10 年的过渡时期。1971 年 2 月 9 日，共同体六国部长会议通过一项从 1971 年至 1980 年的 10 年过渡时期内建立货币同盟的协议，分三个阶段实现联盟的目标：

第一阶段从 1971 年初至 1973 年底，主要目标是缩小成员国货币汇率的波动幅度，着手建立货币储备基金，以支持稳定汇率的活动，加强货币与经济政策的协调，减少成员国经济结构的差异；

第二阶段从 1974 年初至 1976 年底，主要目标是集中成员国的部分外汇储备以巩固货币储备基金，进一步稳定各国货币间的汇率，并使共同体内部的资本流动逐步自由化；

第三阶段从 1977 年初至 1980 年底，共同体将成为一个商品、资本、劳动力自由流动的经济统一体，固定汇率制向统一的货币发展，货币储备基金向统一的中央银行发展。

1971 年 3 月 22 日，货币联盟计划正式实施。

（1）在共同体内实行"可调整的中心汇率制"，对内规定成员国货币汇率的波动幅度，对外则实行联合浮动；

（2）建立欧洲货币合作基金；

（3）使用欧洲计算单位。后因资本主义世界经济出现动荡的局面，这项计划拖延了下来。

1972 年欧洲货币联盟的 6 个成员国建立了"蛇形浮动"的联合浮动汇率机制，实行"联合浮动"。即对外实行联合浮动，对内实行可调整的固定汇率。

1972 年 4 月 24 日，共同体六国为了对付美元危机实行了联合浮动，成员国之间的货币汇率波动幅度由 4.5% 缩小到 2.25%。1973

年共同体提出"欧洲经济一体化与货币统一"的报告，建议创设"欧罗巴"，分为几个阶段实施：先作为共同体交易的计算单位，然后作为成员国政府间的清算单位与储备货币，再作为与民间交易的法定货币，接着作为一种平行货币与成员国货币一起流通，最终取代成员国的货币，成为共同体各国统一使用的货币。

1976 年下半年荷兰财政大臣杜森伯格（Duisenberg）提出一个计划，主张建立各成员国货币汇价变动间的"目标区"（Target Zone），以稳定共同体内部的货币汇率。1978 年有了新的发展，在哥本哈根召开的共同体首脑会议上，联邦德国总理施密特和法国总统德斯坦提出了建立欧洲货币体系的新创意，在联邦德国和法国的推动下，共同体各国首脑于同年 12 月 5 日在布鲁塞尔达成协议，决定 1979 年 1 月 1 日起成立欧洲货币体系，后因联邦德国同法国在农产品贸易补偿额制度上发生争执，延迟到 1979 年 3 月 13 日才正式成立，其目的是制止汇率的剧烈波动，促进共同体国家经济的发展。

（二）欧洲货币体系形成的理论依据——最适度货币区理论

最适度货币区： 由一些符合一定标准的地区所组成的独立货币区。

所谓最适度货币区是指由一些符合一定标准的地区所组成的独立货币区。该理论产生于 20 世纪 60 年代初，由蒙代尔第一个提出，后来麦金农等分别从不同角度进行了补充和修正。其基本要求是：一些彼此间商品、劳动力、资本流动比较自由，经济发展水平和通货膨胀率比较接近，经济政策比较协调的国家组成独立的货币区，即最适度货币区。在这样的货币区内，各成员国采用固定汇率制并保证区内货币的充分可兑换性，各个货币区之间实行弹性的汇率。其最适度性表现为，这种货币区能通过协调的货币、财政政策和弹性的汇率实现三个目标：即保证货币区内各个成员国同时达到物价稳定、充分就业和对外收支平衡。关于组成这种货币区的标准问题，经济学家作了许多探索，诸如生产要素的自由流动性、开放程度、生产多样化程度、通货膨胀差异、政策协调性等。最适度货币区理论既是区域性货币一体化在理论上的反映，同时又对区域性货币一体化，特别是欧洲货币体系的建立具有很大的启发性。

最适度货币区的建立及其规模要受到现实经济因素的制约，主要有以下几点。

（1）生产要素流动性的程度。区域内国家之间的流动性越大，国家之间的经济差异就越小，货币区域化的范围就能相应地扩大。

（2）资本，特别是金融资本的流动性大小。在资本流动性很大的条件下，利率的微小差异就能引起资本在国家之间的大规模流动，国际收支的不平衡可通过市场机制得到较及时的调整。

（3）经济上对外贸的依赖程度。一个国家的对外贸易在国民生产总值中所占的比重越大，汇率的经常性变动对经济运行的冲击也就越大。当某些国家相互之间存在着很高的贸易依赖程度时，各国也就更有动力和决心来组成货币上的同盟关系。此外，政府追求的经济目标比较接近，宏观经济政策比较一致，也对形成货币一体化存在着重要的影响。

最适度货币区能够给参加国带来一定的利益。首先，最适度货币区的建立消除了由于汇率波动而产生的不确定性，因此刺激了国际分工及在成员国或区域内的贸易与投资的流动。其次，最适度货币区的形成也使得成员国的市场真正具有了统一大市场的特征，为区内企业扩大生产规模、获得规模经济效益提供了强大的推动作用，真正有效地强化了大市场范围内的竞争，促进成员国之间向生产专业化方向发展，提高资源的利用效率。再次，最适度货币区的运行机制有利于成员国保持物价水平的稳定。一方面，区域内不同国家或地区之间发生的偶然性冲击可以相互抵消；另一方面，货币区作为一个整体，也更能抵御来自外部的冲击。最后，最适度货币区的建立还有利于各国实现国际收支平衡。货币区内有关的制度安排，能够节约各成员国对外汇市场进行官方干预时的支出，减少外汇投机的可能性，并且可以为企业节约在套期保值等方面的成本，以及居民在货币区内旅游时把一种货币兑换成另一种货币的费用。

但是加入最适度货币区也需要各国付出相应的代价。其中最大的问题在于各国必须在相当大的程度上放弃其宏观经济政策的独立性，因此各国将无法根据各自的具体情况采取针对性的调节措施实现本国经济的稳定和增长的目标。

加入最适度货币区的最大问题： 在于各国必须在相当大的程度上放弃其宏观经济政策的独立性。

（三）欧洲货币体系的特点

欧洲货币体系是一个真正的完全自由的国际资金体系，它与传统的国际金融体系相比，具有许多突出的特点。

1. 摆脱了任何国家或地区政府法令的管理约束。传统的国际金融市场，必须受所在地政府的政策法令的约束，而欧洲货币市场则不受国家政府管制与税收限制。因为一方面，这个市场本质上是一个为了避免主权国家干预而形成的"超国家"的资金市场，它在货币发行国境外，货币发行国无权施以管制；另一方面，市场所在地的政府为了吸引更多的欧洲货币资金，扩大借贷业务，则采取种种优惠措施，尽力创造宽松的管理气候。因此，这个市场经营非常自由，不受任何管制。

2. 突破了国际贸易与国际金融业务汇集地的限制。传统的国际金融市场，通常是在国际贸易和金融业务极其发达的中心城市，而且必须是国内资金供应中心，但欧洲货币市场则超越了这一限制，只要某个地方管制较松、税收优惠或地理位置优越，能够吸引投资者和筹资者，即使其本身并没有巨量的资金积累，也能成为一个离岸的金融中心。

3. 建立了独特的利率体系。欧洲货币市场利率较之国内金融市场独特，表现在，其存款利率略高于国内金融市场，而放款利率略低于国内金融市场。存款利率较高，是因为一方面国外存款的风险比国内大；另一方面不受法定准备金和存款利率最高额限制。而贷款利率略低，是因为欧洲银行享有所在国的免税和免缴存款准备金等优惠条件，贷款成本相对较低，故以降低贷款利率来招徕顾客。存放利差很小，一般为 0.25% ~ 0.5%，因此，欧洲货币市场对资金存款人和资金借款人都极具吸引力。

4. 完全由非居民交易形成的借贷关系。欧洲货币市场的借贷关系，是外国投资者与外国筹资者的关系，亦即非居民之间的借贷关系。国际金融市场通常有三种类型的交易活动：（1）外国投资者与本国筹资者之间的交易；如外国投资者在证券市场上直接购买本国筹资者发行的证券；（2）本国投资者与外国筹资者之间的交易；如本国投资者在证券市场上购买外国筹资者发行的证券；（3）外国投资者与外国筹资者之间的交易；如外国投资者通过某一金融中心的银行中介或证券市场，向外国筹资者提供资金。第一种和第二种交易是居民和非居民间的交易，这种交易形成的关系是传统国际金融市场的借贷关系。第三种交易是非居民之间的交易，又称中转或离岸交易，这种交易形成的关系，才是欧洲货币市场的借贷关系。

5. 拥有广泛的银行网络与庞大的资金规模。欧洲货币市场是银行间的市场，具有广泛的经营欧洲货币业务的银行网络，它的业务一般都是通过电话、电报、电传等工具在银行间、银行与客户之间进行；欧洲货币市场是以批发交易为主的市场，该市场的资金来自世界各地，数额极其庞大，各种主要可兑换货币应有尽有，充分满足了各国不同类型的银行和企业对不同期限和不同用途的资金的需求。

6. 具有信贷创造机制。欧洲货币市场不仅是信贷中介机制，而且是信贷创造机制。进入该市场的存款，经过银行之间的辗转贷放使信用得到扩大，这些贷款如果存回欧洲货币市场，便构成了货币市场派生的资金来源，把其再贷放出去则形成了欧洲货币市场派生的信用创造。

（四）欧洲货币体系的主要内容

欧洲货币体系是一个复杂的货币合作机体，它主要包括三方面的内容。

1. 创设欧洲货币单位（ECU）。ECU 为一篮子货币，是欧共体成员国货币的合成货币，各国货币在 ECU 中所占比重由它们的国民生产总值和贸易额在共同体国民生产总值和内部贸易中的比例决定。ECU 是欧洲货币体系的核心：它是确定成员国货币中心汇率的标准；作为各成员国中央银行间的结算手段；用于衡量成员国货币地位的指示器和对中心汇率的偏离程度；作为各成员国货币当局未来的储备资产。

欧洲货币单位（European Currency Unit, ECU）：是欧共体成员国货币的合成货币，是欧洲货币体系的核心。

2. 扩大原来的对外联合浮动体系，完善成员国间可调整固定汇率。这是欧洲货币体系的主要目标。完善后的汇率机制是通过平价网体系和货币篮体系双重干预方式来实现稳定成员国货币汇率的目的。平价网体系是指规定各成员国货币与 ECU 之间中心汇率，并在双边基础上，各成员国货币之间确定相互间的中心汇率（平价）及波动幅度（各国货币允许在其中心汇率上下限度各 2.25% 内波动，意大利里拉为 6%）。成员国货币相互之间偏离中心汇率超过这个限度就要进行干预。货币篮体系即规定各国货币与 ECU 之间的中心汇率，并针对各国货币在组成 ECU 中的不同比例规定各自的波动上下限，其计算公式为 ±2.25%（意大利里拉为 ±6%）×（1 − 该货币在 ECU 中的比重）。实际上还确定偏离界限，作为报警器。

当一国货币波动超过偏离界限时应采取干预措施如下：（1）相互贷款；（2）改变国内政策；或（3）改变中心汇率。

3. 加强欧洲货币合作基金（EMCF）作用。这是欧洲货币体系的基础。各国提取黄金外汇储备总额的 20% 存入欧洲货币合作基金。到 1985 年合作基金拥有 530 亿 ECU 的资金总额，给国际收支有困难的成员国提供了巨大的信贷支持。

（五）对欧洲货币体系的评述

欧洲货币体系是一个以欧洲货币单位为核心，以汇率运行机制为主体，以信贷体系（欧洲货币基金）为辅助手段的区域性可调整固定汇率制度。欧洲货币体系自 1979 年 3 月创立，为欧元的运行提供了宝贵经验。欧洲货币体系在 1979 ~ 1989 年的第一阶段取得了一定成就，这段时间欧洲货币体系经历了从动荡不定到逐步走向稳定的过程，并以 1987 年 1 月签订的《巴塞尔—尼堡协议》为框架进行了欧洲货币体系第一次重大改革，欧共体稳定汇率的能力和信誉大大提高。欧共体 1989 年在评价欧洲货币体系时认为，该体系一定程度上实现了预定目标，总体上是成功的，其作用表现在以下方面。

（1）建立了一个日趋稳定的货币区，有助于成员国控制通货膨胀；

（2）汇率变化不确定性的降低鼓励了内部贸易的改善；

（3）上述两方面都最后导致了欧共体经济的改善；

（4）对国际金融市场起了稳定作用。

但欧洲货币体系在20世纪90年代以来的第二阶段并不顺利。欧洲货币体系遭受了严重危机，英国、意大利一度退出汇率机制，欧盟甚至不得不把汇率机制参加国之间双边汇率波幅的限制扩大到±15%，这实际上等于取消了汇率机制。

五、国际货币体系的改革

自从布雷顿森林体系崩溃以来，国际货币关系长期处于混乱状态，全球性的资本流动无常、债务恶化以及国际收支失调，从以上分析我们也不难看出，牙买加体系弊端明显暴露，给当前世界经济的发展带来不利影响，因此，进一步改革国际货币体系，建立合理而稳定的国际货币新秩序已十分紧迫。

正如本章一开始所提到的，国际货币体系要解决的问题主要是汇率、国际储备的选择以及各个国家国际收支的调节，因此国际货币体系改革的核心问题，依然涉及这三方面的问题，它们对世界各国的经济发展和稳定有重大影响。

（一）现行国际货币体系存在的问题

牙买加体系基本上摆脱了布雷顿森林体系时期基准货币国家与依附国家相互牵连的弊端，使以浮动汇率为主的多种汇率安排能够比较灵活地适应世界经济形势的变化，多种手段调节国际收支平衡，总体上适应当前的国际经济形势，但也存在许多缺陷。

第一，以主权信用货币作为国际储备货币是牙买加体系的根本缺陷。布雷顿森林体系崩溃后，美元的地位虽有下降，但仍处于核心地位。20世纪90年代以来，美国经济走向虚拟化，国际收支长期大量逆差，"特里芬难题"引发的"美元悖论"开始显现，这都给现行体系的运行造成冲击。由于美元的发行没有了黄金储备的约束，货币发行量完全取决于美联储的操纵，加上货币发行调控机制的缺失，美国货币超发导致了美元泛滥，加剧了现行货币体系的不稳定性。

第二，汇率体系不稳定。现行体系下各国可以根据自身情况对汇率制度自由作出安排，多种汇率制度并存加剧了汇率体系运行的复杂性。汇率波动和汇率战不断爆发，助长了国际金融投机活动，金融危机风险大增。

第三，国际收支调节机制不健全，国际收支调节机制不对称，广大发展中国家中的逆差国成为国际收支不平衡的主要调节者，导致国际收支出现两极分化的趋势。其他的缺陷还有缺乏有效的储备货币发行调控机制和国际合作协调机制，国际金融组织话语权问题等。

针对现行体系的诸多缺陷，尤其是 2008 年爆发的金融危机，国际社会对牙买加体系进行了一些改革，主要有：（1）改革 IMF 的内部治理机构，增加发展中国家的份额和话语权；（2）向发展中国家和转轨国家转移 4.59% 的投票权；（3）成立金融稳定委员会，对全球宏观经济和金融市场上的风险实施监督；（4）将 G20 峰会作为协商世界经济事务的主要平台；（5）加强金融监管，制定新的《巴塞尔协议Ⅲ》，进一步严格银行资本金和流动资金标准。

（二）国际货币体系改革存在的困难

现行国际货币体系改革的核心问题是国际储备货币问题、汇率制度问题和各国在国际金融机构话语权问题。进一步改革的难点也在于这三个问题。

1. 国际储备货币问题。布雷顿森林体系之所以瓦解，其原因在于，国际储备货币的充足和人们对其信心的维持是难以兼顾的，即存在"特里芬难题"。虽然现行体系下出现了储备货币多元化的趋势，但仍然没有解决这一问题。美元依然主导着现行体系下的国际储备资产的供给和价值高低，发展中国家只能被动地接受发达国家输出的储备资产。国际货币体系的重心仍向美国等发达国家倾斜，发展中国家难以摆脱对美国等发达国家经济与金融的依赖。

2. 汇率制度问题。现行体系下的汇率制度，难以建立起稳定的汇率形成机制，存在发达国家对汇率制度的主动安排和发展中国家被动选择的矛盾。发达国家以市场经济充分发展为基础，一般实行浮动汇率制，并能左右国际汇率水平及其变动趋势。而大多数发展中国家由于其经济与金融发展的依附性，只能被动地选择钉住美元等少数几种货币的钉住汇率制，汇率缺乏弹性，且极具脆弱性，汇率水平难以反映发达国家和发展中国家的实际水平，削弱了汇率杠杆对经济发展的调节作用。且在大规模无序的国际资本流动中，维持钉住汇率制度的成本很大，破坏了发展中国家货币政策的独立性。

3. 话语权问题。国际货币基金组织规定，有关国际货币体系改革的任何重要问题，如修改协定、调整份额等，必须有 85% 以上的投票权才能通过。而美国目前在 IMF 中的投票权是 16.5%，欧盟作为一个整体拥有 25.53% 的投票权，美国和欧盟具有一票否决权，这增加了货币体系改革的难度。发展中国家在国际金融机构中难以发挥应有的作用，发展中国家的利益也难以得到体现。

（三）围绕国际货币体系改革的争论

20 世纪 70 年代以来，国际上关于国际货币体系改革的讨论中，

国际货币体系改革的核心问题是国际储备货币问题、汇率制度问题和各国在国际金融机构话语权问题。

发达国家和发展中国家在某些方面存在一致意见，但在一些根本问题上却存在着严重分歧，形成美国、日本和西欧、发展中国家三个集团。

美国由于巨额贸易逆差，强调国际收支调节的对称性。

日本和西欧希望改革后的国际货币体系能以固定的但可调整的汇率制度为基础，同时各国的货币能自由兑换成国际储备资产。它们还比较关心美元大量过剩和国际清偿能力的创造与控制问题。

发展中国家的基本要求是：

（1）在汇率制度改革方面，明确支持各国宏观经济政策的协调和建立波动幅度较小的汇率目标区的建议。

（2）在国际储备制度改革方面，主张新的国际货币体系必须提供一种使国际清偿能力能通过国际集体行动来创设的机制，主张用 SDR 取代黄金和主要工业国货币作为主要储备资产。

（3）新的国际货币体系必须考虑特别提款权的创造与发展援助之间的联系，增加对发展中国家储备的供应等。为此，它们提出了一些积极的方案，如 24 国集团"蓝皮书"计划、阿鲁沙倡议等。

（四）国际货币体系改革的原则和目标

随着国际金融市场运作的复杂化，以及国际经济多极化发展格局的形成，国际协调将成为国际货币体系乃至国际金融体系发展的核心。

随着世界各地的金融危机愈演愈烈，国际社会普遍认识到，金融危机的爆发虽然往往由有关国家内在的经济和社会问题所引发，但与当前国际货币体系实际上仍处于较混乱状态、主要发达国家汇价剧烈波动、巨额国际资金流动变化无常、发展中国家国际债务问题严重、全球性国际收支的失调以及国际货币基金组织作用的下降有着直接关系。这一系列问题都明显地对世界各国的经济活动产生了严重的不利影响，国际货币体系改革是大势所趋。为此，国际社会提出要建立适应 21 世纪世界经济发展需要的国际货币新体制，即所谓"新的布雷顿森林体系"。

鉴于国际货币体系改革的复杂情形，改革应遵循一定的原则。

（1）保证国际金融市场的长期稳定，促进世界经济的恢复和发展；

（2）保证国际资本的自由、有序流动；

（3）应为大多数国家和集团所接受；

（4）进行渐进式改革。

因此，今后国际货币体系改革应有短期目标和长期目标。

从短期来看，要解决以下几个重大问题。

（1）要提供一个切合实际的、公平合理而又基本稳定的汇率模式；

（2）要能控制国际资本流动，对资本流动有一套行为准则，目的在于发挥国际资本积极作用而限制其消极作用；

（3）要提高 SDR 的作用；

（4）要加强各国经济政策的协调；

（5）加强基金组织的权力。

从长期来看，健全的新型的国际货币体系，应能保证世界经济的稳定增长，因此涉及许多根本性的问题，一般而言，需要解决以下几个问题。

（1）关于货币体系的基础问题。需要在以下几种主张中选择：金本位，金汇兑本位制，以美元为基础的美元本位，以特别提款权为基础的 SDR 本位和以多种货币为基础的多种货币储备体系。

（2）汇率制度问题。它要在自由浮动、有管理浮动、固定汇率和现在的混合体系之间进行选择。通常认为，汇率稳定是世界贸易和经济发展的前提，如何使各国汇率保持相对的稳定，这是急需解决的首要问题。

（3）关于国际收支不平衡的调节问题。首先，对一国来讲，调节国际收支失衡需要在储备目标、经常项目目标和国内信用膨胀目标之间进行选择；其次，从国际范围来看，国际收支调节存在不对称、不公平现象，即通常只对赤字国提出要求，实际上，造成国际收支赤字的有其内部因素（如进口过多），也有其外部因素如贸易条件恶化，因而盈余国和赤字国必须公平地承担调节责任。

（4）关于基金份额和发展资金问题。世界储备总额在增加，但其分配一直非常集中且不公平，与储备的需要程度很不相称，这对世界经济的稳定是一个重大威胁。为此，国际货币基金组织还应成为一个把处理国际收支和发展资金问题结合在一起的有效机构。

（五）国际货币制度改革方案

1. 恢复金本位制方案。法国政府早在 20 世纪 60 年代就提出了这种方案。80 年代，美国也曾有些学者相继提出恢复金本位制的提案，美国还专门成立了黄金委员会，经过多次反复论证，最终否决了恢复金本位制的提案。

亚洲金融危机之后，出于对金融资产虚拟化和美元代行世界货币所导致的金融霸权的忧虑，部分发展中国家经济学家和发达国家左派经济学家又提出了新金本位制的构想，即全球所有国家同时加入金本位制国家联盟，一致确定或同时变更其货币相对于黄金的比价关系，以增进全球福利，降低世界经济的虚拟化。对此，反对意见则认为：

金本位制并不足以保证世界经济避免通货膨胀或通货紧缩的威胁。而且，历史上曾有回归金本位制的尝试，但都以失败告终。

2. 恢复美元本位制的主张。

（1）以一国货币做国际货币，其币值将随该国经济地位升降而变化；

（2）"特里芬难题"使一国货币作为国际货币具有难以解决的内在矛盾。

3. 重构现存多边国际金融组织的构想。主要提出者是埃及经济学家阿明，他建议重构现存多边国际金融组织的构想，代表了发展中国家的基本立场和观点。

阿明认为，改革方案应包括：将IMF转变为拥有真实的世界货币发行权的世界中央银行，发行可以取代美元的真实货币，保持汇率稳定；将世界银行改革成一种基金，使其能够从德国和日本等国家吸收资本，并注入发展中国家；检讨欧洲、美国和日本之间的金融政策协调，使之朝着能够稳定汇率、并迫使美国调整其结构性赤字的方向发展，同时依据地区性和世界性相互依存关系来重建第三世界国家组织；重建联合国体系，使之成为政治和经济谈判的场所，以便把世界主要地区的金融活动和货币政策协调机制建立起来。

4. 商品性储备通货本位制方案。该方案由英国经济学家卡尔多和丁伯根提出。他们主张选用一组在世界贸易中有代表性的商品，经过加权平均后，确定储备货币与这组商品的比价。

5. 建立以多种货币为基础的国际货币体系方案。即"多极"国际货币体系的主张。这种主张，实际是让日元、欧元、英镑、瑞士法郎等货币也像美元一样处于"关键货币"的地位。这种体系虽然相对稳定一些，但仍不能完全避免国际货币关系的动荡，因为"多极"中任何"一极"政治经济形势的较大变化，都可能影响国际货币关系的稳定。

第三节　国际金融机构

一、国际金融机构概述

（一）国际金融机构的形成

第一次世界大战爆发后，资本主义国家之间的矛盾日益尖锐化。

最强大的国家，不仅运用自己的经济、政治和军事力量，还希望利用国际组织来控制其他国家，以达到扩张侵略的目的，因而提出设立国际金融机构的问题。同时，由于通货膨胀的日趋严重与国际收支逆差不断扩大，使多数资本主义国家在货币、外汇和国际结算方面发生了很大困难，它们对外部的援助寄予希望，进而促使了国际金融机构的产生。

第二次世界大战后初期，西方资本主义国家的货币信用制度与国际收支危机更为加深，有些国家只能仰赖"外援"来恢复经济，发展生产，因此希望具有更强大的国际金融机构，对其发放短期或长期贷款。与此同时，亚洲、非洲和拉丁美洲新独立的发展中国家，迫切要求发展民族经济，但它们在货币信用和国际收支方面困难也很大，缺乏资本，同时对资本主义国家又怀有戒心。

两次世界大战期间积累了巨额财富的美国，一方面依靠自己的经济、政治和军事力量，对外进行扩张；另一方面也打算利用国际金融机构冲破其他国家的保护主义壁垒，以便进一步在金融贸易领域中，扩大市场，称霸世界。

基于上述原因，在美国的积极策划之下，战后先后成立了国际货币基金组织（International Monetary Fund，IMF）、国际复兴开发银行（International Bank of Reconstruction and Development，IBRD，又称世界银行 World Bank）、国际开发协会（International Development Association，IDA）和国际金融公司（International Finance Corporation，IFC）四大全球性国际金融机构。还有一些地区性的国际金融机构，如亚洲开发银行（Asia Development Bank，ADB）等。此外，经济互助委员会还建立了国际经济合作银行和国际投资银行。

（二）国际金融机构的含义和作用

国际金融机构（International Financial Institution），又称国际金融组织，是指世界上大多数国家的政府之间通过签署国际条约或协定而建立的从事国际金融业务、协调国际金融关系、维系国际货币和信用关系正常运作的超国家金融机构。一系列国际金融机构相继出现并在国际货币关系与世界经济中起着越来越重要的作用，是当代国际金融领域的突出现象，各个国际金融机构都在其特定的方面和特定的地域的国际金融活动中发挥着重要作用与影响。

国际金融机构的建立，推动了各地区的经济发展、资源开发及世界经济的发展；为促进国际贸易发展、平衡逆差国家国际收支、帮助欠发达国家发展经济起到一定作用；推动各国货币金融合作、缓和各国经济政策矛盾有着一定积极作用。国际货币基金组织和世界银行集团，是世界上成员国最多、机构最大、范围最广、影响也最为广泛的

国际金融机构：指的是世界上大多数国家的政府之间通过签署国际条约或协定而建立的从事国际金融业务、协调国际金融关系、维系国际货币和信用关系正常运作的超国家金融机构。

全球性国际金融机构。

我国已先后恢复了在国际货币基金组织、世界银行及其附属机构、亚洲开发银行的合法席位，指派代表参加了这些组织的活动并利用了它们提供的贷款。我们有必要加深了解这些组织的业务活动、经营特点与作用，加强在国际金融领域的合作。

（三）国际金融机构的特征

1. 国际金融机构是超国家性质的，从经济性质而言，它对任何国家都是非居民。

2. 国际金融机构的经营活动不是纯粹地以盈利为目的，旨在协调国际金融活动和国际货币关系。

3. 国际金融机构一般是为了达成特定目的和协定而由不同国家联合建立的，其资金来源一般是各国政府以份额的形式缴纳，只有少数机构含有私人资本。

4. 国际金融机构一般是按各成员国缴纳资金份额的多少来确定相应的投票权和管理权的。

二、国际货币基金组织

（一）国际货币基金组织的建立

国际货币基金组织是政府间的国际金融机构，1944 年 7 月 1 日参加联合国会议的 44 个国家的代表在美国新罕布尔州的布雷顿森林召开了联合国货币与金融会议，通过了《国际货币基金协定》，决定建立一个国际性常设金融机构，商讨和促进国际货币合作和国际货币稳定，推动国际贸易发展，总部设在华盛顿。

国际货币基金组织是政府间的国际金融机构，是一个国际性常设金融机构，目的在于商讨和促进国际货币合作和国际货币稳定，推动国际贸易发展。

（二）国际货币基金组织的宗旨

1. 建立一个永久性的国际货币机构，促进国际货币合作。

2. 促进国际贸易的扩大与平衡发展，借以在较高的水平上提高和维持就业与实际所得，并开发各会员国的生产资源。

3. 促进汇率的稳定，维持会员之间的正常汇兑关系，避免竞争性的货币贬值。

4. 协助会员国建立国际收支中经常业务的多边支付制度，并消除阻碍国际贸易发展的外汇管制。

5. 在适当的保障下，基金组织对会员国提供资金，树立其改善国际收支失调的信心，从而避免采取有损于本国或国际繁荣的措施。

6. 缩短会员国收支失衡的时间，并减轻其程度。

从其宗旨中可以看出，IMF 的基本机能就在于向会员国提供短期信用，调整国际收支的不平衡，维持汇率稳定，减缓各国由于国际收支危机所引起的货币贬值竞争与外汇管制的加强，以促进国际贸易的发展，提高就业水平与国民收入的增加。

（三）国际货币基金组织的组织形式

IMF 是以成员国入股的方式组成的企业性组织。它的管理方法、机构设置、表决权等与股份公司极为相似。其内部由理事会、执行董事会、总裁、临时委员会、发展委员会以及办事机构所构成。理事会是最高权力机构，由每个成员国指派一名理事和一名副理事组成。执行董事会行使理事会委托的一切权力，是处理日常事务的机构。总裁是执行董事会主席，由执行董事会任免，是基金组织工作人员的首脑，在执行董事会的指示下处理基金日常工作。

1. 理事会。理事会（Board of Governors）是国际货币基金组织的最高权力机构，由每个成员国各选派一名理事和一名副理事组成，任期五年，由各国自行决定。理事通常由各国的财政部部长或央行行长担任，副理事只有在理事缺席下才有投票权。

理事会的主要职权是：批准接纳新会员国，修改基金份额，调整成员国的货币平价，决定会员国退出 IMF，以及讨论其他有关国际货币体系的重大问题。理事会每年举行年会 1 次，必要时可以召开特别会议。当出席会议的理事投票权合计占总投票权的 2/3 以上时，即达到法定人数。

2. 执行董事会。理事会下设的执行董事会（Executive Board）是 IMF 的常设决策机构，处理 IMF 的日常事务，行使理事会所赋予的一切权力。执行董事会由执行董事组成，由董事会总裁任主席。执行董事会有 24 名执行董事，其中持有基金最大份额的 5 个成员国为美国、日本、德国、法国、英国，这 5 个国家和沙特阿拉伯各指派 1 名执行董事，中国、俄罗斯为单独选区各指派 1 名，其余 16 个名额每两年由其他成员国或地区分组选举产生。

3. 总裁。总裁（President）是 IMF 的最高行政长官，负责管理 IMF 的日常工作。总裁由执行董事会推选，任期 5 年。总裁平时没有投票权，只有在董事会进行表决双方票数相等时，才可以投决定性的一票。通常 IMF 总裁由西欧人士担任，而世界银行集团的总裁由美国人担任，这是权力分配中的一种默契。

4. 临时委员会。临时委员会（Interim Committee）全称是"国际货币基金组织关于国际货币制度的临时委员会"，于 1974 年设立，临时委员会由 22 个部长级成员组成，一年举行 2～4 次会议，是一个重要的决策机构。该委员会具有管理和修改国际货币制度和修改基金条款的决定权，其主要职能是就一些重大问题向理事会做出报告或提议，例如关于 IMF 协议的修改内容、国际货币体系的管理方法和调整措施等。

5. 发展委员会。发展委员会（Development Committee）的全称是"世界银行和国际货币基金组织理事会关于实际资源向发展中国家转移的联合部长级委员会"，由 IMF 理事、世界银行理事、部长级人士以及职位与此相当的人士组成，发展委员会一般与临时委员会同时、同地举行会议。

6. 办事机构。执行董事会下设 16 个业务部门，负责经营日常业务。IMF 还有两个永久性的海外机构，即设在巴黎的欧洲办事处和日内瓦办事处，并在联合国总部派遣一名代表。另外，IMF 还有 600 名各国政府推荐的合同制官员。这些人中有经济学家、统计学家、公共财政学家和税法专家等，他们既是财政官员，又是政府顾问，同时还是各种经济振兴政策的指导者。

（四）国际货币基金组织的业务活动

1. 向成员国提供货款，调整国际收支的不平衡，维持汇率稳定，减缓各国由于国际收支危机所引起的货币贬值竞争与外汇管制的加强，在货币问题上促进国际合作，以促进国际贸易的发展，提高成员国的就业水平与国民收入的增加。

2. 研究国际货币制度改革的有关问题，研究扩大基金组织的作用，提供技术援助和加强同其他国际机构的联系。

（五）国际货币基金组织贷款业务范围

1. 贷款特点。国际货币基金组织的业务范围主要是发放贷款，其发放贷款的特点表现在以下几个方面。

（1）发放对象：仅限于会员国政府，对私人企业、组织概不贷款。

（2）贷款用途：限于弥补因经常项目收支而发生的国际收支的暂时不平衡。

（3）贷款规模：与会员国在国际货币基金组织缴纳的份额成正比例。

（4）贷款形式：以会员国本国货币"购买"外汇的形式出现。尽管这是一种借款，但在国际货币基金组织的业务术语中不称会员向基金组织"借款"而称"购买"或称"提存"。会员国还款时，则要以黄金或外汇买回本国货币，业务术语则称"购回"。

2. 贷款种类。

（1）普通贷款。借取普通贷款的最高额度为会员国所缴纳份额的 125%。

（2）出口波动补偿贷款。即初级产品出口国家如果由于出口收入下降而发生国际收支困难时，可在原有普通贷款外，另向基金组织申请此项专用贷款。额度为会员份额的 50%，期限为 3~5 年。

（3）缓冲库存贷款。只限于初级产品国家为稳定国际市场上初级产品价格而建立国际缓冲库存的资金需要。此贷款的额度最高可达到借款国份额的 50%，期限也为 3~5 年。

（4）石油贷款。这是专门向由于 1973 年石油涨价而引起国际收支困难的发达国家和发展中国家发放的。此项贷款最高额度规定为会员国份额的 125%，期限为 3~5 年。

（5）中期贷款。这是专门用于解决会员国较长期间国际收支逆差，而且期间资金需要量比普通贷款所能借到的贷款额度更大。此项贷款期限为 4~8 年。

（6）信托基金。1973 年国民收入平均每人不超过 300 特别提款权的国家才有条件借取该基金贷款，此贷款利率仅为年利 0.5%，期限 5 年，每半年归还一次，5 年内分十次还清。

（7）补充贷款。用于补充普通贷款不足的贷款。

（六）国际货币基金组织的资金来源

1. 份额。国际货币基金组织的资金主要由会员国缴纳。会员国应缴份额的大小，是根据一国的黄金外汇储备、对外贸易量以及国民收入的大小，由基金组织与会员国磋商后确定的。

会员缴纳份额的方法是：

（1）规定份额的 25% 要以黄金缴纳（或按本国黄金与美元储备的 10% 缴纳，以数额较小者为准）；

（2）规定份额的 75% 以本国货币缴纳；

（3）或以会员国凭券支付的无息国家短期有价证券，代替本国货币缴纳份额。

1978 年 4 月 1 日，基金组织正式通过修改协定，取消了份额的 25% 须以黄金缴纳的规定，今后可以用本国货币、特别提款权等缴纳。

会员国向基金组织缴纳的份额除作为国际货币基金组织发放短期信用的资金来源外，份额的大小对会员国尚有其他三个作用：

（1）决定会员从国际货币基金组织借款或提款的额度；

（2）决定会员国投票权的多少；

（3）决定会员国分得的特别提款权的多少。

2. 借款。国际货币基金组织的另一个资金来源就是借款。在国际货币基金组织与会员国协议下，向会员国借入资金，以作为对会员

国际货币基金组织的资金来源有份额、借款和信托基金。

国提供资金融通的来源。例如，1962 年 10 月国际货币基金组织从"十国集团"借到 60 亿美元。又例如，1974 年、1975 年国际货币基金组织为解决石油消费会员国的国际收支困难，开办的"石油贷款"业务，其资金来源也是通过借款解决的。

3. 信托基金。国际货币基金组织于 1976 年决定，将它持有的 1/6 的黄金分 4 年按市价出售，所得作为信托基金，向低收入发展中国家提供优惠贷款。这是一项特殊的基金来源。

（七）国际货币基金组织与现代国际货币制度

第二次世界大战后 IMF 的建立和运行，对于维护布雷顿森林体系、促进世界经济的稳定和发展起了重大的作用。特别是它随着世界经济形势的发展增加发放对成员国的贷款种类，在一定程度上缓和了国际支付危机。

布雷顿森林体系崩溃后，IMF 对于国际货币体系的作用减轻了，其表现是：它不能保持货币体系的稳定；在浮动汇率体系之下，它对成员国汇率政策和国内经济政策的监督功能大大减弱；在浮动汇率制度下，成员国对 IMF 的需要相对减少。但是，从另一个角度看，在目前这种混乱的国际货币制度下，更加需要 IMF 这样一个世界性金融机构发挥作用，特别是在协调各国经济政策方面的功能应进一步加强。至于能否做到这一点，关键在于它今后在汇率制度和国际清偿能力方面所做努力的成效如何而定。

三、世界银行集团

（一）世界银行的建立

世界银行集团是若干全球性金融机构的总称，由国际复兴开发银行、国际开发协会、国际金融公司、多边投资担保机构和解决投资纠纷国际中心五个机构组成。

世界银行集团是若干全球性金融机构的总称，由五个机构组成。即国际复兴开发银行（IBRD）、国际开发协会（IDA）、国际金融公司（IFC）、多边投资担保机构（MIGA）和解决投资纠纷国际中心（ICSID）。

1. 国际复兴开发银行（IBRD）。国际复兴开发银行又称"世界银行"，是联合国下属的一个专门负责长期贷款的国际金融机构。1944 年 7 月在美国布雷顿森林举行的联合国货币金融会议上通过了《国际复兴开发银行协定》，1945 年 12 月 27 日，28 个国家政府的代表签署了这一协定，并宣布国际复兴开发银行正式成立。1946 年 6 月 25 日开始营业，1947 年 11 月 5 日起成为联合国专门机构之一，是世界上最大的政府间金融机构之一。总部设在美国华盛顿，并在巴黎、纽约、伦敦、东京、日内瓦等地设有办事处，此外还在 20 多个发展中成员国设立了办事处。

2. 国际开发协会（IDA）。1957年，美国参议员迈克·门罗尼向美国参议院提出设立IDA的建议。1959年9月美国在世行的代表正式向理事会提出建议，同年10月在第十四届年会通过。1960年9月24日，IDA正式成立，11月8日开始营业，总部设在华盛顿。国际开发协会是世界银行的主要附属机构之一（在财务上独立）。加入该协会的国家必须是世行的会员。

3. 国际金融公司（IFC）。1951年3月，美国国际开发咨询局建议在世界银行下设立国际金融公司，1956年7月24日正式成立。总部设在华盛顿。1957年2月20日，成为联合国的专门机构之一。国际金融公司也是世界银行的主要的附属机构（财务上独立），只有世行的成员国才能成为其成员。

4. 多边投资担保机构。发展中国家存在着很好的投资机会，然而，对不稳定政策环境的顾虑、对政治风险的洞察以及对具体投资机会的忽视常常会阻碍投资。为了对国际私人投资的政治风险提供国际性保护，1985年10月，世界银行年会通过了《多边投资担保机构公约》，拟建立一个多边投资担保机构。1988年4月12日，公约正式生效。

5. 解决投资争端国际中心。第二次世界大战以后，新独立的发展中国家纷纷对涉及重要自然资源和国民经济命脉的外资企业征收或国有化，引起了发达国家与发展中国家之间的矛盾和纠纷。1965年3月18日，世界银行执行董事会正式通过了《华盛顿公约》，1966年10月正式生效。根据公约，在世界银行总部设立了解决投资争端国际中心作为解决一国与他国国民间投资争端的国际性专门机构。

（二）世界银行的宗旨

1. 对用于生产目的的投资提供便利，以协助会员国的复兴与开发；鼓励较不发达国家生产与资源的开发。

2. 利用担保或参加私人贷款及其他私人投资的方式，促进会员国的外国私人投资。当外国私人投资不能获得时，在条件合适时，运用本身资本或筹集的资金及其他资金，为会员国生产提供资金，以补充外国私人投资的不足，促进会员国外国私人投资的增加。

3. 用鼓励国际投资以开发会员国生产资源的方法，促进国际贸易的长期平衡发展，并维持国际收支的平衡。

4. 在贷款、担保或组织其他渠道的资金中，保证重要项目或在时间上紧迫的项目，不管大小都能优先安排。

5. 在业务中适当照顾各会员国国内工商业，使其免受国际投资的影响。

概括起来就是担保或供给会员国长期贷款，以促进会员国资源的开发和国民经济的发展，促进国际贸易长期均衡的增长及国际收支平衡的维持。

（三）世界银行的组织形式和组织机构

1. 世界银行的股份。世界银行按股份公司的原则建立。成立初期，世界银行法定资本100亿美元，全部资本为10万股，每股10万美元。凡是会员国均要认购银行的股份，认购额由申请国与世行协商并经世行董事会批准。一般来说，一国认购股份的多少根据该国的经济实力，同时参照该国在国际货币基金组织缴纳的份额大小而定。会员国认购股份的缴纳有两种方法：（1）会员国认购的股份，先缴20%。其中2%要用黄金或美元缴纳，18%用会员国本国的货币缴纳。（2）其余80%的股份，当世行催交时，用黄金、美元或世界银行需要的货币缴付。

世界银行的重要事项都需会员国投票决定，投票权的大小与会员国认购的股本成正比，与国际货币基金组织的有关投票权的规定相同。世界银行每一会员国拥有250票基本投票权，每认购10万美元的股本即增加一票。美国认购的股份最多，有投票权226178票，占总投票数的17.37%，对世界银行事务与重要贷款项目的决定起着重要作用。我国认购的股金为42.2亿美元，有投票权35221票，占总投票数的2.71%。2010年世界银行发展委员会春季会议通过了发达国家向发展中国家转移投票权的改革方案，这次改革使中国在世行的投票权从2.77%提高到4.42%，成为世界银行第三大股东国，仅次于美国和日本。随着中国在世界银行认购股本的增加，迄今中国在世界银行的投票权提高至5.58%。

2. 世界银行的组织机构。世界银行的最高权力机构是理事会，由每一会员国选派理事和副理事各一人组成。任期5年，可以连任。副理事在理事缺席时才有投票权。

理事会的主要职权包括：批准接纳新会员国；增加或减少银行资本；停止会员国资格；决定银行净收入的分配，以及其他重大问题。理事会每年举行一次会议，一般与国际货币基金组织的理事会联合举行。

世界银行负责组织日常业务的机构是执行董事会，行使由理事会授予的职权。按照世界银行章程规定，执行董事会由21名执行董事组成，其中5人由持有股金最多的美国、日本、英国、德国和法国委派。另外16人由其他会员国的理事按地区分组选举。我国和沙特阿拉伯由于拥有一定的投票权，均可自行单独选举一位执行董事。

世界银行行政管理机构由行长、若干副行长、局长、处长、工作

世界银行的重要事项都需会员国投票决定，投票权的大小与会员国认购的股本成正比，与国际货币基金组织的有关投票权的规定相同。

人员组成。行长由执行董事会选举产生，是银行行政管理机构的首脑，他在执行董事会的有关方针政策指导下，负责银行的日常行政管理工作，任免银行高级职员和工作人员，行长同时兼任执行董事会主席，但没有投票权。只有在执行董事会表决中双方的票数相等时，可以投关键性的一票。

（四）世界银行的资金来源

世界银行的资金主要有以下来源：会员国缴纳的股金、借款、出让债权所得和业务净收入。

1. 成员国缴纳的股本。各国的份额主要参照在 IMF 中的份额，1988 年 6 月 30 日世界银行的法定股本为 1713.62 亿美元，已认缴份额资金为 914.36 亿美元。

2. 借款。世界银行不仅进行短期借款，而且还通过发行债券等进行筹资，其中中长期借款占大部分。

3. 债权转让。世界银行为了扩大贷款能力，还把贷出款项转让给私人投资者，以收回部分资金，扩大银行贷款资金周转能力。

4. 业务净收入。世界银行自 1947 年开始营业以来，除第一年有小额亏损外，每年都有盈余，且逐年增长。这些收益大部分留作银行的储备金。

另外世界银行的资金来源还包括其本身的营业净收入和成员国偿还到期的贷款。

（五）世界银行的业务活动

世界银行的主要任务就是向会员国提供长期贷款，促进战后的复兴建设，协助不发达国家发展生产，开发资源，并通过为私人投资提供担保或与私人资本一起联合对会员国政府进行贷款和投资，来为私人资本的扩张与输出服务。

1. 世界银行的贷款限制。

（1）贷款对象一般限于成员国政府、政府机构或国营和私营企业。除了成员国政府外，成员国国内的公私机构借款都必须由政府或中央银行提供担保。

（2）借款国不能按合理条件从其他渠道获得资金时，才能向银行申请贷款。

（3）贷款种类主要是项目贷款，即贷款必须用于一定工程项目，该项目必须在经济上和技术上是可行的，而且对成员国的经济发展来说是优先发展的。只在特殊情况下，如为了帮助成员国在自然灾害后继续维持其经济发展计划等才发放非项目贷款，包括结构调整贷款、部门调整贷款、紧急复兴贷款等。

世界银行的资金来源主要有会员国缴纳的股金、借款和出让债权所得。

2. 世界银行贷款的有关规定。

（1）贷款对象：会员国官方、国有企业、私营企业。若借款人不是政府，则要政府担保。

（2）贷款用途：多为项目贷款，用于工业、农业、能源、运输、教育等诸多领域。银行只提供项目建设总投资的 20% ~ 50%，其余部分由借款国自己筹措，即我们通常所说的国内配套资金。银行借款必须专款专用，借款国必须接受银行监督。

（3）贷款期限：20 ~ 30 年，宽限期 5 ~ 10 年。

（4）贷款利率：根据世界银行从资金市场筹资的利率来确定。每 3 个月或半年调整一次。贷款利率比市场利率要低一些，对贷款收取的杂费也较少，只对签约后未支付的贷款收取 0.75% 的承诺费。

（5）贷款额度：根据借款国人均国民生产总值、债务信用强弱、借款国发展目标和需要、投资项目的可行性及在世界经济发展中的次序而定。

（6）贷款种类：一是具体投资贷款；二是部门贷款；三是结构调整贷款；四是技术援助贷款；五是紧急复兴贷款。

（7）贷款手续：手续烦琐，要求严格，一般需要一年半到两年的时间。

（8）还款：到期归还，不得拖欠，不得改变还款日期。

（9）风险承担：借款国家承担汇率变动的风险。

四、国际清算银行

（一）国际清算银行的成立和宗旨

国际清算银行根据瑞典和比利时、法国、德国、英国、意大利政府之间的一个公约建立于 1930 年。该公约是为解决第一次世界大战后德国战争赔偿及实施 1930 年海牙会议上通过的杨格计划（Young Plan）签订的。国际清算银行于 1930 年 5 月 17 日开始运作。

根据《国际清算银行章程》的第 3 条，国际清算银行的宗旨是促进各国中央银行间的合作，为国际金融运作提供额外的便利，并作为国际清算的受托人或代理人。

（二）国际清算银行的成员和组织机构

目前，欧洲各国、加拿大、日本、南非、澳大利亚等国的中央银行都是国际清算银行的成员。国际清算银行的注册资金为 15 亿金法郎，分为 60 万股，每股 2500 金法郎。目前国际清算银行的股份有 4/5 掌握在各成员国中央银行手中，其余 1/5 由中央银行转让给私人。

世界上绝大多数国家的中央银行都与国际清算银行有业务关系，国际清算银行因而被称为"中央银行的银行"。截至目前共有 50 多个国家和地区的中央银行和货币当局加入了国际清算银行，其中包括我国的香港地区。中国人民银行于 1996 年 9 月被接纳为国际清算银行的新成员。国际清算银行的持有股份与投票权或代表权无关。

国际清算银行的机构包括大会、董事会、办事机构。

1. 大会是国际清算银行的最高权力机构，每年举行一次，负责批准银行的年度报告、资产负债表、损益表、决定银行储备金的提取和分红等事项。在决定修改银行章程、增加或减少银行资本、解散银行等事宜时，应召开特别股东大会。

2. 董事会是国际清算银行的经营管理机构，比利时、德国、法国、英国、意大利和美国的中央银行行长是董事会的当然董事，这 6 个国家还可各自任命 1 名本国的工商和金融界的代表作董事，此外董事会可以 2/3 的多数通过选举选出其他董事，但最多不超过 9 人。董事会设主席 1 名，副主席若干名，每年召开至少 10 次会议。董事会主席和银行行长由 1 人担任。董事会根据主席建议任命 1 名总经理和 1 名副总经理，就银行的业务经营向行长负责。

3. 国际清算银行下设银行部、货币经济部、法律处、秘书处等办事机构。

（三）国际清算银行的资金来源

1. 成员国缴纳的股金。

2. 借款。国际清算银行可向各成员国中央银行借款，以补充自有资金的不足。

3. 吸收存款。国际清算银行接受各国中央银行和一些国际金融机构的存款。

（四）国际清算银行的业务活动

国际清算银行的业务包括：

1. 通常的银行业务，主要有黄金业务，即买卖、储存、保管黄金等；

2. 外汇业务，即为各国中央银行管理、买卖外汇；

3. 证券业务，即为自己或各国中央银行买卖、贴现汇票、支票、国库券等票据；

4. 代理业务，即作为中央银行、国际组织的金融代理人或往来行；

5. 贷款业务，即向各国的中央银行提供短期贷款，帮助后者解决国际收支失衡；

6. 清算业务，即为各国中央银行之间的相互清算提供便利。

国际清算银行一般只和各国中央银行进行业务，只有在成员中央银行同意时，才与相关的政府机构、商业银行或私人企业发生关系。

除了银行活动外，国际清算银行还作为中央银行的俱乐部，是各国中央银行之间进行合作的理想场所。它的董事会和其他会议提供了关于国际货币局势的信息交流的良好机会。

（五）国际清算银行和国际货币基金组织

国际清算银行的法律地位比较独特。一方面它是以股份有限公司的形式依照瑞士法律注册的，是一个股份有限公司；但另一方面它又具有国际组织的许多特征，被视为一个实际上的国际经济组织。

国际清算银行和国际货币基金组织都是处理国际货币事务的组织，曾被认为可能是潜在的竞争对手，但从多年的实践看，两组织的关系是合作的而不是竞争的。国际清算银行在资金融通方面给予国际货币基金组织支持，它作为中间人从资本市场上为国际货币基金组织筹资，并和国际货币基金组织合作向其他国家提供技术援助等。

二者性质不同，工作的侧重点也不同，国际货币基金组织更多的是促进政府间的合作，而国际清算银行更多的是促进各国中央银行之间合作和货币政策的协调。国际清算银行主持制定的《巴塞尔协议》是对国际银行进行联合监管的法律文件，对银行监管制度的发展完善起到了重要的作用。1974 年 1 月 21 日开始，国际货币基金组织允许国际清算银行使用特别提款权。

五、区域性国际金融机构

国际金融机构除了全球性的以外，大量的区域性开发银行也活跃在国际金融领域，它们的活动范围基本上涵盖了亚洲、非洲、美洲、欧洲，这类区域性国际金融机构基本上都是为本地区的经济发展提供资金而建立的。

（一）亚洲开发银行

1. 亚洲开发银行的建立。创建于 1966 年的亚洲开发银行是一个区域性国际金融机构，总部设在菲律宾首都马尼拉。有来自亚洲和太平洋地区的区域成员，和来自欧洲和北美洲的非区域成员。目前它共有成员 60 个，其中 43 个来自亚洲地区。亚洲开发银行的宗旨是促进亚洲和太平洋地区的经济发展和合作，特别是协助本地区发展中国家成员以共同的或个别的方式加速经济发展。我国在 1986 年 3 月加入

（边注）国际清算银行和国际货币基金组织工作的侧重点不同，国际货币基金组织更多的是促进政府间的合作，而国际清算银行更多的是促进各国中央银行之间合作和货币政策的协调。

（边注）亚洲开发银行的宗旨是：促进亚洲和太平洋地区的经济发展和合作，特别是协助本地区发展中国家成员以共同的或个别的方式加速经济发展。

亚洲开发银行。此后和亚洲开发银行建立了积极的合作关系。

2. 亚洲开发银行的宗旨。

（1）为亚太地区发展中成员的经济发展筹措与提供资金；

（2）为其成员拟定的执行发展项目与规划提供技术援助；

（3）帮助本地区各成员协调经济、贸易和发展事务方面的政策，以更好地利用自己的资源和在经济上取长补短，并促进对外贸易的发展；

（4）与联合国及其专门机构进行合作，以促进区域内经济的发展。

3. 亚洲开发银行的组织机构。亚行的组织机构主要有理事会和董事会。理事会是亚行最高权力机构，由每个成员国派一名理事和一名候补理事参加组成，负责接纳新成员、变动股本、选举董事，制定总政策方向。银行的日常业务活动由理事会授权董事会管理。董事会由理事会选举的 12 名董事组成。行长是该行的合法代表，由理事会选举产生，任期 5 年，可连任。

4. 亚洲开发银行的资金来源。

（1）普通资金。这是亚洲开发银行开展业务活动的主要资金来源，它由以下几部分组成：①会员国认缴的股本；②借款；③普通储备金（即净收益的一部分）；④特别储备金（即对发放的未偿还普通资金贷款收取一定数量的佣金）；⑤业务净收益（即由提供贷款收取的利息和承诺费）；⑥预缴股本（即会员国分期缴纳银行股本时在法定认缴日期之前缴纳的股本）。

（2）亚洲开发基金。该基金建于 1974 年 6 月 28 日，主要由亚洲开发银行发达会员国捐赠（在这些国家中，日本是最大的认捐国，其次是美国），专门对亚太地区最贫穷会员国发放优惠贷款。

（3）技术援助特别基金。该基金于 1967 年建立，用于提高发展中会员国的人力资源素质和加强执行机构的建设，具体项目包括资助发展中国家聘请专家、培训人员、购置设备、从事部门研究等。

（4）日本特别基金。该基金创建于 1988 年 3 月 10 日，在 1987 年举行的亚洲开发银行第 20 届年会上，日本政府表示愿意出资建立一个特别基金，用于支持发展中国家所进行的与实现工业化、开发自然资源和人力资源以及引进技术有关的活动，以便促进发展中国家的经济增长。该基金全部由日本政府捐赠。

5. 亚洲开发银行的主要业务活动。亚行主要业务活动包括：

（1）对本地区各成员国政府、政府附属机构、公私企业，以及与本地区有关的国际机构提供长期贷款。

贷款可分为两类。

①用普通基金发放的普通贷款，主要贷给比较富裕的发展中国

家，主要用于工业、农业和农副产品加工业、电力、交通运输、邮电等部门的开发工程项目，贷款期限一般为 10 ~ 30 年，宽限期 2 ~ 7 年；

②用特别基金发放的特别贷款，主要贷给比较贫穷的发展中国家，贷款条件很优惠，具有经济援助的性质，偿还期为 40 年，宽限期为 10 年，无息，仅收 1% 手续费。亚洲开发银行的贷款原则与世界银行相类似。

（2）向成员国提供技术援助。包括咨询服务、派遣长期或短期专家顾问团，与各国或各国组织进行合作、协助拟订和执行开发计划等。

（3）股本投资。即通过购买私人企业或私人开发金融机构股票等形式，对发展中国家私人企业融资。

（二）非洲开发银行

非洲开发银行建立于 1964 年 9 月 10 日，原有 50 个非洲独立国家为成员国，总部设在科特迪瓦的首都阿比让。这是一个在联合国经济委员会支持下，由非洲地区的国家联合举办的政府间互助性质的国际金融机构。

该行下设四个联系组织，即非洲开发基金、尼日利亚信托基金、非洲投资公司和非洲再保险公司，集中资金力量，发展非洲经济。该行原有 50 个成员方全部为非洲本地区的独立国家，经济实力相对薄弱。为了加强该行的资本实力，该行在第 18 届年会上批准了一个修正案，允许美国、日本、西欧等发达国家加入该组织，从而使该行资本从 29 亿美元，迅速增加到 60 亿美元。

组织形式：由理事会、执行董事会、行长组成。

资金来源：会员国认缴的股本、借款、发达国家的捐款、银行业务的经营利润等。

业务活动：向非洲区域内的会员国发放贷款：普通贷款和特殊贷款。

非洲开发银行的宗旨：为成员国的经济和社会发展提供资金，使成员国在物质上自给，协助非洲大陆制定发展的总体战略和各成员国的发展计划，以便达到非洲经济一体化。

（三）泛美开发银行

该行是根据 1959 年 4 月美国和拉丁美洲国家签订的关于建立泛美开发银行的协定，于 1960 年 1 月 1 日建立，于 1960 年 10 月 1 日正式营业，总部设在华盛顿。该行是拉丁美洲国家和其他西方国家联合举办的政府间国际金融组织。

从 1976 年开始，泛美开发银行决定接纳西半球以外的其他国家作为成员。目前日本、德国、西班牙、法国、意大利和英国等都是它的成员国。

泛美开发银行的宗旨是：组织吸收拉丁美洲内外的资金，为拉美成员国经济和社会发展项目提供贷款，促进拉丁美洲经济和社会的发展。同时，该行设立了"拉美一体化协会"，负责开展有关拉美地区经济一体化进程的学术交流、技术培训和咨询等服务。

（四）亚洲基础设施投资银行

亚洲基础设施投资银行（Asian Infrastructure Investment Bank，AIIB），简称亚投行，是一个政府间性质的亚洲区域多边开发机构，重点支持基础设施建设，总部设在北京。成立宗旨在于促进亚洲区域的建设互联互通化和经济一体化的进程，并且加强中国及其他亚洲国家和地区的合作。亚投行创始成员包含五大洲 57 个国家，包括域内国家（来自亚洲和大洋洲）37 个和域外国家 20 个，其中，欧洲（17个）——英国、奥地利、丹麦、芬兰、法国、德国、冰岛、意大利、卢森堡、马耳他、荷兰、挪威、波兰、瑞典、瑞士、葡萄牙、西班牙；南美洲（1 个）——巴西；非洲（2 个）——埃及、南非。亚投行不断吸收新成员加入，截至 2023 年 12 月，成员增至 109 个，其中正式成员 93 个，准成员 16 个。

1. 亚投行成立的背景。在全球金融治理体系中，美国处于霸权地位，在国际金融事务中采取单边主义。中国需要搭建一个专门的基础设施投融资平台，建立以自己为主的国际金融机构。2010～2020年，亚洲各经济体的内部和区域性基础建设投资分别需要 8 万亿美元和 3000 亿美元，融资缺口巨大。同时中国提出经济发展新常态战略，"一带一路"建设需要足够的资金支持，主导亚投行有助于解决中国经济中存在的外汇储备过剩和生产能力过剩，使之成为"一带一路"的资本后盾和金融支持。因此，在这样的背景下，2013 年 10 月 2日，中国国家主席习近平在雅加达同印度尼西亚总统苏西洛举行会谈时表示，为促进本地区互联互通建设和经济一体化进程，中方倡议筹建亚洲基础设施投资银行，愿向包括东盟国家在内的本地区发展中国家基础设施建设提供资金支持。2014 年 10 月 24 日，包括中国、印度、新加坡等在内 21 个首批意向创始成员国的财长和授权代表在北京签约，共同决定成立亚洲基础设施投资银行。

亚洲基础设施投资银行是继提出建立金砖国家开发银行、上合组织开发银行之后，中国试图主导国际金融体系的又一举措。这也体现出中国尝试在外交战略中发挥资本在国际金融中的力量。更值得期待的是亚洲基础设施投资银行将可能成为人民币国际化的制度保障，方便人民币"出海"。

亚洲基础设施投资银行（AIIB）： 是一个政府间性质的亚洲区域多边开发机构，重点支持基础设施建设，宗旨在于促进亚洲区域的建设互联互通化和经济一体化的进程，并且加强中国及其他亚洲国家和地区的合作。

该行成为中国向全亚洲进行资本输出的战略性平台。人民币国际化将释放外汇储备，成为中国实行资本输出战略的重要保障。

2. 亚投行成立的意义。

（1）促进亚太自贸区建设。亚投行建立的直接目的是便利亚太国家基础设施建设投资融资，因此可以加快该地区发展中国家基础设施建设，从而尽快实现区域内互联互通。亚投行已累计投资项目225个，投资金额达到435.4亿美元。

（2）推动建设"一带一路"。亚投行的建立可对中国推动"一带一路"提供资金支持，将有效推动中国与中亚、欧洲、南亚、非洲、美洲的经济交流和贸易活动。

（3）强化中国规则制定权。提升中国在亚太地区经济影响力，强化中国在这一地区与美国争夺规则制定权的基础，改变发达国家以世界银行和亚洲开发银行等机构主导国际信贷规则的旧有格局。

（4）加速人民币国际化。党的二十大报告提出"有序推进人民币国际化"。人民币国际化从探索和累积经验的稳慎阶段步入了制度设计与行动的有序推进新阶段。2022年5月IMF将人民币在特别提款权中的权重由10.92%上调至12.28%，反映了国际社会对人民币可自由使用程度提高的认可。有序推进人民币国际化不仅是中国统筹发展和安全的需要，还是国际货币体系格局多极化调整的需要。以亚投行信贷为先导，在地区加强基础设施建设的同时，通过促进直接对外投资带动人民币走出去。

（5）带动中国标准走向海外。基础设施建设需求增加，为中国具有显著竞争力的基础设施制造产业提供了潜力巨大的市场。在中国制造和中国建筑走向海外的同时，将中国的基础设施标准加以推广，使中国基础建设和装备制造业拥有持久竞争力。

（6）增加中国世界金融话语权。亚投行是一个中国真正意义上掌握的国际性金融机构，中国在世界金融领域真正拥有了话语权，这也使中国在世界黄金和石油定价方面开始具有了一定话语权。

3. 亚投行的国际影响。

（1）对美国的影响：削弱美国在亚洲地区的金融主导权；打击美国的世界经济规则制定权；争夺美国的资本号召力和控制力。

（2）对亚欧各国的影响：创建亚洲基础设施投资银行，通过公共部门与私人部门的合作，有效地弥补亚洲地区基础设施建设的资金缺口，减少亚洲区内资金外流，投资于亚洲的"活力与增长"，促进私营经济发展并改善就业，无论对中亚各国还是对投资的欧洲各国，在经济和贸易上都有了新的增长点，推进了亚洲区域经济一体化建设。

亚投行作为一个重要的金融平台，通过提供将本地区高储蓄率国家的存款直接导向基础设施建设，实现本地区内资本的有效配置，最终促进亚洲地区金融市场的迅速发展，对加快亚洲各国的基础设施建设，助力亚洲的互联相通，提高亚洲各国发展水平，加快亚洲经济一体化建设具有重大影响。

（3）对世界的重要意义：可促进世界经济的发展；对维护世界金融稳定具有重要作用；为国际货币储备提供了一项重要选择；为世界的基础设施建设提供了重要贷款选择。

（五）欧 洲 投 资 银 行

欧洲投资银行（European Investment Bank，EIB）是根据 1957 年 3 月 25 日在罗马签订、1958 年 1 月 1 日生效的关于建立欧洲经济共同体条约而创建的，是欧洲经济共同体的一个金融机构。其会员国均为欧洲经济共同体成员国，总部设在卢森堡。欧洲投资银行的最高权力机构是理事会，执行机构是董事会。

欧洲投资银行的宗旨是，利用国际资本市场和欧洲经济共同体内部的资金，对欧洲经济共同体内部经济较落后地区的发展计划提供长期贷款或担保，以促进这些地区的经济发展，同时也对与欧洲经济共同体有联系或订有合作协定的国家和地区提供资金上的帮助。

（六）阿 拉 伯 货 币 基 金 组 织

阿拉伯货币基金组织（Arab Monetary Fund，AMF），1977 年 4 月于阿联酋首都阿布扎比成立，主要会员国都是阿拉伯联盟的成员国。

阿拉伯货币基金组织的宗旨是：通过制定会员国金融合作的方针和方式，稳定成员国之间的汇率；取消彼此之间的经常性支付限制，促进各会员国经济和贸易的发展，调整国际收支的失调；推广使用作为记账单位的阿拉伯第纳尔，为发行统一的阿拉伯货币创造条件；促进阿拉伯经济一体化的进程和各成员国的经济发展。

本章思考与练习

1. 国际金本位制有哪几种形式？应该如何评价金本位制的积极作用和缺陷？

2. 布雷顿森林体系为什么会解体？

3. 什么是特里芬难题？

4. 试述牙买加货币体系运行的特点及作用。

5. 试分析国际货币基金组织贷款条件的必要性和存在的问题。

6. 从组织及业务两方面比较国际货币基金组织与世界银行集团的异同。

7. 亚投行成立的意义是什么？

参考文献

1. 保罗·R.克鲁格曼、茅瑞斯·奥伯斯法尔德：《国际经济学：理论与政策》（第十版），中译版，中国人民大学出版社 2016 年版。

2. 陈雨露：《国际金融》，中国人民大学出版社 2000 年版。

3. 丹尼斯·阿普尔亚德、小艾尔弗雷德·菲尔德、史蒂芬·L.柯布：《国际贸易》和《国际金融》（第 7 版），中译版，中国人民大学出版社 2012 年版。

4. 多米尼克·萨尔瓦多：《国际经济学》（第 11 版），中译版，清华大学出版社 2015 年版。

5. 冯德连：《国际经济学》（第三版），中国人民大学出版社 2015 年版。

6. 傅江景：《国际贸易理论与政策》，中国财政经济出版社 2002 年版。

7. 高敬峰：《国际经济学》，对外经济贸易大学出版社 2010 年版。

8. 甘道尔夫：《国际经济学 I：国际贸易理论》（第 2 版），中译版，中国人民大学出版社 2015 年版。

9. 海闻、施建准：《国际经济学》，高等教育出版社 2011 年版。

10. 韩玉军：《国际经济学》，北京大学出版社 2010 年版。

11. 赫国胜、杨哲英、张日新：《新编国际经济学》，清华大学出版社 2003 年版。

12. 华民：《国际经济学》（第 2 版），复旦大学出版社 2010 年版。

13. 黄卫平、彭刚：《国际经济学简明教程》，中国人民大学出版社 2015 年版。

14. 姜波克：《国际金融新编》，复旦大学出版社 2001 年版。

15. 姜文学：《国际经济学》（第四版），东北财经大学出版社 2015 年版。

16. 杰弗里·库瑞：《国际经济学简明教程》（第 3 版），中译版，中国人民大学出版社 2011 年版。

17. 金碚等：《竞争力经济学》，广东经济出版社 2003 年版。

18. 肯尼思·A.赖纳特：《国际经济学原理》，中译版，中国人民大学出版社 2015 年版。

19. 刘春生：《国际经济学》，中国人民大学出版社 2012 年版。

20. 罗伯特·C. 芬斯特拉、艾伦·M. 泰勒：《国际贸易》，中译版，中国人民大学出版社 2011 年版。

21. 罗伯特·J. 凯伯：《国际经济学》（第 13 版），中译版，中国人民大学出版社 2013 年版。

22. 罗纳德·W. 琼斯、彼得·B. 凯南：《国际经济学手册》（第 1 卷、第 2 卷），中译版，经济科学出版社 2008 年版。

23. 迈克尔·波特：《国家竞争力》，华夏出版社 2002 年版。

24. 莫迪凯·E. 克赖宁：《国际经济学：政策视角》（第 10 版），中译版，北京大学出版社 2010 年版。

25. 阙澄宇、姜文学、邓立立：《国际经济学》（第四版），东北财经大学出版社 2015 年版。

26. 史恩义、吴新辉：《国际经济学》，北京大学出版社 2011 年版。

27. 唐晓云、贾彩彦：《国际经济学》（第二版），北京大学出版社 2016 年版。

28. 佟家栋、高乐咏：《国际经济学》（修订版），南开大学出版社 2000 年版。

29. 托马斯·A. 普格尔：《国际贸易》和《国际金融》（第 15 版），中译版，中国人民大学出版社 2014 年版。

30. 汪小涓：《中国的对外经济——对增长、结构升级和竞争力的贡献》，中国人民大学出版社 2002 年版。

31. 王巾英、崔新健、宋琛等：《国际经济学》，清华大学出版社 2010 年版。

32. 王培志：《国际经济学》，经济科学出版社 2004 年版。

33. 王志明、乔桂明：《国际经济学》，复旦大学出版社 2000 年版。

34. 夏杰长、马胜杰、朱恒鹏：《国际经济学》，中国城市出版社 2001 年版。

35. 小岛清：《对外贸易论》，中译版，南开大学出版社 1988 年版。

36. 徐彬：《国际经济学教程》，中国人民大学出版社 2012 年版。

37. 亚蒂什·N. 巴格瓦蒂等：《高级国际贸易学》，中译版，上海财经大学出版社 2004 年版。

38. 杨宇光：《经济全球化中的跨国公司》，上海远东出版社 2000 年版。

39. 袁永科：《新国际经济学》，北京工业大学出版社 2016 年版。

40. 曾胜广：《新经济与跨国公司并购》，载《南开经济研究》，2002 年第 1 期。

41. 曾卫锋：《国际经济学》（微观部分）（第 2 版），厦门大学出版社 2012 年版。

42. 湛柏明：《国际经济学》，复旦大学出版社 2010 年版。

43. 詹姆斯·格伯：《国际经济学》（第 6 版），中译版，中国人民大学出版社 2015 年版。

44. 张二震、马野青：《国际贸易学》，南京大学出版社 1998 年版。

45. 张汉林、卢进勇等：《经济增长新引擎——国际直接投资方式规范与技巧》，中国经济出版社 1998 年版。

46. 张莹：《产品内分工：文献综述》，载《中南财经政法大学研究生学报》，2006 年第 3 期。

47. 赵曙东：《国际经济学》，中国人民大学出版社 2015 年版。

48. 朱庆华：《国际经济学》，山东人民出版社 2011 年版。

49. 朱彤、万志宏、于晓燕：《国际经济学》，武汉大学出版社 2010 年版。

50. Appleyard, Dennis R., Field, Alfred J., Jr. & Steven L. Cobb, *International Economics* (7th Edition), The McGraw – Hill Companies, Inc., 2010.

51. Carbaugh, Robert J., *International Economics* (16th Edition), Cengage Learning, 2016.

52. Feenstra, Robert C. & Taylor, Alan M. *International Economics* (3rd Edition), Worth Publishers, 2014.

53. Pugel, Thomas A. *International Economics* (16th Revised edition), McGraw Hill Higher Education, 2015.

54. Salvatore, Dominick, *Introduction to International Economics* (Second Edition), John Wiley & Sons, Inc., 2009.